权威·前沿·原创

皮书系列为
“十二五”国家重点图书出版规划项目

人力资源蓝皮书

BLUE BOOK OF
HUMAN RESOURCES

中国人力资源发展报告（2014）

ANNUAL REPORT ON THE DEVELOPMENT OF
CHINA'S HUMAN RESOURCES (2014)

主　编／余兴安
副主编／陈　力

社会科学文献出版社
SOCIAL SCIENCES ACADEMIC PRESS (CHINA)

图书在版编目（CIP）数据

中国人力资源发展报告. 2014/余兴安主编. —北京：社会科学文献出版社，2014.12

（人力资源蓝皮书）

ISBN 978-7-5097-6788-7

Ⅰ.①中… Ⅱ.①余… Ⅲ.①人力资源管理-研究报告-中国-2014 Ⅳ.①F249.21

中国版本图书馆 CIP 数据核字（2014）第 267342 号

人力资源蓝皮书

中国人力资源发展报告（2014）

主　　编／余兴安

副 主 编／陈　力

出 版 人／谢寿光

项目统筹／邓泳红　陈　帅

责任编辑／陈　帅

出　　版／社会科学文献出版社·皮书出版分社（010）59367127

地址：北京市北三环中路甲29号院华龙大厦　邮编：100029

网址：www.ssap.com.cn

发　　行／市场营销中心（010）59367081　59367090

读者服务中心（010）59367028

印　　装／北京季蜂印刷有限公司

规　　格／开 本：787mm×1092mm　1/16

印 张：24.25　字 数：390 千字

版　　次／2014 年 12 月第 1 版　2014 年 12 月第 1 次印刷

书　　号／ISBN 978-7-5097-6788-7

定　　价／79.00 元

皮书序列号／B-2012-260

《中国人力资源发展报告（2014）》

编　委　会

主要编撰者简介

余兴安　中国人事科学研究院院长、研究员。历任中国人事科学研究院研究室主任、人事部人才流动开发司副司长、人力资源和社会保障部人力资源市场司副司长、山东省日照市副市长，兼任中国人才研究会副会长、中国人才交流协会副会长、全国政策科学研究会副会长、中国行政管理学会常务理事、中国劳动学会常务理事、中国国际人才开发与交流研究会常务理事、全国人力资源标准化技术委员会副主任委员等。主要从事行政管理体制改革、人事制度改革与人才资源开发等研究。

陈　力　现任中国人事科学研究院首席专家、研究员、博士后导师，兼任广东省人力资源和社会保障厅专家咨询委员会专家委员、山东省人力资源服务从业资格培训专家等。主要研究领域有：人才流动和人才市场、政府人才服务机构改革、人力资源公共服务体系建设、人力资源服务业发展研究、人力资源市场监管体系建设研究、公共就业和人才服务机构整合研究等。多年来，主持过几十项省部级重点研究课题，公开发表论文60多篇，出版了《我国人力资源服务业政策法规建设研究》《我国人才流动宏观调控机制研究》《我国转型期的人才流动与人才市场》《人才配置与人才市场》等著作。

摘　要

致力于跟踪反映我国人力资源和社会保障事业发展动态，《中国人力资源发展报告（2014）》紧密围绕当前我国改革发展的目标，重点展示了近期中国人力资源和社会保障各个领域的发展形势、发展现状和改革动态，并对未来一个时期相关领域的改革发展趋势进行了分析和预判。全书由总报告和六个相关专题篇构成。

总报告，主要对2013～2014年中国人力资源和社会保障事业发展状况进行了综述，全面介绍了中国在人力资源开发、人才队伍建设、促进就业、人力资源法制建设、人事管理制度改革、人力资源服务业发展、社会保障事业发展以及劳动关系协调等领域取得的成绩和存在的问题，并对未来发展和改进措施进行了探讨。

人力资源状况篇，主要内容包括我国人力资源总量、素质和结构的发展状况，各类人才队伍建设的推进情况，人力资源法制建设和制度改革新进展，以及海外人才引进情况等。其中，一是重点介绍了当前全球范围内的人才环流趋势，提出了吸取发达国家人才竞争的经验，以及进一步改革和完善我国海外人才引进政策的建议。二是结合中国产业结构优化升级的需要，对我国技术技能型人才队伍的发展状况进行了分析，提出了在建设创新型国家、提升企业自主创新能力的时代背景下，制定国家技术技能型人才职业能力发展战略的建议。

就业篇，聚焦于“就业”这一民生重大问题，围绕“推动实现更高质量的就业”的要求，主要关注三个方面的内容：一是对2013年中国的就业形势、就业政策、就业与经济联动发展的特点及就业面临的挑战等进行了研究和分析；二是在借鉴国内外研究成果的基础上，结合国情，设计了一套评估就业质量的指标体系；三是分析了当前我国大学生的就业状况，提出了改革和完善大学生就业技术指导方法的思路。

制度改革篇，立足于改革和完善我国公共部门人事管理制度，重点阐述了近期我国公务员制度改革进展、难点问题和重点任务；回顾了我国事业单位人事制度改革的历程，分析了事业单位改革的突出特点，提出了贯彻落实《事业单位人事管理条例》的建议。另外，本部分对我国人才管理改革试验区的发展和获得的经验进行了回顾与总结，分析了其发展中存在的问题，并提出了进一步完善相关政策的建议。

人力资源服务篇，从市场和政府两方面，分别对我国人力资源服务业发展改革与完善公共就业和人才服务体系等方面进行了探讨。其中，从行业规模、服务业态、从业人员、人力资源流动配置和区域分布等方面，对我国人力资源服务业发展状况进行了分析；提出了建立由发展制度环境、发展资源潜力、发展规模结构、服务质量创新和服务效率效益五个维度构成的人力资源服务业发展评价指标体系，为跟踪分析人力资源服务业的发展状况提供了评价工具。

社会保障篇，围绕社会保障制度的重点难点问题，在对社会保障制度现状与发展进行总体分析的基础上，分别就失业保险、医疗保险及养老保险问题进行了逐一关注和分析。同时，面对城镇化加速推进、经济下行压力加大，以及部分历史遗留问题叠加的形势，提出了破解矛盾、提高保障水平和增强保障可持续性的建议。

劳动关系篇，从宏观经济与政策环境的视角，回顾了 2013 年我国劳动关系的运行状况，主要涵盖劳动关系演变与发展状况、收入分配相关政策、个体和集体劳动的权益保护、劳动争议的变化情况等。同时，该部分重点关注了收入不公的问题，对近年来收入分配秩序领域的一些政策与事件进行了回顾，从规范制度、提高底薪、限制高薪、清理津贴、惩治腐败和公众监督等方面提出了改革的建议。

目录

𝔹 Ⅰ 总报告

𝔹.1 中国人力资源和社会保障发展状况

——2013 ~ 2014 年情况综述 ……… 陈 力 吴 帅 南连伟 / 001

一 中国人力资源发展总体状况 …………………………………… / 002

二 人力资源社会保障法制建设状况 ……………………………… / 013

三 公共部门人事管理制度建设 …………………………………… / 018

四 人力资源服务业的发展 ………………………………………… / 027

五 社会保障制度改革状况 ………………………………………… / 034

六 劳动关系发展 …………………………………………………… / 036

𝔹 Ⅱ 人力资源状况篇

𝔹.2 中国人力资源基本状况 ………………………… 李学明 佟亚丽 / 042

𝔹.3 中国科技人才的全球流动与发展 ………………………… 王辉耀 / 058

𝔹.4 技术技能型人才职业能力发展战略研究

………………………… 人力资源和社会保障部职业技能鉴定中心 / 074

𝔹 Ⅲ 就业篇

𝔹.5 中国就业发展状况分析 …………………………………… 王 山 / 088

𝔹.6 就业质量评估指标体系研究 ………………… 张小建 马永堂 等 / 107

B.7 中国大学生更高质量就业的技术指导方法改革
…………………………………… 中国就业培训技术指导中心 / 123

BⅣ 制度改革篇

B.8 我国公务员管理的发展现状及改革工作重点 …………… 刘军仪 / 141
B.9 事业单位人事制度改革报告 …………………… 丁晶晶 李建忠 / 155
B.10 我国人才管理改革试验区建设发展报告 ………………… 赵全军 / 168

BⅤ 人力资源服务篇

B.11 我国人力资源服务业发展现状 …………………… 王晓辉 田永坡 / 182
B.12 人力资源服务业发展评价指标理论框架研究
…………………………………………………… 陈 力 张端阳 / 192
B.13 北京市公共就业和人才服务状况调查报告
…………………………………………… 廖少宏 董小华 张宇泉 / 209

BⅥ 社会保障篇

B.14 中国社会保障制度的现状与发展 ………………………… 王海东 / 230
B.15 我国失业保险制度的现状与发展 ………………………… 王 梅 / 244
B.16 中国社会医疗保险制度的成就、问题与改革建议
…………………………………………………… 王海东 王超群 / 255
B.17 基本养老保险制度替代率下降的因素及对策分析
…………………………………………………… 王海东 李 珍 / 269

BⅦ 劳动关系篇

B.18 我国劳动关系的发展
——2013 年情况综述 ……………………………………… 肖鹏燕 / 282

B.19 中国劳动关系的演变及特征研究
——基于1995~2012年统计数据的分析 …………… 李长安 / 300
B.20 2013年我国劳动关系运行的形势分析
……………………………………… 唐 镄 汪 鑫 嵇月婷 / 314
B.21 收入分配秩序相关政策与事件回顾 ………………… 熊通成 / 332
B.22 我国集体协商制度的特点与发展 …………………… 雷晓天 / 343

Abstract ………………………………………………………………… / 356
Contents ………………………………………………………………… / 359

皮书数据库阅读使用指南

总 报 告

General Report

B.1

中国人力资源和社会保障发展状况

——2013 ~2014 年情况综述

陈 力 吴 帅 南连伟*

摘 要:

近年来，中国人力资源的总量和素质有了大幅提升，就业规模持续扩大，就业结构不断优化，人才队伍建设稳步推进，为经济发展方式转变、产业结构升级提供了有力支撑。同时，人力资源发展环境不断优化，公务员管理制度不断完善，事业单位人事制度改革深入推进，人力资源市场健康快速发展，社会保障不断完善，劳动关系保持稳定，为人力资源的发展提供了重要保障。然而，也要看到，当前中国人力资源开发和管理的诸多领域依然存在很多需要解决的问题。本报告主要对 2013 ~ 2014 年中国人力资源和社会保障发展状况进行综述，通过回顾

* 陈力，中国人事科学研究院首席专家，研究员；吴帅，中国人事科学研究院国外人力资源研究室助理研究员；南连伟，中国人事科学研究院人力资源法制与规划研究室助理研究员。

发展、总结现状、发现问题和辨明趋势，为进一步推进我国人力资源和社会保障事业发展提供参考。

关键词：

中国　人力资源社会保障　情况综述

中国是一个人力资源大国，但同时也面临人才短缺、就业形势严峻、社会保障压力大等问题。在我国人口结构变化、经济转型压力剧增、各项改革步入深水区的背景下，人力资源发展面临新的需求和挑战。我们需要认清当前形势，客观面对问题，审时度势，沉着应对各项困难和改革难题。

一　中国人力资源发展总体状况

（一）人力资源总量与素质

作为世界上人口最多的国家，中国拥有丰富的人力资源。近年来，随着人口年龄结构的变化以及受教育程度的提高，中国人力资源在总量和素质方面都有所变化。

1. 城镇人口增加，劳动年龄人口数量有所下降

根据国家统计局发布的《2013 年国民经济和社会发展统计公报》，2013 年底，全国（不含港澳台地区）总人口为 136072 万人，同比增加 668 万人，其中城镇常住人口为 73111 万人，占总人口的 53. 73%，比上年末提高 1. 16 个百分点；劳动年龄（16 ~ 59 岁）人口为 91954 万人，占总人口的 67. 6%，分别比 2012 年减少 1773 万人和 1. 6 个百分点；60 周岁以上人口为 20243 万人，比上年增加 853 万人，占总人口的 14. 9%，比上年提高了 0. 6 个百分点（见表 1）。

2. 受中高等教育人口数量增加，人口素质不断提高

近年来，中国接受中高等教育的人口持续增加。2013 年，全国研究生毕业生 51. 4 万人，普通本专科毕业生 638. 7 万人，中等职业教育毕业生 678. 1 万人，普通高中毕业生 799. 0 万人，分别比 2012 年增加了 2. 8 万人、14 万人、

表 1　2012～2013 年我国人口数及其构成

单位：万人，%

指　　标	年末数		比重	
	2012 年	2013 年	2012 年	2013 年
总人口	135404	136072	100.0	100.0
其中:城镇	71182	73111	52.6	53.73
乡村	64222	62961	47.4	46.27
其中:男性	69395	69728	51.3	51.2
女性	66009	66344	48.7	48.8
其中:0～15 岁(含不满 16 周岁)	22287	23875	16.5	17.5
16～59 岁(含不满 60 周岁)	93727	91954	69.2	67.6
60 周岁及以上	19390	20243	14.3	14.9
其中:65 周岁及以上	12714	13161	9.4	9.7

资料来源：根据《2012 年国民经济和社会发展统计公报》《2013 年国民经济和社会发展统计公报》数据整理。

4.5 万人和 7.5 万人，为人力资源市场输送了大量人才。而初中毕业生 1561.5 万人，普通小学毕业生 1581.1 万人，分别比 2012 年减少 99.3 万人、60.3 万人。①

（二）就业总体状况

2013 年，国家继续大力实施就业优先战略和更加积极的就业政策，全年就业专项资金总支出达 820 亿元，比 2012 年增加 36 亿元，增长 4.6%。② 全国就业规模持续扩大，就业结构进一步优化，就业目标任务全面完成。

1. 一般劳动力市场供求基本平衡，人才市场就业压力较大

总体上，截至 2013 年底，我国就业人员达 76977 万人，比 2012 年增加 273 万人；全年累计实现城镇新增就业 1310 万人，比 2012 年多增 44 万人；城镇失业人员再就业 566 万人，比 2012 年增加 14 万人；就业困难人员就业 180 万人，与 2012 年基本持平。城镇登记失业率保持在 4.1% 左右的较低水平。

① 根据《2012 年国民经济和社会发展统计公报》《2013 年国民经济和社会发展统计公报》数据计算。

② 数据来源于人力资源和社会保障部副部长信长星在 2014 年 3 月全国就业工作座谈会上的讲话，题为《在全国就业工作座谈会结束时的讲话》。

从供求对比看，根据中国就业研究所的报告，2013 年全年劳动力市场求人倍率（市场岗位空缺数与求职人数之比）一直稳定在 1 以上。其中，2013 年第四季度，用人单位通过全国 104 个城市的公共就业服务机构招聘各类人员约 512.5 万人，进入市场的求职者约 463.8 万人，求人倍率约为 1.1。[①] 但有关数据也显示，较高素质人才的就业压力较大。根据 50 个省级政府所属人才服务机构提供的 33 个重点经济城市的人才市场供求情况，2013 年第四季度，进入人才市场招聘的用人单位有 17.5 万个，提供岗位 358.7 万个，求职人数为 712.3 万个，求人倍率约为 0.5；2014 年第二季度，进入人才市场招聘的单位共 19.0 万个，提供岗位 372.5 万个，求职人数为 747.6 万人，求人倍率约为 0.5，与 2013 年第二季度持平。[②]

2. 第三产业及城镇就业比重双提升

2013 年，中国就业结构有所变化，在趋势上总体与全国的产业结构调整、城乡结构优化相适应。在产业就业结构上，全国第一产业就业人员约 24171 万人，占比 31.4%，同比降低 2.2 个百分点；第二产业就业人员约 23170 万人，占比 30.1%，同比降低 0.2 个百分点；第三产业就业人员约 29636 万人，占比 38.5%，同比增加 2.4 个百分点。[③] 2009 ~2013 年，我国就业人员占第一产业的比重逐年降低，占第二产业的比重先稳步上升后小幅下降，而占第三产业的比重则逐年上升。在城乡就业结构上，2013 年全国城镇就业人数为 38240 万人，比上年末增加 1138 万人；乡村就业人数为 38737 万人。城乡就业人数比由 2004 年的 0.58 提高至 2013 年的 0.99。[④]

3. 高校毕业生就业形势有所好转

近些年，中国持续促进以高校毕业生为重点的青年就业。2013 年，全国高校毕业生 699 万人，至 2013 年 11 月底，就业率达 93.6%。共选派约 2.8 万名高校毕业生参加“三支一扶”服务基层项目，有力地缓解了大学生就业压

---

① 数据来自中国就业研究所 2013 年第四季度就业形势分析会报告。

② 根据中国人力资源市场网《2013 年第二季度全国部分省市人才服务机构市场供求情况分析报告》《2014 年第二季度全国部分省市人才服务机构市场供求情况分析报告》有关数据计算。

③ 人力资源和社会保障部：《2013 年度人力资源和社会保障事业发展统计公报》。

④ 国家统计局国家数据库 2009 ~2012 年城乡就业总数数据及《2013 年度人力资源和社会保障事业发展统计公报》相关数据。

力，充实了西部和基层人才队伍。2013 年末，高校毕业生总体就业率为 94.8%，就业水平与 2012 年基本持平，实现就业 663 万人，比 2012 年增加 18 万人，基本实现了高校毕业生就业率“不降低、有提高”的目标。①

4. 农村劳动力转移就业状况良好

2013 年，中国农村劳动力转移就业人数较上年有所增长。据对全国 10 个省份 500 个行政村农村劳动力转移就业的监测数据，2013 年第四季度末，在外务工人数为 27.23 万人，同比增加 0.13 万人。2013 年全国农民工总量为 26894 万人，比上年增加 2.4%。其中，外出农民工 16610 万人，比上年增加 1.7%；本地农民工 10284 万人，比上年增加 3.6%。② 在外出农民工中，住户中外出农民工 13085 万人，增加 124 万人，增长 1.0%，举家外出农民工 3525 万人，增加 150 万人，增长 4.4%。③

5. 创业带动就业增速明显

中共十八大报告将鼓励创业作为推动更高质量就业的重要方针之一。2013 年，全国创业带动就业增速明显，新增私营企业个体工商户数和从业人数显著增加。截至 2013 年底，全国共有私营企业 1253.86 万户，全年新增 168.17 万户，同比增长 15.49%；共有私营企业从业人数 1.25 亿人，全年新增 1200 万人，同比增长 10.62%；共有个体工商户 4436.30 万户，全年新增 377.10 万户，同比增长 9.29%；共有个体从业人员 0.94 亿人，全年增加 800 万人，同比增长 9.3%。④

（三）重点人才队伍建设状况

当前，中国正面临经济和社会的多重转型，需要各类人才队伍作为支撑。《国家中长期人才发展规划纲要（2010～2020 年）》提出，要突出培养创新型科技人才，大力开发经济社会发展重点领域急需紧缺专门人才，统筹推进各类

① 2014 年最新数据。

② 人力资源和社会保障部：《2013 年度人力资源和社会保障事业发展统计公报》。

③ 据国家统计局发布的《2013 年全国农民工监测调查报告》数据估算。

④ 私营企业数和增长率、私营企业从业人数和增长率、个体工商户数和增长率、个体工商户从业人数和增长率数据来自尹蔚民《全力以赴做好就业这篇大文章》，《求是》2014 年第 10 期。

人才队伍建设。2013 年，中国的专业技术人才、高技能人才、党政人才、科技人才海外高层次人才等人才队伍建设稳步推进。

1. 专业技术人才选拔和培养力度继续加大

专业技术人才能力建设是实施人才强国和创新驱动战略的重要保障。2013 年，以落实《国家中长期人才发展规划纲要（2010～2020 年）》和《专业技术人才知识更新工程实施方案》为重点，中国的专业技术人才培养和选拔力度继续加大。一是专业技术人才知识更新工程全面推进。2013 年，人力资源和社会保障部实施了 285 期高级研修项目，完成了 20 个国家级专业技术人员继续教育基地建设任务。全年完成 1.5 万名高层次专业技术人才、105 万名急需紧缺和骨干专业技术人才的培养培训任务，共有 4400 万人次接受了继续教育。[①] 二是优秀专业技术人才选拔力度增大。2013 年，中国启动了新十年首批“百千万人才工程”国家级人选选拔工作，截至 2013 年，累计选拔有突出贡献中青年专家 5200 多人，新选拔 421 名“百千万人才工程”国家级人选并授予其有突出贡献中青年专家称号，“百千万人才工程”国家级人员超过 4500 人。三是专业技术人员资格考试规模增大。2013 年全国累计有 972.8 万人参加专业技术人员职业资格考试，其中取得专业技术人员职业资格证书的有 216.9 万人。截至 2013 年底，全国累计有 1791.9 万人取得各类专业技术人员职业资格证书。

2. 高技能人才队伍培养和培训不断进展

为适应走新型工业化道路和产业结构优化升级的要求，《国家中长期人才发展规划纲要（2010～2020 年）》提出，要以提升职业素质和职业技能为核心，以技师和高级技师为重点，形成一支门类齐全、技艺精湛的高技能人才队伍。2011 年，我国将高技能人才开发纳入国家战略，制定了《高技能人才队伍建设中长期规划（2010～2020 年）》，提出到 2020 年，全国技能劳动者总量达 1.4 亿人，其中高级工以上的高技能人才达 3900 万人（高级技师 180 万人，技师 820 万人，高级工 2900 万人），占技能劳动者的比例为 28% 左右。

从 2013 年全国高技能人才开发的情况看：一是职业培训不断加强。全年全国开展各类职业培训 2049 万人次。其中，就业技能培训 1227.5 万人次，比

① 人力资源和社会保障部：《2013 年度人力资源和社会保障事业发展统计公报》。

2012 年增长了 2.6%；岗位技能提升培训 548.7 万人次，比上年增加了 0.5%；创业培训 208.2 万人次，比上年增长了 9%；其他培训 64.6 万人次（见表2）。二是职业技能鉴定工作进一步强化，高技能人才队伍能力不断提高。2013 年，全年全国共有职业技能鉴定机构 9865 个，1838.6 万人次参加职业技能鉴定，比 2012 年增加了 8.05 万人次；1536.7 万人次获得不同等级的职业资格证书。其中，取得技师、高级技师职业资格证书的有 49.98 万人，比上年增加了 3.27 万人（见表3）。[①] 三是国家级高技能人才培训基地和“技能大师工作室”建设步伐加快。全国全年完成了 80 个高技能人才培训基地和 100 个国家级“技能大师工作室”的项目建设任务。

表 2　2012 ~ 2013 年全国职业技能培训的情况

单位：万人次

年份	职业培训	就业技能培训	岗位技能培训	创业培训	其他培训
2012	2049	1196	546	191	116
2013	2049	1227.5	548.7	208.2	64.6

表 3　2012 ~ 2013 年全国职业技能鉴定和取得职业资格证书的情况

单位：万人

年份	参加职业技能鉴定人数	取得各级职业资格证书人数	取得技师、高级技师职业资格证书人数
2012	1830.55	1548.78	46.71
2013	1838.6	1536.7	49.98

3. 党政人才队伍能力和素质进一步提升

按照加强党的执政能力建设和先进性建设的要求，《国家中长期人才发展规划纲要（2010 ~ 2020 年）》提出以提高领导水平和执政能力为核心，以中高级领导干部为重点，造就一批善于治国理政的领导人才，建设一支政治坚定、勇于创新、勤政廉洁、求真务实、奋发有为、善于推动科学发展的高素质党政人才队伍。从队伍规模看，2013 年全国公务员总数约为 824.8 万人，其中公务员 717.1

① 人力资源和社会保障部：《2012 年度人力资源和社会保障事业发展统计公报》《2013 年度人力资源和社会保障事业发展统计公报》。

万人，参照公务员管理人员 107.7 万人。① 在公务员招录选拔方面，2013 年中央机关及直属机构共录用 1.9 万人，地方共录用 18.5 万人；全年中央机关遴选 120 名公务员，省级机关遴选 2985 名公务员。在公务员培训方面，2013 年中国在继续推进初任培训、任职培训、专门业务培训及在职培训四类培训的同时，继续加大对革命老区及少数民族地区党政人员的培训支持力度，全年举办公务员对口培训班 34 期，培训骨干公务员 2474 人，② 党政人才队伍素质进一步提升。

4. 科技人才队伍对创新驱动的支撑作用加强

创新型科技人才是新时期中国人才队伍建设的重中之重。《国家中长期人才发展规划纲要（2010～2020 年）》提出，围绕提高自主创新能力、建设创新型国家，以高层次创新型科技人才为重点，努力造就一批世界水平的科学家、科技领军人才、工程师和高水平创新团队，注重培养一线创新人才和青年科技人才，建设一支庞大的创新型科技人才队伍。

改革开放以来，中国科技人力资源和研发人才队伍总量持续增加，中国逐步成为科技人力资源大国。从近年的情况看，2011 年，我国科技人力资源总量达 6200 万人，比 2010 年增加约 500 万人；每万人口中科技人力资源数约为 460 人，比 2010 年的 425 人有所提高；全国研发人员全时当量为 280 万人年，比 2010 年增长约 45 万人年；每万名就业人员中研发人员达到 37 人，比 2010 年的 33.6 人增加了约 3 人。③

2012 年，中国科技人力资源总量达 6960 万人，比 2011 年增加了 760 万人；全国研发人员的全时当量达 324.68 万人年，比 2011 年增加了 44.68 万人年。2012 年 11 月，党的十八大鲜明地提出了“实施创新驱动发展战略”，加强科技人才队伍建设是实现创新发展战略目标的根本保证。据测算，如果保持 10% 的增长率，我国科技人力资源总量 2015 年将超过 1 亿人，2020 年将超过 1.6 亿人。④

① 参考国家公务员局 2013 年统计数据。

② 人力资源和社会保障部：《2013 年度人力资源和社会保障事业发展统计公报》。

③ 科技部：《2011 年中国科学技术发展报告》。

④ 《我国连续六年保持科技人力资源总量世界第一》，http：//www.edu.cn/zui_ jin_ geng_ xin_ 1169/20131224/t20131224_ 1056273.shtml。

从人才产出看，科技创新成效得到了提升。2013年全国受理境内外专利申请237.7万件，其中境内申请221万件，占93%；受理境内外发明专利申请82.5万件，其中境内申请69.3万件，占84%；授予专利权131.3万件，其中境内授权121万件，占92.2%；授予发明专利权20.8万件，其中境内授权13.8万件，占66.3%。截至2013年底，全国有效专利419.5万件，其中境内有效专利352.5万件，占84.0%，比2012年分别增加了68.6万件、62.6万件和1.4个百分点；有效发明专利103.4万件，其中境内有效发明专利54.5万件，占52.7%，比2012年分别增加了15.9万件、11.0万件和3.0个百分点（见表4）。①

表4 2012~2013年我国有效专利和有效发明专利情况

单位：万件，%

年份	有效专利	其中:境内有效专利		有效发明专利	其中:境内有效发明专利	
		数量	占比		数量	占比
2012	350.9	289.9	82.6	87.5	43.5	49.7
2013	419.5	352.5	84.0	103.4	54.5	52.7

资料来源：根据《2012年国民经济和社会发展统计公报》《2013年国民经济和社会发展统计公报》数据整理。

5. 引进海外高层次人才数量和层次不断提升

新中国成立以来，尤其是改革开放以来，我国的海外人才引进工作不断完善，引才成效明显，人才的数量和层次都有了很大提升。这些人才为我国的经济社会发展，尤其是科技创新做出了重要且不可替代的贡献。2013年以来，习近平同志多次对海外人才引进问题做出指示。在欧美同学会成立100周年庆祝大会上，习近平同志指出："党和国家将按照支持留学、鼓励回国、来去自由、发挥作用的方针，把做好留学人员工作作为实施科教兴国战略和人才强国战略的重要任务。"2014年5月，习近平同志在上海组织召开外国专家座谈会时谈道：现在，我们比历史上任何时期都更需要广开进贤之路、广纳天下英才。

① 国家统计局：《2012年国民经济和社会发展统计公报》《2013年国民经济和社会发展统计公报》。

根据2013年留学人员回国服务工作部际联席会议公布的数据，改革开放以来，我国留学人员回国总数达109万人，近五年回国人数约为80万人，接近前30年回国人数的3倍，年均递增36%。截至2013年，我国留学回国人员总数为144.48万人，其中，2013年留学回国35.35万人。2013年，全国共建成了各级各类留学人员创业园280余个，其中，人力资源和社会保障部与地方政府共建创业园43个，入园企业超过2万家。① 另据中国政府网的报道，截至2014年5月底，“千人计划”已分10批引进了4180名高层次创新创业人才，其中2013年新增861人。计划入选者主要来自美、英、德、日、加等科教发达国家的知名高校、科研机构和跨国企业，科技创新者研究水平大多处于国际前沿，科技创业者大多掌握产业化成熟度较高的科技成果、自主专利，或具有丰富的跨国企业经营管理经验。

（四）中国人力资源发展面临的挑战和任务

总体来看，中国人力资源适应经济社会的发展需要，其开发不断取得新的成绩。但是，在国际竞争日益激烈、国内各领域改革不断深化的环境下，中国人力资源发展仍面临挑战，需要不断提升。

1. 以更大的决心和力度解决就业结构性矛盾

从未来的发展趋势看，稳增长、调结构、深化改革和实施更加积极的就业政策，给中国就业发展带来了机遇，然而经济发展转型、劳动力需求下降等也给中国就业发展带来了挑战，最突出的就是就业结构性矛盾，特别是高校毕业生就业难和高技能人才供给不足的矛盾。2013年，高校毕业生达699万人，尽管通过职业介绍、创业培训、鼓励高校毕业生向基层和一线流动等一系列措施，实现了绝大部分高校毕业生就业，但是大学毕业生就业不稳定、就业质量较低的现状值得担忧。由于现代制造业的发展，高技能人才供给短缺问题突出，短时期内很难改变。据预测，到2015年和2020年，我国高技能人才需求将分别比2009年增加约540万人和990万人，其中还不包含现有440万人的

① 《截至2013年底我国留学回国人员总数达144.48万人》，http://news.xinhuanet.com/edu/2014-03/19/c_126285271.htm。

存量缺口。①

为此，一是要将“转方式、调结构”与落实就业优先战略紧密结合，加强就业政策与有关经济政策的协调，实施更加有利于促进就业的产业、贸易、财政、税收、金融等政策，发挥好政府投资和重大项目带动就业的作用，采取措施减轻企业负担。二是要切实支持劳动者多渠道就业，完善支持自主创业、自谋职业的政策体系，鼓励和支持更多劳动者成为创业者。三是落实鼓励企业吸纳就业困难人员、下岗人员的有关扶持政策，保障劳动者的合法权益。四是加强就业政策与教育培训、社会保障及其他社会政策的有机结合和相互配套，推动劳动者就业能力和就业安全保障水平的提升。

2. 以更好的服务和保障推进创业带动就业

近年来，创业带动就业在中国取得了很好的成效。然而，与发达国家相比，目前中国青年群体创业意识、创业能力、创业机会、创业率等均存在一定差距，一个重要的原因就是我国尚未形成有效的“政府激励创业、社会支持创业、劳动者勇于创业新机制”。因此，今后的重点工作是以优化创业环境、完善创业服务功能为重点，推动以高效毕业生为重点的青年创业。进一步扶持小微企业发展，鼓励高校毕业生积极创业，推动社会大众创业创新；加大进一步简政放权的力度，加快清理不必要的资格审批，降低创业成本；充分发挥财政资金对激励青年创业的引导和杠杆作用，加大融资支持力度，采取业务补助等措施，引导、鼓励和支持行业、企业、公益组织等社会力量参与支持青年创业；为青年提供更完善的创业培训和指导，做好创业过程中的服务以及创业失败后的保障工作。

3. 以更完善的制度设计推进高技能人才培养

当前，我国高技能人才短缺矛盾十分突出。因此，需要进一步加强高技能人才队伍的建设，以适应我国现代制造业发展的需要。切实落实国家高技能人才振兴计划，积极组织实施各项技能振兴专项活动。建立科学、多元化的技能人才评价体系，完善技能人才评价标准，改进技能人才评价方式，完善技能人才社会化评价系统。健全面向城乡全体劳动者的职业培训制度，发展各类技能

① 杨涛、杨述珍：《我国高技能人才严重短缺》，《中国质量报》2013 年第 3 期。

人才终身职业培训体系，创新职业技能培训的工作机制。加大政府职业培训补贴力度，启动各类技能人才职业技能提升计划，强化就业技能培训、岗位技能提升培训以及创业培训等。

同时，要尽快建设和完善中国的现代职业教育体系。从三个重点领域推进改革，即大力提升现有职业院校的办学水平，完善中高职衔接体系；引导部分地方本科院校向应用技术类型高校转型；坚持职业教育面向人人的理念，增强职业教育的包容性和开放性。着眼于未来发展，中国现代职业教育体系建设应体现在五个方面：一是以就业为导向，特别是要服务好青年就业；二是建立系统化的技术技能人才培养体系，培养生产服务一线的数以亿计的工程师、高级技工和高素质劳动者，构建从中职、专科、本科到专业学位研究生各个层次的技术技能人才培养体系；三是将产教融合、校企合作贯穿于体系建设全过程；四是构建开放立交、内外衔接的人才成长“立交桥”；五是充分发挥市场和社会的作用，扩大职业院校办学自主权，调动社会力量参与举办职业教育的积极性，鼓励企业办学，支持创办混合所有制、股份制职业院校。[①]

4. 从国家战略层面推进创新型人才队伍建设

随着科技革命和知识经济时代的到来，国际产业分工与转移加速，研发投入持续增加，国内资源与环境约束因素增加，创新驱动成为中国未来重要的发展战略。实现创新驱动战略，根本在人才。从整体来看，中国科技人才总量可观，但创新型科技人才不足。

为满足实施创新驱动发展战略的需要，要统筹做好本土创新人才开发和海外人才引进工作。在创新人才开发方面，目前中国的创新教育培养体系滞后于社会发展的需要，缺乏国际竞争力。例如，在没有意识形态差异的自然科学领域，本土大学一直没有培养出一名获得诺贝尔奖的科学家。在海外人才引进方面，人才国际化程度仍有待进一步提高，人才引进过于注重短期使用，忽略长期效用的问题依然存在。为此，今后要以更加积极、主动和开放的态度引进国外高层次创新创业人才；更加积极、稳妥和高效地开展国内人才的出国（境）培养、培训工作；探索建立在全球负责搜索海外高层次人才的国家部门，建立

① 参考中国发展高层论坛 2014 年会上教育部副部长鲁昕的报告。

集信息储存、沟通联络、信息发布于一体且与网络相结合的海外人才数据库、专门的高层次留学人才数据库及全球顶尖科技人才信息和联络库；聘用海外人才时采用国际人才全球定价办法，采取灵活的薪金制度，对于国家急缺的人才，甚至可以考虑薪金高出国际同行水平；对于专门领域人才的特殊待遇，可以采取政府与社会多元化的支持方式，如政府支持、民间基金冠名等方式，给予补助。

二　人力资源社会保障法制建设状况

法治是治国理政的基本方式。改革开放三十多年来，我国人力资源社会保障法制建设不断完善，为人力资源社会保障事业提供了重要的制度保障。

（一）人力资源社会保障法律体系框架已经形成

2011 年 3 月，时任全国人大常委会委员长吴邦国宣布：中国特色社会主义法律体系已经形成。与此同时，我国人力资源社会保障法制建设也取得了显著进步，一套涵盖人力资源社会保障事业主要领域，由法律、行政法规、部门规章、地方性法规和地方政府规章等不同层次法律文件构成的法律体系框架已经形成。据统计：截至 2011 年底，在人力资源社会保障领域，由全国人大常委会制定的现行法律以及具有法律效力的规定有 11 件，由人力资源和社会保障部制定的现行规章有 90 件，由各地制定的地方性法规和政府规章有 2000 多件。[①] 特别是 2008 年以来，国家制定出台了《社会保险法》，与之前的《劳动法》《公务员法》《劳动合同法》《就业促进法》《劳动争议调解仲裁法》共同构成了我国人力资源社会保障法律体系的顶层架构。人力资源和社会保障部制定出台了 20 余件部门规章，进一步充实与更新了我国人力资源社会保障法律体系的主体内容。地方政府在人才开发规章制定等方面进行了积极探索，积累了宝贵的实践经验。

① 尹蔚民主编《人力资源和社会保障法律制度读本》，中国劳动社会保障出版社，2013，第 19 页。

（二）人力资源社会保障事业各项工作有法可依

目前，我国人力资源社会保障法律体系覆盖了就业、人力资源市场、公共人事、工资收入、能力建设、社会保险、退休、劳动关系和劳动保障监察等领域，各项工作都有了相应的法律法规依据（见表5）。

表5　我国人力资源社会保障各项工作的主要法规

工作领域	主　要　法　规
就业	《就业促进法》《残疾人就业条例》《外国人在中国就业管理规定》《台湾香港澳门居民在内地就业管理规定》《就业服务与就业管理规定》等
人力资源市场	《人才市场管理规定》《中外合资中外合作职业介绍机构设立管理暂行规定》《中外合资人才中介机构管理暂行规定》《干部调配工作规定》《流动人员人事档案管理暂行规定》等
社会保险	《社会保险法》《实施〈中华人民共和国社会保险法〉若干规定》《城镇企业职工基本养老保险关系转移接续暂行办法》《企业年金试行办法》《失业保险条例》《失业保险金申领发放办法》《工伤保险条例》《因工死亡职工供养亲属范围规定》《工伤认定办法》《非法用工单位伤亡人员一次性赔偿办法》《部分行业企业工伤保险费缴纳办法》《企业职工生育保险试行办法》《社会保险费征缴暂行条例》《社会保险业务档案管理规定（试行）》《企业年金基金管理办法》《社会保险个人权益记录管理办法》《社会保险基金先行支付暂行办法》等
专业技术人员管理	《关于实行专业技术职务聘任制度的规定》《职业资格证书制度暂行办法》《全国专业技术人员继续教育暂行规定》《博士后管理工作规定》《专业技术人员资格考试违纪违规行为处理规定》等
职业能力建设	《职业技能鉴定规定》《职业资格证书规定》《招用技术工种从业人员规定》《中华技能大奖和全国技术能手评选表彰管理办法》《中外合作职业技能培训办学管理办法》等
公务员管理	《公务员法》《行政机关公务员处分条例》《公务员录用规定（试行）》《公务员录用考试违纪违规行为处理办法（试行）》《公务员申诉规定（试行）》《公务员辞去公职规定（试行）》《公务员辞退规定（试行）》等
事业单位人事管理	《事业单位人事管理条例》《事业单位公开招聘人员暂行规定》《事业单位工作人员处分暂行规定》等
军官转业安置	《军队转业干部安置暂行办法》《关于自主择业的军队转业干部安置管理若干问题的意见》等
工资福利与离退休	《关于安置老弱病残干部的暂行办法》《关于职工探亲待遇的规定》《国家机关工作人员病假期间生活待遇的规定》《关于高级专家离退休问题的补充规定》等
工时与休息休假	《关于职工工作时间的规定》《职工带薪年休假条例》《机关事业单位工作人员带薪年休假实施办法》《企业职工带薪年休假实施办法》等

续表

工作领域	主 要 法 规
劳动关系	《劳动法》《劳动合同法》《劳动合同法实施条例》《女职工劳动保护特别规定》《工资支付暂行规定》《未成年工特殊保护规定》《工资集体协商试行办法》《最低工资规定》《集体合同规定》等
农民工工作	《关于解决农民工问题的若干意见》《关于发展家庭服务业的指导意见》《建设领域农民工工资支付管理暂行办法》等
调解仲裁	《调解仲裁法》《人事争议处理规定》《劳动人事争议仲裁办案规则》《劳动人事争议仲裁组织规则》《企业劳动争议协商调解规定》等
劳动保障监察	《禁止使用童工规定》《劳动保障监察条例》《劳动行政处罚听证程序规定》《社会保险费征缴监督检查办法》《关于实施〈劳动保障监察条例〉若干规定》等
其他	《人力资源社会保障行政复议办法》等

（三）人力资源社会保障事业立法水平不断提升

在我国人力资源社会保障法制建设逐步推进的过程中，立法水平也在不断提升。2010 年，人力资源和社会保障部《人力资源和社会保障立法体系构想》提出，要尽快建立起与国家整个法律体系相适应的、与社会主义市场经济和民主政治相配套的完善的人力资源社会保障法规体系。人力资源社会保障各业务领域都有相应的支架性法律，专门法律和相配套的法规、规章比较齐备；各个法律、法规、规章之间，下位法与上位法不相抵触，同位法之间互不冲突，内容和谐一致，符合实践需要。① 该构想反映了人力资源社会保障立法水平的进步，立法研究更加充分，立法技术更加科学，立法程序更加完善，立法预测和规划更加符合人力资源社会保障事业发展的现实需要与未来趋势。

（四）人力资源社会保障事业立法不断取得进展

1. 事业单位人事管理有了专门立法

2014 年 5 月 15 日，我国第一部关于事业单位人事管理的专门法规《事业单位人事管理条例》正式颁布，并于同年 7 月 1 日起施行。该条例的制定适应了新时期国家推进事业单位改革的需要，具有重要的战略意义。一方面，它肯

① 尹蔚民主编《人力资源和社会保障法律制度读本》，中国劳动社会保障出版社，2013，第 24 页。

定了近年来我国事业单位人事制度改革方面取得的成绩，并以法律形式将聘用制度、岗位管理制度、公开招聘制度等确立下来；另一方面，它有针对性地规范了当前事业单位人事管理存在的一些突出问题，如“进口”和“出口”，聘用合同的订立、履行、解除、终止，奖惩等激励和保障制度，以及人事争议处理等方面。

2. 劳务派遣规范管理法规出台

第一，劳务派遣业务纳入行政许可范围。2013 年 6 月 21 日，人力资源和社会保障部颁布了《劳务派遣行政许可实施办法》，将劳务派遣纳入行政许可范围。该办法分为总则、劳务派遣行政许可、监督检查、法律责任、附则五章。

第二，制定《劳务派遣暂行规定》。2014 年 1 月 26 日，人力资源和社会保障部颁布了《劳务派遣暂行规定》。该规定分为总则、用工范围和用工比例、劳动合同与劳务派遣协议的订立和履行、劳动合同的解除和终止、跨地区劳务派遣的社会保险、法律责任、附则。该规定的颁布实施，对进一步规范劳务派遣用工行为，明确劳务派遣单位、用工单位和被派遣劳动者三方的权利与义务，维护被派遣劳动者的合法权益，以及构建和发展和谐稳定的劳动关系具有重要作用。

3. 加强劳动能力鉴定的规范管理

2014 年 2 月 20 日，人力资源和社会保障部、国家卫生和计划生育委员会联合颁布了《工伤职工劳动能力鉴定管理办法》。该办法分为总则、鉴定程序、监督管理、法律责任、附则五部分，其亮点主要体现在以下几个方面：一是明确了劳动能力鉴定委员会的法定职责，规范了劳动能力鉴定主体的行为；二是规范了劳动能力鉴定的程序，细化了劳动能力鉴定的环节，更好地体现了服务型政府的理念；三是加强了对劳动能力鉴定委员会组成人员、劳动能力鉴定工作人员、专家、用人单位、工伤职工及其近亲属等相关主体行为的监督管理，确保了劳动能力鉴定的公平、公正、公开。

4. 细化社会保险费申报缴纳管理

2013 年 9 月 26 日，人力资源和社会保障部颁布了《社会保险费申报缴纳管理规定》。该规定分为总则、社会保险费申报、社会保险费缴纳、未按时足额缴纳社会保险费的处理、法律责任、附则六部分，其主要细化了以下几方面的管理：一是规定了用人单位代职工申报的缴费明细以及变动情况应当经职工本人签字认可，并且要按月将缴纳社会保险费的明细告知职工本人，加强了对用人单位社会保险费申报和缴纳行为的监督，保障了职工对社会保险费申报、缴纳的知情权；二是加大了对用人单位未能按时足额缴纳社会保险费的处置力度，规定了划拨、担保、滞纳金、申请强制执行等措施。

5. 首部地方人才综合法规出台

2013 年 7 月 26 日，珠海市人大常委会通过了《珠海经济特区人才开发促进条例》。该条例分为总则、人才培养与引进、人才评价与流动、人才保障与激励、人才开发区域合作、附则六部分，共 51 条。该条例是《国家中长期人才发展规划纲要（2010～2020 年）》颁布实施以来全国首部地方性人才法规，在很多方面进行了突破和创新：一是首次通过法规明确了人才的概念；二是确立了人才开发投入的增长机制；三是充分保障了人才权益；四是创新了人才评价机制；五是探索建立了人才荣誉制度；六是放宽了港澳人才服务机构进入条件。

（五）进一步完善人力资源社会保障法律体系

1. 不断提高立法层次

立法层次决定了法律法规的效力，立法层次不到位会直接影响法律法规的实施效果。目前，我国人力资源社会保障法律体系主要由部门规章构成，由于全国人大通过的法律和国务院制定的行政法规数量较少，有些工作依据的还是层次较低的规范性文件。特别是在全面深化改革的背景下，很多改革措施会跨部门、跨领域，要通过立法为改革提供依据、破除障碍、创造条件，仅通过部门规章和规范性文件是不够的。因此，逐步提升立法层次，是未来人力资源社会保障立法工作的重要任务。对于经过实践检验的、比较成熟的部门规章和规范性文件，要通过立法程序适时上升为行政法规或者法律，为人力资源社会保障事业的改革发展提供更高层次的法律依据。

2. 进一步完善有关立法体系

经过多年的法制建设，我国人力资源社会保障事业的主要领域基本实现了有法可依。但是，现行的法律法规体系仍然不够健全，有些领域的工作仍缺少法律依据，或依据的法律法规层次比较低。例如，在人力资源开发、专业技术人员管理与职业能力建设、军官转业安置、农民工工作等方面的有关立法还不完备，存在立法空缺。因此，要进一步做好立法预测和规划，围绕人力资源社会保障事业改革发展的重点领域和重点事项，尤其是一些缺少法律依据的领域，加快立法研究，尽快将有关工作纳入法制轨道，不断完善立法体系。

3. 及时修订有关法律法规

现行的人力资源社会保障法律法规，大部分制定时间比较早，尤其是大量部门规章。截至 2014 年 6 月底，现行有效的人力资源社会保障规章共计 96 部，其中 20 世纪 80 ~ 90 年代制定的有 49 部，约占 51%，而这 49 部规章中后来经过修订的只有 4 部（《全民所有制事业单位辞退专业技术人员和管理人员暂行规定》《技工学校工作规定》《劳动监察员管理办法》《外国人在中国就业管理规定》），大部分法规没有得到及时修订。目前，我国人力资源社会保障事业所面临的形势和问题都在发生变化，应适应事业发展和环境变化的需要，及时修订一些制定时间较早、已经不适应事业发展需要的法律法规，提高法律法规的时效性。

三 公共部门人事管理制度建设

（一）公务员制度不断完善

我国公务员制度的建设是在深化干部人事制度改革的过程中建立和发展起来的。经历了十多年的发展，公务员制度在建设高素质的公务员队伍、提升政府部门公共服务水平和工作绩效、推动干部人事制度改革方面发挥了重要作用。当前，面对全球范围内政府改革以及公务员制度变革的浪潮，我国公务员制度在继承、发展和创新中不断得到完善。

1. 公务员分类管理制度改革稳步推进

分类管理是公务员法的一项重大制度创新。我国《公务员法》规定：“公务员职位类别按照公务员职位的性质、特点和管理需要，划分为综合管理类、专业技术类和行政执法类等类别。”《2010～2020深化干部人事制度改革规划纲要》提出，要健全综合管理类公务员管理办法，建立专业技术类、行政执法类公务员职务序列和管理办法，探索增设新的职位类别。2013年，国家公务员局起草了《行政执法类公务员管理暂行办法》和《专业技术类公务员管理暂行办法》。目前，这两个管理暂行办法已经进入后期修改阶段。2007年，深圳市首次推行公务员聘任制试点。2011年1月28日，中央组织部、人力资源和社会保障部印发《聘任制公务员管理试点办法》，对各地各部门开展公务员聘任制试点进行指导。目前，公务员聘任制管理试点已经扩大到上海、福建、广东、广西、重庆、四川6个省份。

2. 公务员考试录用制度进一步完善

近年来，公务员考录工作在我国深化干部人事制度改革和实施人才强国战略的指引下，坚持平等参与、竞争择优、制度规范和公开公正的理念，严把公务员队伍“进口”关，推进依法考录，在增强考录科学性、重视基层用人导向、确保安全考录等方面进行了积极的实践与探索。一是坚持“凡进必考”，把保证公平贯穿于完善考录制度的各个环节。二是推进考录工作科学化，以能力测评为导向，推进分级分类考试，优化考试内容，创新测评方法，建立能力测试标准。三是重视面向基层，探索从优秀工人和农民等生产一线人员中考录公务员。四是加强公务员考录的监管，不断提高考录安全水平。

2013年，我国公务员考录工作总体平稳有序，全年共招录20.4万名公务员。其中，中央机关及其直属机构1.9万人，地方18.5万人。2012年，中央机关及其直属机构共录用大学生村官等服务基层项目人员410人。据不完全统计，全国录用服务基层项目人员1万余人，占录用人数的12%。一些地方政府对艰苦边远地区职位录用人员给予政策倾斜，适当调整招考条件，提升艰苦边远地区职位报考人数和开考率。2014年，《关于加强乡镇干部队伍建设的若干意见》提出：“对招人难、留人难的艰苦边远乡镇，可适当降低进入门槛，采取放宽职位专业限制、限定报考人员户籍等办法。”2013年10月8日，人力资源和社会保障部办公厅与国家公务员局综合司联合发文，在全国行政机关考录系统开展考录工作“警示教育周”活动，防治考录工作中的不正之风，确保录用考试的平稳有序开展。随后，各地各部门普遍开展了“警示教育周”

活动、执法检查和考试安全大检查，以确保考录工作的安全性，维护考录工作的公信力。

3. 公务员公开遴选工作步入常态化

公务员公开遴选是上级机关面向下级机关选拔优秀公务员的一种重要方式和途径。从2010年开始，中央国家行政机关开始开展公务员公开遴选试点。目前，遴选范围由最初的11个中央机关扩大到2013年的48个中央机关，职务层次从科员、副主任科员拓展到正处级、副处级以及主任科员，并将参照《公务员法》管理机关（单位）及工作人员纳入范围。2013年1月，中央组织部、人力资源和社会保障部出台了《公务员公开遴选办法（试行）》，对公开遴选的原则、程序与权限、纪律与监督等做出了明确规定，标志着中国公务员公开遴选工作步入常态化、规范化轨道。据统计，2013年中央机关遴选120人，省级机关遴选2985人。目前，全国已有27个省份先后开展了公务员公开遴选工作，15个省份制定了公务员公开遴选实施办法。通过公开遴选建立基层公务员的上行通道，可有效改善上级机关公务员队伍结构，推动公务员队伍整体素质优化，提升中央和省级机关的工作效能。

4. 公务员平时考核工作制度化建设加强

《2010～2020深化干部人事制度改革规划纲要》明确要求："实行平时考核与定期考核相结合。规范干部平时考核制度，加强对干部的经常性考核。综合运用平时考核、年度考核与换届（任期）考察、任职考察等方式，全面准确地评价干部。"在做好年度考核工作的同时，我国各地各部门不同程度地探索开展了平时考核工作。目前，全国已建立了10个省级考核联系点，各地各部门建立了近300个联系点，已有22个省份和部分部委出台了规范性文件。平时考核结果在干部任用和选拔、培训、奖励表彰等各个环节管理中的作用得到凸显。2013年4月16日，国家公务员局在天津召开全国行政机关公务员平时考核工作经验交流会，从制度建设，建立科学、合理、适用的考核指标体系，推进考核方式方法创新，以及拓宽考核结果使用途径四个方面，对各地各部门推进公务员平时考核工作提出了要求。在深入总结各地各部门实践经验的基础上，中央组织部、国家公务员局的《公务员平时考核办法（试行）》将适时出台。

5. 探索建立职务与职级并行制度

我国公务员队伍的90%是科级以下干部，60%在县级以下机关工作。建立职务与职级并行制度，构建干部职务晋升与职级晋升的“双梯制”，对完善公务员激励机制、拓宽基层公务员的职业发展空间和调动公务员队伍的积极性具有重要意义。建立职务与职级并行制度的基本思路是：在《公务员法》规定的制度框架内，保持现有领导职务和非领导职务晋升制度不变，建立职级晋升制度，实行职级与待遇挂钩，强化职级在确定公务员工资、福利等方面的作用。目前，在县级以下机关建立公务员职务与职级并行制度的试点意见已经形成，安徽、江苏、山东等省份已经在县级以下机关开展试点先行，以后逐步推开。

6. 公务员培训力度继续加大

教育培训是提高公务员综合素质和履职能力，以及政府治理能力的重要途径。《2010～2020年干部教育培训改革纲要》对干部教育培训改革做出了全面部署。2011年，国务院办公厅《关于转发人力资源社会保障部、国家公务员局2011～2015年行政机关公务员培训纲要的通知》，为提高公务员培训工作科学化水平、培养高素质的公务员队伍指明了方向。十八大报告明确提出要加强和改进干部培训，加大培养选拔优秀年轻干部力度。2013年，在加大公务员“四类培训”和对口培训工作方面得了的较好的效果，全国共培训公务员700余万人次，公务员初任培训率达100%，少数民族地区、革命老区及受灾地区对口培训骨干公务员1.5万余名。此外，公务员职业道德方面的培训力度加强，25个省份出台了公务员职业道德建设实施方案，17个省份提前完成了职业道德轮训任务。

7. 深入开展争做人民满意公务员活动

公务员是人民的公仆，必须坚持为人民服务、忠于职守，把让人民满意作为公共服务的标准。2011年5月，中央组织部、人力资源和社会保障部、国家公务员局联合下发了《关于开展带头创先争优争做人民满意公务员活动》，决定在广大公务员队伍中深入开展以“对人民负责、为人民服务、受人民监督、让人民满意”为主要内容的争做人民满意公务员活动。2013年，组织开展了第八届中国“人民满意的公务员”和“人民满意的公务员集体”评选表彰，共表彰了99名个人和80个集体。同时，全国13个省份也分别开展了“人民满意的公务员”评选表彰活动。

（二）事业单位人事制度改革深入推进

从20世纪80年代改革按照机关办法统一管理干部的单一模式，到20世纪90年代提出“脱钩、分类、放权、搞活”的人事制度改革思路，再到21世纪头十年推行聘用制度和岗位管理制度，事业单位人事制度改革以搞活用人机制为核心，不断向前推进。2011年3月，中共中央、国务院印发了《关于分类推进事业单位改革的指导意见》（简称《指导意见》）及10余个配套文件，明确了近十年事业单位改革的思路和方向。2014年4月，《事业单位人事管理条例》出台，事业单位的人事管理走向全面法制化轨道。

1. 全面构建事业单位人事管理法律体系

2014年4月25日，《事业单位人事管理条例》（简称《条例》）发布，这是中国事业单位人事管理的第一部专门行政法规。《条例》对聘用制度、公开招聘制度、岗位设置管理制度、纪律处分制度等先期改革成果进行了法律确认，使其实现了“合法化”，同时，提高了事业单位人事立法的层次和效力，使事业单位人事管理实现了有法可依、有章可循，成为我国人事法规体系的重要而有机的组成部分。《条例》包括总则、岗位设置、公开招聘、竞争上岗、聘用合同、考核培训、奖励处分、工资福利、社会保险、争议处理、法律责任等内容，涉及事业单位人事管理主要的、基本的环节，全面构建了事业单位人事管理的制度体系。

2. 明确规范事业单位人员聘用合同制

聘用制度的推行是事业单位用人制度和人事关系调整方式的重大改革。自2002年7月国务院办公厅转发原人事部《关于在事业单位试行人员聘用制度的意见》，到2013年底的10余年间，我国事业单位聘用制度推行率、事业单位工作人员合同签订率均超过90%，[①] 事业单位聘用制度已全面实施。2014年颁布的《条例》对事业单位聘用合同管理进行了专门规范，对聘用合同的

---

① 人力资源和社会保障部：《2013年度人力资源和社会保障事业发展统计公报》。

期限、初次就业人员的试用期等进行了更加明确的规定，明确了订立聘用至退休的合同的条件，列明了聘用合同解除以及合同解除、终止后人事关系的终止等情形，特别是改变了原来聘用政策中关于事业单位人员辞聘的 6 个月“等待期”的规定。《条例》第 17 条规定，事业单位工作人员提前 30 日书面通知事业单位，可以解除聘用合同，这使事业单位工作人员辞聘与公务员和企业职工辞职告知期保持了一致，保障了其平等的辞职辞聘权利。

3. 完善事业单位岗位设置管理制度

岗位设置管理制度是组织按照因需设岗、结构合理、动态调整和依法管理的原则对岗位进行管理的基本制度。事业单位岗位管理的重点是将岗位总量管理、岗位分类、岗位最高等级控制、岗位等级结构比例调控结合在一起。国家对事业单位岗位设置实行宏观调控、分类指导、分级管理。2006 年 7 月，原人事部印发《事业单位岗位设置管理试行办法》，开始实行事业单位岗位设置管理制度。到 2013 年底，全国事业单位岗位设置基本实现制度入轨，全国事业单位岗位设置完成率超过 90%。[①] 2014 年《条例》将岗位管理作为事业单位人事管理的首要环节，对其进行了规范，但未规定岗位总量和结构比例控制等，为相关改革预留了空间。

4. 初步建立事业单位公开招聘制度框架

自 2006 年 1 月 1 日《事业单位公开招聘人员暂行规定》实施以来，事业单位公开招聘制度推行率不断提高。到 2013 年底，事业单位公开招聘制度推行率达到了 90%，事业单位新进人员公开招聘已经在全国范围内基本实现全覆盖。[②] 2014 年颁布的《条例》规定，事业单位新聘用工作人员应当面向社会公开招聘。这意味着中国以法规形式确立了事业单位公开招聘的原则和基本方法。《条例》对公开招聘原则和程序的规定，构成了公开招聘制度的框架，实现了招聘程序的法定化，有助于避免招聘组织的随意性，抑制了招聘和用人腐败，推动了公开招聘制度的健康发展。

5. 法制规范事业单位岗位绩效工资管理

2006 年，为贯彻落实《公务员法》关于公务员工资制度的规定，统筹协

---

① 人力资源和社会保障部：《2013 年度人力资源和社会保障事业发展统计公报》。

② 人力资源和社会保障部：《2013 年度人力资源和社会保障事业发展统计公报》。

调各方面的利益关系，党中央、国务院决定，从当年7月1日起，改革事业单位工作人员收入分配制度，在事业单位实行岗位绩效工资制。2014年《条例》对岗位绩效工资进行了确认，这是对事业单位工资制度第一次进行较具体的法制规范，其中包括基本工资、绩效工资和津贴补贴，明确事业单位工资分配应当结合不同行业事业单位的特点，体现岗位职责、工作业绩、实际贡献等因素，并由国家建立事业单位工作人员工资的正常增长机制。

6. 构建仲裁和申诉并行的人事争议处理体系

事业单位人事争议，也称人事纠纷，是指在人事管理过程中因执行人事政策法规、履行聘用合同或其他具体人事行为，在用人单位与其所属工作人员之间产生的权利和利益的分歧或争议。2014年《条例》规定，事业单位人事争议处理包括以仲裁和申诉为主的两种并行的制度与方式，构建了符合我国事业单位人事管理特点、全面系统的人事争议处理体系。其中，人事争议仲裁是由相对独立于行政机构的仲裁机构居中处理人事争议的方式，具有准司法性；而人事争议申诉则是一种行政行为，是一种自上而下处理人事争议的方式。申诉与仲裁制度在不同领域发挥着维护事业单位工作人员合法权益的作用。

（三）公共部门人事制度改革的难点和重点

公务员制度和事业单位人事制度构成了中国公共部门人事管理制度的主要方面。在中国推进国家治理体系和智力能力现代化的形势下，公共部门人事制度改革面临新的挑战。近年来，中国公务员制度不断完善，事业单位人事制度改革正在逐步由点到面、由局部向全局、由表层往深层展开。然而，随着改革的推进，改革进入深水区，下一步需要在难点和重点环节上有所突破。

1. 继续深入推进公务员分类管理改革

当前公务员分类管理改革仍存在的一些重点、难点问题，具体如下。一是如何制定详细清晰的公务员职位职责规范，如何界定专业技术类、行政执法类和综合管理类三类公务员。二是如何平衡不同类别公务员的发展空间和职业待遇，涉及如何确定不同类别公务员的职位比率和职数比例、不同类别公务员对发展空间的需求，以及如何使公务员的分类结构和职位设置配比达到平衡、合理。三是在现行的公务员分类管理改革工作中，尚缺乏法律支持和配套制度保障。

下一步的工作重点是，进一步改革和完善公务员分类管理与聘任制度，提升公务员队伍的职业化、专业化和规范化水平。科学设计行政执法类公务员的职务序列，规范确定职位职责以及后续的进、管、出办法；科学界定专业技术类公务员的职位范围、职位职责、工作业绩和能力评定标准；处理好其和职务与职级并行制度的关联。加快出台行政执法类和专业技术类公务员的管理暂行办法，研究制定配套政策，建立相应的日常管理机制。适时调整完善《公务员法》，保障改革的平稳推进。此外，还要继续深化聘任制公务员管理试点，为适时出台《聘任制公务员管理规定》提供实践依据。

2. 持续提升公务员考录的科学性

目前，我国的公务员考试存在考试内容设置不够科学、考试内容与职位特性要求联系不够紧密、分级分类的考试格局尚未形成、考试测评技术不高、测评方法单一等问题，这影响了选拔人才的准确性和有效性。因此，要进一步提高公务员考录的科学化水平，改革和完善考试录用方法。根据职位分类探索形成针对不同类型、不同类别公务员的考试内容和考试方式；进一步加强考录科研投入，建设一支高水平的科研、命题、面试和阅卷专家队伍；进一步提高考录工作的信息化水平，加强基础数据统计和分析，为完善考录政策提供依据；加强公务员考录工作的跟踪评估，检验考录的科学性和公平性。

3. 大力加强基层公务员队伍建设

加强基层公务员队伍建设对密切干群关系、提高政府执政能力等具有重要意义。当前基层公务员队伍仍存在来源不足、待遇偏低、发展空间狭窄、队伍不够稳定、队伍年龄结构失衡、能力素质与工作需求不尽适应、动力不足等突出问题。对此，需要加强以下工作：一是为有效解决基层公务员晋升空间狭窄、待遇偏低的问题，在目前试点的基础上，制定县级以下机关全面实施职务与职级并行制度的具体意见，适时全面推开。二是在坚持凡进必考的前提下，完善基层公务员考录制度，适当降低艰苦边远地区公务员的考录门槛。三是加强基层公务员培训，加强职业道德建设，开展定位式培训，提高培训方式的灵活性。四是加强基层公务员的正面宣传和舆论引导，树立基层公务员的优秀典型，展示基层公务员队伍的良好形象。

4. 改进和完善公务员考核工作

目前，公务员考核制度尚不能适应和满足公务员选拔和任用的新要求，公务员考核指标体系单一，缺乏针对性；考核结果存在“称职”大平台现象，难以有效区分同一考核等次公务员之间的个体差异；考核的流程不够完善，考核结果的运用不够充分；部分地区对平时考核重视还不够。

面对新形势、新要求，需要进一步加强公务员的平时考核，将平时考核与年度考核有机结合起来，使平时考核为年度考核提供依据。重点突破平时考核指标设计、考核数据采集、考核结果应用等难题，充分发挥平时考核的管理、导向、激励和约束功能。尽快出台《公务员平时考核办法（试行）》，为各地各部门贯彻落实平时考核工作提供指导和依据。

5. 加快《事业单位人事管理条例》配套制度建设

为贯彻落实《条例》，应加快相关配套制度和实施细则的制定与完善。一方面，需要对与《条例》规定存在冲突的政策文件进行清理；另一方面，需要加快新的配套规章的制定进程，如及时出台奖励、聘用合同管理、竞争上岗、考核、交流、培训、人事监督检查等相关规定。同时，还要进一步完善工资制度、养老保险制度等重大改革方案，统筹推进事业单位分类改革与人事制度改革，统筹推进机关与事业单位改革，统筹公共利益与工作人员切身利益。

6. 分类推进事业单位人事制度改革

要根据事业单位分类实行不同的人事管理制度。从事公益服务的事业单位，实行以聘用制和岗位管理制为主要内容的事业单位人事管理制度；因承担行政职能而转为行政机构的事业单位，实行公务员制度；因从事生产经营活动而转为企业的事业单位，实行劳动合同制。同时，要对从事公益服务的事业单位实行分类管理。公益一类事业单位在审批编制内设岗，规范人事管理，搞活内部用人机制；公益二类事业单位在备案编制内设岗，赋予单位灵活的人事管理权。积极探索完善不同类型公益类事业单位在聘用合同、岗位设置、公开招聘、竞聘上岗等方面的不同管理办法。

7. 切实落实事业单位各项人事制度

全面推行聘用合同制度，建立以合同管理为基础的用人机制，通过聘用合同规范单位与职工的基本人事关系。新进人员面向社会公开招聘，做到信息公开、过程公开、结果公开；在单位内部实行竞聘上岗制度。加大对违规违纪用人行为的查处力度，公平公正、及时有效地处理人事争议。另外，探索理事会等形式的事业单位法人治理结构，建立事业单位内部民主决策机制和监督约束机制。

四　人力资源服务业的发展

人力资源服务业是为劳动者就业和职业发展、为组织人力资源开发和管理提供社会化与专业化服务的产业部门。① 人力资源服务业的发展对促进人力资源开发效率、提升人力资源开发水平具有重要的促进和保障作用。近年来，我国人力资源服务业发展迅速，逐步从一个“孵化产业”演变为一个“成形产业”，服务产业链趋于完整，产业化发展格局初步形成，服务的专业化、信息化、国际化趋势明显，成为现代服务业的重要组成部分。2013 年，中国人力资源服务业发展又迈上了新台阶。

（一）人力资源服务业的基本状况

1. 政策环境改善，服务规模和产值增加

2011 年，我国人力资源服务业被正式列入国家产业结构调整指导目录，写入国家“十二五”规划。2012 年，江苏、浙江、辽宁等地区率先出台了人力资源服务业发展的专项政策，一些地方政府通过资金投入和政策支持等，使人力资源服务业无论在产值规模还是在运营水平上都得到了快速发展。2013 年，人力资源和社会保障部办公厅下发了《关于在人力资源服务机构中开展诚信服务主题创建活动的通知》，在全国经营性人力资源服务机构中开展诚信服务主题创建活动，加快统一开放、公平诚信、竞争有序的市场环境建设。在中央的引导和地方的共同努力下，人力资源服务业不断迈上新台阶，经营规模不断扩大。

据人力资源和社会保障部有关统计，2013 年，全国各类人力资源服务机构共接待流动人员约 4.35 亿人次，比 2012 年提高了约 500 万人次；服务用人

① 陈力：《我国人力资源服务业的形成与发展》，《人事天地》2012 年第 7 期。

单位数比2012年增加了114万家次，增长了约6%；实现就业和流动人员10167万人次，比2012年的9547万人次增长了约6.5%。2012年，人力资源服务全行业营业总收入5765亿元（含服务外包等业务的代收代入部分）。2013年，全行业营业总收入6945亿元，比2012年增长20.5%。[①]

2. 产业链日趋完善，各项服务稳步发展

当前，随着我国产业结构的调整、城镇化的加速，用人单位和求职者需求不断变化，人力资源各类服务稳步发展、适时调整。①高校毕业生和农民工招聘服务增加。全国举办的高校毕业生专场招聘会数量由2012年的6.5万场次，增加到2013年的6.9万场次，增长了约6%；2013年举办农民工专场招聘会约6.5万场次，比2012年增长了约10%，同时，网络招聘发展迅猛。②劳务派遣业务有所减少。2013年，登记要求派遣的劳动者有633万人，比2012年增加约22%；要派用工单位34万家，比2012年减少1万家；全年共派遣1080万人，比2012年下降了约20%。③人才培训服务有了较大发展。2013年，共举办培训班21万次，比2012年增加16.7%；培训人数由2012年的873万人，增加到2013年的1039万人，增长了约19%。④档案管理服务略有增长。2013年，为流动人员依托档案提供服务达3260万人次，比2012年增长约5.6%。⑤高端服务稳中有进。2013年，人才测评499万人，比2012年增长了79%；为167万家用人单位提供了人力资源管理咨询服务，比2012年增加了22万家；为43万家用人单位提供了人力资源外包服务，与2012年持平；成功寻访推荐高级人才80万人，比2012年减少了8万人。[②]

3. 民营机构发展迅速，市场活力不断增强

2012年，在我国各类人力资源服务机构中，政府公共就业和人才服务机构占总数的34.8%，国有企业占4.2%，民营服务机构占60.3%，外资及港澳台资服务机构占0.7%。[③] 2013年，各类人力资源服务机构约为2.6万家。[④]

---

① 人力资源和社会保障部人力资源市场司统计资料。

② 人力资源和社会保障部人力资源市场司统计资料。

③ 吴江主编《中国人力资源发展报告（2013）》，社会科学文献出版社，2013，第146页。

④ 2013年统计，人力资源和社会保障部对数据报送要求进行了调整，各省份提交的数据由汇总数据表变为服务机构数据库。2013年人力资源服务机构2.6万家，与2012年相比减少1939家，主要原因是部分省份报送的2012年统计数据中，仍包含县级以下基层公共服务平台。

其中，县级以上政府公共就业和人才服务机构6482家，占总数的24.6%；国有企业1139家，占4.3%；民营机构18578家，占70.3%；外资及港澳台资服务机构218家，占0.8%。与2012年相比，民营服务机构增加了1491家，增长了8.7%。目前，非国有人力资源服务机构已成为中国人力资源服务业的主要力量，市场活力不断增强。

4. 从业人员规模增长，素质不断提高

据人力资源和社会保障部统计数据，2013年，全国人力资源服务业从业人员共约35.8万人，比2012年增加了2.2万人，增长了约6.5%。其中，取得职业资格的从业人员数略有增加，由2012年的11.1万人，增加到了2013年的11.6万人；本科以上学历的从业人员由2012年的14.3万人，增加到了2013年的14.6万人。但本科以上学历的从业人员所占比例，由2012年的42.6%下降到了2013年的40.6%。

（二）人力资源服务业的区域发展状况

1. 中西部和东北部地区人力资源服务业发展加速

我国地区经济社会发展水平差异大，人力资源服务业在各地区发展不平衡。前期，我国人力资源服务企业主要集中在东南沿海一带经济发达、人口稠密、工商业云集的大城市。近年来，随着我国西部大开发、中部崛起和振兴东北战略的不断深入，在中西部和东北部地区也形成了一批人口和产业集中"城市群"，形成了中国未来经济发展格局中最具活力和潜力的核心地区，因此，必然会吸引人力资源服务业向这些地区进行布局。

目前，虽然大多数人力资源服务机构仍然集中在东部沿海地区，中西部和东北地区人力资源服务业的发展较为落后，但近年来人力资源服务业在中西部和东北部地区发展速度加快。据人力资源和社会保障部统计，2013年东部地区人力资源服务机构总数为1.3万家，从业人员总数17.9万人，均约占全国的一半；营业总收入约为4485亿元，约占全国的64.6%。与2012年相比，中部、西部和东北部地区人力资源服务业发展迅速。从营业收入看，2013年，中部地区人力资源服务营业总收入约为890亿元，是2012年的3.5倍；西部地区的营业总收入约为1065亿元，约是2012年的2倍；东北部地区的营业总收入为504亿元，是2012年的32.5倍。

2. 人力资源服务产业园区发展势头良好

人力资源服务产业园是各类人力资源服务业集聚的形式。作为产业空间集聚的平台，人力资源服务产业园的建设与发展，促进了服务企业集中布局、产业集群发展、资源集约利用和功能集合构建，提升了人力资源服务业的规模效益和运营水平。同时，人力资源服务产业园在创新发展模式、服务标准化建设、行业监管等方面也发挥了示范作用。自2010年上海建立了第一个国家级人力资源服务产业园以来，现全国已批准建立了4个国家级人力资源服务产业园（位于上海、重庆、郑州、苏州）。据2013年底的初步统计，中国上海人力资源服务产业园区建园以来，已集中入驻机构包括公共人事服务、人事派遣、人力资源服务外包、人力资源测评和培训等各类企业60余家，税收已突破5亿元。① 近年来，在国家级人力资源服务产业园的带动下，全国各地积极筹备建立省级、市级和县级人力资源服务产业园区。比如，浙江、江苏、安徽、山东等地省级人力资源服务产业园已开园运营，并取得了很好的成绩。如宁波人力资源服务产业园，自2012年开园以来，集聚了包括万宝盛华等23家优秀人力资源服务机构，2013年园区人力资源服务营业总收入达20亿元，上缴利税1950万元，比2012年增长了30%。② 目前，北京、天津、广州和厦门等地也在加快推进人力资源服务产业园建设。

（三）开展人力资源服务业发展评估指标体系研究

2012年12月，国家《服务业发展“十二五”规划》提出：为推动服务业重点行业的发展，要尽快研究制定服务业发展评价体系，定期公布全国和各地区服务业发展水平、结构等主要指标，要将服务业重要指标纳入经济社会发展的考核体系。2013年，为适应我国人力资源服务业的发展要求，中国人事科学研究院开展了人力资源服务业发展评价指标体系研究，构建了由5个评价维度、13个评价指标、42个统计指标构成的人力资源服务业发展评价指标体

① 《对人力资源服务产业园区发展的多维审视》，http：//www.chinajob.gov.cn/EmploymentServices/content/2014－07/16/content_952898.htm。

② 宁波市人力资源和社会保障局调研资料，2014年5月。

系框架。该项研究将为跟踪了解和分析我国人力资源服务业的发展状况提供基础性分析工具。

1. 建立评价人力资源服务业的发展制度环境评价指标

人力资源服务业发的发展制度环境维度和指标，反映的是我国现行制度环境对人力资源服务业发展所产生的推动、引导和调节作用。根据对人力资源服务业的影响程度，其可细分为法律制度环境、市场化环境和社会中介组织发展环境三个方面。①法律制度环境主要从法律制度的建立健全情况、实施效果情况和市场监管情况三个方面进行评价。②市场化环境主要涉及政府与市场主体之间的关系，选用非国有企业占全国企业比例、非国有企业产值占行业总产值的比重、非国有企业从业人员占行业从业人员总数的比重等指标进行评价。③社会中介组织发展环境主要选用加入行业协会的企业数占企业总数的比例、加入工会的劳动者数量占全体劳动者数量的比例两个指标表示。

2. 建立人力资源服务业的发展资源潜力评价指标

人力资源服务业的发展资源潜力维度和指标，主要反映的是我国人力资源服务业的资源条件和发展潜力。由于人力资源服务业的资源潜力通常由人力资源的市场供给、需求以及流动状况等共同决定，所以该维度选择了人力资源供求状况、经济增长对就业的吸纳能力以及人力资源流动状况三个指标进行评价。①人力资源供求状况反映社会对人力资源服务的需求潜力，主要选用劳动力总人口、就业人口、调查失业率、求人倍率、通过服务机构求职的求职人数等指标。②经济增长对就业的吸纳能力是指随着经济的发展，企业生产扩张多吸纳劳动力的能力。由于企业劳动力数量能够反映企业真实的劳动力需求，可用 GDP 增长率、就业增长率及就业弹性系数来直接反映经济增长对就业的吸纳能力。③人力资源流动状况是指人力资源在不同岗位、部门、产业或地域之间的分布和流动状况，它能够从另一层面反映社会对人力资源服务的需求状况。影响人力资源流动的因素有很多，但经济因素是首要因素。因此，此处采用两个方面的指标：一是行业间职工人数变动率；二是劳动力工资率水平与经济发展水平的差异对比。

3. 建立人力资源服务业的发展规模结构评价指标

人力资源服务业的发展规模结构评价维度和指标，主要分析人力资源服务业产业发展的组织程度及其内部各业务构成之间的比例结构。可以将之分为服务中介机构的发育程度和服务产品市场的发育程度两个方面的指标。①服务中介机构的发育程度反映的是服务中介机构数量和规模，主要选用人力资源服务机构数量、从业人员数、人力资源服务业协会入会企业数占行业企业总数的比重和行业总产值五个指标表示。②服务产品市场的发育程度反映的是服务宽度、厚度和广度等，主要选用人力资源服务业的服务业态类型数、各业态产值占比、市场覆盖率等指标。

4. 建立人力资源服务业的服务质量创新评价指标

人力资源服务业的服务质量创新维度和指标，主要测量人力资源服务业的服务质量及其创新程度，可从质量水平和创新能力两个方面进行评价。①质量水平是指人力资源服务质量的当前状况，可以用服务满意度、顾客忠诚度和市场可接受的服务价格三个指标来表示。②创新能力是指人力资源服务创新所能达到的程度，通常包括信息化水平、科研投入和科研产出三个方面，主要选用拥有服务网站或数据库企业数占企业总数比、网络服务人次占总服务人次比、研发经费、新产品数量、新产品营业收入、年专利授权数等指标表示。

5. 建立人力资源服务业的服务效率效益评价指标

人力资源服务业的服务效率效益评价维度和指标，主要反映的是人力资源服务的经济结果和社会影响。主要选用盈利能力、社会贡献水平和服务劳效等三个方面的指标。①盈利能力是指人力资源服务业实现产业资产保值增值的能力，主要选用营业利润率和总资产报酬率两个指标表示。②社会贡献水平是指人力资源服务业创造经济价值和社会效益的能力，主要选用人力资源服务业产业增加值占 GDP 的比重、生产税净额和人力资源服务前后失业率对比三个指标。③服务劳效是指人力资源服务行业服务生产效率，主要选用行业全员劳动生产率[①]和公共服务效率两个指标。

（四）人力资源服务业发展面临的需求和挑战

在我国，人力资源服务业还是一个新兴行业，虽然发展迅速，但在产业规

---

① 人力资源服务业产业增加值与全部行业从业人员平均数之比。

模、产业结构以及服务质量上与我国日益增长的人力资源服务需求存在差距，国际竞争力很弱。因此，必须采取切实有效的措施，进一步促进中国人力资源服务业的发展。

1. 加大政策支持力度，促进行业发展

当前我国正处于全面深化改革和经济结构转型升级的关键时期，发展人力资源服务业是推进我国从人力资源大国向人力资源强国转变的重要措施。为此，一方面要加强政府引导鼓励人力资源服务业发展的作用，释放更多政策红利；另一方面要进一步推动市场改革，充分发挥市场的活力。针对人力资源服务业的宏观政策缺失、行业法规和服务标准化建设滞后等问题，应加快制定全国性的人力资源服务业发展指导意见，制定有针对性的配套鼓励政策，支持人力资源服务业行业协会在制定行规和服务标准方面发挥更大的作用。

2. 规范服务市场，促进行业健康发展

加快制定《人力资源市场管理条例》。贯彻落实《关于加快推进人力资源市场整合的意见》，以建立健全功能完善、机制健全、运行有序、服务规范的人力资源市场体系为目标，进一步整合政府公共就业和人才服务系统。建立统一的人力资源市场信息的收集和统计系统，推进全国联网和统一发布；根据事业单位分类改革的总体要求，推进政府公共服务机构的分类改革，理顺公共服务与经营性服务的关系；推进公共就业和人才服务标准化试点与绩效考核制度建设，创建服务示范窗口，提升服务的标准化、规范化、专业化水平；加快出台人力资源服务各业态的服务标准，规范服务行为，提高服务质量；加大政府监管执法力度，鼓励行业自律，建立健康有序的人力资源服务市场。

3. 鼓励服务创新，促进产业升级

虽然我国人力资源服务业的各业态都有所发展，但总体上主要以中低端服务产品为主，高端产品大多还处在探索发展阶段，很难适应专业化、信息化、产业化和国际化发展要求。因此，政府和企业都要站在战略高度，切实加强对人力资源服务创新的扶持，通过资金支持、人才引进、项目带动等措施，加大人力资源服务产品创新的力度。在当今信息技术快速发展的时期，依托云计算、大数据等信息技术，创新人力资源服务产品和管理模式，促进人力资源服务业转型升级。

五　社会保障制度改革状况

党的十八大报告指出：社会保障是保障人民生活、调节社会分配的一项基本制度。要坚持全覆盖、保基本、多层次、可持续方针，以增强公平性、适应流动性、保证可持续性为重点，全面建成覆盖城乡居民的社会保障体系。2013年2月3日，国务院发布《批转发展改革委等部门关于深化收入分配制度改革若干意见的通知》。该通知指出了当前收入分配领域存在一些亟待解决的突出问题。2013年，人力资源和社会保障部积极开展研究、采取措施，积极落实中央关于深化收入分配和社会保障制度改革的任务和要求。

（一）社会保障水平不断提升

经过多年发展，特别是20世纪90年代以来的加快建设，中国已经初步形成了包括社会福利、社会保险、社会救助等在内的社会保障制度体系，在缓解贫困、保障生活、促进就业等方面发挥了重要作用。截至2013年底，城镇职工基本养老保险参保人数为3.22亿人（参保率达82%）；城乡居民社会养老保险人数为4.98亿人；城镇职工基本医疗保险参保人数为2.74亿人；新农合参保人数为8.05亿人（参保率为98.3%）；失业保险参保人数为1.64亿人；工伤保险参保人数为1.99亿人；生育保险参保人数为1.64亿人。2013年，经过“十连调”，企业退休人员月基本养老金已经达到1914元，社会平均工资替代率达45%，下滑趋势初步得到遏制。此外，城乡居民基本养老金月人均达81元；城镇居民医疗保险人均补助水平由2012年的240元提高到2013年的280元；全国失业保险金月人均发放水平由2012年的707元提高到2013年的759元。

（二）社会保障制度改革稳步推进

制度改革和完善是社会保障工作的重中之重。2013年，我国推进新型农村社会养老保险和城乡居民基本养老保险合并，已有15个省份建立了统一的城乡居民养老保险制度。开展城乡居民大病保险试点，河北、陕西等26个省份印发了实施方案，辽宁、吉林、湖北、青海、江西、重庆等在全省域推进，全国已确定130多个试点地市，其中65个试点城市已正式运行。统筹城乡医疗保险，已有6个省份45个地级市的部分县（区）开展了医疗保险城乡统筹。

（三）社会保险规模逐步扩大

2013年，全年五项社会保险（含城乡居民基本养老保险）基金收入合计35253亿元，比上年增长4514亿元，增长14.7%。基金支出合计27916亿元，比上年增长4585亿元，增长率为19.7%。其中，全国参加基本养老保险人数为81968万人，比上年末增加3172万人；全年基本养老保险基金收入24733亿元，比上年增长13.3%，支出19819亿元，比上年增长18.6%。截至2013年底，城镇职工基本养老保险参保人数为3.22亿人，参保率为82%；农民工参加基本养老保险的比例为18.20%。全国参加城镇居民基本医疗保险人数为57073万人，比上年末增加3431万人。① 2013年，全国参加失业保险人数为16417万人，参保人数增加7.8%。全国失业保险基金收入1289亿元，增长13.2%；支出532亿元，增长18.0%；累计结余3686亿元，增长25.8%。②

（四）未来改革的着力点

当前，我国的社会保障制度已覆盖了95%以上的城乡居民。但是，在总体上存在不同地区、不同群体以及不同险种之间的制度不平衡问题，存在社会福利制度法制化水平不高、覆盖面有限、福利支出水平较低以及区域差异较大等问题，影响社会公平和可持续发展。因此，需要从制度层面上进一步改革和完善。一是进一步改革基本养老保险制度。将个人账户独立出来，用于发展企业年金，或建立个人自愿性养老储蓄计划，并进行市场化投资运营；逐步提高退休年龄，优先提高女性退休年龄；适当提高基本养老保险最低缴费年限。二是改革医疗保险付费方式。取消个人账户，实行以家庭为单位参保；在基层医疗卫生机构

① 人力资源和社会保障部：《2013年度人力资源和社会保障事业发展统计公报》。

② 资料来自《2013年度人力资源和社会保障事业发展统计公报》与《中国劳动统计年鉴（2013）》。

采取按人头付费的方式。三是进一步完善失业保险制度。扩大失业保险覆盖面，完善失业登记制度；加大失业保险基金收支管理弹性，增强失业保险基金在调节需求中的作用；适当提高失业保险待遇水平，逐步缩短最长领取时限。

六　劳动关系发展

2013 年，新修订的《劳动合同法》正式实施。政府通过稳定经济增长和调整经济结构增加了就业岗位，并通过加强职业技能培训提高了劳动者就业创业能力。全国劳动合同签订率继续维持在 95% 以上的高水平，劳动争议案件不断增加的趋势得到缓解，工会覆盖率不断提高，城镇居民和农民工的工资报酬不断增长，劳动关系协调机制和劳动关系法律建设也日渐完善。总体上，2013 年我国和谐劳动关系建设总体形势基本向好。

（一）劳动关系发展状况

1. 劳动关系运行环境平稳

2013 年，我国国民经济平稳较快增长，国内生产总值增长率为 7.7%，与 2012 年的增长速度持平。就业方面，2013 年末城镇登记失业率为 4.05%，略低于 2012 年数据。全国农民工总量比上年增长 2.4%。稳定的经济增长和较大的就业规模以及平稳的失业率水平，为 2013 年我国整体劳动关系的运行提供了较好的环境。

2. 劳动合同制度覆盖面扩大

2013 年，全国企业职工劳动合同签订率达 88.2%，与 2012 年基本持平。人力资源和社会保障部实施集体合同制度的“彩虹计划”，使审核备案合同数量和合同覆盖人员数量均有大幅提高。2012 年，全国签订区域性集体劳动合同 28.1 万份，覆盖企业 288.3 万家，覆盖职工 8129.1 万人；行业性集体劳动合同 20.8 万份，覆盖企业 97.0 万家，覆盖职工 3761.8 万人。[①] 2013 年，全国集体劳动合同签订数为 245 万份，覆盖企业 612 万家，分别比上年增长 9%

① 资料来自《2012 年工会组织和工会工作发展状况统计公报》。

和6%；签订工资专项集体劳动合同133万份，覆盖企业352万家，覆盖职工1.6亿人，分别比上年增长8%、15%和8%。①

3. 集体协商制度有序开展

中华全国总工会的报告显示，在各级工会的大力推动下，我国工资集体协商制度不断完善，充分保障了劳动者在初次分配中的话语权、共决权，对规范企业用工环境以及劳动者务工环境有积极意义。2013年，全国有2.76亿名职工通过集体协商确定工资水平。

4. 工会覆盖率不断提高

2013年是我国工运事业发展极为重要的一年。2013年10月，中国工会第十六次代表大会顺利召开，大会通过了《中国工会章程》（修正案），确立了具有中国特色的社会主义工会发展道路。据统计，2011年全国基层工会数为142764个，工会会员数为25079362人。② 截至2013年6月底，全国工会会员总数达2.8亿人，其中农民工会员总数为1.09亿人；基层工会组织总数275.3万个，覆盖基层单位637.8万家，职工入会率达81.1%，与2008年工会会员总数2.12亿人相比，2008～2013年平均每年净增会员1448.5万人。③

5. 雇主组织作用日益突出

2010年9月，中共中央、国务院下发《关于加强和改进新形势下工商联工作的意见》，明确提出要充分发挥工商联在政府管理和服务非公有制经济中的助手作用，要求工商联参与中小企业服务体系建设，为非公有制企业提供信息、法律、融资、技术、人才、国际经贸合作等方面的服务。一些省份将当地工商联组织纳入三方机制，与企业联合会共同成为企业方代表。截至2013年底，辽宁、海南等12个省份已将工商联吸纳到三方机制中。近年来，以中国企业联合会、中国企业家协会和全国工商联为代表的雇主组织在培养企业方集体协商指导员队伍、帮助和指导企业开展集体协商、参与制定当地最低工资制定标准等方面做出了一定的贡献。这些雇主组织参与三方机制，增强了非公有

① 陈豪在中华全国总工会十六届二次执委会议上的工作报告。

② 资料来自《中国劳动统计年鉴（2012）》，中国统计出版社，2013。

③ 《截止2013年6月底工会会员总数达2.8亿人》，http://acftu.people.com.cn/n/2013/1011/c67502-23166574.html。

制企业的代表性，并有利于基层三方机制的发展，促进劳动关系和谐稳定。

6. 劳动监察、争议调解仲裁效果明显

2013 年，围绕“清理整顿人力资源市场秩序、用人单位遵守劳动用工和社会保险法律法规情况以及民工工资支付情况”等方面，劳动监察部门全年共主动检查用人单位 202 万户次，涉及劳动者 0.9 亿人次，对 235.7 万户次用人单位进行了书面审查，涉及劳动者 1 亿人次，查处各类劳动保障违法案件 41.9 万件，较上年上升 1.7%。其中，调查处理举报投诉案件 32.9 万件，较上年上升 4.1%。通过劳动保障监察执法，责令用人单位与 511.7 万名劳动者补签了劳动合同，责令用人单位为 471.2 万人次劳动者追发工资等待遇 268.5 亿元，督促 5.9 万户用人单位办理了社会保险登记、申报，督促 9.4 万户用人单位补缴社会保险费 34.8 亿元，依法取缔非法职业中介机构 3543 户。全年各级劳动人事争议调解组织和仲裁机构共处理争议 149.7 万件，同比下降 0.8%。共结案 138.8 万件，仲裁结案率达 95.6%，同比上升了 0.9 个百分点。仲裁机构年末累计未结案件数同比减少 8.5%。①

（二）未来劳动关系领域可能的变化

十八届三中全会出台的《关于全面深化改革若干问题的决定》顺应了历史潮流，加快了深化改革的步伐。未来在中国全面推行结构性改革的过程中，劳动关系形势变得更加敏感、复杂。

1. 经济增长下降，劳动关系面临挑战

《中国经济时报》预测，2014 年，世界经济仍处于国际金融危机后的恢复期，新兴经济体经济发展相对减速格局仍将维持，我国内需增长面临下行压力。《2014 年中国经济形势分析与预测》指出：“2011 ~ 2030 年，中国的潜在增长率将会呈现不断下降的趋势。”国家统计局数据显示，2013 年上半年我国国内生产总值同比增长 7.6%；2014 年初步核算，上半年国内生产总值同比增长 7.4%。面对未来经济增长下降、内需增长压力增大的形势，我国劳动关系存在紧张的可能，面临更大的挑战。

---

① 人力资源和社会保障部：《2013 年度人力资源和社会保障事业发展统计公报》。

2. 劳务派遣用工减少，将被其他用工形式代替

《劳动合同法》《劳务派遣行政许可实施办法》《劳务派遣暂行规定》从设立经营劳务派遣业务行政许可、明确界定劳务派遣“三性”工作岗位范围、严格控制劳务派遣用工数量、落实被派遣劳动者同工同酬权利和加重违法行为法律责任等方面做出了新的法律规定。尤其是《劳务派遣暂行规定》中“使用的被派遣劳动者数量不得超过其用工总量的10%”的规定，这将在一定程度上减少劳务派遣用工。在灵活用工需求不减的情况下，用人单位会逐渐采用其他非标准化用工方式替代劳务派遣用工方式，如劳务外包等。

3. 劳动争议处理方式将发生转变

2013年1月，我国发布了《关于加强非公有制企业劳动争议预防调解工作的意见》，制定了“预防为主、基层为主、调解为主”的劳动争议处理方针。未来采用预防、调解、协商、仲裁的方式化解劳资矛盾仍将是解决劳动争议的主要方式，尤其是企业劳动争议调解发挥的作用将进一步加强。工作场所冲突通过传统的集体谈判和法院诉讼程序来解决的比例越来越少，非诉讼纠纷解决机制的运用将会加强。

（三）维护劳动关系和谐发展的重要措施

虽然2013年我国劳动关系呈平稳态势，但在未来复杂多变的经济形势和全面深化改革的背景下，我国劳动关系发展还将面临诸多挑战。因此，要未雨绸缪、积极应对、创新机制、改善方法、多方联动，维护劳动关系的和谐稳定。

1. 加强劳动关系协调机制建设

要大力推广集体劳动合同和集体工资协商制度。一是进一步完善企业集体协商制度，不断扩大集体协商覆盖范围，积极稳妥地推进行业性、区域性协商，实现工资分配公平公正。二是以实现劳动合同制度全覆盖为重点，加快完善职工权益保障机制，依法完善劳务派遣制度、劳动用工备案制度和企业裁员机制。三是进一步畅通职工诉求合理表达机制，扩充渠道，利用现代信息技术，搭建立体、高效、多维的诉求表达渠道。四是进一步优化劳动争议处理机制，实行劳动关系预警网格化管理，加强基层社区和企业的劳动争议调解和仲裁机构建设，进一步形成各级仲裁机构与司法机关的联动机制，推进劳动争议解决向基层延伸，方便劳动者就地就近处理劳动争议，妥善化解劳动纠纷。

2. 切实落实依法休假制度

2014 年 8 月，国务院颁布《关于促进旅游业改革发展的若干意见》，鼓励职工结合个人需要和工作实际分段灵活安排带薪年休假。要强化全社会依法休假理念，切实落实职工带薪休假制度。将带薪年休假制度落实情况纳入各地政府议事日程，作为劳动监察和职工权益保障的重要内容，推动机关、企事业单位加快落实职工带薪年休假制度。

3. 健全劳动保障监察体制

针对目前劳动保障监察还是以劳动者投诉为主，要加强主动监察力度。加快省级联动举报投诉平台建设，继续开展对突出违法问题的专项整治，开展“打击非法用工等违法犯罪活动”综合治理考评。有序推进“两网化”管理工作，2014 年底实现“两网化”管理覆盖 80% 以上地级城市，并向县级行政区域扩展。通过劳动保障守法诚信制度建设，研究制定企业劳动保障诚信等级评价办法。研究制定拒不支付劳动报酬涉嫌犯罪案件移送工作办法，完善行政执法与刑事司法联动机制。研究加强执法效能建设和监察服务设施建设的政策措施，规范劳动保障监察执法行为。修订劳动监察员管理办法，完善和落实分级分类监察培训制度。

4. 重视劳动报酬纠纷在引发劳资冲突中的影响

当前，劳动者工资水平不高且增长速度过慢、用工单位拖欠工资现象依然普遍，是引发劳资冲突的重要原因。因此，尽快建立有效的工资谈判制度、合理的工资增长机制和完善的工资发放保障机制势在必行。另外，加快完善社会保障体制，注重对劳动者工伤事故的保险赔付，加强对劳动者的教育培训，也是化解劳资冲突的有效途径。

参考文献

北京师范大学经济与资源管理研究所：《2005 中国市场经济发展报告》，中国商务出版社，2005。

陈力：《我国人力资源服务业的形成与发展》，《人事天地》2002 年第 7 期。

人力资源和社会保障部：《2013 年度人力资源和社会保障事业发展统计公报》。

卫敏丽：《中国人才研究会：我国战略型创新型人才缺乏》，http：//news. xinhuanet. com/politics/2013 －04/02/c_ 115253059. htm。

尹蔚民主编《人力资源和社会保障法律制度读本》，中国劳动社会保障出版社，2013。

尹蔚民：《全力以赴做好就业这篇大文章》，《求是》2014 年第 10 期。

中国科学技术发展战略研究院：《国家创新指数报告（2013）》，科学技术文献出版社，2014。

王辉耀、苗绿：《中国留学生发展报告（2013）No. 2》，社会科学文献出版社，2013。

人力资源状况篇

Reports on Human Resources

B.2

中国人力资源基本状况

李学明　佟亚丽*

摘　要：

我国目前是世界上人口最多的国家，也是人力资源最丰富的国家，我国人力资源的总体状况主要表现在人力资源总量稳步增加、失业率继续保持较低水平、人力资源产业分布结构逐步调整、人力资源受教育水平持续发展等方面。在人才队伍建设方面，专业技术人才队伍、技能人才队伍、党政人才队伍、科技人才队伍等建设逐步推进。在人力资源管理与开发方面，人力资源法制建设、人才政策体系完善、海外高层次人才引进、人才国际交流、人才管理改革试验区建设、人力资源市场管理等都取得了较大成就。伴随着我国经济社会的发展，人力资源开发应该在推进创新型国家建设以及相关事业的改革发展进程中，进行整体谋划，逐步协同推进。

* 李学明，中国人事科学研究院公共管理研究室助理研究员；佟亚丽，中国人事科学研究院人才开发标准化研究室副研究员。

关键词：

人力资源　管理与开发

一　中国人力资源发展状况

我国目前是世界上人口最多的国家，也是人力资源保有量最丰富的国家。随着经济的发展，我国人力资源在总量与就业结构、人才队伍建设、人力资源管理与开发等方面呈现了相应的发展态势。我国现有人力资源的总体状况为：人力资源总量稳步增加、失业率继续保持较低水平、人力资源产业分布结构逐步调整、人力资源受教育水平进一步提升、社会保障水平不断提高。

（一）人力资源总量及就业状况

人力资源总量呈现稳步增长的态势。截至2013年底，全国（不含港澳台地区）总人口为136072万人，同比增加了668万人，其中城镇常住人口为73111万人，约占总人口的53.73%，同比提高1.16个百分点。①

全国城镇新增就业人数创历史新高。随着人口总量的增加，2013年末，全国就业人员达76977万人，比上年末增加273万人，其中城镇就业人员38240万人，比上年末增加1138万人。2013年，全国城镇新增就业人数达1310万人，比2012年多增44万人，再创历史新高（见图1）。2013年，城镇失业人员再就业人数达566万人，比2012年增加14万人，其中就业困难人员就业人数180万人，与2012年基本持平（见图2）。

失业率继续保持较低水平。2013年，全国城镇登记失业率仍然保持在4.05%的较低水平，全国城镇登记失业人数为926万人，比上年末增加9万人（见图3）。2013年末，高校毕业生总体就业率为94.8%，就业水平与2012年基本持平，实现就业663万人，比2012年增加18万人，基本实现了高校毕业生就业“不降低，有提高”的目标。

① 国家统计局：《2013年国民经济和社会发展统计公报》，2014年2月24日。

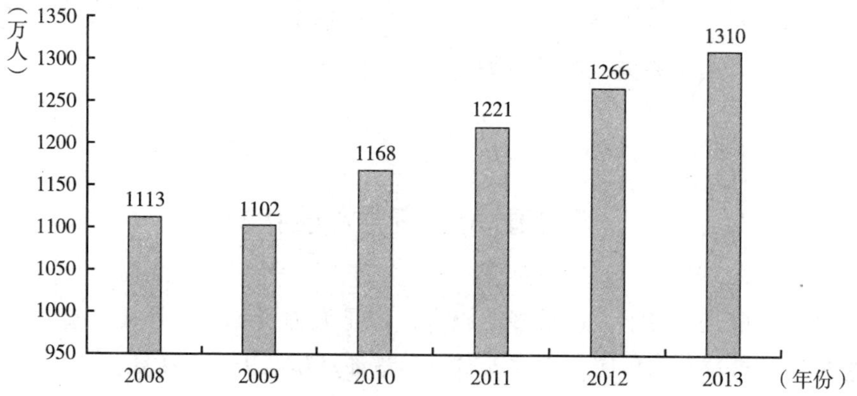

图 1　2008～2013 年城镇新增就业人数

资料来源：人力资源和社会保障部《2013 年度人力资源和社会保障事业发展统计公报》。

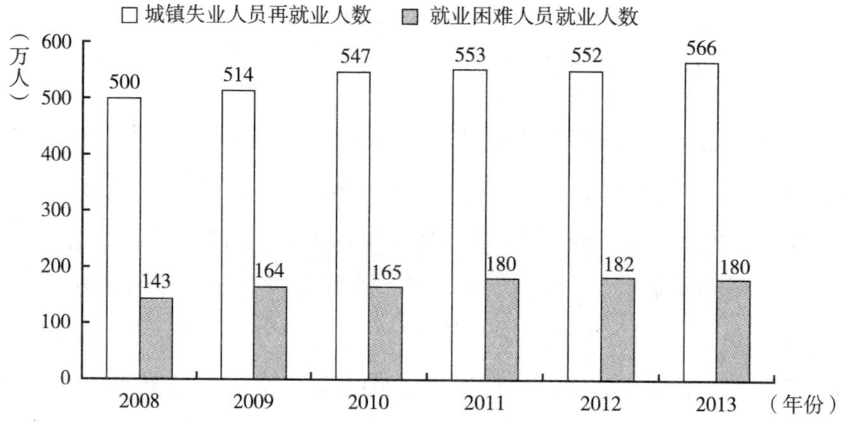

图 2　2008～2013 年城镇失业人员再就业与就业困难人员就业人数

资料来源：人力资源和社会保障部《2013 年度人力资源和社会保障事业发展统计公报》。

农村劳动力转移就业总体稳定。据 10 省份 500 个行政村农村劳动力转移就业的监测数据，2013 年第四季度末，在外务工人数为 27.23 万人，同比增加 0.13 万人。2013 年全国农民工总量为 26894 万人，同比增长 2.4%。其中，外出农民工 16610 万人，比上年增长 1.7%；本地农民工 10284 万人，比上年增长 3.6%。①

① 人力资源和社会保障部：《2013 年度人力资源和社会保障事业发展统计公报》。

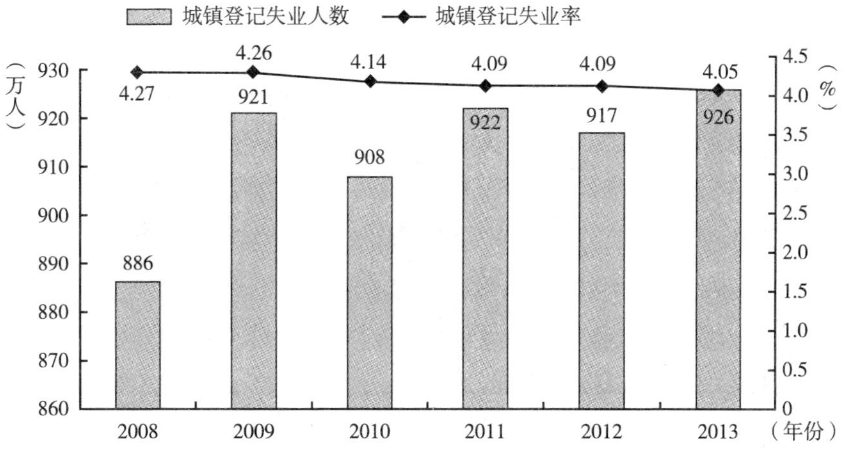

图 3　2008～2013 年城镇登记失业人数及登记失业率

资料来源：人力资源和社会保障部《2013 年度人力资源和社会保障事业发展统计公报》。

（二）人力资源产业分布结构逐步调整

截至 2013 年底，我国就业人员规模达到 76977 万人。在全国就业人员中，第一产业就业人员约 24171 万人，占比 31.4%，同比降低 2.2 个百分点；第二产业就业人员约 23170 万人，占比 30.1%，同比降低 0.2 个百分点；第三产业就业人员约 29636 万人，占比 38.5%，同比提高 2.4 个百分点。[①] 从 2009～2013 年我国就业人员产业分布状况看（见图 4），我国就业人员占第一产业的比重逐年降低，占第二产业的比重先稳步上升后小幅下降，而占第三产业的比重则逐年提升，说明与我国经济社会的发展相适应，人力资源的产业分布和就业结构正在进行逐步调整并趋于合理。

（三）人力资源受教育水平持续提升

2013 年，我国人力资源受教育水平得以持续提升，普通本专科及以上受教育人口规模进一步扩大（见图 5）。2013 年，研究生招生 61.1 万人，在校生 179.4 万人，毕业生 51.4 万人；普通本专科招生 700 万人，同比增加约 11 万人，

① 人力资源和社会保障部：《2013 年度人力资源和社会保障事业发展统计公报》。

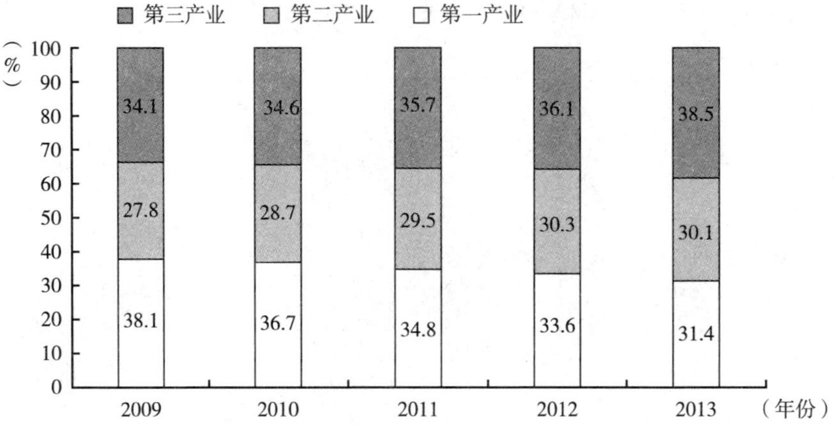

图 4　2009～2013 年我国就业人员产业分布构成情况

资料来源：人力资源和社会保障部《2013 年度人力资源和社会保障事业发展统计公报》。

在校生 2468.1 万人，毕业生 638.7 万人；中等职业教育招生 698 万人，在校生 1960.2 万人，毕业生 678.1 万人；普通高中招生 823 万人，在校生 2435.9 万人，毕业生 799 万人；初中招生 1496.1 万人，在校生 4440.1 万人，毕业生 1561.5 万人；普通小学招生 1695.4 万人，在校生 9360.5 万人，毕业生 1581.1 万人；特殊教育招生 6.6 万人，在校生 36.8 万人，毕业生 5.1 万人。①

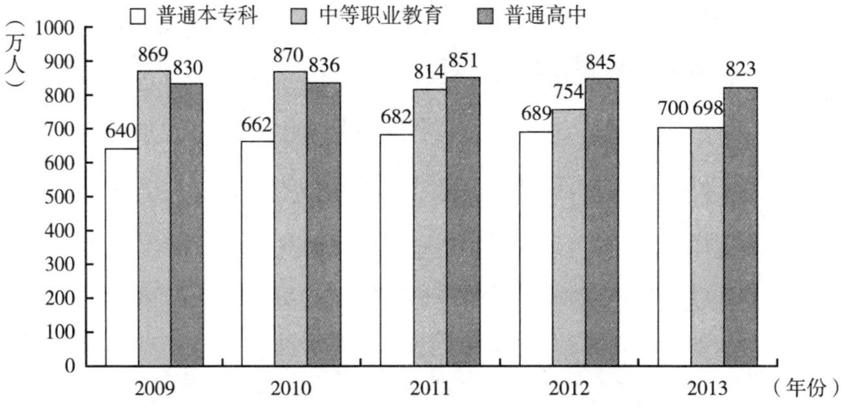

图 5　2009～2013 年我国部分教育领域招生情况

资料来源：国家统计局《2013 年国民经济和社会发展统计公报》。

① 国家统计局：《2013 年国民经济和社会发展统计公报》，2014 年 2 月 24 日。

（四）社会保障水平不断提高

近年来，我国人力资源和社会保障工作深入开展，社会保障建设取得重大进展，人力资源和社会保障水平不断得到提高。截至2013年底，全国参加基本养老保险81968万人，同比增加3172万人，其中参加城镇职工基本养老保险32218万人，同比增加1792万人，其中包括农民工4895万人，同比增加352万人；企业参保30049万人，同比增加1778万人；参加城镇居民基本医疗保险57073万人，同比增加3431万人；参加失业保险16417万人，同比增加1192万人，其中参加失业保险的农民工3740万人，同比增加1038万人；参加工伤保险19917万人，同比增加907万人，其中参加工伤保险的农民工7263万人，同比增加84万人。[①]

二 中国人才队伍建设状况

（一）专业技术人才队伍建设不断推进

我国进一步推进专业技术人才队伍建设。一是专业技术人员总量持续增长。2011年，我国各类专业技术人员总量达2300万人，比上年增加约30万人。[②] 二是高层次人才专家选拔力度加大。2013年，我国享受国务院政府特殊津贴的专家累计达16.7万人，同比新增4824人。同时，启动了新十年首批国家“百千万人才工程”国家级人选选拔工作，截至2013年，累计选拔有突出贡献的中青年专家5200多人。三是职称制度改革推进，专业技术人员层级结构优化。2013年，基本完成了全国近百个地市的职称改革试点任务，积极推进工程技术人员职称制度改革，高、中、初级专业技术人才比例为11∶36∶53，与2011年高、中、初级专业技术人才10∶38∶52的比例相比，高级和初级专业技术人才比例均有所提高。四是专业技术人才知识更新工程取得明显成效。2013年，

① 人力资源和社会保障部：《2013年度人力资源和社会保障事业发展统计公报》。

② 科技部：《中国科学技术发展报告（2011）》。

全国共有972.8万人参加了专业技术人员职业资格考试，其中取得相关专业技术职业资格证书的有216.9万人。2013年新建20个国家级专业技术人员继续教育基地，总数已达60家；各地各部门完成培养培训105万高层次急需和骨干专业技术人才，举办了285期国家级高级研修班，培养培训高层次专业技术人才1.5万人。全年全国接受继续教育的专业技术人员达4400万人次，专业技术人才队伍建设进一步推进。①

（二）技能人才队伍建设进一步加强

一是高技能人才总量持续增加。2012年底，全国高技能人才达2946万人，比2009年底增加约315万人。二是高技能人才培养体系逐步完善。2013年，一大批高级技工学校、技师学院、高职院校与企业开展密切合作，在加快培养后备高技能人才方面发挥了重要作用。三是职业技能鉴定工作进一步强化。2013年，全国共有职业技能鉴定机构9865个，1536.7万人获得不同等级的职业资格证书。其中，高级技师12.4万人，技师37.6万人，高级工272.9万人。2013年，全国新增技师和高级技师50万人，同比增加3.3万人。四是职业培训不断加强。2013年，全国开展各类职业培训2049万人次，其中，就业技能培训1227.5万人次，创业培训208.2万人次，岗位技能提升培训548.7万人次，其他培训64.6万人次；开展各类农民工培训938.4万人次，城镇登记失业人员培训398万人次。五是国家级技能大师工作室和高技能人才培训基地建设步伐加快。继续组织实施国家高技能人才振兴计划，2013年完成了80个高技能人才培训基地和100个国家级技能大师工作室的项目建设任务。另外，技工院校改革取得新进展。技工院校一体化课程教学改革深入推进，2013年，全国共有79所技工院校纳入中等职业教育基层能力建设项目范围，全年技工院校招生达129.6万人，在校生420余万人，毕业生就业率达97.4%。②

（三）党政人才队伍建设不断加强

2013年，党政人才队伍建设进一步加强。一是党政干部人才总量继续保

① 人力资源和社会保障部：《2013年度人力资源和社会保障事业发展统计公报》。

② 人力资源和社会保障部：《2013年度人力资源和社会保障事业发展统计公报》。

持适度增长。2013 年，全国公务员总数约 824.8 万人，其中公务员 717.1 万人，参照公务员管理 107.7 万人，相比于 2008 年，公务员总量增加了 100 多万人。[①] 二是公务员制度不断完善。随着公务员分类管理深入推进、公务员聘任制试点积极稳妥开展，人力资源和社会保障部会同中组部制定了《关于加强和完善公务员考试录用工作的若干意见》和《公务员公开遴选办法（试行)》《公务员平时考核实施办法（试行)》等，以推动公务员考录工作进一步规范化、公务员遴选工作常态化、公务员平时考核工作制度化。三是公务员招录工作有序开展。2013 年，中央机关及其直属机构共录用 1.9 万人，地方共录用 18.5 万人。全年中央机关遴选 120 名公务员，省级机关遴选 2985 名公务员。四是公务员培训工作进一步加强。2013 年，我国公务员积极开展四类培训，并且继续加大对革命老区及少数民族地区公务员的培训支持力度，全年举办公务员对口培训班 34 期，培训骨干公务员 2474 人。[②]

（四）科技人才队伍建设力度加大

我国进一步加大了科技人才队伍建设力度。一是科技人才和研发人员总量持续增加。2011 年，我国科技人才总量持续增长，总量达 6200 万人，比上年增加约 500 万人，总量继续居世界第一位。按照年末人口计算，中国每万人口中科技人才数量约为 460 人，是 2000 年 197 人的 2.3 倍。[③] 2000 年以来，我国研发人员总量也保持高速增长趋势。2011 年，全国研发人员全时当量[④]为 280 万人年，较 2010 年增长约 45 万人年；每万名就业人员中研发人员全时当量为 37 人年，较 2010 年的 33.6 人年增加了约 3 人年。二是科研经费和项目投入明显增加。2013 年研发经费支出 11906 亿元，同比增长 15.6%（见图 6)，其中基础研究经费支出 569 亿元。2013 年，国家共安排了科技支撑计划课题 3543 项、“863”计划课题 2118 项。三是科研平台建设力度持续加大。截至 2013 年底，我国累计建设了 132 个国家工程研究中心、143 个国家工程实

① 参考国家公务员局 2013 年统计数据。

② 人力资源和社会保障部：《2013 年度人力资源和社会保障事业发展统计公报》。

③ 科技部：《中国科学技术发展报告（2011)》。

④ 全时当量，指全时人员数量与非全时人员按工作量折算为全时人员数量的总和。

验室，国家认定的企业技术中心达1002个。四是创业投资力度进一步加大。2013年国家新兴产业创业投资计划累计支持设立141家创业投资企业，资金总规模近390亿元，投资了422家创业企业。五是境内专利、发明专利申请和授予状况良好。2013年，受理境内外专利申请237.7万件，其中境内申请221万件，占93%；受理境内外发明专利申请82.5万件，其中境内申请69.3万件，占84%；授予专利权131.3万件，其中境内授权121万件，占92.2%；授予发明专利权20.8万件，其中境内授权13.8万件，占66.3%。①

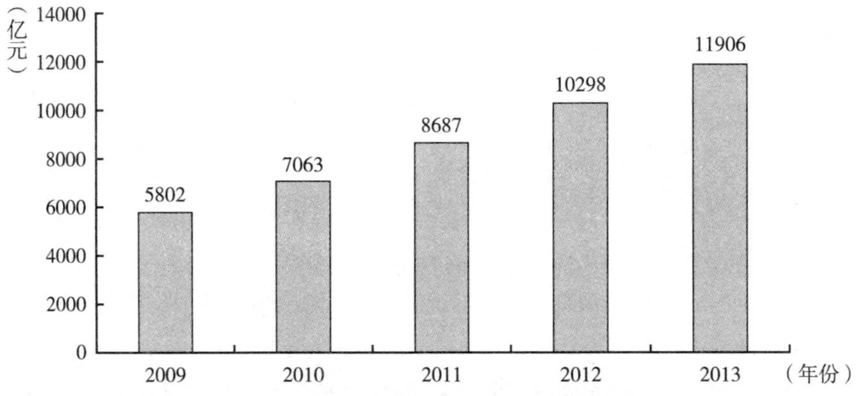

图6　2009～2013年全国研发经费支出

资料来源：国家统计局《2013年国民经济和社会发展统计公报》。

三　人力资源管理与开发状况

（一）人力资源法制建设进一步完善

随着我国人力资源各项事业的发展，人力资源法制建设也进一步完善，立法工作取得很大成效。2012年12月28日，全国人大常委会发布了《关于修改〈中华人民共和国劳动合同法〉的决定》，于2013年7月1日起施行。2014年2月，国务院制定了《事业单位人事管理条例》，从2014年7月1日

① 国家统计局：《2013年国民经济和社会发展统计公报》，2014年2月24日。

起施行。为了落实新修订的《劳动合同法》中关于劳务派遣的有关规定，人力资源和社会保障部研究制定了《劳务派遣行政许可实施办法》《劳务派遣暂行规定》。为了规范社会保险的申报和缴纳工作，人力资源和社会保障部出台了与《社会保险法》相配套的《社会保险费申报缴纳管理规定》。同时，有关部门积极协调推进《国家勋章和国家荣誉称号法》《外国人在中国就业管理条例》《生育保险办法》《专业技术人员继续教育规定》等法律法规的研究起草工作。① 同时，普法工作抓紧开展，开创了良好的局面。人力资源和社会保障部举办了全国人力资源和社会保障"六五"普法骨干培训班，对来自全国各省、自治区、直辖市及各副省级城市从事人力资源普法工作的同志进行了培训。

（二）人才政策体系进一步健全

我国人才政策经过多年发展，截至2013年底，已经基本形成了一套较为完整的政策体系，政策构成涵盖了人才培养开发、吸收引进、流动配置、分配使用、激励保障等多个方面，就其内容来说，主要涉及人才宏观调控、人才市场、人才项目与工程、人才评价与激励等方面。2014年，国家确定了促进高校毕业生就业创业的政策措施：一是将小微企业招用高校毕业生享受社会保险补贴政策延长至2015年底。二是启动"大学生创业引领计划"，完善和落实创业扶持政策，帮助更多的高校毕业生自主创业。为了培养更加符合企业用工需求的技能人才，从国家层面确定技能人才培养标准，人力资源和社会保障部在2014年根据《国家技能人才培养标准编制指南（试行）》和《一体化课程规范开发技术规程（试行）》，启动了汽车维修、计算机网络应用的国家技能人才培养标准编制工作。按照国务院办公厅《关于做好2013年全国普通高等学校毕业生就业工作的通知》和《关于做好2014年全国普通高等学校毕业生就业工作的通知》等文件的规定，高校毕业生到基层就业，在工资待遇、社会保障、人员编制、户口档案、职称评定、教育培训、人员流动、资金支持等方面享有优惠政策。我国发布的《国家中长期人才发展规划纲要（2010～2020年）》是我国第一个中长期人才发展规划，特别是对推进党政人才、企业

① 人力资源和社会保障部：《2013年度人力资源和社会保障事业发展统计公报》。

经营管理人才、专业技术人才合理流动，加强人才队伍建设，发挥人才在经济和社会发展中的作用，以及实施人才强国战略和建设创新型国家具有重大意义。纵观我国现行人才政策体系，可以将其归入逐步健全阶段，并主要呈现三个基本特征：一是重点立足于战略性和指导性，从战略和全局的高度，确定市场在人才资源配置中的主体性作用；二是特别强调人才分布的均衡性和协调性，进一步消除政策障碍，推进人才结构战略性调整，促进城乡和区域人才协调发展；三是比较注重人才流动的多样化和国际化，区域人才政策呈现综合化、多样化的趋势。

（三）海外高层次人才引进力度进一步加大

2013 年，我国进一步加大海外高层次人才引进力度。一是深入实施海外高层次人才引进项目。重点实施海外高层次留学人才引进项目，投入 3600 万元支持 494 名高层次留学人员回国创新创业。推进实施“外专千人计划”和高端外国专家项目，349 项高端项目通过专家组评审。二是统筹引进高层次人才。立足于国家经济发展需求，通过各项引智项目，重点引进各领域高层次人才和急需人才，2013 年全国执行各类专家项目 1.4 万项，资助聘请专家 5 万人次。三是进一步优化引智环境。加强引智业务资源信息整合，推动建立全国引智资源平台，加大引智成果示范推广力度。四是归国留学生数量稳定增长。截至 2013 年底，我国归国留学生达 35.4 万人，创改革开放以来历史新高，我国留学回国人员总数达 144.5 万人，同比增长 29.5%。近年来，我国海归人才数量一直呈稳定增长趋势。据统计，2007～2013 年，各类回国留学人员数量从 4.44 万人逐年增加，2013 年初达到 27.29 万人，中国逐渐从世界最大的人才流出国转变为世界主要的人才回流国。[①] 五是加大留学归国人才载体建设。2013 年，全国共建成了各级各类留学人员创业园 280 余个。

（四）人才的国际交流进一步加强

随着我国引进国外智力工作取得新进展，人才的国际交流也相应进一步加

① 引自教育部留学服务中心 2013 年统计数据。

强。2013 年，“外专千人计划”和高端外国专家项目深入实施，366 项高端项目已通过专家组评审。2013 年全国共投入 6800 万元，资助 337 名博士后参与国际交流。[①] 中国国际人才交流大会等重要引智会议搭建了高层次人才交流合作平台，我国中央领导与外国专家和优秀专家代表座谈会、“新世界哈佛中国高级公务员培训计划”15 周年学员交流会、中国政府“友谊奖”颁奖大会等引智活动取得了良好成效。2013 年，全国选派各类人才出国（境）培训 4 万余人次，提高了本土人才的素质。而且随着我国各个层面的人才国际交流日趋广泛，我国人才交流呈现全面化、多样化和深度化，政府决策的视野已经从国内延伸到国外，与国际接轨开始成为我国人才交流政策的主动选择，并有许多实质性的突破。

（五）人才管理改革试验区建设进一步深化

人才管理改革试验区是我国政府人才管理工作的重大创新和大胆尝试，符合十八大提出的加快人才发展体制机制改革和政策创新的发展方向，在目标定位、载体建设、体制机制突破、人才服务水平等方面特色鲜明。近年来，我国不少地方对人才管理改革试验区进行了“先行先试”，取得了相当可观的成果。截至 2013 年底，从我国各地建设人才管理改革试验区的实际效果来看，已经涌现了一批成功典型，形成了一些不同模式。例如：以深圳前海为代表的跨区域合作模式；以广州南沙和珠海横琴为代表的区域内重点建设模式；以北京中关村、武汉东湖等为代表的科技园区建设模式；以深圳市和江苏省为代表的地方政府自主创新模式；以北京中关村为代表的地方重点推进模式；以福建平潭为代表的政府、社会合作共治模式。各地人才管理改革试验区在人才政策和体制机制创新方面均发挥了先行先试的“试验田”作用，促进了地方人才建设和相关事业发展，加速了人才集聚，凸显了人才高地优势，推动了地方政府人才管理创新。

（六）人力资源市场管理进一步规范

我国加快推进建设统一、规范、灵活的人力资源市场，人力资源市场管理

① 人力资源和社会保障部：《2013 年度人力资源和社会保障事业发展统计公报》。

进一步规范。一是加大人力资源市场整合力度。为健全人力资源市场，更好地服务于就业优先战略和人才强国战略的实施，2013 年 3 月，人力资源和社会保障部出台了《关于加快推进人力资源市场整合的意见》，明确了市场整合目标。按照转变政府职能和深化行政审批制度改革的要求，该意见取消了举办全国性人才交流会审批事项，加强和改进招聘会管理，完善了人力资源市场观察项目。二是大力发展人力资源服务业。借助社会平台，有关部门组织开展了人力资源服务专题展览，启动了人力资源服务业领军人才培训计划。截至 2013 年底，全国县级以上政府部门设立公共就业和人才服务机构等各类服务机构 2.8 万家。各类人力资源服务机构以市场需求为导向，全年共为 2402 万家次用人单位提供各类人力资源服务。三是加强人力资源市场诚信体系建设。人力资源和社会保障部下发了《关于在人力资源服务机构中开展诚信服务主题创建活动的通知》，在全国人力资源服务机构中开展了以“诚信服务树品牌，规范管理促发展”为主题的诚信体系建设活动，推动服务机构依法经营、诚信服务，进一步形成了统一开放、公平诚信、竞争有序的市场环境。四是加强整顿人力资源市场秩序。人力资源市场秩序专项整顿共检查职业中介机构和用人单位 15.5 万家次，查处违法案件 8915 件。人力资源服务体系进一步完善。①

四　中国人力资源开发的展望

近年来，我国的人力资源开发取得了巨大成就，但仍存在一些问题，伴随着我国经济社会的发展，人力资源开发需要在推进创新型国家建设以及相关事业的改革发展进程中进行整体谋划，逐步推进。

纵观我国目前的人力资源管理与开发状况，为了适应我国经济社会发展和人力资源开发的长远发展，需要在就业优先战略下，结合产业转型升级，做好重点群体就业工作；需要完善扶持创业的优惠政策，进一步优化创业环境，更好地推动创新；需要加强技能人才队伍建设，完善技能人才社会化的多元评价体系，大力开展技能培训；需要按照人才开发社会化、

① 人力资源和社会保障部：《2013 年度人力资源和社会保障事业发展统计公报》。

人才评价多元化、人才引进市场化、人才建设法制化的要求，充分发挥市场配置人才资源的决定性作用，大力开展人才队伍建设，不断创新人才工作体制机制。

（一）深入实施就业优先战略，扎实做好重点群体的就业工作

按照“十二五”规划的要求，我国应该深入实施就业优先战略，力争在“十二五”的最后一年，确保完成就业工作目标任务，努力实现城镇新增就业、失业人员再就业、就业困难人员就业同比增长，将城镇登记失业率控制在上年同期水平之下；同时，结合经济结构调整和产业升级，扎实做好重点群体的就业工作，开发更加适合高校毕业生的就业岗位，进一步健全高校毕业生基层服务保障机制，更好地吸纳高校毕业生就业。

需要统筹做好农村转移劳动力、城镇就业困难人员等的就业工作，使公益性岗位开发与管理更加规范，同时，重点关注城镇化进程中被征地农民的就业问题，推动制订国有企业公开招聘管理方案，促进公平就业。建立经济发展与扩大就业的联动机制，完善政府促进就业的责任机制，实行更加积极的就业政策，加强宏观政策特别是财税、金融、产业等政策与就业政策的衔接配合，拓宽就业渠道，促进就业创业公平，努力促进实现更高质量就业。

（二）完善扶持创业的优惠政策，推动创业创新

大力促进创业带动就业，完善扶持创业的优惠政策，推动一系列优惠政策落实，使小额担保贷款规范化，以进一步优化创业环境，进而完善创业服务功能，特别是推动以高效毕业生为重点的青年创业。

进一步扶持小微企业发展，鼓励高校毕业生积极创业，推动社会大众创业创新。小微企业是我国经济发展的生力军、就业的主渠道、创新的重要源泉。在简政放权背景下，新设企业开始大幅增加。加大对小微企业、个体工商户的扶持，不仅可形成示范效应，推动大众创业创新，而且能够增添社会发展活力和内生动力。为了实施好现有支持政策，需要加大进一步简政放权的力度，加快清理不必要的资格审批；需要加大税收支持力度，适当考虑扩大暂免征税范

围；需要加大融资支持力度，采取业务补助等措施，引导金融服务机构提供融资服务；需要提供免费技能培训，促进高校毕业生就业创业。

（三）加强技能人才队伍建设，大力开展职业技能培训

随着经济增长方式持续转变，产业结构加快调整升级，我国经济发展对人才，特别是高层次、高技能人才的需求显得更加迫切。在此背景下，需要继续组织实施技能振兴专项活动，以及国家高技能人才振兴计划。完善技能人才多元评价体系，构建适合我国国情的、科学合理的人才评价发现体系，实现技能人才评价的社会化。同时，需要健全面向城乡全体劳动者的职业培训制度，发展各类技能人才终身职业培训体系，创新职业技能培训的工作机制。国家需要加大培训补贴力度，启动实施各类技能人才职业技能提升计划，强化就业技能培训、岗位技能提升培训及创业培训等。

（四）充分发挥市场配置人才的决定性作用，推动人才驱动创新

实施创新驱动发展战略是党的十八大为提升国家自主创新能力做出的重大战略部署。习近平总书记在中央财经领导小组第七次会议上指出，“创新驱动实质上是人才驱动”。市场在人才资源配置中起决定性作用，应该强调和发挥市场在人才开发中的导向作用。党的十八届三中全会审议通过的《关于全面深化改革若干重大问题的决定》指出：深化经济体制改革的核心问题是处理好政府和市场的关系，要使市场在资源配置中起决定性作用和更好地发挥政府作用。市场决定人才资源开发符合人才发展的一般规律，我国人才开发建设必须遵循这一规律，推动我国人才驱动创新。

（五）创新人才工作体制机制，开创国外人才引进新局面

需要按照建设创新型国家的要求，创新人才工作体制机制。以国家发展需要和社会需求为导向，从人才培养开发的总体目标入手，构建人人能够成才、人人得到发展的人才培养开发体制机制。同时，需要建立更加开放的引才机制，完善外国高层次人才签证、绿卡、居住政策以及面向全体留学人员的普惠性政策，加大引进海外智力的力度。按照新时期引进国外人才和智力的目标、

方向，实行更加开放的人才政策，为我国实施创新驱动发展战略提供人才与智力支撑。要继续完善引进外国人才的体制机制，遵循国际人才流动规律，为外国专家提供更加广阔的舞台。要从战略上谋划新时期国外引智和人才交流工作，努力开创国外人才引进的新局面。

参考文献

国家统计局：《2013 年国民经济和社会发展统计公报》，2014 年 2 月 24 日。

人力资源和社会保障部：《2013 年度人力资源和社会保障事业发展统计公报》。

中共中央：《关于全面深化改革若干重大问题的决定》，2013。

中央人才工作协调小组：《国家中长期人才发展规划纲要（2010 ~ 2020 年）》。

中共中央：《中共十八届三中全会公报》，2013。

B.3

中国科技人才的全球流动与发展

王辉耀*

摘 要：

科技人才的流动趋势呈现流向多元化、流动方式多样化的特点，新兴国家的科技人才回流和全球范围内的人才环流趋势逐渐加强。中国科技人才总量“可观”，但高质量的科技人才资源不足，也没有引进足够的海外人才进行弥补，与欧美发达国家竞争的国际顶尖人才的竞争力不强。中国在吸取发达国家人才竞争经验的基础上，应建立与国际接轨的签证、绿卡、入籍制度，建立中国科技人才回流服务平台，吸引更多科技人才来华服务。

关键词：

科技人才　跨国流动　人才竞争

一　科技人才跨国流动的现状

随着科技革命和知识经济时代的到来，国际产业分工与转移加剧，研发投入持续增长，科技人才流动已经成为全球化的一个重要特征。正如耶鲁大学名誉教授迈伦·热内尔关于科学家全球流动的说法：“科学家是一个流动的专业阶层。哪里有支持，他们就会去哪里。”① 可以说，在全球化时代，科技人才的全球流动无法避免。

---

* 王辉耀，中国与全球化智库主任。

① 《美国科学界的人才流失》，英国《金融时报》2007 年 2 月 2 日。

（一）全球科技人才移民的情况

国际移民组织（IOM）发布的《2010世界移民报告》显示，截至2010年底，全球跨国移民总数达2.14亿人，约占全世界人口的3.1%，其中大约有9000万人是经济移民或技术签证持有者。从移民的流向来看，美国、欧洲、加拿大、澳大利亚等西方发达国家和地区，基本上是人才净流入国家和地区，国际移民占其各自人口总数的比例超过10%，在400万人以上。其中，澳大利亚的外国移民占其总人口比例已经达到25.7%。另外，目前美国每年接纳移民总数都超过100万人，加拿大则超过20万人，澳大利亚、德国、英国、法国超过10万人。它们致力于争夺全球最优秀的人才，并吸引全球最优秀的学生到本国深造，然后在这些文凭背后贴上户籍、绿卡或签证。相对落后的发展中国家则处于人才输出国的地位，而在非洲、亚洲、拉丁美洲，移民占总人口的比例都没有超过2%。

美国是全球最大的科技人才流入国。移民到美国的科技人才在美国创办了诸多科技型企业。2012年10月，美国考夫曼基金会发布的《美国新移民企业家的昨天与今天》显示，2006~2012年，1/4的美国科技型企业是由移民创立的，在被抽样调查的硅谷335家工程类科技型企业中，43.9%的企业是由移民创建的。

（二）全球科技人才短期流动的情况

短期入境、工作与居留（非移民）等短期流动是科技人才流动的一种形式。一般来说，科技人才短期流动可能要求本国雇主提出签证申请，有职业、学历及时间限制，科技人才不能随便更换工作等。但即使如此，全球科技人才短期流动数量依然庞大。

在短期流动中，欧美发达国家和地区依然是科技人才的首选之地。这些国家和地区的政府提供占全球主要数量的科研经费，拥有配备先进设备的科研机构以及全球最优秀的科技公司。美国有3个准许“专门人才”临时入境的计划，并设立了H1B签证，专门吸引短期流动的高学历人才。这一签证政策自1990年实施，2000年一年批准的总数超过20万份，2003年后回落到每年6.5

万份+2万份（额外批准签证）。目前，持有H1B签证的非美国员工已经约占美国总员工的8%。

（三）全球科技领域留学生流动的情况

在留学生方面，1990年，发达国家共招收了约86万名外国留学生，发展中国家则只接纳了约2000人。2000年，发达国家招收了163.3万名留学生，美国一个国家招收的外国留学生总数就有54.8万人（见表1），而发展中国家仅招收了13.2万人。2003年，发达国家招收的外国留学生已达202万人，在发展中国家学习的外国留学生也达到了28.2万人，其中，仅中国就招收了超过10万名留学生。目前，中国、俄罗斯是招收外国留学生的主要发展中国家。中国一方面已经超过印度，成为全球最大的留学生输出国，学生主要流向美国、英国、澳大利亚、加拿大；另一方面开始招收大量的外国留学生，2011年，在中国学习的外国留学人员总数首次突破29万人，其中大约2/3来自亚洲。

表1　部分国家招收外国留学生数量

单位：万人

国家	1990年	2000年	2011年
中　国	—	4.5	29.3
日　本	—	5.6	13.8
俄罗斯	—	6.4	35.0
英　国	8.0	26.0	36.2(2009)
西班牙	1.0	4.1	20.0
法　国	13.6	13.7	27.8
德　国	10.7	18.7	25.0
美　国	40.8	54.8	72.3

资料来源：Kritz，Mary M.，*Globalization and Internationalization of Tertiary Education*，2006. 2011年数据是笔者根据整理数据四舍五入取的近似值。

美国是最大的留学生接收国。全世界一半以上受过高等教育的移民流到了美国，全球1/4的留学生赴美国深造。在美国留学的博士中，大约有一半最终会留在美国工作。如德国本土毕业的博士，每七个人中就有一人会试着去美国寻找就业机会。

1999年以来，美国每年接收的外国留学生数量都超过50万人。根据美国《2012年科学与工程指标》，2009年，美国共授予33620人以自然科学与工程学博士学位，其中有14111人是非美国国籍的。从20世纪90年代起，外国留学生每年在美国获得自然科学与工程学博士学位的比例保持在40%左右（见表2），其中有超一半的学生来自中国、印度和韩国。仅就工程学而言，自2000年起，外国留学生在美国获得博士学位的比例就保持在51%～67%，其中2009年达57%。①

表2　在美国获得自然科学与工程学博士学位的外国留学生人数及占比

单位：人，%

年份	人数	占比
1987	5557	30.0
1992	9475	39.4
2001	9213	38.0
2005	11518	43.6
2009	14111	42.0

资料来源：National Science Foundation, Division of Science Resources Statistics, *Science and Engineering Doctorate Awards*: *1996*, and *Science and Engineering Doctorate Awards*: *2005*。

这些在美国留学的自然科学与工程领域的博士，毕业后有一半以上留在了美国。根据美国橡树岭联合大学的统计，2006年获得自然科学与工程类博士学位后，2011年依然滞留在美国的外国留学博士，中国学生的比例最高，达85%，排名第二的印度为82%，日本和韩国不到50%（见表3）。

表3　2006年获得自然科学与工程类博士学位后相应年份仍滞留在美国的人员比例

单位：%

国家	2007年	2009年	2011年
中国	92	89	85
印度	89	85	82
日本	53	45	38
韩国	58	48	42

资料来源：Oak Ridge Institute for Science and Education（ORISE）。

① 资料来自Oak Ridge Associated Universities。

（四）全球科技人才回流总体情况

美国有吸引高技术移民的历史，但根据美国《2010 年移民报告》，这一趋势在逐渐弱化。随着“9·11”事件的发生，2000 年以来高技能签证的数量开始有所下降。2000 年，有 30.1328 万人获得了美国的技术工作签证。2002 年，美国对学生签证的颁发数量下降了 20%，被允许进入美国的具有特殊技能和高等学历的技术移民减少了 65%，每年 H1B 签证总数在小布什政府任上从超过 20 万份回落到 6.5 万份 +2 万份。[①] 在此期间，还有大约 20 万名高科技移民离开了美国，返回祖国去发展。[②] 2009 年，获得美国工作签证的人数回升到 27.0326 万人，但仍未超过 2000 年的人数。与此同时，中国和印度日益重视吸引海外高层次人才回国创新创业，人才回流的现象显著。

人才从欧美发达国家回流或环流到新兴国家是一种趋势。无论对美国等接纳国还是对亚洲等输出地来说，科技人才从美国的回流事实上早已发生。日本在 1964 年的东京奥运会后，韩国在 1988 年的汉城（今首尔）奥运会后，都迎来了大量的人才回归，到 20 世纪 90 年代，日、韩具有博士学位的科学和理工类留学人员超过一半选择回国。对中国来说，从 2008 年 12 月“千人计划”的出台，到 2010 年《国家中长期人才发展规划纲要（2010～2020 年）》的发布，国际人才竞争被提升到了一个全新的战略高度，科技人才回流的趋势得到了明显加强。

（五）科技人才流动的总体趋势及特点

从流向上来看，全球的高层次科技人才总会流向那些能为其提供高收入与高发展平台的国家和地区。无论流入对象是发达国家还是发展较快的发展中国家，流动形式是流入还是回流，提供支持的是政府还是企业，高收入都是人才关注的一个重要因素。另外，人才还会流向那些社会环境、政策环境、自然环境等适宜居住的国家和地区。目前科技人才流动的主要特点如下。

---

① 获得美国硕士及以上学位的外国留学生可不受 H1B 签证数量限制，但每年最多 2 万个名额。

② David Heenan, *Flight Capital*, 2005, p. 2.

欧洲、日本、澳大利亚、加拿大等发达经济体的科技人才大量流向美国。据德国基金会统计，43%在海外工作的德国科研人员还并不打算返回德国。当然，英国、法国、加拿大等发达国家能从更多的发展中国家那里补充人才。根据美国橡树岭联合大学的统计，2001～2009年，在自然科学与工程领域，欧洲籍博士毕业5年后仍然留在美国的比例始终保持在50%以上。

亚、非、拉等发展中经济体的大量人才流向发达国家和地区。2010年，经合组织成员接收的受过高等教育的移民超过50%来自发展中国家。特别是在2010年"阿拉伯之春"之后，利比亚、埃及、突尼斯、叙利亚、伊拉克等国80%以上的高等教育人才流入经合组织成员。① 但以总量来论，中国和印度依然是过去20年世界上主要的人才流失国。

落后的发展中国家向新兴国家输出人才，同时还有相当一部分人才从发达国家回流到新兴国家，回流的人才主要是从这些国家出去的留学人才和族裔人才。以20世纪的日本、韩国、爱尔兰，21世纪的中国、印度、巴西、俄罗斯为代表，这些国家经济状况良好，国际化程度日益提高，开始吸引大批海外留学人才与族裔人才回流，并且对其他发展中国家的人才也越来越具有吸引力。

发达国家有相当数量的科技人才流向发展中国家，但基本上是短期流入。科学研究的全球性、企业的海外扩张以及政府对外的科学技术援助，促使相当数量的科技人才从发达国家流向发展中国家，但基本上是短期流入，与大量科技人才由发展中国家向发达国家的永久性单向流动形成了鲜明对比。

二　全球科技人才流动的成因及影响

（一）科技人才跨国流动的成因

经济全球化与科技人才跨国流动之间是相互促进的关系：经济全球化推动科技人才跨国流动；反过来，科技人才跨国流动又影响经济全球化以及各国在经济全球化中的发展命运，加剧国际竞争。一般来说，经济全球化主要从以下

① 经合组织：《2012年国际移民展望》。

方面推动科技人才的全球流动。

1. 知识经济在全球范围内的确立

在美国、日本、英国、德国、澳大利亚等西方发达国家，知识经济的产值已占其 GDP 的主要部分。在发展中国家，知识、创意、科技产业被视为“朝阳行业”。无论是把科技，还是把创新视为“第一生产力”，归根结底，当今世界经济发展的动力已经指向了人的智力、创意、知识等。

2. 跨国公司的全球崛起

跨国公司的崛起带动了人才流动。2000 年，全世界跨国公司数量已超过 6 万家，在全球建有 80 多万个分支机构，占世界生产总值的 40%、国际贸易的 60%、国际技术贸易的 70%、对外直接投资的 90%。

3. 生产活动的全球分工

生产活动演变为全球性分工，不仅参与国际分工的国家遍及全球，而且国际分工进一步细化，这导致世界经济产业结构进行了多次调整，使不同的国家有了不同的人才需求，需要根据市场需求进行人才跨国调配，开展人才的国际竞争与合作。

4. 国际性的产业转移

例如，一家西方跨国公司的生产基地可能会根据土地和劳动力报酬的变化而转移，20 世纪 60 年代搬迁到日本，十几年后搬到韩国或者中国台湾，20 世纪 90 年代可能搬到中国大陆，进入 21 世纪后搬到越南、印度或者拉美，企业的高级雇员、技术人员和工程师也随之流动。

5. 生产要素的全球配置不均衡

落后的发展中国家迫切需要大量人才来改变自身落后的局面；发展较快的发展中国家也迫切需要补充大量的高层次人才，以完成工业化、现代化以及产业结构调整；发达国家经济规模庞大，仅仅保持经济增长势头，就需要补充大量的人才。因此，从某种程度上说，世界各国都急需人才，尤其是高端人才，这加剧了全球科技人才的流动。

6. 自由贸易的区域化和全球一体化

在 20 世纪 70 年代以前，虽然有双边国际贸易，但总体上全球市场仍被分割。而在当今世界，大部分国家国际贸易的增长速度超过了其整体经济的增长速度，外贸依存度不断提高，因此，许多自由贸易区以及区域性组织在世界范围内产生，这也促进了国际人才的流动，例如，欧盟各成员国的人才可以在欧盟内自由流动与工作。

7. 科学研究的全球合作

随着全球共同面对的问题日益增多，国际协作越来越频繁。例如，欧盟致力于在成员国间建立整体科技项目与人才自由流动机制，目的就是通过分工协作与智力共享，使各国能以最小的成本获得最大的科研成果。

8. 劳动力结构的不平衡

包括老龄化在内的广泛的人口结构变化加速了全球人才的流动与竞争，尤其发达国家与发展中国家之间存在的人口结构和人口增长的巨大反差，更加剧了这种流动与竞争。加拿大、澳大利亚等国人口短缺，欧洲国家和日本人口老龄化严重，这使其不得不打开移民大门，选择性地引入人才。与之相反，发展中国家人口保持持续增长，必然导致人口从发展中国家向发达国家流动。

（二）科技人才全球流动的主要影响

尽管在国与国、企业与企业、高校与高校之间，不可避免地存在竞争因素，但从整体上说，这并不是一种完全的零和游戏。

对于科技人才的流入国，一般会获得知识和科学方面的积极影响，如获得额外的研发和经济活动帮助、提高与人才输出国之间的知识流动和合作，以及通过成果产业化创造潜在的公司和就业机会。移民对美国发展起到了至关重要的作用。在美国的七大顶级癌症研究中心中，42%的研究人员出生在外国，其中得克萨斯大学MD安德森癌症研究中心的移民科学家比例高达62%。2011年，在美国大学电子工程专业的全日制在校研究生中，外国留学生占71%；计算机科学专业的外国留学生占65%。在美国自然科学与工程领域拥有博士学位的就业者中，外国人比例从1993年的23%增至2010年的42%。在美国市值排前50名的上市公司中，有近一半是移民创建或参与创建的。①

① 《美国引才聚才用才的启示》，2014年6月6日，http://news.xinhuanet.com/2014-06/06/c_1111020855.htm。

对人才输出国来说，如果国内产业结构受限并且科学研究基础较差，即使不外流，这些科学家和工程师在国内也找不到合适的工作，在这种情况下，人才外流不一定是坏事，可能会提高知识资产效率并促进其增值。尤其对教育落后的发展中国家来说，外流留学生前往发达国家学习先进的技术、理念、经验、文化及制度，对母国崛起还往往有重大的帮助。快速发展的中国、俄罗斯、印度、巴西等“金砖国家”同样得益于全球科技人才的回流，这些国家通过产业转移获得了经济的快速增长，进而推动了人才回流。人才循环流动可以刺激知识流动，建立地区间的联系，传播先进的科技，保持跨国的社会网络关系，从而促进知识的持续交换。

三　中国科技人才资源流动的现状与趋势

一个在全球科技人才流动中获得平衡和收益的国家，必然会呈现三个特征：第一，人才来源与构成国际化，表明这个国家能够大量吸收并使用外国人才；第二，人才概念与素质国际化，表明这个国家自身能够培养大量在国际上开展竞争的人才；第三，人才流动与竞争国际化，一方面是国际人才国内竞争，即不同国籍的人才在同一个国家的同一个岗位上展开竞争；另一方面是国内人才国际竞争，即一个国家的人才领导本国企业在国际市场上展开竞争。

从整体上看，中国科技人才总量“可观”，受过高等教育的普通人才并不缺乏，但高层次人才匮乏。本土人才教育培养体系滞后于社会发展的需要，缺乏国际竞争力。已经培养的人才大量以留学、移民等方式流失到海外。在引进海外人才过程中，与欧美发达国家相比，我国吸引国际顶尖人才的竞争力还不强。直到2004年，中国才实施长期引进和使用海外人才的正式绿卡制度，但至今没有出台外国顶尖人才入籍的政策。截至2010年，中国拥有190万留学生以及5000万海外华人，这些群体掌握着巨大的智力、技术和资金资源。进入21世纪后，中国政府将“人才强国”提到了国家战略高度，出台了“千人计划”等政策，这大大有利于中国在全球人才市场上参与人才争夺，也不断推动着人才环流或回流。

（一）中国科技人才流动的现状与挑战

1. 科技人才丰富，高层次科技人才匮乏

中国拥有总量居世界第一的科技人才。在2011年全国科技工作会议上，科技部公布的数据显示：截至2009年，我国科技人才总量达5100万人，居世界第一位，[①] 但由于我国人口众多，每万人当中平均人才拥有量在世界上的排名还比较靠后。

中国每年毕业的博士总量也居世界第一。截至2004年，全国共有博士点1900多个，而2005年高校申报增设2700个二级学科博士点，一年申报量约是已有数量的1.4倍。2004年，中国平均每4.2个硕士有1个攻读博士，而美国则是每10个硕士有1个攻读博士。[②] 根据英国《泰晤士报》教育副刊发布的全球大学排名榜，中国内地大学能进入世界前50名的只有清华大学、北京大学，不如香港一个城市入榜大学数量多。这充分说明，中国具备高等教育学历的科技人才总量丰富，但高质量的人才资源依然极为缺乏，科技人才培养体系还比较落后。

2. 经历了高层次科技人才大量流失

有关统计显示，中国流失的顶尖人才数量居世界首位。[③] 在美国，由于将近九成的中国留学博士会选择毕业后留在美国，所以美国有媒体把中国比为“最肥沃的美国博士培养基地”。[④] 截至2010年，中国共有190万名留学人员，但学成回国的只有大约63万人。在各国发展急需的自然科学和工程人才领域，中国还存在留学人才学历越高，回归比例越低的现象。经合组织有份统计指出，1990~1999年，大约47%在外国出生的博士选择留在美国，其中，中国大陆博士生滞留率是87%，不但超过中国台湾地区（57%）以及韩国（39%），而且超过另一个人才流失严重的新兴发展中国家印度（82%）。[⑤]

---

① 《中国科技人力资源总量居世界第一》，2009年9月17日，http://news.xinhuanet.com/politics/2009-09/17/content_12071287.htm。

② 新加坡《联合早报》2008年5月3日。

③ 李慎明、王逸舟主编《2007年：全球政治与安全报告》，社会科学文献出版社，2007。

④ 《美国研究生教育：头号博士培养学校现在出自中国》，美国《科学》2008年7月。

⑤ 经合组织：《高技术人才的国际流动》，《经合组织政策概要》，巴黎，2002。

1991 ~2011 年，亚洲共有约 15 万名留学生获得美国的自然科学与工程学博士学位，其中，中国大陆人数最多（见表 4）。

表 4　1991 ~2011 年获得美国自然科学与工程学博士学位的亚洲学生人数

单位：人

国家和地区	自然科学	工程学
中国大陆	42518	20823
印　度	15643	12144
韩　国	13621	8779
中国台湾	630	9703
亚　洲	96132	54831

资料来源：National Science Foundation。

中国因移民流失人才的情况也很严峻。中国新闻社发布的《2008 年世界华商发展报告》称，改革开放后移居海外的新华侨华人大约为 600 万人。截至 2009 年，有 8 名华裔获得自然科学领域的诺贝尔奖，其中 5 人出生在中国（本来有中国国籍），这 5 人全部拥有或曾拥有美国国籍（只有中国台湾地区的李远哲后来放弃了美国籍）。

在世界高科技产业中心硅谷，20 世纪 80 年代，由华人参与创立的企业大约占 9%，90 年代达到 13%；硅谷软件公司的技术主管和实验室主任有 35% 是华人；在 20 万名工程技术人员中，有 6 万多名中国人。在 2005 年根据营业额评选出的前 150 家硅谷上市公司中，有 18 家是华裔企业。甚至有研究认为，仅在美国太空、军事等敏感部门工作的中国专家，就有 2 万多人。①

3. 科技人才回流推动“中国创新”

中国近代史上首位出国留学的是 1847 年赴美国留学的容闳。1854 年，容闳从耶鲁大学毕业并获得学士学位，回国以后，他先后组织了 4 批共 120 名幼童赴美国留学，开了中国公费留学的先河。从孙中山、黄兴到陈独秀、李大钊，再到周恩来、邓小平等，早期留学人员回国的主要贡献体现在从事“拯救中国”的革命事业上。而在新中国成立后，留学归国人员主要从事科技研

① 《美国各界赞中国人才贡献大》，《文汇报》2008 年 7 月 26 日。

究，钱学森、邓稼先等著名科学家推动了中国科学事业的发展。

新时期，科技人才回流的贡献还突出体现在创建了一大批高科技企业，推动了高科技产业涌现，直接推动了国内新技术、互联网、IT、电子通信等诸多领域的发展。中国在欧美上市的高科技公司，绝大部分是由留学归国人员创办和管理的，留学归国人员企业已经成为中国新经济和高科技产业的主流。目前，全国已建立留学人员科技创业园逾150家，以著名的中关村科技园为例，截至2010年底，中关村科技园已聚集海归人才1.5万人，创办高新技术企业超过5000家，企业注册资金总额累计超过50亿元。在创业的留学归国人员中，57%以上拥有个人的科技成果，44%的科技成果获得了专利。

（二）中国科技人才回流新趋势

2008年国际金融危机爆发之后，全球人才流动和竞争出现新的趋势。2008年“千人计划”出台以来，中国逐渐由“人才流失国”成为全球主要的“人才回流国”。中国采取的新人才政策，如2011年初出台的“青年千人计划”、2012年出台的“外国专家千人计划”等，逐渐成为世界各国关注和研究的焦点。截至2013年底，“千人计划”已引进各领域高端人才4000多名，还带动了一大批海外人才踊跃回国创新创业。

四　全球化浪潮中的中国科技人才战略

改革开放以来，中国对科技人才全球流动的主要认识，可以简单地概括为“请进来”（引进外国专家）和“派出去”（出国留学），多年来的政策也主要围绕这两点进行。进入21世纪，在“科教兴国”国家战略提出之后，中国又提出了“人才强国”战略，高度重视参与全球人才竞争。放眼未来，为了更好地在科技人才的全球流动中占据主动地位，中国在吸取发达国家人才竞争经验的基础上，还需要加强以下几个方面的工作。

（一）建立与国际接轨的签证、绿卡、入籍制度

中国需要重新审视和调整长期以来采取的从严管理外籍人士入境、居留

并排斥永久移民、入籍的政策，应参考欧美发达国家的移民制度，建立完整、系统的外国人出入境、就业、居留以及移民事务管理的政策体系。在坚持本国公民直系亲属、本国族裔，包括留学人员优先的原则之外，突出人才优先的战略。探索完善人才短期流入和工作的签证制度，以及人才长期流入和绿卡、入籍制度，其中包括针对外籍科技人才流入的工作签证制度和技术移民体系。

1. 形成统筹协调的签证制度，简化并完善分类

目前，外国人到中国工作必须办理外国人就业证或外国专家证、外国人就业许可证，以及居留证三个证件。外国人就业证归人力资源和社会保障部审批，外国专家证由外国专家局审核；用人单位的外国人就业许可证要由行业主管部门批准；居留证要在公安部审批。此外，还可能涉及外交部、教育部等相关部委的审批。三证分立，程序繁杂。今后，应该借鉴发达国家和地区的做法，由一个政府部门统筹协调签证相关事宜，例如美国公民与移民服务局（USCIS）、澳大利亚移民和公民部、日本厚生劳动省、韩国就业和劳工部、中国香港特别行政区劳工处、中国台湾地区“行政院劳工委员会”。同时，应对签证类型进行适当完善，使之更有利于高新技术领域人才到中国。

2. 出台更为开放的雇用外籍科技人才的制度

在技术移民体系中，目前以职位和任职单位为门槛，基本将外国科技人才流入的接纳单位限制在国有企事业单位。今后应该以职业为基础门槛，配以国家急缺人才清单或移民职业申请清单，以及雇主联合申请及担保，充分发挥市场配置人才资源的作用，并以国际通行的积分制来评估申请人的资格。只有这样，才能加大全球科技人才的流入量，并实质推动我国高新技术企业和机构的发展。

3. 完善高科技人才相关绿卡制度

在许多国家，因为双重国籍的存在，留学人员回国发展并不存在任何障碍。在中国目前没有双重国籍政策的情况下，应考虑针对各项记录良好、原国籍是中国，以及在海外出生且符合高层次人才认证条件的华裔高端科技人才，简化签证审批手续，直接发放永久居留证。对于一般的各项记录良好、原籍是中国、非自愿放弃中国国籍的海外留学生及其他华人，发放类似于港澳通行证、台胞证的长期免签的侨胞证。

（二）建立中国科技人才回流服务平台

1. 设立科技领域的海外人才联络站

早在第二次世界大战时期，美国就派出著名的“阿尔索斯突击队”，专门俘获德国著名科学家并劝服其加入美国国籍，例如，“俘虏”的火箭专家冯·希劳恩后来成了美国宇航员登月计划的主管。目前，新加坡、新西兰、中国台湾等国家与地区，均设立了政府猎头部门，帮助企业及研究机构搜索高端人才。中国也应该建立一个在全球搜索海外高层次人才的国家猎头部门，或特别工作组、人才联络站。同时，充分发挥民间专业社团的力量，尤其是发挥百人会、旅美科协、华源科技协会、欧美同学会等数百个华裔和留学人员专业社团的协助作用，把海内外各类留学人员组织起来，建立一个更有针对性的中国全球留学人才/华裔人才联系网络，并在此基础上在各主要发达国家建立中国留学人才/华裔人才联络站。

2. 搭建国际顶尖科技人才数据库

在人才联络站的基础上，中国应该建立一个集信息储存、沟通联络、信息发布于一体，且与网络相结合的海外人才数据库。一方面，掌握留学人才在国外的科研与工作情况、回国意愿以及困难，一旦时机成熟，就可以立刻锁定目标，开展人才引进工作；另一方面，相关数据库通过适当途径对企业及科研机构开放，真正满足其引入高端人才的需求。

（三）完善科技人才落地配套政策

1. 对关键领域科技人才实行灵活的薪酬制度

在中国向全球招聘科技发展急需、国内缺乏的人才时，必须对国际人才实行全球定价，采取灵活的薪金制度，实施聘任制，专才专用，对国家急缺的科技人才甚至可以考虑将其薪金提高至高于国际同行的水平。对于特殊领域的科技人才的特殊待遇，还可以采取政府支持、民间基金冠名的方式，给予补助。

2. 降低个人所得税率

降低个人所得税率，可以提高本土企业在全球市场中竞争、挽留、培养国际人才的能力。目前，中国内地个人所得税率在5%～45%，实行九级超额累进税率，存在起点太低、税率过重、征收方式不够合理等问题。个人所得税的最高税率普遍高于周边地区和主要发达国家，例如，中国香港地区是2%～15%，新加坡是2%～28%，马来西亚是1%～29%，加拿大是17%～29%，再考虑到起点工资与其他国家的横向差距，肯定会导致外籍人才在中国工作收入大幅缩水。在大规模降低税率之前，可以参照天津滨海新区和上海浦东新区对人才的退税政策，对企业引进的国际人才等进行减、免、退税。

3. 建立信贷与担保联动机制，支持海归创业

各种类型的跨区域创业活动，都离不开大量的、多层次的金融体系支撑，这也是硅谷原创产业不断涌现的关键。为了适应海归创业的客观要求，应推动金融产品和金融服务创新。在某些关键领域，探索并组织相关商业银行设立支持科技企业发展的信贷专营机构，在知识产权质押、信用贷款等多项科技金融创新业务的基础上，进一步学习美国硅谷银行、日本兴业银行等具有产业组织功能的国际先进金融机构的经验，有效降低海归企业融资门槛，为国外高层次人才回国创业提供更多的、与国际经验相适应的融资渠道。

参考文献

Kauffman Foundation, *America's New Immigrant Entrepreneurs: Then and Now*, October, 2012.

Kritz, Mary M., *Globalization and Internationalization of Tertiary Education*, 2006.

National Science Foundation, Division of Science Resources Statistics, *Science and Engineering Indicators 2006*.

International STEM Students, "U. S. Doctoral Degree Attainment," *The Brookings Institution*, February 7, 2011.

Oak Ridge Institute for Science and Education.

教育部编《中国留学人员回国创业成就展会刊》，2004年3月。

王辉耀、苗绿：《中国留学发展报告（2013）》，社会科学文献出版社，2013。

王辉耀、刘国福：《中国国际移民报告（2014）》，社会科学文献出版社，2014。

王辉耀、苗绿：《中国海归发展报告（2013）》，社会科学文献出版社，2013。

王辉耀：《遵循国际人才流动规律引进人才》，《中国组织人事报》2014 年 6 月 4 日。

王辉耀、苗绿、郑金连：《从留学“赤字”反思中国国际化人才培养》，《中国人才》2014 年第 2 期。

王辉耀：《国际人才竞争战略》，党建读物出版社，2014。

B.4
技术技能型人才职业能力发展战略研究

人力资源和社会保障部职业技能鉴定中心*

摘　要：

随着我国经济社会转型、产业结构优化升级、人才强国战略实施、区域协调发展，技术技能型人才在推动经济发展方面的作用越来越重要。在大力倡导提升企业自主创新能力、建设创新型国家的时代背景之下，建议加强在国家层面上的技术技能型人才职业能力发展战略研究。本报告从技术技能型人才概念的缘起、技术技能型人才的全球需求趋势、新时期技术技能型人才的职业能力特征、我国技术技能型人才职业能力发展的现状和特点、技术技能型人才职业能力发展的国家战略及对策建议等方面进行了详细论证。

关键词：

技术技能型人才　职业能力　发展战略

一　技术技能人才概念的缘起

根据《国家中长期人才发展规划纲要（2010～2020年）》，我国主要有六类人才队伍：党政人才、企业经营管理人才、专业技术人才、高技能人才、农村实用人才和社会工作人才。其中，高技能人才是指在生产、运输和服务等领

---

* 执笔人：刘康，中国就业培训技术指导中心暨人力资源和社会保障部职业技能鉴定中心主任；许远，人力资源和社会保障部职业技能鉴定中心协调指导处副编审，《中国培训》杂志社编辑部副主任；李赛，天津职业技术师范大学职业教育学院研究生；张元，天津职业技术师范大学教授；陈敏，交通运输部管理干部学院教授。

域岗位一线，熟练掌握专门知识和技术，具备精湛的操作技能，并在工作实践中能够解决关键技术和工艺操作性难题的人员，主要包括技术技能劳动者中取得高级技工、技师和高级技师职业资格及相应水平的人员。《关于进一步加强高技能人才工作的意见》指出，要“加快培养一大批数量充足、结构合理、素质优良的技术技能型、复合技能型和知识技能型高技能人才，建立培养体系完善、评价和使用机制科学、激励和保障措施健全的高技能人才工作新机制，逐步形成与经济社会发展相适应的高、中、初级技能劳动者比例结构基本合理的格局”。按照我国人才学界学者比较公认的“人才四分说”，人才被分为学术型人才、工程型人才、技术型人和技能型人才。技术技能型人才是在劳动组织变革中产生的一种新型复合人才，它的产生是当今劳动力市场对技能人才的学历要求上移、职业资格要求上移的必然要求。

二　技术技能型人才的全球需求趋势

世界银行的一项研究报告表明：无论是在高技术岗位还是初级岗位，就业和人口统计都显示了劳动力短缺的趋势。据 2012 年 6 月麦肯锡国际研究公司公布的研究数据，高技能人才的供给小于需求的矛盾越来越尖锐，较低等级技能劳动力供给大于需求的矛盾越来越明显。

（一）高职业资格化

研究表明，英国预计在未来几年将新增就业人数 150 万人，在未来的发展中，获得高级职业资格证书人数有望实现快速提升。在当前经济萧条和就业不景气的环境下，更多的年轻人选择接受更长时间的教育，并争取获得更高层次的职业资格证书（见图 1），这一趋势在未来十年将会延续。而与此同时，社会各个行业领域和职业领域对持有高技能证书的劳动力需求也在不断增长。英国职业体系对劳动技能的要求将会不断提升。

（二）高学历化

预测表明，截至 2020 年，美国劳动力实际增长人数为 1000 万人左右。从

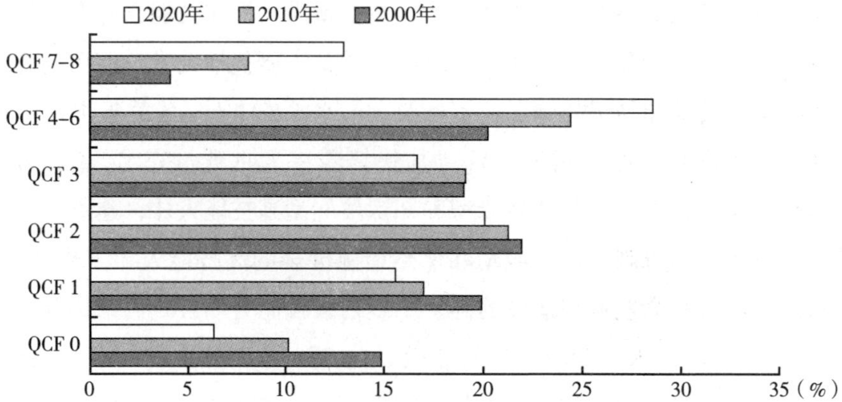

图1　劳动力获得各级职业资格证书占比

注：QCF（qualification and credit framework），即资格与学分框架，是英国目前唯一的、全纳的资格框架。

资料来源：英国 Working Futures 2010～2020 年报告。

行业及领域这一层面来看，卫生保健和社会救助、专业和商业服务、建筑等行业及领域的就业增长量将居于前列（见表1）。

表1　2010～2020 年美国主要行业及领域非农人口就业量预测

单位：万人

行业及领域	就业增减量	行业及领域	就业增减量
卫生保健和社会救助	563.9	运输和公共事业	81.7
专业和商业服务	380.9	金融	78.0
建筑	184.0	批发	74.4
零售	176.9	信息	14.0
州和地方政府	164.2	采掘	2.5
休闲和住宿	134.3	制造	-7.3
教育服务	81.9	联邦政府	-37.2
其他服务	81.9		

资料来源：美国劳工统计局。

对应于就业领域和就业需求的不断发展，未来十年将有更多的职业需要其从业者达到高等教育层次的学历水平。其中，需要具备硕士学历的职业将会增加，与此同时，学徒制培训将会成为美国从业人员接受在职培训的主要形式，需要接受过学徒培训才能入职的职业数量也会增加。

（三）技能需求呈"绿化"趋势

绿色经济的发展将协调经济转型过程中出现的劳动力技能结构失衡，实现劳动力就业方式和就业领域的平稳过渡。世界诸多国家和地区可再生能源领域蕴含的就业潜力均相当巨大（见表2）。例如，欧洲可再生能源委员会认为，到2020年，可再生能源的消费比重将会占能源消费总量的20%，并将为欧洲地区贡献逾200万个就业岗位。

表2　2020年若干国家可再生能源领域就业潜力预测

国　家	潜力预测	国　家	潜力预测
澳大利亚	27400个新工作岗位	英　国	410800个新工作岗位(至2015年)
孟加拉国	100000个新工作岗位(太阳能领域)	印　度	100000个新工作岗位(至2022年)
德　国	400000～500000个新工作岗位	韩　国	950000个新工作岗位(至2030年)
丹　麦	10000～20000个新工作岗位(至2015年)	美　国	1305000～7328000个新工作岗位(至2030年)
法　国	316000个新工作岗位	南　非	150000个新工作岗位

资料来源：国际劳工组织《绿色职业技能报告》。

绿色经济所引发的技能需求将主要体现在由产业替代所产生的技能重组需求、由产业"绿化"所产生的技能更新需求、由新兴产业所产生的新兴技能需求。单就绿色就业来看，世界各国对具备各级各类绿色从业技能的劳动者需求很强劲，且需求有与日俱增的趋势。绿色经济的发展，特别是节能和可再生能源等新兴部门的发展，需要大量具备各级各类绿色从业技能的劳动者，经济发展方式的成功转型以及绿色从业技能的获得，必须通过行之有效的方式对新生劳动力进行系统教育，对原有劳动力进行再培训和技能更新，从而有效避免结构性失业，促使从业者实现理想的就业和平稳的就业转换。

三　新时期技术技能型人才的职业能力特征

掌握职业能力的个体具有差异，以及职业能力的复杂程度存在差异，使得职业能力和掌握职业能力的个体具有层次性。因此，国家的职业资格就划分了初级工、中级工、高级工、技师、高级技师五个层次，其中，高级工、技师、高级技师被确定为高技能人才。

（一）发达经济体的需求特征

经济全球化背景下的国际竞争从根本上讲是人才的竞争，人才竞争从根本上讲是高素质高能力人才的竞争。

对发达经济体来讲，高技能人才的缺口将会长期存在，较低等级技能劳动者和高技能人才的收入两极分化会越来越明显。经济合作与发展组织（OCED）的一项报告指出，21 世纪的技能人才，不仅仅指遵守纪律的生产线工人，也包括有主见、独立的公民，以及能承担风险的企业家。在技能需求方面，劳动力市场对常规及非常规动手能力、常规认知的需求降低，对非常规解析和交互的需求增加。亚太经济合作组织（APEC）的研究表明：劳动力市场对新的以知识为基础的技能需求旺盛，而对传统的技能需求正在下降。青年需要掌握一整套“核心工作技能”，全球化经济使现在的年轻人不可能终生从事一种职业，越是社会地位不高的职业，从业者变换越快。

（二）我国的需求特征

随着我国的社会转型，劳动力市场对高素质的技术技能型人才的需求与日俱增，对他们的职业能力要求也在提高。我国对高素质技术技能型人才的需求特征表现为以下三个方面。一是职业技能。这是技术技能型人才应具备的最基本素质，包括：掌握基本的职业技能操作方法和操作规范，并达到上岗所要求的熟练程度（一般以取得职业资格证书为准）；树立基本的职业意识，形成与职业或岗位相对应的较完备、合理的专业知识结构。二是职场应变能力。该能力包括：及时把握特定职业在职场中的发展趋势和最新动态的能力；自主学习新的职业技能的能力；掌握最先进的相关职业理念和操作方法的能力；更全面地具有延伸性知识结构的能力。三是专业创新能力。技术技能型人才同样需要具备创新能力，其内涵主要包括：不断发现现存事物的缺陷，不断找出新问题的能力；创造性地解决问题的能力；根据工作的需要提出创造性设想的能力；进一步扩大知识面，以适应其创新的各种要求的能力。

四　我国技术技能型人才职业能力发展的现状和特点

（一）我国技术技能型人才职业能力发展的现状

1. 劳动力技能化程度低，技术技能型人才数量严重不足

根据相关研究，2013 年底，全国就业人员达 76977 万人，其中城镇就业人员 38240 万人，农民工 26894 万人（其中，外出农民工 16610 万人）。[①] 在全国就业人员中，第一产业就业人员占 31.4%；第二产业就业人员占 30.1%；第三产业就业人员占 38.5%。有关数据测算，我国的高技能人才存量规模不到 3000 万人。因此，按照目前的高技能人才现状，技术技能型人才严重短缺，尤其是技师的培养远远跟不上时代发展的需要，这已成为近年来我国人才结构的一大薄弱环节。

2. 人才职业能力存在结构性问题

技术技能型人才职业能力发展的特点是结构不合理、低层次职业能力人才比重偏大，根据人力资源和社会保障部职业技能鉴定中心对 1996 ~ 2010 年参加职业技能鉴定并获证的人员的统计：14% 的人员获得高级工职业资格证书，2% 的人员获得技师和高级技师职业资格证书，46% 的人员获得中级工职业资格证书，38% 的人员获得初级工职业资格证书，低层次技术技能型人才比重偏大。

课题组研究成果表明，职业能力发展的区域性水平差异显著。在发达地区，如广东，据统计，自 1996 年实施鉴定统计制度以来，至 2012 年 8 月底，全省共有 1255.5 万人次取得国家职业资格证书。[②] 其中，获取高级工以上职业资格证书的共有 135.3 万人次，约占全国技术技能型人才数量的 10%。在欠发达地区，如陕西，据统计，截至 2011 年底，全省技能劳动者总量为 305 万人，约占全国总量的 2.2%。由此可见，职业能力发展的区域性水平差异显

① 人力资源和社会保障部：《2013 年度人力资源和社会保障事业发展统计公报》。

② 人力资源和社会保障部职业技能鉴定中心："职业技能鉴定 20 年回顾与展望"课题研究总报告。

著，高水平地区占比较小。

3. 技术技能型人才职业能力存在行业与体制问题

职业能力发展的行业差距大，高水平行业比重较小；职业能力发展的行业体制不平衡，中小企业技术技能型人才职业能力发展水平偏低。据调查，不同行业的技术技能型人才职业能力发展存在明显差异，其中采矿业、制造业、信息传输业、机电一体化产业、软件和信息技术服务业技术技能型人才职业能力发展差异显著。在职业发展的道路上，低水平的行业比重较大。因此，加快提高技术技能型人才职业能力发展水平，培养高素质的技术技能型人才，已成为国家改善生产劳动力结构、实施人才强国战略的重要措施。

（二）我国技术技能型人才职业发展的趋势特点

1. 对服务业人才需求更加明显

在未来的发展进程中，我国的产业结构调整向高级化发展的趋势十分明显，第三产业将代替第一、第二产业，成为影响经济社会发展的主导产业，其经济发展方式将逐步转变为服务型经济。这一趋势已经带动并将继续带动第三产业就业的发展。由预测数据不难看出，未来新增就业岗位数量、就业人数和就业率居前的职业多属于服务业，而农业和制造业将会不可避免地面临就业领域的萎缩和就业量的下滑。

2. 经济社会发展导致对高素质技术技能型人才的培养规格发生变化

受制于劳动力数量不足以及产业结构高级化调整的客观趋势，我国和英美等发达国家一样，经济发展必须由依赖包括人力在内的资源投入数量增加向提高资源投入和利用质量方向转变。因此，对高素质的技术技能型人才的培养规格发生了变化：一方面，要紧跟产业结构调整的步伐，不断推动劳动力在产业间的合理分配和合理流动；另一方面，要应对产业、行业和职业的发展要求，提升从业者的学历水平，打造更高素质的劳动力队伍，从而有效地保证生产力的持续发展和经济社会的持续进步。

3. 我国技能需求的“绿化”趋势

从总量来看，虽然我国绿色就业机会的增加能够从一定程度上抵消其他领域的失业，但从我国当前形势来看，短期的、有针对性的课程培训和劳动者更新从业技能，是解决特定的、一部分职业领域劳动力缺口最行之有效的方法。由于与绿色职业、绿色就业等相关的研究和数据信息不足，加之新兴产业和传统产业更替刚刚起步、绿色相关正规系统的学校教育和专业设置尚未成形等因素的制约，实现整个经济社会的绿色过渡将是一个长期的过程，短期的职业技能培训必然是实现劳动力获取绿色技能的首选途径。淘汰落后产能，转换新兴产业部门就业，成为我国技能需求的“绿化”趋势。

五　技术技能型人才职业能力发展的国家战略

（一）各国技术技能型人才职业能力的发展战略

进入21世纪，各国均致力于制定打造人力资源强国的战略决策，积极采取应对措施，通过多种政策途径增加本国技术技能型人才的供给。发达国家主要表现为人才争夺吸引，发展中国家则主要表现为控制人才流失。发达国家为了争夺高科技产业发展的制高点，纷纷出台教育和人才开发战略规划，不但大幅度增加教育和科研投资培养年轻人才，而且采取修改移民法、放宽技术移民限制等措施，抢夺外国高素质人才。

（二）我国现有的技术技能型人才职业能力发展战略

自2003年《关于进一步加强高技能人才工作的意见》出台以来，人力资源和社会保障部积极发挥统筹协调作用，各有关部门和行业密切配合，推动高技能人才工作取得新进展。首先，各地区各部门普遍制定了促进技术技能型人才队伍建设的政策，改善了技术技能型人才成长的政策环境。其次，逐步完善技术技能型人才培养体系。各有关部门正在努力和行业、企业密切合作。最后，加强技术技能型人才评价工作，逐步健全竞赛选拔机制。2011年7月6日，中央组织部、人力资源和社会保障部发布《高技能人才队伍建设中长期规划（2010～2020年）》，这是中国第一部高技能人才队伍建设中长期规划。

六　提升技术技能型人才职业能力发展的对策建议

（一）将技术技能型人才发展纳入国家总体发展战略

根据《国家中长期人才发展规划纲要（2010～2020年）》和《关于加快发展现代职业教育的决定》中的相关支持政策，推动政府、学校、行业、企业的联动，促进技术技能的积累和创新，将技术技能型人才的发展纳入国家总体发展战略。在关乎国家竞争力的重要产业部门，规划建立一批企业和职业院校紧密合作的技术技能积累创新平台，促进新技术、新材料、新工艺、新装备的应用，加快先进技术转化和产业转型升级步伐。推动企业将职业院校纳入技术创新体系，强化协同创新，促进劳动者素质与技术创新、技术引进、技术改造同步提高，实现新技术产业化与新技术应用人才储备同步。

市场调节与政府推动相结合，形成多方参与、密切配合、共同推动技术技能型人才工作的新格局。健全以企业行业为主体、以职业院校为基础的技术技能型人才培养培训体系；产业政策与技术技能型人才开发政策相互协调，完善公平公正、运行规范、管理科学的技术技能型人才评价体系；高端带动与整体推动有机结合，营造尊重劳动、崇尚技能、鼓励创新的有利于技术技能型人才成长的社会氛围；机制建设与能力建设并重，构建有效激励、切实保障、合理流动的技术技能型人才使用机制。

（二）大力培养技术技能型人才，加强校企合作，建设高技能人才终身学习体系

努力提高技术技能型人才的职业能力水平，明确职业能力发展的方向。职前进行职业教育、职业训练、岗前培训，组织各种技能大赛等；职后进行校企联合师傅带徒弟、岗位练兵、远程学习等，逐步建立技术技能型人才终身学习的教育体系。

1. 强化企业培养技术技能型人才的社会责任

企业既是用人主体，又是人才成长的摇篮。发达国家高技能人才培养的一

条重要经验，就是企业积极参与，加强校企合作。我国企业有培养学徒的传统，当前应大力培育企业培养技术技能型人才的社会环境。要通过立法或出台高层次的政策，确立企业培养技术技能型人才的责任，促进企业支持和参与校企合作，培养技术技能型人才；对于企业培养技术技能型人才，制定有关的税收等优惠政策，政府给予补贴奖励。

2. 完善校企合作、工学结合的人才培养体系

将工学结合贯穿于职业教育全过程，学生从入学开始就接受相应的动手和实践课程教育，并根据培养目标同步深化文化、技术和技能学习与训练，逐步实现就业需求和人才培养的有机衔接。要加强科学素养、技术思维和实践能力教育，加强实验、实训、实习和研究性学习；加强工程实践中心、实训基地和企业实习基地的建设，保障学习者有质量的实习实训需求；强化实习、实训环节的评价考核。在有条件的企业试行职业院校和企业联合招生、联合培养的学徒制，企业根据用工需求与职业院校实行联合招生（招工）、联合培养。完善支持政策，通过政府、企业、社会、家庭等多种渠道筹集学生（学徒）培养培训经费。

3. 务实基础提升技术技能型人才培养质量，切实提高技术技能型人才社会地位

技术技能型人才培养质量直接关乎中国制造的质量和影响力。提高培养质量，需要从职业分类、课程标准、教材教法、课程开发、实习实训、师资培养等各个方面提高先进性和规范化程度，在培养、评价、激励等多个环节实现联动；大力弘扬崇尚技能、尊重技能成才的社会风尚；从薪酬待遇、使用激励、社会保障等多个方面制定有利于技术技能型人才成长的政策措施，缩小社会阶层的待遇差别，提高技能职业的社会荣誉感，使选择技能就业、技能成才成为劳动者自然的由衷的选择。

4. 大力宣传我国技术技能型人才的政策规划，提升国际影响力

我国技术技能型人才政策规划已渐成体系，处在不断完善和深入发展的过程中，并已引起国际社会的关注。我国技术技能型人才工作的实践也不断被其他国家研究和借鉴。美国、印度等已经开始研究我国相关政策，经合组织、20国集团、国际劳工组织等将我国政策和实践列入其政策建议和工作案例。

（三）加大政府对技能开发、职业教育培训的投入，深化职业教育培训体制改革，全面提高劳动者的基本职业能力水平

一是建立健全具有培训、认证、评价、使用、交流、保障等功能的职业能力建设公共服务体系和社会服务体系。二是重视技术技能型人才培养公共实训基地建设。技能人才成长必须有大量的实习实训作为支撑。由政府统筹资源建立跨行业、跨企业、跨学校的公共实训基地，为职业学校培养技术技能型人才提供服务，建议指导和推动有条件的城市加快建设公共实训基地，满足技术技能型人才培养实训需求。三是培养技术技能型人才需要解决好以下关键问题：改变人才观念，确立技术技能型人才新观念，提高对技能培养重要性的认识，不断改善实训条件。技术技能型人才的培养是一项系统工程，也是我们面临的新课题，需要全员参与，不断探索，从实践中积累经验，不断创新具有科技含量的职业教育理论。

（四）完善职业技能鉴定工作的体制机制，注重技术技能型人才的核心能力养成，充分发挥职业技能鉴定对职业教育培训和企业用工的引导作用

首先，建立以市场为导向、面向全体劳动者的职业能力公共环境，形成职业能力建设可持续发展的机制。进一步完善技能职业资格体系，逐步构建统一的资格框架，建立职业资格证书和学历文凭相互衔接的统一的资格框架体系，构建人才成长“立交桥”。这不仅有利于社会人才成长，而且有利于教育培训与就业的协调统一。职业资格鉴定必须以产业界的需求、生产和技术实际设置为考核目标，注重技术技能型人才的核心能力养成。全面实施熟练劳动者和技术技能型人才的分层次终身教育培训与鉴定。

其次，建立引领职业能力建设发展的研发体系。组织专家和社会有效资源，形成较强的研发力量和网络；建立具有核心竞争力的高档次职业能力培训网络体系；及时调整利益机制和保障机制，加快培养、正确评价和合理使用技术技能型人才；面向全体劳动者及时公布职业能力建设发展状况、职业需求、职业能力认证标准、新课程标准等。

最后，推动企业培训师队伍建设，加强校企联盟。提高员工素质，加强企业内培训已成为现代企业发展的战略需要，现代企业培训制度已有雏形，并形成了一定规模的培训专员队伍。在本企业甚至本行业的发展战略中，积极策划和实施适应性培训，并全面规划技术技能型人才的分层培训。建立规模型的企业培训师队伍，积极建设学校和企业联合的培训平台，把企业的实验室建到培训基地，并联合开发，使优质培训课程在企业、学校和全社会共享，优势互补，实现人力资源能力建设的多赢。

（五）建立技能大师、名师工作室，发挥技术技能型人才的作用，提升职业能力发展

为使宝贵的技术技能型人才资源充分发挥作用，让技术技能型人才潜心创作、悉心传技，应开展技术交流、技术会诊和技能攻关，建立技能大师、名师工作室，并将其分布于各个职业领域，发挥技术技能型人才的作用，从而提升职业能力的发展。建设“技能大师工作室”，是大力发展现代学徒制、创新技能人才培养机制的重要措施。应主要选择科技含量较高的产业和大型骨干企业，通过构建“技能大师工作室”，聚集技能领军人才，挖掘传统工艺，开展技术交流。

（六）搭建人力资源职业能力建设软件平台，实施职业能力发展均衡化策略，缩小职业能力发展差距

1. 在全社会搭建人力资源职业能力建设软件平台

建设社会化职业能力信息系统。利用从市到乡镇、社区的劳动保障网络管理信息系统，构建职业能力建设软件系统，实行职业培训社会化网络服务。目前，先选择部分培训业务在个别省份进行试点，通过试点抓紧建立和完善相关政策与制度。

2. 建立技能人才开发交流工作站，推广应用现代职业能力培训新模式

建立若干个技能人才开发交流工作站，开发技能人才。推广应用现代职业能力培训新模式，例如，德国的“行为引导型教学”新模式，体现了全新的以能力为本的理念，实施以职业活动为导向的跨学科综合课程模式，彰显以学

生（受训者）为中心的主体教育思想。我们可以借鉴其经验，在所有的技工学校、职业培训机构中推广，更加高效、务实地逐步形成具有自主知识产权的职业培训新课程模式，让更多的劳动者和技术技能型人群受益，让企业得到更多的适用人才，让有限的培训资源用在刀刃上，并实现师资队伍素质的全面提高与专业成长。

3. 实施职业能力发展均衡化策略，建立年度评估制度，缩小职业能力发展差距

当前，人才越来越成为推动我国科学发展的关键因素，技术技能型人才越来越成为促进就业、促进经济增长的重要支柱。我们要抓住经济社会发展对职业能力建设迫切需求的良好机遇，立足于国内工作，分析借鉴国际同行经验，实施职业能力发展均衡化策略，走出一条有中国特色的技能人才强国道路。

建立专家咨询会制度，聘请有关政府部门和管理部门代表、院校代表、企业界代表、乡镇和社区代表组成咨询会，负责对重大问题进行决策咨询和评价。从确定试点的年度起，每年由上级领导和专家对试点工作进行评估。加强国内外交流与合作，借鉴先进经验，争取早出成果。根据不同类型人才特点，有针对性地制定培养措施、评价标准和激励办法，促进人岗相适、才尽其用。

一言以蔽之，技术技能型人才是技术工人队伍中的骨干。由于技术技能型人才巨大的作用和数量的稀缺，世界各国十分关注技术技能型人才的培养和争夺；同时，新时期、新形势对技术技能型人才提出了新的需求。树立终身学习理念、打造学习型社会，将是未来人才培养的发展趋势。辨析技术技能型人才概念、打造技术技能型人才队伍，一方面有助于面对经济发展方式转变和产业结构优化升级的需要及时进行调整；另一方面可以在技术技能型人才的带动下提升劳动力队伍的整体素质，从而充分发挥人力资源效用，不断实现综合国力的全面提升。

参考文献

国际劳工组织：《绿色职业技能报告》。

人力资源和社会保障部：《2013 年度人力资源和社会保障事业发展统计公报》。

人力资源和社会保障部职业技能鉴定中心：“职业技能鉴定 20 年回顾与展望”课题研究总报告

蔡跃进：《加快完善高技能人才培养机制》，《职业教育研究》2005 年第 3 期。

曹陇华、刘伟：《教育应重视技能人才的培养》，《科学·经济·社会》2004 年第 5 期。

刁建平、宦平：《高级技能人才培养的实践与思考》，《中国培训》2002 年第 6 期。

段玉蜜等：《高技能人才培养与学习型组织氛围研究》，《教育与职业》2007 年第 2 期。

王肖群：《我国高技能人才的需求现状及加快高技能人才培养的对策和建议》，《现代企业教育》2006 年第 7 期。

Rauner, E. , Maclean, R. (ed.), *Handbook of Voeational Edueation Researeh* (Dordrecht Springer, 2007) .

就 业 篇

Reports on Employment

B.5 中国就业发展状况分析

王 山*

摘 要：

近年来，中国在推进就业规模持续扩大、结构逐步改善的同时，努力提升就业质量。2013 年以来，中国就业政策特点明显，体现在：政策力度不断加大，注重创业带动就业，突出高校毕业生就业，重视通过深化改革促进就业。在中国就业与经济联动发展方面，经济增长对就业表现了明显的拉动能力，三大产业增长对就业拉动差异明显，三大产业进一步吸纳就业存在压力，地区层面经济增长对就业的拉动差异明显，吸纳城镇人口就业的空间差异较大。在中国就业面临的挑战方面，劳动力供给总量压力长期存在，青年劳动力供给压力较大，经济下行对就业产生压力，产业结构调整使就业发展空间受限，用工成本上升对企业用工产生了一定影响，就业不确定性影响就业的可持续

* 王山，经济学博士，中国人事科学研究院助理研究员。

发展。建议从促进经济发展和实施更加积极就业政策两方面发力，综合施策，应对挑战，促进就业可持续发展。

关键词：

就业　就业政策　经济发展

当前，经济运行处于结构调整阵痛期，经济下行压力较大。面对这一极为错综复杂的形势，中国坚持实施就业优先战略和更加积极的就业政策，履行促进就业的责任，保持了就业局势基本稳定。今后一段时间内，中国就业仍然面临挑战。

一　中国就业形势的基本判断

（一）就业规模持续增长

近年来，随着经济快速发展和就业政策供给不断演进，中国就业规模持续扩大，创造性地缓解了我国这一13.6亿人口大国的劳动力供求矛盾。

1. 就业总量稳中有增

2005～2013年，中国就业总量增长率在0.32%～0.52%，2011年以后，就业总量增长率小幅回落（见图1）。这一期间，中国就业人数从74264万人增至76977万人，年均增长0.4%。①

2. 城镇新增就业增长稳定

2005～2013年，中国城镇就业总量增长率在3.07%～4.47%，2010年以后小幅回落（见图2）。这一期间，中国城镇就业人数从27293万人增加至38240万人，年均增长4.3%。②

① 2005～2012年就业总量资料来源于国家统计局国家数据库，2013年就业总量资料来源于《2013年度人力资源和社会保障事业发展统计公报》。

② 2005～2012年城镇就业总量资料来源于国家统计局国家数据库，2013年城镇就业总量资料来源于《2013年度人力资源和社会保障事业发展统计公报》。

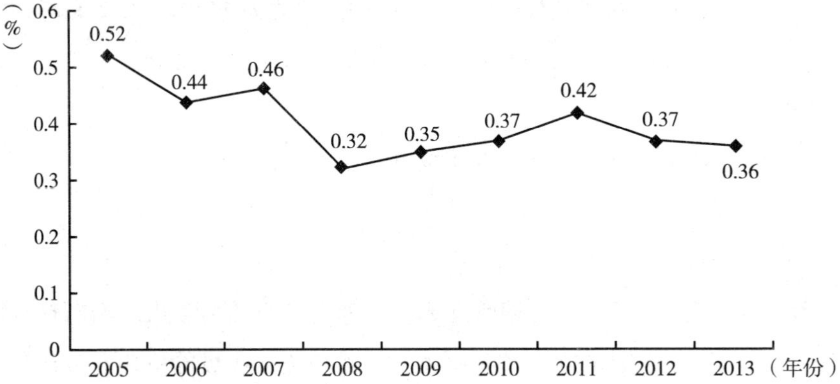

图 1　2005～2013 年中国就业总量增长率

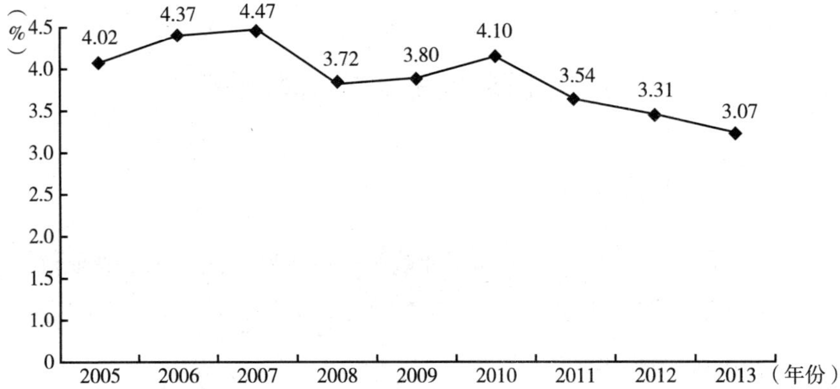

图 2　2005～2013 年中国城镇就业总量增长率

3. 高校毕业生就业增长明显

2008～2012 年，中国大学毕业生毕业半年后就业率和就业数量均稳步增长。就业率由 85.6% 稳步上升到 90.9%，上升了 5.3 个百分点，各年份就业率分别为 85.6%、86.6%、89.6%、90.2%、90.9%；毕业半年后就业数量由 438 万人增至 568 万人。①

---

① 大学毕业生毕业半年后就业率数据来源于 2009～2013 年各年度《中国大学生就业报告》（麦可思研究院编著，社会科学文献出版社），大学毕业生数量依据国家统计局国家数据库数据计算而得。

4. 农村劳动力转移就业稳步增长

随着城镇化进程的推进，农村劳动力转移就业是中国就业的一大特点。2008～2013年，农民工由22542万人增至26894万人，年均增长3.6%。[①]

5. 创业带动就业增速明显

截至2013年底，中国共有私营企业1253.86万家，全年新增168.17万家，同比增长15.49%；共有私营企业从业人员1.25亿人，全年新增1200万人，同比增长10.62%；共有个体工商户4436.30万户，全年新增377.10万户，同比增长9.29%；共有个体从业人员0.94亿人，全年新增800万人，同比增长9.30%。[②] 2014年上半年，中国新登记企业168万家，同比增长57%。其中，新登记私营企业158万家，从业人员达1009万人，同比增长43%。[③]

（二）就业结构逐步改善

近年来，中国就业结构变动逐步与产业结构调整、城乡结构优化、地区结构均衡相适应。

1. 就业的产业结构逐步改善

中国第一产业就业人数逐步减少，2004～2013年，第一产业就业人数从34830万人下降到24171万人，年均下降3.98%。第二产业就业总体逐步增加（2013年除外），2004～2012年，第二产业就业人数从16709万人增至23241万人，年均增长4.21%（2013年第二产业同比下降0.31%）。第三产业就业人数稳步增加，2004～2013年，第三产业就业人数从22725万人增至29636万人，年均增长2.99%。[④]

2. 就业的城乡结构稳步优化

2004～2013年，中国乡村就业人数从46971万人下降至38737万人，年均

---

① 农民工数量来源于2008～2013年各年度《人力资源和社会保障事业发展统计公报》，其他数据依此计算而得。

② 尹蔚民：《全力以赴做好就业这篇大文章》，《求是》2014年第10期。

③ 资料来自中国中央人民政府网，http://www.gov.cn/guowuyuan/2014-07/27/content_2725220.htm。

④ 2004～2012年三次产业就业人数资料来源于国家统计局国家数据库，2013年三次产业就业人数资料来源于《2013年度人力资源和社会保障事业发展统计公报》，其他数据依此计算而得。

下降2.12%。这一期间，城乡就业人数比值由2004年的0.58增加至2013年的0.99。①

3. 就业的地区结构逐步调整

东、中、西和东北部地区就业均有不同幅度的增长，西部地区增长较慢，中部地区增长速度超过了东部地区。2008~2012年，东部地区城镇就业人数由10139万人增加到13643万人，年均增长7.70%；中部地区由4142万人增加到6011万人，年均增长9.76%；西部地区由15752万人增加到16798万人，年均增长1.62%；东北部地区由2069万人增加到2650万人，年均增长6.38%。②

（三）努力提升就业质量

从宏观角度来讲，就业环境、就业机会、就业报酬、劳动关系、就业能力等是衡量就业质量的重要指标。近年来，中国努力推动实现更高质量就业，劳动者的就业质量总体有所提升。

1. 就业环境总体较好

经济快速增长和产业结构深化调整为就业质量提高提供了良好的经济环境。2004~2013年，中国GDP按现价计算由159878亿元增至568845亿元，按不变价计算年均增长10.21%；三次产业占GDP比重分别由13.3%、46.2%、40.4%变为10.0%、43.9%、46.1%。③ 不断优化的制度为就业质量提高创造了良好的政策环境。近年来，中国在大力实施就业优先战略和更加积极的就业政策过程中，不断完善促进就业质量提升的制度体系，特别是党的十八大将推动实现更高质量的就业作为就业工作的根本要求。

2. 就业机会总体较多

2004~2012年，中国就业人口和经济活动人口比虽呈现不同幅度的下降，

---

① 2004~2012年城乡就业人数资料来源于国家统计局国家数据库，2013年城镇就业人数资料来源于《2013年度人力资源和社会保障事业发展统计公报》，其他数据依此计算而得。

② 2004~2012年各省份就业人数资料来源于国家统计局国家数据库，东、中、西、东北部地区数据依此计算而得。

③ 2004~2012年GDP资料来源于国家统计局国家数据库，2013年GDP资料来源于《2013年国民经济和社会发展统计公报》，其他数据依此计算而得。

但是总体处于较高水平，就业人口和经济活动人口比全部在0.97以上，显示了就业机会仍然较多（见图3）。[①]

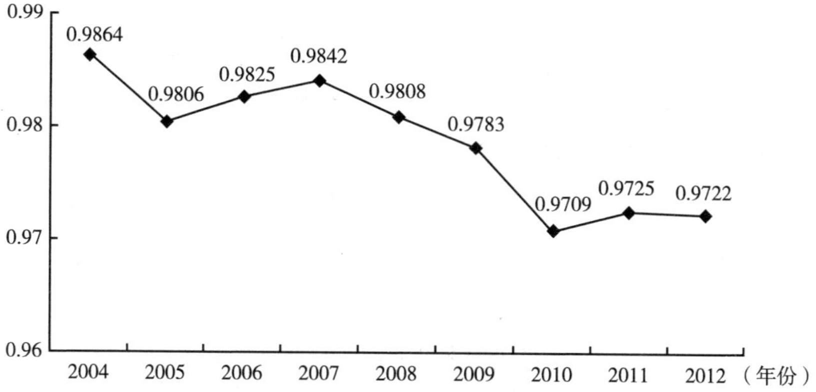

图3　2004～2012年中国就业人口和经济活动人口比

3. 就业报酬稳步提高

2004～2013年，城镇非私营单位就业人员年平均工资由15918元增至51474元，年均名义增长13.93%，年均实际增长10.61%。2008～2013年，城镇私营单位平均名义工资由17057元增至32706元，年均名义增长13.91%，年均实际增长11.00%。[②]

4. 积极推动和谐劳动关系建设

近年来，中国以贯彻实施《劳动合同法》为抓手，促进用人单位与劳动者依法签订并履行劳动合同。2011～2013年，企业职工劳动合同签订率分别达到86.4%、88.4%、88.2%。2009～2013年，经各地人力资源和社会保障部门审核备案的当期有效集体合同由70.3万份增至155.5万份，覆盖职工数量由0.94亿人增至1.57亿人，年均分别增长21.95%、13.68%。[③] 此外，近

---

① 2004～2012年就业人口数和经济活动人口数资料来源于国家统计局国家数据库，其他数据依此计算而得。

② 平均名义工资、消费物价指数来源于国家统计局统计数据库，年均实际工资以年均名义工资扣除消费物价指数计算而得。

③ 企业职工劳动合同签订率、经各地人力资源和社会保障部门审核备案的当期有效集体合同数和覆盖职工数、各级劳动人事争议调解组织和仲裁机构处理争议案件数，来源于2009～2013年各年度《人力资源和社会保障事业发展统计公报》，其他数据依此计算而得。

年来，中国还不断加大对人力资源市场秩序、用人单位遵守劳动用工和社会保险法律法规的监管力度，积极处理有关劳动者切身利益的各类劳动人事争议。

5. 积极推动就业能力提升

就业能力是就业质量的重要方面，职业技能培训和职业资格证书是衡量劳动者就业能力的重要指标。2010～2013 年，全国组织开展各类职业培训次数分别为 1820 万次、2200 万次、2049 万次、2049 万次，每千名就业者接受培训次数分别为 24 次、29 次、27 次、27 次；2008～2013 年，中国取得不同等级职业资格证书人数由 1132 万人增至 1537 万人。①

二　中国就业政策发展特点

中国把就业工作放在经济社会发展重中之重的位置，强调就业是永恒的课题。2013 年以来，中国高度重视就业政策供给，就业政策发展呈现鲜明的特点，具体如下。

（一）政策力度不断加大

从中共十六届三中全会提出“要把扩大就业放在经济社会发展更加突出的位置”，到中共十八大强调“实施就业优先战略和更加积极的就业政策”，再到中共十八届三中全会提出“建立经济发展和扩大就业的联动机制，健全政府促进就业责任制度”，中国就业优先战略不断推进，就业政策力度不断加大。2013 年政府工作报告强调要千方百计扩大就业，指出要通过稳定经济增长和调整经济结构来增加就业岗位。2013 年，中央经济工作会议强调，要把做好就业工作摆到突出位置。2014 年，国务院政府工作报告指出“稳增长更是为了保就业，既要满足城镇新增就业的需要，又要为农村劳动力进城务工留出空间”。就业专项资金总支出是衡量政策实施力度的一个重要指标，中国每年平均有 1 亿人次的劳动者享受到了各项有补贴的就业扶持政策，

① 资料来自各年度《人力资源和社会保障事业发展统计公报》。

2013 年就业专项资金总支出达 820 亿元，比 2012 年增加 36 亿元，增长 4.6%。①

（二）注重创业带动就业

中国将鼓励创业作为促进就业的重要方向。《关于促进以创业带动就业工作的指导意见》对“以创业带动就业工作”做了整体部署。中共十八大报告将鼓励创业作为推动更高质量就业的重要方针之一，明确指出“要贯彻劳动者自主就业、市场就业、政府促进就业和鼓励创业的方针”。中共十八届三中全会强调要通过健全促进就业创业体系机制来深化就业体制改革，要求“完善扶持创业的优惠政策，形成政府激励创业、社会支持创业、劳动者勇于创业新机制”。2013 年以来，中国通过深化经济体制改革，加大了创业带动就业的政策供给力度。2013 年 9 月，为有效帮扶新创业者和带动就业多的劳动密集型小企业，财政部、人力资源和社会保障部与中国人民银行联合下发《关于加强小额担保贷款财政贴息资金管理的通知》。为降低创业成本、激发创业活力、降低创业门槛，2014 年 2 月，国务院出台《注册资本登记制度改革方案》。2014 年 4 月，财政部等将 2013 年底到期的支持和促进就业的税收优惠政策予以延期，印发了《继续实施支持和促进重点群体创业就业有关税收政策的通知》。

（三）突出高校毕业生就业

中国坚持将高校毕业生就业放在就业工作首位，着力促进以高校毕业生为重点的青年就业。2013 年以来，政府关于高校毕业生的就业政策在就业政策总量中占主导地位，《关于做好 2013 年全国高校毕业生就业工作的通知》《关于做好 2013 年全国普通高等学校毕业生就业工作的通知》《关于实施离校未就业高校毕业生就业促进计划的通知》《关于做好高校毕业生求职补贴发放工作的通知》《关于进一步做好离校未就业高校毕业生就业管理和服务工作的通知》《关于做好 2014 年全国高校毕业生就业工作的通知》《关于做

① 资料来自人力资源和社会保障部副部长信长星在 2014 年 3 月全国就业工作座谈会上的讲话。

好2014年全国普通高等学校毕业生就业创业工作的通知》《关于实施大学生创业引领计划的通知》等政策文件相继出台，为高校毕业生就业创造了良好的政策环境。

（四）重视依靠改革促进就业

中国注重通过深化改革来促进就业，以简政放权来促进创业就业。2013年，国务院共取消或下放了416项行政审批事项，扩大“营改增”试点，取消和免征行政事业性收费348项。2014年6月，国务院常务会议出台了三项改革措施：取消或下放52项行政审批事项，鼓励创业优惠政策“落地”，激励投资创业，促进就业；减少职业资格许可，降低就业门槛；将工商登记由“先证后照”改为“先照后证”，进一步降低创业门槛。这些改革措施能有效地降低企业发展成本和创业成本，增强市场活力，为企业发展创造不断优化的政策环境，从而增强企业对就业的吸纳能力。

三　中国就业与经济联动发展特点

经济是就业的容纳器，中国就业与经济既存在互相促进的一面，又存在不相适应的一面。

（一）经济增长对就业表现了明显的拉动能力

2004～2013年，就业对GDP的弹性大体保持稳定，年均弹性系数为0.042，即GDP每增长1个百分点，拉动就业增长0.042个百分点。2013年，就业对GDP的弹性系数为0.046，高于2004～2013年的平均水平。2004～2013年，城镇就业对GDP的弹性大体保持稳定，年均弹性系数为0.382。2013年，城镇就业对GDP的弹性系数为0.399，高于2004～2013年的平均水平。

（二）三次产业对就业拉动能力差异明显

第一产业的就业吸纳能力逐步降低。2004～2013年，第一产业吸纳就业对其产值的弹性系数虽小幅波动，但总体处于稳定，年均弹性系数为 -0.83，即第一产业产值每增长 1 个百分点，其吸纳就业人数反而降低 0.83 个百分点。需要特别指出的是，2013 年第一产业吸纳就业对其产值的弹性系数创 2004 ~ 2013 年新高，为 -1.554，这意味着 2013 年第一产业产值每增长 1 个百分点，其吸纳就业人数降低 1.554 个百分点。

第二产业的就业吸纳能力变动较为复杂。国际金融危机爆发前，中国第二产业就业吸纳能力较强；国际金融危机爆发后，中国第二产业对就业的拉动能力要低于国际金融危机爆发前的水平。2004 ~ 2007 年，第二产业吸纳就业对其产值的平均弹性系数为 0.472。2008 ~ 2012 年，第二产业吸纳就业对其产值的平均弹性系数为 0.280；与此同时，这期间第二产业对就业的拉动能力呈现逐步增强的态势，弹性系数由 2008 年的 0.184 逐步上升到 2012 年的 0.391。然而，2013 年第二产业的就业吸纳能力发生了逆转，第二产业吸纳就业对其产值的弹性系数突变为 -0.039。

第三产业吸纳就业能力变动较大。2004 ~ 2013 年，第三产业吸纳就业对其产值的弹性系数，最低是 0.068（2007 年），最高是 0.847（2013 年），最高值是最低值的 12.5 倍。这期间，第三产业吸纳就业对其产值的平均弹性系数为 0.267。2013 年第三产业吸纳就业对其产值的弹性系数为 0.847，是 2004 ~ 2013 年平均弹性系数的 3.2 倍，由于 2013 年第三产业弹性系数较高，抵消了第一产业和第二产业吸纳就业能力下降带来的负面影响，从而保持了 2013 年中国经济发展对就业的较好拉动（见表 1）。

表 1　2004 ~ 2013 年中国就业对经济增长的弹性系数

年份	就业对 GDP 的弹性系数	第一产就业对其产值的弹性系数	第二产就业对其产值的弹性系数	第三产就业对其产值的弹性系数	城镇就业对 GDP 的弹性系数
2004	0.071	-0.600	0.442	0.516	0.401
2005	0.046	-0.762	0.523	0.257	0.356
2006	0.035	-0.898	0.474	0.212	0.344
2007	0.032	-1.012	0.454	0.068	0.315
2008	0.034	-0.491	0.184	0.269	0.388
2009	0.038	-0.822	0.258	0.321	0.413

续表

年份	就业对 GDP 的弹性系数	第一产就业对其产值的弹性系数	第二产就业对其产值的弹性系数	第三产就业对其产值的弹性系数	城镇就业对 GDP 的弹性系数
2010	0.035	-0.781	0.295	0.188	0.394
2011	0.045	-1.120	0.312	0.383	0.391
2012	0.048	-0.681	0.391	0.186	0.430
2013	0.046	-1.554	-0.039	0.847	0.399

注：2004～2012 年就业人数、GDP、三次产业就业人数、三次产业产值资料来源于国家统计局国家数据库；2013 年就业人数、三次产业就业人数资料来源于《2013 年度人力资源和社会保障事业发展统计公报》；2013 年 GDP、三次产业产值资料来源于《2013 年国民经济和社会发展统计公报》。表中数据依此计算而得。

（三）产业进一步吸纳就业存在压力①

第一产业就业与其产值长期处于负偏离状态，第一产业就业比重高于第一产业产值比重，第一产业产值承担了过多的就业负荷。2004～2013 年，第一产业就业与其产值偏离度总体稳定，平均为 -0.719。国际金融危机爆发以后，第一产业就业与其产值偏离度逐步缩小，由 2008 年的 -0.729 逐步变为 2013 年的 -0.681。

第二产业就业与其产值长期处于正偏离状态，第二产业就业比重低于第二产业产值比重，第二产业产值有进一步承担就业负荷的空间。同时也应看到，第二产业就业与其产值偏离状态逐步减弱，进一步承担就业负荷的压力变大。2004～2013 年，第二产业就业与其产值偏离度平均为 0.728，由 2004 年的 1.054 稳步下降到 2013 年的 0.458。

第三产业就业与其产值长期处于正偏离状态，第三产业就业比重低于第三产业产值比重，第三产业产值有进一步承担就业负荷的空间。同时也应看到，第三产业承担就业负荷的压力呈现逐步增大的趋势。2004～2013 年，第三产

① 本报告以产业产值比重与其从业人员比重差异程度来表征产业进一步吸纳就业的空间，以偏离度来表示，即某产业就业与其产值的偏离度 = 该产业的产值在 GDP 中所占比重/该产业吸纳就业人数在所有产业就业人数中所占比重 -1。其值趋于 0，表明该产业就业比重与其产值比重相当；其值大于 0，表明该产业就业比重小于其产值比重；其值小于 0，表明该产业就业比重大于其产值比重；该值的绝对值越靠近 0，表明该产业进一步吸纳就业的压力越大。

业就业与其产值偏离度虽有小幅波动，但总体处于稳步缩小态势。这期间，第三产业就业与其产值偏离度的波动范围是0.197～0.320，平均为0.260，由2004年的0.320变为2013年的0.197（见表2）。

表2　2004～2013年中国三次产业就业与其产值偏离度

年份	第一产业	第二产业	第三产业
2004	-0.714	1.054	0.320
2005	-0.729	0.990	0.290
2006	-0.739	0.903	0.271
2007	-0.736	0.766	0.293
2008	-0.729	0.744	0.260
2009	-0.729	0.663	0.273
2010	-0.725	0.626	0.250
2011	-0.712	0.579	0.215
2012	-0.700	0.494	0.237
2013	-0.681	0.458	0.197

资料来源：2004～2012年就业人数、GDP、三次产业就业人数、三次产业产值资料来源于国家统计局国家数据库；2013年就业人数、三次产业就业人数资料来源于《2013年度人力资源和社会保障事业发展统计公报》；2013年GDP、三次产业产值资料来源于《2013年国民经济和社会发展统计公报》。表中数据依此计算而得。

（四）地区经济增长对就业的拉动能力差异明显

各省份经济增长对其城镇就业均表现了一定的拉动能力，但不同省份存在差距。2012年，各省份（港澳台地区除外，下同）城镇就业对其生产总值的平均弹性系数为0.69，超过平均弹性系数的有16个省份，低于平均弹性的有15个省份。各省份城镇就业对其生产总值的弹性存在明显差距，弹性系数最高的省份是上海（1.30），最低的省份是广西（0.18），最高省份是最低省份的7.2倍。

各省份经济发展对其城镇就业的拉动能力与其经济发展之间的相关性不显著。2012年，城镇就业对生产总值弹性最高的是上海，属于经济发达地区；排在第二位的是贵州，属于经济欠发达地区；最低的是广西，属于欠发达地区；天津、江苏等经济发达省份弹性较低（见表3）。

表 3　2012 年中国各省份就业对其地区生产总值的弹性

省份	弹性	省份	弹性
北　京	0.61	湖　北	0.69
天　津	0.41	湖　南	0.54
河　北	0.69	广　东	0.89
山　西	1.04	广　西	0.18
内蒙古	0.76	海　南	0.96
辽　宁	0.59	重　庆	1.00
吉　林	0.63	四　川	0.63
黑龙江	0.73	贵　州	1.26
上　海	1.30	云　南	0.47
江　苏	0.44	西　藏	0.81
浙　江	0.77	陕　西	0.44
安　徽	0.85	甘　肃	0.47
福　建	0.87	青　海	0.33
江　西	0.58	宁　夏	0.41
山　东	0.52	新　疆	0.86
河　南	0.74		

资料来源：2012 年各省份就业人数、生产总值来源于国家统计局国家数据库。表中数据依此计算而得。

（五）地区吸纳城镇就业空间差异较大

各省份城镇就业与其生产总值偏离度总体差异较大。① 2012 年有 19 个省份城镇就业与其生产总值的偏离度为负值，城镇就业比重大于其生产总值比重；有 12 个省份城镇就业与其生产总产值的偏离度为正值，城镇就业比重小于其生产总值比重。在偏离度为负值的 19 个省份中，西藏偏离度最大，为 -0.486；湖南偏离度最小，为 -0.011。在偏离度为正值的 12 个省份中，天津偏离度最大，为 0.515；广东偏离度最小，为 0.008（见表 4）。

① 本报告以某省份生产总值比重与其城镇就业比重差异程度来表征该省份进一步吸纳城镇就业的空间，以偏离程度表示，即某省份城镇就业与其生产总值的偏离度 = 该省份生产总值在全国生产总值中所占的比重/该省份城镇就业人数在全国城镇就业人数所占比重 - 1。其值趋于 0，表明该省份城镇就业比重与其生产总值比重相当；其值大于 0，表明该省份城镇就业比重小于其生产总值比重；其值小于 0，表明该省份城镇就业比重大于其生产总值比重；其值的绝对值越靠近 0，表明该省份进一步吸纳城镇就业的空间越小。

表 4　2012 年中国各省份城镇就业与其生产总值的偏离度

省份	偏离度	省份	偏离度
北　京	-0.179	湖　北	-0.110
天　津	0.515	湖　南	-0.011
河　北	0.358	广　东	0.008
山　西	-0.083	广　西	0.013
内蒙古	0.393	海　南	-0.262
辽　宁	0.016	重　庆	-0.285
吉　林	-0.017	四　川	0.031
黑龙江	-0.200	贵　州	-0.195
上　海	0.049	云　南	-0.339
江　苏	0.160	西　藏	-0.486
浙　江	-0.130	陕　西	0.053
安　徽	-0.074	甘　肃	-0.215
福　建	-0.152	青　海	-0.143
江　西	-0.116	宁　夏	-0.158
山　东	0.338	新　疆	-0.217
河　南	0.056		

资料来源：2012 年各省份就业人数、生产总值来源于国家统计局国家数据库，表中数据依此计算而得。

从整体来看，各省份城镇就业与其生产总值的偏离度和其经济发展水平存在一定的相关性。分析表明，2012 年各省份城镇就业与其生产总值的偏离度和其生产总值之间存在显著的相关性，相关系数约为 0.5（在 1% 的显著水平内）。经济欠发达省份城镇就业与其生产总值偏离度一般较低或为负值（少数省份除外，如广西），经济发达省份城镇就业与其生产总值偏离度一般较高或为正值（少数省份除外，如浙江、北京）。

四　中国就业面临的挑战及建议

（一）中国就业面临的挑战

1. 劳动力供给总量压力长期存在

庞大的就业供给量给中国就业带来了很大的挑战。2013 年，我国劳动年龄人口为9.2亿人，今后几年需要在城镇就业的新成长劳动力数量年均达1600万人。与此同时，我国有大量农村转移劳动力。2008～2013年，中国农民工数量由22542万人增加至26894万人，年均增加约870万人。[①] 随着我国城镇化进程的推进，还有大量农村剩余劳动力需要转移到城镇就业。

2. 青年劳动力供给结构压力较大

国际金融危机爆发后，世界就业状况持续低迷，2013年全球失业人员达20200万人，比2012年增加500万人；青年（15～24岁）失业人员达7450万人，比2012年增加100万人，失业率达13.1%，青年失业者占失业者的比例达到历史新高。[②]

在全球青年就业压力较大的背景下，中国青年劳动力供给结构面临不小的压力。例如，高学历青年就业人口比例增大。据中国第六次全国人口普查数据，2010年中国青年（16～35岁）人数为4.29亿人，占人口总数的32.16%。[③] 近年来，随着人口受教育年限延长，高校毕业生数量已占新成长劳动力数量的一半以上。2009～2013年，中国在学研究生由140.5万人增至179.4万人，年均增长6.3%；在校生本专科生由2144.7万人增至2468.1万人，年均增长3.6%。再如，技能型青年劳动者供给不足，2009～2013年，中国中等职业教育在校生由2056.3万人降到1960.2万人，年均下降1.2%，技工在校生规模呈现减小趋势，这与经济转型升级对技能人员需求加大的情况不相适应，出现了就业难与招工难并存的结构性问题。[④]

3. 经济下行对就业产生压力

为促使经济提质增效，2013年以来，中国加快经济发展方式转变，主动降低经济增长速度，如2014年GDP增长预期目标定在7.5%左右，这对中国就业发展产生了一定压力。2004～2013年，中国GDP平均增速为10.0%，如果按照中国就业对GDP平均弹性0.042测算，2014年中国经济对就业的拉动会下降0.1个百分点。2010～2013年，中国新增城镇就业对GDP平均弹性为

---

① 农民工数据来源于2008～2013年各年度《人力资源和社会保障事业发展统计公报》。

② International Labour Organization, *Global Employment Trends* 2014: *Risk of a Jobless Recovery*?

③ 资料来源于国家统计局国家数据库。

④ 资料来源于2009～2013年《国民经济和社会发展统计公报》。

0.5，按此测算，2014 年中国经济对城镇新增就业的拉动会下降 1.25 个百分点。由此可见，经济增速下降使就业面临不小的挑战。①

4. 产业结构调整使就业发展空间受限

一方面，从产业结构变动趋势上看，中国第二产业和第三产业就业与其产值偏离度呈现逐步减小的趋势，未来第二产业和第三产业吸纳就业空间受到一定的限制。另一方面，在不少领域存在产能过剩、重复建设等结构性问题。而在化解产能过剩矛盾的过程中，必然会伴随企业兼并重组甚至破产转产，引起职工转岗再就业问题，从而引发区域性、行业性的失业风险。此外，劳动力整体素质和技能不适应产业结构调整，也在一定程度上加剧了产业结构调整对就业发展的制约。

5. 用工成本上升对企业用工产生一定影响

近年来，中国企业用工成本不断提高。2004～2012 年，中国城镇单位就业人员由 15920 元上升到 46769 元，年均增长 14.4%。② 2013 年，中国共有 27 个省份调整了最低工资标准，平均调增幅度为 17%，同年，中国城镇非私营单位就业人员年平均工资同比增长 10.1%，城镇私营单位就业人员年平均工资同比增长 13.8%，外出农民工年平均工资同比增长 13.9%。③ 在用工成本不断提高的情况下，为降低用工成本，企业特别是小企业会压缩用工需求，使中国就业面临挑战。

6. 就业不确定性影响就业可持续发展

随着市场经济深入发展，就业方式日益多样化，灵活就业人员的数量和比例呈现上升趋势，就业不稳定特征非常明显。以高校毕业生为例，据对某副省级城市的调查，高校毕业生灵活就业人数占高校毕业生总量的 16%。2011 届、2012 届大学毕业生毕业半年后的就业满意度分别为 47%、55%，这表明高校毕业生就业存在较大的不确定性。④

---

① 2004～2012 年 GDP 数据来源于国家统计局国家数据库，2013 年 GDP 数据来源于《2013 年国民经济和社会发展统计公报》。城镇新增就业数据来源于 2009～2013 年各年度《人力资源和社会保障事业发展统计公报》。其他数据依次计算而得。

② 2004～2012 年城镇单位就业人员平均工资数据来源于国家统计局数据库，其他数据依此计算而得。

③ 人力资源和社会保障部：《2013 年度人力资源和社会保障事业发展统计公报》。

④ 高校毕业生就业满意度资料来源于相应年份《中国大学生就业报告》（麦可思研究院编著，社会科学文献出版社）。

（二）促进中国就业的政策建议

当前，在世界经济复苏仍不确定、不稳定，就业形势极为严峻的情况下，在中国经济下行压力加大的背景下，建议从促进经济发展和实施更加积极的就业政策两方面发力，综合施策，推动实现更高质量的就业。

一是增强经济发展与就业发展之间的联动性。稳增长、调结构是促进就业的关键选择。确保必要的经济增长速度是中国就业发展的基本前提。要坚持守住稳增长、保就业的下限和物价稳定的上限，保持好现有宏观经济政策的连续性和稳定性，稳定有利于经济增长的市场预期。经济结构合理调整是促进中国就业的重大机遇。在既定经济增长速度约束下，调整经济结构是中国促进就业的关键之举。在改善需求结构、优化产业结构、促进区域协调发展、推动城镇化等经济结构调整过程中，相关发展战略、规划、政策、标准等的制定和实施要考虑就业优先战略，相关绩效考核要将落实就业优先战略作为重要内容。

二是通过深化改革增活力，增大就业容量。全面深化改革，更好地发挥市场在资源配置中的决定性作用，更好地发挥政府作用，能进一步解放和发展社会生产力、增强社会活力，进而增大经济社会对就业的容量。建议按照全面深化改革的要求，继续加大简政放权改革力度，还权于市场主体，为市场松绑，为企业添力，增大企业发展空间。按照“减税率、扩税基”的思路，强化财税领域改革，全面推行“营改增”，实行更大程度的结构性减税，减少企业税收负担。建立金融优先支持实体经济的政策体系，更加注重发挥金融对实体经济的“输血”作用。

三是引导社会力量支持青年创业，推进创业带动就业。与发达国家相比，目前中国青年群体创业意识、创业能力、创业机会、创业率等均存在一定差距，其中一个重要原因就是当前激励创业创新力度不足，尚未形成有效的“政府激励创业、社会支持创业、劳动者勇于创业新机制”。建议在现有支持青年创业的政策基础上，创新政府支持青年创业工作机制，改变政府唱“独角戏”的现象，建立鼓励行业、企业、公益组织等社会力量参与支持青年创业的体制机制，充分发挥财政资金对激励青年创业“四两拨千斤”的引导作用。

四是强化小微企业扶持机制，增强其吸纳就业的主渠道作用。小微企业在吸纳就业方面具有不可替代的作用，要大力推进小微企业健康发展，发挥小微企业吸纳就业的主渠道作用。建议将小微企业发展纳入国家战略，强化小微企业议事协调部门职能；从改善民生、促进发展的高度谋划促进小微企业发展的制度供给，实行对小微企业更加倾斜的财税政策；创新金融支持小微企业的体制机制，增强金融支持小微企业的主动性、积极性，发挥社会资本在解决小微企业“融资难、融资贵”方面所起的作用。

五是规范招人用人制度，促进就业公平。在就业压力增大的情况下，就业公平是就业发展的“定心丸”，作用不言而喻。一方面，坚持法治思维，打击招人用人的不诚信和违法行为，净化就业市场环境。另一方面，发挥公共部门就业公平的示范作用。坚持公务员招录的公平、公开和公正；全面推进事业单位社会公开招聘，严格公开招聘程序；加大国有企业社会公开招聘力度，除特殊涉密岗位之外，严格遵循公开招聘程序。

六是强化公共就业服务，降低就业成本。强化公共就业服务是减少求职者就业成本的重要路径。建议：一方面，提升公共就业服务标准化、规范化、专业化水平，增强求职者接受公共就业服务的便利性。另一方面，强化公共就业信息服务。健全就业失业信息监测和预警制度，有效调节市场供求；健全就业创业政策公开制度，增强政策宣传主动性；推进就业信息资源共享，促进劳动力供需双方的有效衔接。

七是创新人才培养机制，增强就业能力。创新人才培养机制，使人才有效地与经济转型升级对接，是增强劳动者就业能力的重要途径。一方面，推进教育领域的综合改革。建立就业优先的学历教育体系，增强就业与招生、人才培养、专业设置等的联动性。加大职业教育在教育中的比重，建立与产业升级良性互动、与就业相互促进的现代职业教育体系。另一方面，构建劳动者终身职业培训体系。加大对高校毕业生、农村转移劳动力、城镇就业困难人员等重点群体就业技能培训、岗位技能提升培训和创业培训的财政投入，提高财政培训资金的使用效率，增强职业培训在提升劳动者就业能力方面的积极作用。

八是发挥失业保险促进就业的作用，增强就业形式多样化。分析表明，中国产业进一步吸纳就业的空间趋紧，推进就业形式多样化是重要应对方式。失业保险通过为失业者提供基本生活保障，对促进多种形式就业具有积极作用。2013 年中国参加失业保险人数为 1.6 亿人，占就业总人数的 21.3%。① 建议：一方面，通过多渠道培育经济增长点，实现多种形式的就业；另一方面，充分发挥失业保险在促进多种形式就业中的保障作用，建立均衡化的失业保险制度，提高失业保险在小微企业就业和灵活就业人员中的覆盖率，建立就业优先导向的失业保险给付制度，发挥失业保险对就业的促进作用。

参考文献

International Labour Organization, *Global Employment Trends 2014*: *Risk of a Jobless Recovery?*

中共中央文献研究室：《十七大以来重要文献选编》，中央文献出版社，2011。

中共中央：《关于全面深化改革若干重大问题的决定》，2013。

《十八大报告辅导读本》，人民出版社，2012。

李克强：《政府工作报告——2014 年 3 月 5 日在第十二届全国人民代表大会第二次会议上》，人民出版社，2014。

尹蔚民：《全力以赴做好就业这篇大文章》，《求是》2014 年第 10 期。

吴江主编《中国人力资源发展报告（2013）》，社会科学文献出版社，2013。

童玉芬主编《就业原理》，中国劳动社会保障出版社，2011。

① 参加失业保险人数资料来源于《2013 年人力资源和社会保障事业发展统计公报》，占就业人数总量经计算而得。

B.6

就业质量评估指标体系研究*

张小建　马永堂 等**

摘　要：

为更好地贯彻落实党的十八大提出的实现更高质量就业的战略部署和工作要求，本报告在深入研究国内外研究成果的基础上，结合我国现阶段发展的实际国情，初步设计并提出了一套评估就业质量的指标体系，并建议在一些条件较为成熟的地区先行先试，以期在实践中不断总结经验，使其更加完善、科学、简便易行。其目的是用其衡量和检测全国与某地区在某一阶段或时期的就业质量状况，发现问题，找出差距，为推进我国实现更高质量就业提供参考。

关键词：

就业质量　评估　指标体系

党的十八大将推动实现更高质量就业作为新时期中国就业工作的任务目标。为贯彻落实好这一新的战略部署和工作要求，在全国范围内扎实推进更高质量就业，有必要建立一套评估就业质量的指标体系。为此，中国就业促进会与国际劳工组织北京局合作，开展了关于中国就业质量评估指标体系框架的研

* 本报告是在中国就业促进会与国际劳工组织北京局合作开展的研究报告基础上改写而成的，同时，本报告得到了首都社会建设与社会管理协同创新中心的支持。

** 张小建，中国就业促进会会长，原人力资源和社会保障部副部长；马永堂，北京化工大学人力资源管理研究中心主任，中国就业促进会专家委员会执行副主任，人力资源和社会保障部国际劳动保障研究所研究员。参与该课题研究的还有：中国就业促进会副会长张幼云、中国劳动保障科学研究院院长刘燕斌、人力资源和社会保障部信息中心书记翟燕立和处长陈大红等。

究，课题组会集国内外研究成果，进行实地调研，广泛听取地方政府部门、科研机构和社会各界的意见与建议，形成了本报告。

一　关于更高质量就业的概述

（一）更高质量就业的提出

2002年，江泽民同志在全国就业工作会议上提出“就业是民生之本”。2004年，胡锦涛同志在全国再就业工作座谈会上进一步提出“就业是民生之本，促进就业是安国之策”。这可以说是党和国家领导人对就业问题的深刻理解，并成为指导中国就业最重要的思想根基。党的十六大将实现社会就业比较充分列为全面建设小康社会的目标任务之一。十七大则把实现社会就业更加充分列为全面建设小康社会的新要求之一。十八大高度关注就业这一重大民生问题，做出了全面部署，总目标是就业更加充分，总要求是推动实现更高质量的就业，总方针是劳动者自主就业、市场调节就业、政府促进就业和鼓励创业，总基调是实施就业优先战略和更加积极的就业政策，工作重点是高校毕业生、农村转移劳动力、城镇就业困难人员、退役军人四大群体。

（二）更高质量就业的含义

我国是一个人口大国，促进就业是一项长期、复杂、艰巨的任务。推进实现更高质量的就业，就是在促进就业规模扩大的同时，更加注重推动实现更高质量的就业，创造充分的就业机会，营造公平、安全的就业环境，形成合理的就业结构，培养更强的就业能力，确保良好的收入和社会保障，实现工作与生活的平衡，构建和谐的劳动关系。

（三）全面推进更高质量的就业

要实施就业优先战略，关键在于把促进就业作为经济社会发展的优先目标，使就业优先真正成为一种思想共识，成为一种决策导向，成为一种行动自觉，更加注重选择有利于扩大就业的经济社会发展战略，强化政府促进就业的责任。必须继续把就业工作作为全部工作的头等大事，全力以赴、扎扎实实、持之以恒地解决好这一重大民生问题。

二　就业质量的内涵

（一）国际国内研究概述

从国际的研究来看，20 世纪 70 年代，西方发达经济体开始探讨超越单纯数量意义上的就业概念，即劳动者从就业中所获得的全面的效用和价值。国际劳工组织也于 1999 年从“体面劳动”的角度提出就业质量的概念，其含义是劳动者在自由、平等、保证安全和个人尊严的前提下，获得体面、高效工作的机会。国外学者和国际组织对就业质量问题的研究主要集中在以下两个方面：一是把重点放在工作质量上，侧重于已就业劳动者的岗位特征、劳动者与工作的匹配度、劳动者对就业质量的主观评价等。例如，欧盟就业质量标准包括就业安全与规范、劳动报酬、工作时间与工作生活平衡度、工作稳定性及社会保障、协调谈判机制、技能培训、员工关系与工作动机等。二是关注对一个国家或地区就业质量的整体性评价，从其代表的劳动力就业状态角度考虑，就业质量是指一种不仅充分就业，而且高质量工作的状态，更强调经济发展、就业和社会政策之间的协调关系。具体指标包括劳动力参与率、就业率、劳动生产率、就业与产业结构的吻合程度等。

从国内的研究来看，国内学者认为，应在借鉴国际经验的基础上，坚持从我国现阶段经济社会发展的特点出发，针对我国当前就业质量方面存在的突出问题和主要矛盾，设计出既能科学地测量就业质量的现实水平，又能切实促进就业质量不断提升的一套简便易行的指标体系。[①] 该体系应至少包括宏观、中观和微观层面的八个维度：①劳动者的公平就业机会不断增加，就业结构不断优化；②劳动资源得到充分合理利用；③劳动者通过就业能够改善和提高家庭

① 赖德胜、石丹淅：《推动实现更高质量的就业：理论探讨与政策建议》，《第一资源》（2013 年第 1 辑），党建读物出版社，2013；刘素华：《建立我国就业质量量化评价体系的步骤与方法》，《人口与经济》2005 年第 6 期。

生活水平；④劳动者通过就业能够提高自身能力，体现自身社会价值；⑤劳动者失业后能及时处于就业准备状态并能及时就业；⑥劳动者的就业稳定和安全状况能够得到有效改善；⑦劳动者应享有适当的社会福利和社会保险待遇；⑧劳动者在工作场所的各种合法权益能得到充分、有效的保障。

（二）就业质量内涵的界定

首先，对就业质量的界定，应当做到宏观与微观相结合。宏观就是从国家、地区层面来看，微观就是从基层劳动者个人和企业来看。就业质量首先是同劳动者切身利益紧密相关的，所以应以劳动者对就业质量的关切和感受为基点。只有这样，才能为广大劳动者所认可、所关心，并共同为实现这一目标而努力。同时，提高就业质量离不开各级政府的努力和国家宏观就业格局的改善。因此，我们在考虑这些问题的时候，必须把劳动者的满意度和宏观层面政府的努力更紧密地结合起来。

其次，对就业质量的界定，应当以解决中国就业现实问题为着眼点。国际国内对就业质量的研究，延伸和扩展了一般意义的促进就业概念，更多地考虑了劳动者获取工作后的就业状况。在就业质量指标的设计中，我们要汲取这些积极成果，从中国就业的实际状况出发，将劳动者就业前后状况统筹考虑，特别是与解决现实中就业质量不高的问题有机结合起来，只有这样，才能使就业质量指标在推进就业的改革发展方面真正发挥引导作用。

（三）衡量就业质量的核心要素

劳动者和政府对就业质量指标关注的角度、内容和优先顺序等方面既有一致性，又有一定的差异性，综合考虑这些因素，就业质量内涵的界定应当包括五个核心要素：一是就业环境、就业结构与就业机会。此要素关乎就业创业的环境条件，也关乎政策落实和公共服务的实效，是确保就业机会增加和就业质量提高的重要基础。二是劳动报酬与就业公平。劳动报酬是衡量就业质量最重要、最直观的因素，公平就业是提高就业质量的基本保证，而且劳动报酬公平尤其是同工同酬也是就业公平的重要内容，此二者为就业者最关切的切身利益。三是就业能力与教育培训。提高劳动者素质是提升就业质量的关键所在，就业能力与就业质量成正比。四是就业稳定与社会保障。就业稳定是高质量就业的重要内容，而社会保障是稳定就业和提高就业质量的基本条件。五是劳动关系与职业安全。此要素关乎劳资双方合法权益保护和劳动者安全健康，是提高就业质量的重要内容。①

以上五个要素，既涵盖了劳动者在就业全过程中最关切的问题，又可以衡量各级政府所做的工作；既可以提炼出最核心的就业质量指标，又能够较全面地反映就业质量状况。根据这五个要素与就业质量的相关程度和对就业质量的影响程度，分别对其赋予不同的权重。

对于国际国内研究中提出的一些其他要素，或是因其在我国当前表现尚不突出，或是由于社会尚未对其达成共识，或是目前尚无同类统计数据，或是在调查统计中难以操作，均暂未采用，可待今后发展到一定程度再增补完善。

（四）构建就业质量评估指标体系的基本原则

一是维度完整，指标精炼。指标选取全面，保证总体能够客观反映就业质量；在每一要素若干指标中选取最具代表性、标志性的 1 ~2 项指标作为关键指标，以最少指标来显示相关情况。二是逻辑清楚，特征明确。指标的划分在逻辑上保持一致，反映经济社会发展与就业质量的关系，且每个指标都能独立反映就业质量某一方面的信息。三是数据可得，度量可行。指标数据可从国家及相关正规部门的统计数据库中获得，以保证评价体系的权威性；一般不新设无法取得数据的指标，确实要了解大多数劳动者感受度的，可通过问卷调查来辅助证明。四是范围兼顾，权重不同。每个要素的范围，有的是专指国家的，有的是兼顾国家、地区与企业、劳动者个人的，在确定具体指标时，要根据每个要素在就业质量中所占分量，以及在不同地区、不同时期的影响程度，来确定权重。五是简明易行，便于操作。就业质量评估指标体系是一套测量工具，是供有关政府部门实际应用的，因此必须具备较强的可操作性，并容易掌握、方便实施，否则设计得再完备，也没有意义。

---

① 赖德胜、石丹淅：《推动实现更高质量的就业：理论探讨与政策建议》，《第一资源》（2013 年第 1 辑），党建读物出版社，2013。

三　关于就业质量评估指标体系框架

根据专家们的论证，我们设计了就业质量评估指标体系框架。就业质量评估指标体系框架以五个核心要素为骨干，每个要素以若干项指标（关键指标与参考指标）显示其内容，并做出指标说明。需要说明的是，这些指标只是一个基于现实的初步框架，各地可结合实际进行调整、补充和完善。

考虑到调查统计的可行性和实际评估的可操作性，我们将各要素的关键指标设计了三张图表：一是理想指标框架（见表1），在该框架中，虽然一些指标数据现有统计中没有或目前暂不能获取，但今后应当建立，且有条件的地区可先行采用。二是实用指标框架（见图1），该框架在现有统计中，有可直接获取的并有一定代表性、标志性的指标。三是要素和指标权重（见图2），根据第三方专家论证意见，我们为每个要素和指标确立了不同的权重。在讨论中，一种意见是，应提出相应权重，以便量化指标，做出较准确的评价，并体现不同要素在就业质量中的不同作用，突出关键指标的分量，以示其与参考指标的区别；另一种意见是，不必设立权重，只提出具体工作指标和需考虑的因素，由各地去把握。综合两种意见，我们认为，是否设立权重，应通过实践检验来确定。因此，把经过论证专家正式投票确立的权重制成图表，以便为今后的评估试点提供参考，并通过实践验证其科学性和可行性。

表1　就业质量评估指标体系框架（理想指标）

序号	要素	指标
1	就业环境、就业结构与就业机会	①就业率(年度增长率或保持较高水平)
		②创业者占就业者比例(年度增长或保持较高水平)
2	劳动报酬与就业公平	③劳动者报酬年度增长率
		④主要群体(女性、残疾人等)就业增长率
3	就业能力与教育培训	⑤各类人才占就业人口比重(年度增长或保持较高水平)
		⑥劳动者整体素质受教育培训提高的成效
4	就业稳定与社会保障	⑦就业人口稳定就业程度(时间)
		⑧社会保障享有程度
5	劳动关系与职业安全	⑨劳动合同履约率
		⑩职业伤害减少率

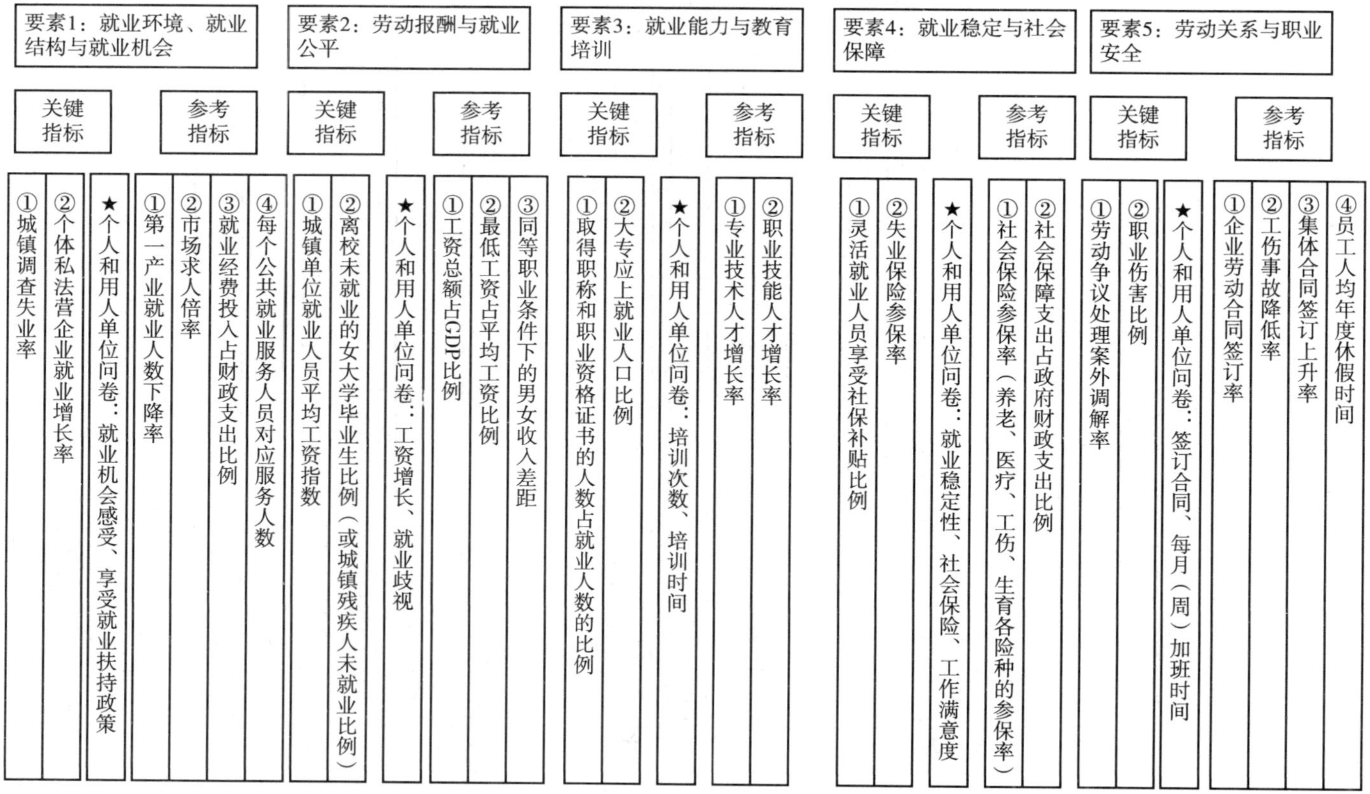

图 1　就业质量评估指标体系框架（实用指标）

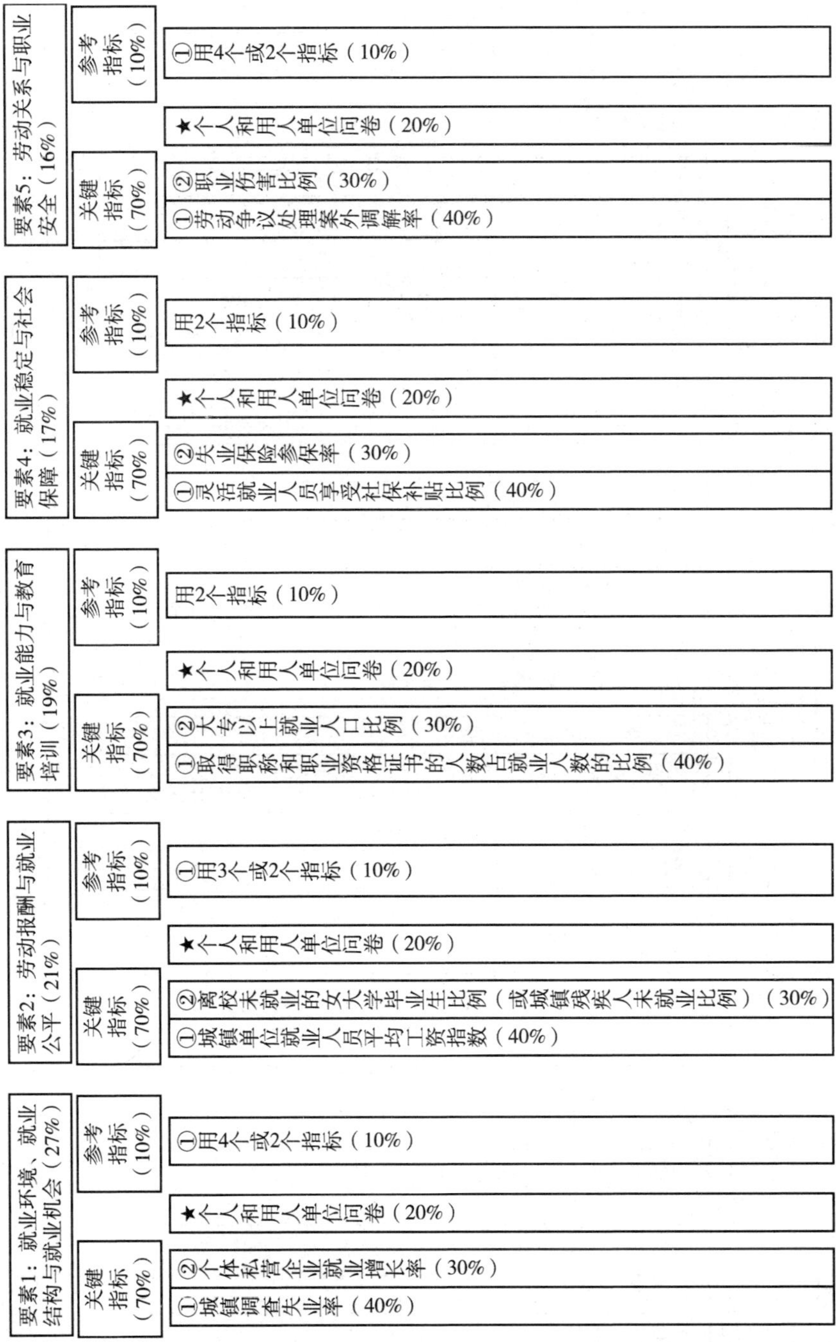

图2 就业质量评估指标体系要素和指标权重

四 就业质量评估指标体系

（一）就业环境、就业结构与就业机会

1. 要素内容

（1）就业环境是否得到改善，能否使劳动者顺畅地实现就业和创业。

（2）就业结构与经济结构、产业结构是否适应，并且是否处在提升状态，就业的城乡结构是否合理，人口城镇化是否发展正常。

（3）劳动者是否得到充分的就业和创业机会。

需要强调的是，该指标由于主要是对结果而不是过程进行评估，所以对政府扶持政策的落实和公共服务的提供等情况不直接进行评估，而是通过观察其对就业创业产生的效应来体现。

2. 指标说明

评估这一指标，重点是衡量就业和创业机会的增长。理想的指标是就业率（年度增长率或保持较高水平），以及创业者占就业者比例（年度增长或保持较高水平）。但由于现有统计中没有这两项指标，因此，一方面，要逐步构建新的统计指标体系；另一方面，则要用现有统计中适用的指标来代替。

考虑到“城镇调查失业率”可以反映全国或一个地区就业环境的总体情况，其降低或保持较低水平，可判断就业情况良好，既具有标志性作用，又可以从现有统计数据中获得；“个体私营企业就业增长率”可反映全国或一个地区创办的个体工商户和私营企业增加就业的结果，对衡量创业环境具有客观的显示作用，亦可以从现有统计数据中获得。因此，将以上两项作为关键指标。同时，在问卷调查中询问劳动者对就业机会和享受就业扶持政策的感受（以肯定者60%为界），以佐证统计数据显示的结果。

3. 关键指标

（1）城镇调查失业率（来自统计）：下降或保持较低水平。

（2）个体私营企业就业增长率（来自统计）：上升或保持较高水平。

（3）个人和用人单位问卷（相关问卷调查）：对劳动者，对就业机会、就

业扶持政策的感受；对用人单位，招工难易程度，是否享受过扶持政策。

4. 参考指标

（1）第一产业就业人数下降率。

（2）市场求人倍率：接近1。

（3）就业经费投入占财政支出比例：稳中有升。

（4）每个公共就业服务人员对应服务人数：下降。

（二）劳动报酬与就业公平

1. 要素内容

（1）劳动报酬是否正常提高。

（2）就业公平是否得到保证并有效防止就业歧视。

需要强调的是，该指标由于主要是对结果而不是过程进行评估，因此，对政府工资政策的落实和公平就业法律的贯彻情况不直接进行评估，而是通过观察其工作的结果来体现。

2. 指标说明

评估这一指标，重点是衡量劳动报酬的提高，以及就业歧视的减少。理想的指标是劳动者报酬年度增长率，以及主要群体（女性、残疾人等）就业增长率。但由于现有统计中没有这两方面的指标，因此，一方面，要逐步构建新的统计指标体系；另一方面，则要用现有统计中适用的指标来代替。

考虑到“城镇单位就业人员平均工资指数”直接反映了城镇单位就业人员劳动报酬提高的情况，既具有标志性作用，又可从现有统计数据中获得；“离校未就业的女大学毕业生比例（或城镇残疾人未就业比例）”对及时显示当前就业是否公平具有代表性，同时也可以从行政实名制统计中获得，因此将以上两项作为关键指标。同时，在调查问卷中对劳动者询问工资增加情况及幅度，以及在就业中是否遇到过明显的歧视（以肯定者60%为界），以此佐证统计数据显示的结果。

3. 关键指标

（1）城镇单位就业人员平均工资指数（来自统计）：上升或保持正常水平。

（2）离校未就业的女大学毕业生比例（或城镇残疾人未就业比例）（来自统计）：上升或保持正常水平。

（3）个人和用人单位问卷（相关问卷调查）：对劳动者，过去一年的工资是否增加，增幅多少；在就业中是否遇到过明显的歧视。对用人单位，过去一年企业员工平均工资是否增长。

4. 参考指标

（1）工资总额占 GDP 比例：上升或保持正常水平。

（2）最低工资占平均工资比例：保持正常水平。

（3）同等职业条件下的男女收入差距：逐步缩小。

（三）就业能力与教育培训

1. 要素内容

（1）劳动者素质是否不断提高。

（2）教育和培训是否取得实效。

需要强调的是，该指标由于主要是对结果而不是过程进行评估，因此，对政府的教育培训政策的落实和公共培训的提供情况不进行评估，而是通过观察其对人才队伍建设产生的效应来体现。

2. 指标说明

评估这一指标，重点是衡量人才队伍的增长和劳动者素质的提升。理想的指标是各类人才占就业人口比重（年度增长或保持较高水平），以及劳动者整体素质受教育培训提高的成效。但由于现有统计中没有这两方面的指标，因此，一方面，要逐步构建新的统计指标体系；另一方面，则要用现有统计中适用的指标来代替。

考虑到“取得职称和职业资格证书的人数占就业人数的比例”和“大专以上就业人口比例”两项指标集中反映了就业人员的基本素质和教育培训的成果，既易于进行地区间的相互比较，又能从现有统计数据中获得，因此将此两项作为本要素的关键指标。同时，在调查问卷中，对劳动者询问参加职业培训的经历（以肯定者 60% 为界），用以佐证统计数据显示的结果。

3. 关键指标

（1）取得职称和职业资格证书的人数占就业人数的比例（来自统计）：上升或保持较高水平。

（2）大专以上就业人口比例（来自统计）：上升或保持正常水平。

（3）个人和用人单位问卷（相关问卷调查）：对劳动者，过去一年是否参加了职业培训，时间长短；对用人单位，过去一年是否举办过员工培训，次数和时长。

4. 参考指标

（1）专业技术人才增长率：保持正增长。

（2）职业技能人才增长率：保持正增长。

（四）就业稳定与社会保障

1. 要素内容

（1）就业的稳定性是否得到加强。

（2）就业者是否享有应有的社会保障。

需要强调的是，该指标由于主要是对结果而不是过程进行评估，因此，对政府的社会保障法律政策的贯彻落实情况不直接进行评估，而是通过观察其这方面工作对就业稳定产生的效果来体现。

2. 指标说明

评估这一指标，重点是衡量就业群体稳定性的加强和社会保障对就业人员的保障程度。理想的指标是就业人口稳定就业程度（时间）和社会保障享有程度。但由于现有统计中没有这两方面的指标，因此，一方面，要逐步构建新的统计指标体系；另一方面，则要用现有统计中适用的指标来代替。

考虑到“灵活就业人员享受社保补贴比例”是灵活就业人员稳定就业的重要条件，也是社保覆盖的重要方面，且可从行政统计中获得数据；“失业保险参保率”指标与就业人群的关系最为密切（而养老、医疗保险为全民保险），可直接衡量劳动者在遭遇失业风险时得到社会保险及时救助的情况，又可以从现有统计中获得数据，所以将以上两项作为关键指标。同时，在调查问卷中，对劳动者询问其参加社会保障的情况（以肯定者60%为界），用以佐证统计数据显示的结果。

3. 关键指标

（1）灵活就业人员享受社保补贴比例（来自统计）：上升或保持较高水平。

（2）失业保险参保率（来自统计）：上升或保持较高水平。

（3）个人和用人单位问卷（相关问卷调查）：对劳动者，目前工作的持续时间，签订合同的期限，是否参加了社会保障及投的何险种，对现有工作的满意度。对用人单位，员工离职情况，初次签订合同的期限。

4. 参考指标

（1）社会保险参保率（养老、医疗、工伤、生育各险种的参保率）。

（2）社会保障支出占政府财政支出比例。

（五）劳动关系与职业安全

1. 要素内容

（1）劳动关系是否和谐，且劳资双方合法权益是否得到有效保护。

（2）职业安全卫生情况是否得到改善，使劳动者安全健康有所保证。

需要强调的是，该指标由于主要是对结果而不是过程进行评估，所以对政府劳动关系法律政策的落实和职业安全卫生建设等情况不直接进行评估，而是通过观察其工作的成效来体现。

2. 指标说明

评估这一指标，重点是衡量劳资双方是否依法履行劳动合同并处理劳动争议，职业安全卫生的改善是否减少工伤事故和职业病的发生。理想的指标是劳动合同履约率和职业伤害减少率。但由于现有统计中尚缺这方面的数据，因此，一方面，要逐步构建新的统计指标体系；另一方面，则要用现有统计中适用的指标来代替。

考虑到“劳动争议处理案外调解率”指标反映了在劳动争议案件发生后，用人单位和当事劳动者双方通过协商寻求和解的情况，对妥善处理劳动争议具有积极的引导作用，对衡量劳动关系和谐情况具有代表性，亦可从现有统计中获得数据；“职业伤害比例”的降低可以反映职业安全卫生工作效果的改善，并可从现有统计数据中结合而得，因此将以上两项作为关键指标。同时，在调查问卷中对劳动者询问其是否签订了劳动合同，每月加班是否超过 36 小时（以肯定者 60% 为界），用以佐证统计数据显示的结果。

3. 关键指标

（1）劳动争议处理案外调解率（来自统计）：上升或保持较高水平。

（2）职业伤害比例（来自统计）：下降或保持较低水平。

（3）个人和用人单位问卷（相关问卷调查）：对劳动者，是否与本单位签订劳动合同，每月加班是否超过 36 小时（每周 8 小时）；对用人单位，是否与劳动者签订合同，加班情况。

4. 参考指标

（1）企业劳动合同签订率。

（2）工伤事故降低率。

（3）集体合同签订上升率。

（4）员工人均年度休假时间：稳中有增。

五　就业质量评估指标体系的应用

（一）将就业质量评估列入国家和地方就业工作考核内容

建议把就业质量评估纳入国家和地方就业工作考核指标体系。运用就业质量评估这一工具，从五个核心要素的不同维度对国家和地方一个时期内的就业质量进行测量评估，并应用每个要素的关键指标和参考指标确立的标准进行对应的分析、比较和排名，以便最终获得一个总体的评价（可以用总分表示，或以优秀、较好、一般和较差进行表示）。其目的是衡量国家或某一地区某一时段的就业质量状况；并从中发现薄弱环节、突出问题和主要矛盾，找出相应的解决或改善办法。

（二）有重点地指导城市运用这一工具组织评估

考虑到这是一项全新的工作，也有一定的技术要求和难度，因此，建议人力资源和社会保障部及省级人力资源和社会保障部门在确定开展这项测评工作后，科学地制订城市就业质量测评工作实施计划和方案，提出明确要求，并在技术操作层面给予具体指导。各城市应高度重视就业质量测评工作，把其作为提高城市就业质量的一把尺子或一把钥匙，通过测评确定本市就业质量的水平及在省域内、国内的位置，找出差距和问题根源，有针对性地制定阶段性改进目标和采取相应措施，有重点地提升本地区的就业质量。

（三）需要综合考虑相关因素

为使测评结果公平合理、科学有效，测评时应注意把握好以下几个方面：一是在区域测评层面，可按东、中、西部地区划分归类，在一个省内，亦可划分区域，但最好做到同等条件地区同等标准。二是在人群方面，也可考虑按大学生、农民工、失业人员等不同群体划分，如对重点群体可细化专项指标（青年失业率、农民工收入、参保增长率等）。三是从实际出发，可以结合本地实际情况，按照评估指标体系增加或减少每个要素的相关指标，也可针对解决本地重点问题的需要，调整相关指标的权重；在有条件时，可将理想指标建立起来，替换实用指标，届时，实用指标可降为参考指标，也可不再使用。四是测评需要大量的数据作为支撑，除依靠国家有关权威部门公布的数据外，还需要花大力气开展实地调研，来获取相关数据。

（四）应当先试点再推广

鉴于开展测评工作是一项十分严谨而政策性又很强的工作，在开展这项工作前，首先应做好宣传和培训工作。在各方达成共识后，先进行试点，然后在总结试点经验的基础上，有计划、有步骤地推广，以保证就业质量评估工作稳步进行，并达到预期的效果。

参考文献

Decent Work Indicators, *General and Info on the 18th ICLS*, http: //www. ilo. org/

integration/themes/mdw/WCMS_ 189392/lang-en/index. htm.

More Specifically on Measuring Decent Work (*Capturing in a Macro Manner the Quality of Employment*), http: //www. ilo. org/wcmsp5/groups/public/——dgreports/——stat/documents/publication/wcms_ 183859. pdf.

DW Country Profiles Done, *if It is Useful to Have Some Perspective from Other Countries*, http: //www. ilo. org/integration/themes/mdw/map/about/activities/country-studies/lang-en/index. htm.

D. Campbell, "The Labour Market in Developing Countries," in S. Cazes and S. Verick (eds.), *Perspectives on Labour Economics for Development* (ILO, 2013) .

ILO, *Protecting People*, *Promoting Jobs*, an ILO report to the G 20 leaders' summit, Pittsburgh, 2009.

ILO, *Jobs and Livelihoods at the Heart of the Post* -2015 *Development Agenda*, ILO concept note on the post -2015 development agenda, Concept Note No. 1 (2012) .

ILO, *Guide to the Millennium Development Goals*: *Employment Indicators*, second edition (2013).

赖德胜、石丹淅:《推动实现更高质量的就业:理论探讨与政策建议》,《第一资源》(2013 年第 1 辑),党建读物出版社,2013。

刘素华:《建立我国就业质量量化评价体系的步骤与方法》,《人口与经济》2005 年第 6 期。

刘素华:《就业质量:内涵及其与就业数量的关系》,《内蒙古社会科学》2005 年第 5 期。

李军峰:《就业质量的性别比较分析》,《市场与人口分析》2003 年第 6 期。

B.7

中国大学生更高质量就业的技术指导方法改革

中国就业培训技术指导中心*

摘　要：

本报告从更高质量就业的内涵分析入手，在近年来全国大学生就业情况的基础上，对大学生就业政策取得的新进展进行了综述。同时，结合劳动力市场供求趋势变化，指出了我国大学生就业指导领域面临的挑战。接着，对发达国家和地区促进大学生就业质量提升的经验进行了介绍。最后，对改革我国大学生就业指导技术方法、进一步提升大学生就业质量的若干建议做了阐述。

关键词：

大学生　更高质量就业　技术指导

高质量的就业可以从两大方面来看：对个人而言，就是能最大限度地按照自己的兴趣、能力，尽可能地通过就业实现自己的理想；对社会和国家而言，高质量就业意味着人尽其才、爱岗乐业，在自己的岗位上发挥最大能量。在就业形势较为严峻的今天，提升大学生就业的质量，可以降低其毕业后半年的离职率，促进大学毕业生薪酬持续提高，鼓励大学生自主创业，提升毕业生的职

---

* 执笔人：刘康，中国就业培训技术指导中心暨人力资源和社会保障部职业技能鉴定中心主任；许远，人力资源和社会保障部职业技能鉴定中心协调指导处副编审，《中国培训》杂志社编辑部副主任；祁秀秀，天津职业技术师范大学职业教育学院研究生；谈宇德，中国就业培训技术指导中心就业处副处长；张元，天津职业技术师范大学教授；陈敏，交通运输部管理干部学院教授。

业期待吻合度，从而有效减少社会就业压力。因此，我们不仅要将研究视角放在解决大学生的就业问题上，而且应该更加重视对中国大学生就业质量提升问题的探讨。

一　更高质量就业的内涵分析

就业是民生之本，党的十八大报告提出了“推动实现更高质量的就业”的工作目标，并且强调要做好以高校毕业生为重点的青年就业工作。改革开放以来，中国经济实现了三十多年的高速增长，经济总量跃居世界前列，创造了“中国奇迹”。但与总量的快速增长相比，结构优化和质量提高的步伐要缓慢得多，经济发展内需不足、可持续发展动力匮乏、就业质量不高、劳动收入份额偏低等问题普遍存在。因此，转变我国经济发展方式迫在眉睫，这种重大转变对就业格局会形成巨大影响，既有就业扩展的机遇，又有失业增加的风险。随着经济从粗放扩张型向质量提效型转变，就业也要从原来的数量扩张转变为在保证相应数量的同时注重质量的提高。因此，应对经济转型对就业的新挑战，并抓住契机实行就业转型，是我们必须面对的问题，也成为决策层和学界的共识。

研究表明，考虑到劳动者和政府对就业质量指标所关注的角度、内容和优先顺序等方面既有一致性，又有差异性。[①] 经过分析，专家们比较一致的意见，劳动者对就业质量指标关注度的角度、内容和排序依次是：①就业机会；②劳动报酬；③公平与权益；④就业能力与职业发展；⑤劳动条件；⑥社会保险；⑦劳动关系。政府对就业质量指标关注度的角度、内容和排序依次是：①就业渠道；②就业环境；③就业结构；④教育培训；⑤收入分配；⑥职业安全卫生；⑦社会保障；③劳动关系。

其实，从20世纪70年代开始，西方发达经济体，如美国、欧盟成员国就已经开始探讨超越单纯数量意义的就业概念，即劳动者从就业中所获得的全面

① 中国就业促进会：“就业质量评估指标体系研究”课题组课题报告。

的效用和价值。国际劳工组织也于1999年提出了“体面劳动”的概念，其含义是劳动者在自由、平等、保证安全和个人尊严的前提下，获得体面、高效工作的机会。2010年，联合国欧洲经济委员会（UNECE）建立了就业质量指标体系。2013年，我国学者赖德胜教授在其主持的“中国各地区就业质量测算与总体评价”课题研究中，构建了一个包括6个维度指标、20个二级指标和50个三级指标的就业质量评价指标体系，从就业环境、就业能力、就业状况、劳动者报酬、社会保护、劳动关系六个角度对中国各地区就业质量进行评价。[①] 2013年，中国就业促进会的一项研究提出了从就业环境、就业结构与就业机会，劳动报酬与就业公平，就业能力与教育培训，就业稳定与社会保障，以及劳动关系与职业安全五个角度来衡量就业质量。

二　近年来全国大学生就业情况分析

（一）就业总体特点

研究表明，当前我国大学生就业形势逐渐趋于稳定，就业稳定性增强；第二、第三产业仍然是大学生的主要就业领域，服务业比重明显增加；大学生就业流向开始发生变化，回三四线城市就业的数量增多；就业方式由传统的自谋方式向校企结合等模式转变。中国职业教育网及《中国教育发展报告（2014）》的数据显示，高职高专院校初次就业率最高，为78.1%，高于“211”（包括“985”）重点院校（75.5%）。从学历层次来看，专科生的初次就业率为79.7%，比本科生的67.4%高出12.3个百分点。近年来，随着高校扩招，高校毕业生的就业出现新的特点，具体如下。[②]

1. 就业形势日趋稳定，就业稳定性增强

据人力资源服务机构前程无忧发布的《2014年高校毕业生就业状况报

① 赖德胜、石丹淅：《推动实现更高质量的就业：理论探讨与政策建议》，《第一资源》（2013年第1辑），党建读物出版社，2013。

② 材料引自杨东平主编《中国教育发展报告（2014）》，社会科学文献出版社，2014。

告》，大学毕业生平均参加 8.4 家雇主的面试就可获得自己的第一份正式工作。根据麦可思研究院《中国大学生就业报告（2014）》的数据统计，2013 届大学生毕业半年后的就业率为 91.4%，比 2012 届的 90.9% 略有上升，比 2011 届的 90.2% 上升了 1.2 个百分点。2011 ~2013 届毕业生就业率呈稳中有升态势。

2. 第二、第三产业仍然是大学生的主要就业领域，服务业比重明显增加

2013 年第四季度，中国人力资源市场信息监测中心对全国 104 个城市的公共就业服务机构市场供求信息进行了统计分析，三次产业本季度市场需求人数所占比重分别为 1.6%、40.3% 和 58.1%，与上季度、上年同期相比的需求变动详见表 1。另外，研究表明，随着三四线城市的不断发展，回三四线城市就业的人数增多。

表 1　2013 年第四季度按产业分组的需求人数

产　业	需求人数（人）	所占比重（%）	与上一季度相比需求变化(百分点)	与上年同期相比需求变化(百分点)
第一产业	81971	1.6	-0.2	0.0
第二产业	2064712	40.3	-0.7	-0.5
第三产业	2978664	58.1	0.9	0.5
合　计	5125347	100.0	0.0	—

资料来源：中国人力资源市场信息监测中心。

（二）各项就业指标分析

大学生就业情况可以从毕业半年后就业率、收入、自主创业、职业期待吻合度、毕业后半年内离职率五个指标来分析，这五个指标可作为反映大学生就业质量的关键指标。

1. 毕业半年后就业率

数据表明，2013 年我国高校毕业生总数为 699 万人。从学历层次来看，就业状况具有初次就业率“两头高中间低”的特点：博士生和硕士生初次就业率最高，紧接着是专科生，本科生最低。从学校类型来看，高职高专院校初次就业率最高，为 78.1%，独立学院和民办高校最低。以江苏为例，截至

2013 年，江苏已连续 4 年呈现学历和就业率倒挂的现象。例如，2013 年江苏高校毕业研究生就业率为 82.53%，本科毕业生就业率为 86.59%，专科毕业生就业率为 88.56%。

麦可思《中国 2011 ~ 2013 届大学毕业生社会需求与培养质量调查》显示，高职高专院校学生毕业半年后的就业率持续上升，2013 届为 90.9%，比 2012 届上升 0.5 个百分点，比 2011 届上升 1.3 个百分点（见图 1）。

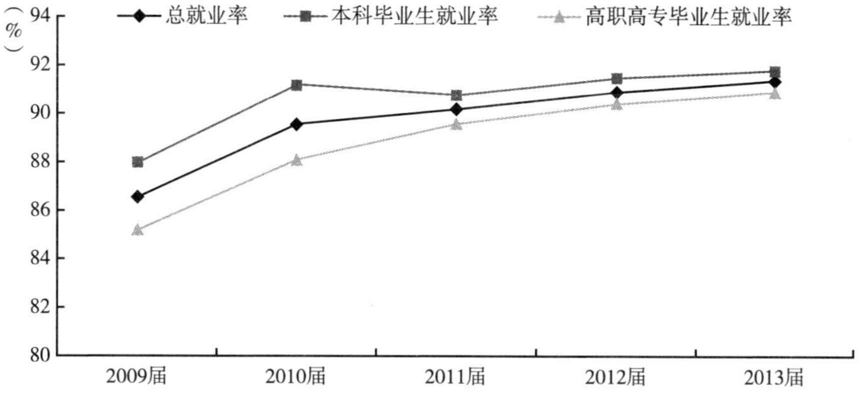

图 1　2009 ~ 2013 届大学生毕业半年后就业率统计

2. 收入

从学历层次来看，学历越高起薪越高，但学校层次高不一定直接带来高收入，"211" 重点高校毕业生平均起薪为 3157 元，低于高职高专院校的 3291 元。与此相比，高职高专院校学生的工资较低，因为专业对口，专科生比本科生更好找工作。高职高专毕业生毕业半年后的薪资呈上升趋势，2010 ~ 2013 届增长率分别为 15.9%、10.0%、7.7%（见图 2）。此外，就业地区之间的毕业生起薪差异较大，其中，京津沪为 5419 元，东部地区为 3148 元，中部地区为 2882 元，西部地区为 3167 元。

另外，高职高专院校毕业生月收入持续增长，2013 届高职高专院校毕业生半年后月收入（未扣除通货膨胀因素）为 2940 元，比 2012 届增长 7.7%，比 2011 届增长 18.5%。由上海市教科院和麦可思研究院编写的《中国高等职业教育质量年度报告》指出，以 2011 届月收入为基准，扣除通货膨胀因素，2012 届

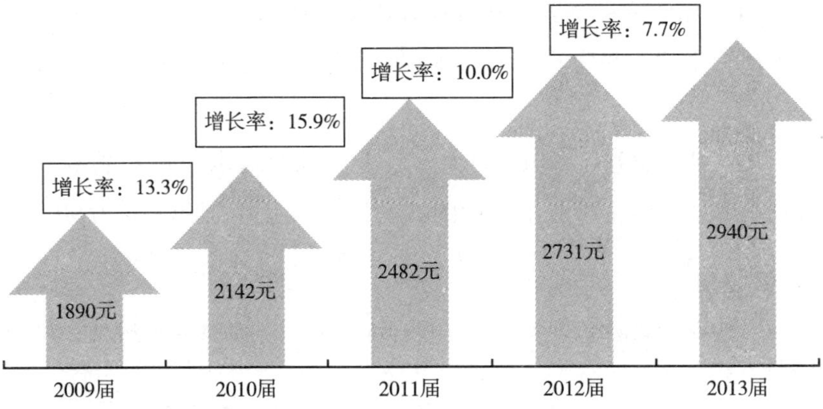

图 2　2009～2013 届高职高专院校毕业生毕业半年后的薪资

月收入为 2662 元，2013 届月收入为 2793 元，三届毕业生月收入仍呈持续上涨趋势，高职高专院校毕业生的月收入“跑赢”了通货膨胀（见图 3）。

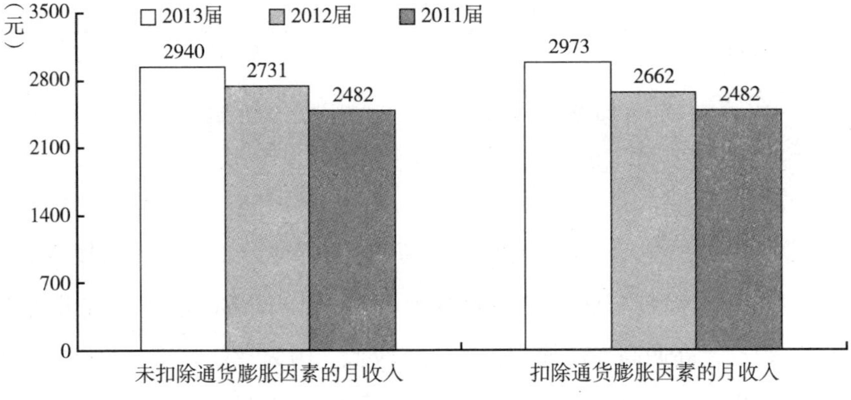

图 3　2011～2013 届高职高专院校毕业生毕业半年后的月收入

3. 自主创业

大学毕业生自主创业比例略有上升，高职高专院校毕业生自主创业比例远远高于本科毕业生。2013 届比 2011 届高职高专院校毕业生的自主创业比例上升了 1.1 个百分点（见图 4）。高职高专院校毕业生创业的主要动机主要有几点：首先，其理想就是想成为创业者；其次，有好的项目机会；最后，对未来收入有积极期待。

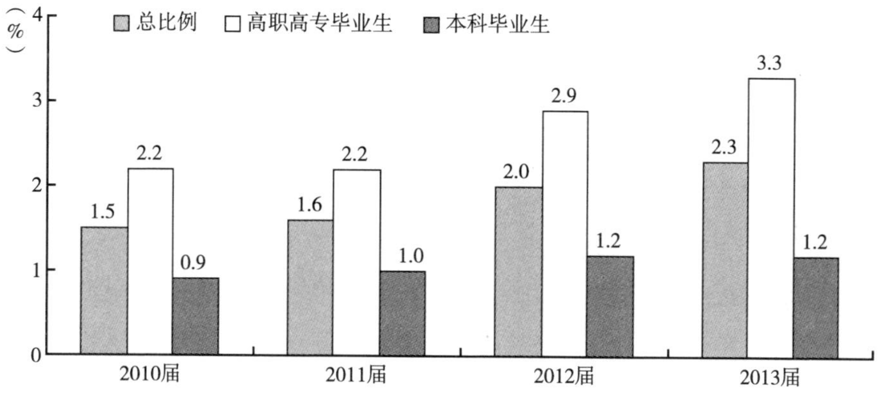

图 4　2010 ~ 2013 届大学生自主创业的情况

最好的就业是创业。数据表明，高职高专院校毕业生自主创业主要不是因为就业困难，反映了高等职业学校创业教育取得成效。在 2013 届高职高专院校毕业生中，仅有 7% 的毕业生是因找不到工作而自主创业的。根据相关理论，自主创业主要可以分为机会型创业与生存型创业两类。按此定义，2011 ~ 2013 届高职高专院校毕业生中机会型创业的比例占 85% 左右，生存型创业的比例只有 7% 左右，这说明高职高专院校毕业生的创业主流是机会型创业，这有利于学生发展。

高职高专院校学生毕业三年后，进入创业群体的比例大幅增加。根据《中国 2010、2009 届大学毕业生三年后职业发展调查》，2010 届高职高专生毕业三年后自主创业的比例为 6.0%，比毕业半年后自主创业的比例高 3.8 个百分点；而 2009 届毕业三年后创业比例（5.3%）是毕业半年后创业比例（1.6%）的 3.3 倍（见图 5）。

4. 职业期待吻合度

如图 6 所示，2010 ~ 2013 届毕业生的职业期待吻合度均不到 50%，高职高专毕业生的职业期待吻合度略低于本科毕业生。据了解，高职高专毕业生认为工作与职业期待不吻合的主要原因，首先是不符合职业发展规划，其次是不符合自己的兴趣爱好。

5. 毕业后半年内离职率

根据表 2 的数据，各届高职高专毕业生毕业半年内的离职率普遍较高，远

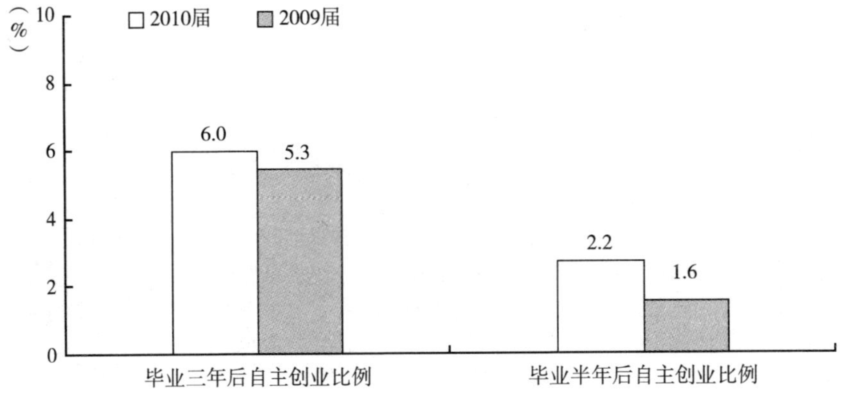

图5　2009届、2010届高职高专院校毕业生毕业半年后及三年后自主创业比例

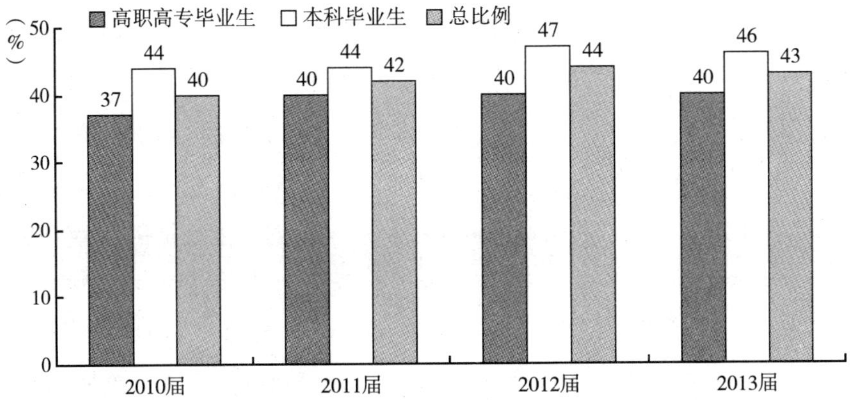

图6　毕业生的职业期待吻合度情况

高于其他层次的院校。据统计，选择主动离职的原因主要有两点：一是个人发展空间不大；二是薪金福利偏低，想改变职业或行业。

表2　高职高专院校毕业生毕业半年内的离职率

单位：%

届	离职率	届	离职率
2009	45	2012	42
2010	36	2013	43
2011	52		

需要说明的是，高职高专院校与一般普通本科院校毕业生就业率的比较更多的是一种事实判断，并不是价值判断。高职高专院校培养的人才更加紧贴地方经济社会发展的实际需要，其就业岗位较多，就业难度要低一些。因此，仅仅关注初次就业是片面的，职业类院校需要更多地关注学生毕业后的就业情况，提升职业期待吻合度，降低离职率，从而提高毕业生的就业质量。

三　大学生就业政策取得新进展

（一）鼓励和引导高校毕业生到城乡基层就业

鼓励高校毕业生积极参加社会主义新农村建设、城市社区建设和应征入伍。对到农村基层和城市社区从事社会管理与公共服务工作的高校毕业生，按照国家现行促进就业政策的规定，给予社会保险补贴和公益性岗位补贴。对具有基层工作经历的高校毕业生，在研究生招录和事业单位选聘时优先考虑。

（二）鼓励高校毕业生到中小企业和非公有制企业就业

各类中小企业和非公有制企业是高校毕业生就业的主要渠道。企业招用符合条件的高校毕业生，可按规定享受相关就业扶持政策。劳动密集型小企业招用登记失业高校毕业生等城镇登记失业人员达到规定比例的，可按规定享受最高 200 万元的小额担保贷款扶持。

（三）鼓励骨干企业和科研项目单位积极吸纳和稳定高校毕业生就业

鼓励国有大中型企业特别是创新型企业创造条件，更多地吸纳有技术专长的高校毕业生就业。各地在实施支持困难企业稳定员工队伍的工作中，要引导企业不裁员或少裁员。

（四）鼓励和支持高校毕业生自主创业

鼓励高校积极开展创业教育和实践活动。有创业意愿的高校毕业生参加创业培训的，按规定给予职业培训补贴。强化高校毕业生创业指导服务，提供政策咨询、项目开发、创业培训、创业孵化、小额贷款、开业指导、跟踪辅导的“一条龙”服务。鼓励、支持高校毕业生通过多种形式灵活就业，并保障其合法权益，符合规定的，可享受社会保险补贴政策。

（五）强化高校毕业生就业服务和就业指导

充分发挥人力资源市场配置资源的作用，强化公共就业服务的功能。人力资源和社会保障、教育等部门及高校要加强协作，大力开展面向高校毕业生的就业服务系列活动，为应届高校毕业生提供更多、更快、更好的免费就业信息和各类就业服务。高校要强化对大学生的就业指导，开设就业指导课并作为必修课程，重点帮助毕业生了解就业政策，提高求职技巧，调整就业预期。

（六）提升高校毕业生的就业能力

大力组织以促进就业为目的的实习实践，确保高校毕业生在离校前都能参加实习实践活动。完善离校未就业高校毕业生见习制度，鼓励见习单位优先录用见习高校毕业生。人力资源和社会保障部门根据高校毕业生的需要，提供专场或其他形式的职业技能鉴定服务，教育部门及高校要给予积极配合。

（七）强化对困难高校毕业生的就业援助

对于困难家庭的高校毕业生，高校可根据实际情况给予适当的求职补贴。各级机关考录公务员、事业单位招聘工作人员时，免收困难家庭高校毕业生的报名费和体检费。

四　劳动力市场供求趋势展望

在经济持续向好的前提下，未来十年，人口老龄化、劳动力平均受教育年限延长、新生劳动力总量下降等人口和劳动力的规模与结构变化，导致劳动力供给不足以及永久性离职带来的大量职位空缺，这与结构性失业、周期性失业等因素叠加，将会使我国劳动力市场从无限供给转向有限剩余。

就业形势归根结底取决于劳动力供给状况和经济发展对劳动力需求状况的相对变化。从劳动力供求状况看，我国劳动力供求格局已从早期的劳动力供给严重过剩，转变为供求总量基本平衡，并向求略大于供的时期过渡，未来就业形势会不断好转。

根据《2013年度人力资源和社会保障事业发展统计公报》，2013年底，全国就业人员达76977万人。从劳动力供给看，我国已经渡过劳动力供给的高峰期，未来劳动力供给总量将趋于减少。受人口出生率长期下降等因素影响，我国法定退休年龄内的劳动年龄（16~59岁）人口从2012年开始出现绝对数量下降，2012年我国劳动年龄人口为93727万人，比2011年减少345万人（见表3）。根据人口发展规律，未来较长时期内我国劳动年龄人口数量还将继续下降，预计到2020年将降至9.1亿人左右，较2012年下降2700万人左右。劳动年龄人口数量的持续下降，意味着我国劳动力供给总量和就业需求规模将不断减少。[①]

表3　2006~2013年我国劳动年龄人口数量及其占比

单位：万人，%

年份	劳动年龄人口	占总人口比重	年份	劳动年龄人口	占总人口比重
2006	90586	68.9	2010	93389	70.7
2007	91129	69	2011	94072	69.8
2008	91647	69	2012	93727	69.2
2009	92097	69	2013	91954	67.6

从劳动力需求看，未来较长时期我国经济仍将保持较快增长状态，劳动力需求规模会持续扩大。根据我们的预测分析，目前我国经济增速已经接近周期性波动的底部，在国际经济形势好转和政府微刺激政策作用下，2014年、2015年经济有可能保持7.5%左右的适度增长，未来经济增长进入周期性上升期，增速会恢复上升趋势。虽然受经济进入工业化后期的发展阶段影响，我国经济增速难以恢复到2000~2007年8%~15%的高速增长状态，但仍会保持快速增长，预计2014~2020年经济增速将恢复到7%~10%的增长区间。在考虑到技术进步或劳动生产率提高引致的单位增加值吸纳就业人员数量下降的

① 人力资源和社会保障部：《2013年度人力资源和社会保障事业发展统计公报》。

情况下，即使按经济增长7%的下限估算，未来几年我国非农产业依然具有每年创造700万以上净增就业岗位的能力，加上每年达到退休年龄而空出的1700万左右的就业岗位，未来十年我国经济发展所提供的就业岗位完全能够满足每年1460万左右新增就业人员、部分失业人员及农村剩余劳动力对非农产业就业的需求。如果经济增速提高到8%以上，将会出现劳动力供给总量不足的问题。

近年来，我国劳动力市场的供求统计数据已反映了劳动力供求格局转变的情况。据市场监测数据，2001~2009年，我国劳动力市场求人倍率均低于1，即劳动力供给大于劳动力需求。从2010年开始，求人倍率提高到1以上，且逐年提高，已从2010年的1.01提升到2013年的1.09，即劳动力需求已超过供给，且供给缺口呈小幅度扩大态势。

因此，合理调整劳动力结构，提升各产业部门的生产力水平以及劳动力综合素质，将是解决结构性失业和劳动力供给不足问题、减少单位生产成本、提高生产效率的主要路径。

五　我国大学生就业指导领域面临的挑战

（一）大学生就业教育体系与社会需求脱节

我国产业结构调整及其带来的社会结构变化，使用人单位对人才素质及人才结构的要求发生了巨大变化。但是，高校专业设置和人才培养模式没有随着市场的变化而及时调整，使毕业生结构与现实需求结构发生了比较严重的错位。另外，部分高校对毕业生就业工作的重视程度不够，毕业生就业工作还缺乏系统性和科学性。

（二）建设创新型国家对提高大学生就业质量提出了新的迫切要求

在建设创新型国家面临的众多挑战中，关键是高层次创新人才严重不足。所以，创新青年人才的培养已成为我国建设创新型国家战略实施的决定性因素。要建设一支高素质的创新型人才队伍，关键要解决大学生创新能力培养的问题。

（三）现有就业公共服务无法满足大学生高质量就业需求

一是就业信息服务不到位。高校的职业指导未能及时与企业联系，毕业生很难了解到更多机关、企事业单位对毕业生的需求情况。二是就业服务针对性差。在目前普遍实施的职业培训环节中，存在诸多问题，比如：理论教学与实际操作脱节；教学模式单一，缺乏师生互动；培训科目设置比较单调，无法完全适应学员职业能力开发的要求。

（四）观念落后，对职业培训的认识不足

一些大学毕业生思想观念比较落后，视野较窄，缺乏长远性和开拓性，只看到眼前利益，忽视长远利益，对技能培训的重要性认识不足，参加职业技能培训的积极性不高。

六　发达国家和地区促进大学生就业质量提升的经验做法

为了解决大学生就业质量的问题，发达国家普遍采取了各具特色的职业技术方法及先进理念。比如，欧盟非常重视职业指导和咨询，其利用具体项目带动职业指导和咨询不断向前发展。欧盟职业指导具有如下特点：职业指导在心理层面深入细致；职业指导组织机构专业化；职业指导中充分利用现代信息通信技术。在中国台湾地区，职业生涯教育被称为“生涯发展教育”，有学者认为“生涯发展”一词具有前程、职业发展、终生历程的意味，比“生计教育”更富有内涵。美国关于就业指导有完整的体系，就业指导的相关政策法规体系完备，终身职业生涯规划理念明确，具有职责明确、运行效率高的就业指导机构，专业化的就业指导师资队伍。日本职业指导发展较快，日本国内的各类型高校基本设立了贯穿学生整个大学阶段就业服务的“职业生涯教育中心”，有高素质、专业化的就业指导老师，相关资料、设备充足。

（一）美国提升大学生就业质量的技术指导方法①

第一，美国关于就业指导的相关政策法规体系非常完善。法律体系除了基

① 何可宁：《中美大学生就业服务体系比较研究》，苏州大学硕士学位论文，2012。

本的《社会保障法》《就业法》外，还有各种针对就业培训和就业服务的法律。例如，2008 年，美国国会通过的《高等教育机会法》（*Higher Education Opportunity Act - 2008*），对高校财政、问责制度、联邦学生资助制度、高校入学机会等方面的改革做了详尽说明；2009 年出台的《美国复兴与再投资法案》（*American Recovery and Reinvestment Act*，ARRA），要求通过对基础产业进行大规模投资，实现“创造 300 万个就业机会”的目的。

第二，美国就业指导体系较为完善。①就业指导理念。美国的高校就业指导来由已久，从 20 世纪初开始，高校就开始注重对学生职业生涯规划的指导和职业技能的培训。美国人认为人的职业选择会贯穿人的一生，应根据不同的职业发展阶段用不同的方式和内容开展职业生涯教育，注重对大学生适应社会能力的培养。因此，美国高校逐渐研究并发展了一套完整的就业指导体系，贯穿于学生的整个大学生涯。②就业指导机构。美国高校就业指导机构设置精简，职责明确，运行效率高。就业指导中心是学校的一个常设机构，是处理学生事务的一个很重要的部门。③就业指导人员队伍。大多数州对从事职业咨询或指导的专业人员要求执证上岗。总的来说，美国大学生就业指导人员队伍建设呈现职业化、专业化、高素质的特点。

第三，美国就业指导经费充足，设施完善。美国高校很重视就业指导工作，就业指导中心地位重要，得到的经费很充足，软硬件设施比较齐全。

第四，发挥中介组织的就业指导作用。美国承担就业指导功能的中介组织最早起步于民间，逐渐发展成熟，目前数量已经非常庞大，全国有 150 多万家，并且已经形成了覆盖各个社区的大型服务网络。工作人员或志愿者都有资格为大学生提供专业性、针对性、高质量的就业指导服务。

（二）日本提升大学生就业质量的技术指导方法[①]

日本国内的各类型高校基本设立了贯穿学生整个大学阶段就业服务的“职业生涯教育中心”。日本高校现存就业指导部门的工作重点由单纯的职业介绍、就业活动支援转向提升学生的职业意识和劳动意识，提高他们面向未来

① 吕显然：《日本职业生涯教育研究及启示》，天津大学硕士学位论文，2012。

进行职业生涯规划的职业能力。同时，职业生涯规划指导机构还以服务的理念开展主题活动，提高就业服务工作的有效性和针对性。日本高校职业生涯教育的指导队伍一般由高素质、专业化的指导老师组成，职业生涯辅导工作有足够的资料、设备等保障。

（三）中国台湾地区大学生就业质量的技术指导方法

中国台湾地区对职业生涯规划十分重视。教育界认为，人文职业生涯教育是教育历程中不可缺少的一部分，将职业生涯概念纳入现有的学校课程，是协助个人职业生涯发展的最可行办法。可以说，职业生涯教育是各学习领域的核心。中国台湾地区大学职业生涯教育的课程体系建设比较系统化和专业化，首先，有明确的职业生涯教育课程目标，注重培养学生的自我认知能力及与社会融合的能力等；其次，课程内容设计形式丰富，主要从自我觉察、生涯觉察、生涯规划三个方面进行设计，呈现了一个自我认知－职业体验－职业抉择的课程体验过程。

七　改革大学生就业指导技术方法，进一步提升就业质量

（一）多方努力促进毕业生就业

政府应不断深化改革，完善就业市场。高校要主动适应市场，适时地调整专业结构，不断更新教学内容，培养高素质的毕业生。大学生应提高自身素质，更新就业观念，同时还要认清就业形势，主动学习和掌握就业技巧，合理地确定就业期望值，提高择业能力。

（二）指导大学生灵活、安全地适应劳动力市场

在经历了传统模式和市场化改革以及经济全球化的变迁过程中，我国逐步形成了中国特色的既具有灵活性又具有安全性的劳动力市场。与以前相比，现阶段劳动就业、工资分配、劳动合同等制度更加灵活，为大学生提供了许多潜在机会。因此，引导大学生适应这样的劳动力市场，也是重要的就业技术指导方式。现代大学生应破除“铁饭碗”思想，结合自身能力，选择适合自己的职业。

（三）指导大学生加强对自身权益的保护

充分了解和把握劳动力市场变化趋势与相关政策法规，是大学生顺利就业和成功创业的基本条件。近年来，我国政府陆续出台了一系列劳动力市场法律法规及政策，比如积极的就业政策、最低工资政策、《劳动合同法》，以及《劳动争议调解仲裁法》等。要加强培养大学生的维权意识、证据意识，增强大学生在就业领域中的维权意识和能力。

（四）加大职业技术指导资金投入

美国高校就业指导经费和设施投入很多，软硬件设施比较齐全，其中学校经费投入占就业指导工作经费的 60%，还有 40% 来自学校自筹。拥有了充足的经费投入，职业服务中心就有能力置办各种先进的硬件设施。相比之下，我国对教育方面投入很多，然而相对来说对职业技术指导方面的投入较少，需要进一步加强。

（五）指导大学生充分利用创业扶持政策

要积极引导大学毕业生正确认识、充分利用国家促进就业和创业的相关政策，包括经济发展、财政保障、税收优惠、金融支持以及对外贸易等扶持政策。指导毕业生把握发展契机，大胆创业，带动更多就业。

（六）鼓励毕业生多渠道就业

转变大学生思想，指导大学生正确认识产业结构调整，实现城乡和区域就业的协调发展，拓宽就业视野，不局限于在大都市就业；鼓励毕业生到基层就业，提高自身素质和发展能力。

（七）健全面向大学生的职业技能培训制度

大学生已属于高素质人才，对大学生的职业技能培训更多的是对其就业能力的培养，培养其职场意识和职场能力。要指导大学生根据就业需求分类选择职业技能培训项目，提高大学生的就业能力和水平。

（八）开展创业实践活动，开拓创业视野

正确引导大学生创业意识，提高大学生创业能力，指导大学生在合适的时间选择适当的项目开展创业活动，鼓励学生进入社会学习和实践，开拓他们的视野，帮助学生寻找创业机会。

（九）健全毕业生就业服务体系

完善服务制度，强化服务能力，提升服务效率，提高服务质量。美国的职业指导体系服务不仅局限于高校内部，社会中的中介组织指导就业服务也是很专业的。目前，美国中介组织数量已经非常庞大，全国有150多万个，并且已经形成了覆盖各个社区的大型服务网络，其中也有专门针对大学生的社区大学生就业服务中心，工作人员或志愿者都是美国高校学生人事工作协会（ACPA）、美国学生人事工作者协会（NASPA）等就业指导协会的成员，为大学生提供专业性、针对性和高质量的就业指导服务。

（十）加强调控和服务，努力稳定就业

建立大学生就业和失业的评估制度，建立大学生失业预警机制，通过进行国家、省域、高校等多层面专业预警分析，实现高失业风险型专业的预警机制。延伸大学生的就业服务，指导大学生根据未来职业发展定位选择自己的学习重点；指导高等院校为大学生构建多元化的“双证书”教学培养模式与认证考核体系；指导用人单位在选拔大学生时更好地从人与组织匹配角度进行差异化选择；指导用人单位在大学生进入单位后创造适合其发展的环境与机会。

八　主要结论

首先，实现大学生的高质量就业需要大学生本人的切实努力。为能更好地满足劳动力市场需求，大学生应加强学习，扩充知识储备，增强实践能力，切实转变就业观念。这样不仅能够适应劳动力市场的要求，而且能实现自我价值，甚至能够在劳动力市场需求不旺盛的情况下实现自主创业，开创同样光明

的职业人生。所以说，劳动力市场虽然变化无常，但是只要大学生有足够强的实力和灵活性，更高质量的就业总能动态地实现。

其次，实现大学生更高质量的就业，需要高校的不懈努力。一方面，需要高校进一步提高教育教学质量，提升人才培养的质量。对高校而言，这可能意味着培养计划要修订，课程体系要更新，师资力量要加强，教学水平要提高，教学方法要改进，学习方式要改变，学习资源要丰富，学习支持要提供，社会调查（实践）要当真，毕业论文（设计）要强化，评价体系要完善，教育教学管理既要严格又要灵活。另一方面，需要高校大力搞好就业和创业教育，如可以通过鲜活的案例和邀请典型人物现身说法等，增强就业创业教育的吸引力、感染性和实效性，以此提升大学生的就业意识，转变他们的就业观念，激发他们的创业激情。

当然，除了这些，社会和政府也应给大学生更高质量的就业创造一个良好的环境，包括鼓励年轻人自主创业、自谋职业，提供必要的政策优惠，宽容创业失败。当前，从中央政府到各级地方政府，纷纷出台了很多大学生自主就业和创业的优惠政策，但是整个社会尚未形成鼓励年轻人自主创业、自谋职业和宽容创业失败的良好氛围。因此，要想方设法大力破除这些障碍。主要可以通过政府的政策导向、媒体的典型报道、有识之士的积极呼吁等方式，转变存在于家长和社会大部分人观念中的“铁饭碗”崇拜。此外，政府还应大力确保就业机会的公平，营造公正的就业环境，立法机构要进一步完善劳动法律。通过社会多方共同努力，不断提升大学毕业生的就业能力和就业质量。

参考文献

杨东平主编《中国教育发展报告（2014）》，社会科学文献出版社，2014。

何可宁：《中美大学生就业服务体系比较研究》，苏州大学硕士学位论文，2012。

吕显然：《日本职业生涯教育研究及启示》，天津大学硕士学位论文，2012。

刘彬：《职业指导在促进高校毕业生就业工作中的作用》，《职业时空》2012 年第 8 期。

冯子阳、李春妍：《试论高校毕业生就业困难群体的指导与帮助》，《科技与企业》2011 年第 8X 期。

制度改革篇

Reports on System Reform

B.8

我国公务员管理的发展现状及改革工作重点

刘军仪*

摘　要：

我国公务员制度经历了十多年的发展，在建设高素质的公务员队伍、提升政府部门公共服务水平和工作绩效、推动干部人事制度改革中发挥了重要作用。回顾我国公务员制度建立和发展的历程，可深入理解建立和推行公务员制度的重大意义。在此基础上，本报告对目前我国公务员管理中主要工作的执行状况进行了归纳分析，并总结了经验做法和创新举措。面对新形势、新任务、新要求，本报告对我国公务员管理改革中需要深化的几个工作重点问题进行了分析，剖析了存在的问题，并提出了相应的对策建议。

* 刘军仪，博士，中国人事科学研究院公务员管理研究室助理研究员。

关键词：

公务员制度　公务员管理　改革

一　我国公务员制度的建立与发展

我国公务员制度的建立与发展，与干部人事制度改革的不断深化是紧密结合的。改革开放后，社会主义市场经济对我国干部人事管理制度提出了新的要求，传统的干部人事制度与新形势不相适应的矛盾日益凸显，表现在缺乏培养选拔和竞争择优机制、干部知识与年龄结构老化；“国家干部”的概念过于笼统，缺乏科学分类；管理权限过分集中，管人与管事脱节；管理方式陈旧单一，管理制度不健全，阻碍人才成长。针对这些问题，邓小平同志在1980年《党和国家领导制度的改革》中提出，要“坚决解放思想，克服重重障碍，打破老框框，勇于改革不合时宜的组织制度、人事制度”。在邓小平同志对干部人事制度改革重要思想的指导下，我国干部人事制度改革迅速开展，并取得了一定的成果。这些成果为我国建立公务员制度奠定了良好的基础。我国公务员制度建立与发展大致经历了以下四个阶段。

（一）公务员制度的研究阶段（1984～1988年）

这一阶段，我国提出了干部队伍“四化”方针，在废除领导职务终身制、下放干部管理权限等方面进行了尝试和探索。1987年，党的十三大报告提出“当前干部人事制度改革的重点是建立国家公务员制度”。1988年，七届人大一次会议审议通过的《政府工作报告》明确指出，“在改革政府机构的同时，抓紧建立和逐步实施国家公务员制度。尽快制定《国家公务员条例》，研究制定《国家公务员法》，组建人事部”。这也标志着建立公务员制度已经成为政治体制改革的重要内容。

（二）公务员制度的试点阶段（1989～1992年）

这一阶段我国确定了推行公务员制度的工作思路，基本统一了思想。1989

年初，在国务院审计署、海关总署、国家统计局、国家环保局、国家税务局、国家建材局6个部门，以及哈尔滨和深圳建立了8个试点，开始尝试建立公务员制度。试点内容包括公务员进、管、出的各个环节，重点是职位分类、考试录用、考核、职务升降等各项制度。与此同时，企事业干部人事制度的改革和乡镇干部人事制度改革同步推进。改革围绕建立国家公务员制度为重点，进入有目标、有步骤地总体规划与整体推进阶段，为《国家公务员暂行条例》的出台奠定了坚实的基础。

（三）公务员制度的实施阶段（1993～2000年）

经过前期的深入试点，1993年8月14日，国务院颁布《国家公务员暂行条例》，同年10月1日开始在全国行政机关实施，这标志着我国公务员制度由试点进入了实施的新阶段。随后，一年一个重点推行了考试录用制度、考核和辞职辞退制度、轮岗和回避制度、竞争上岗制度，取得了良好的效果。到1997年底，公务员制度在全国基本建立。此外，此阶段还加大了党政干部选拔任用等制度的改革力度。

（四）公务员制度的发展健全阶段（2000年以后）

随着形势的发展，公务员制度建设中存在的立法层次较低、公务员范围过窄、公务员激励约束机制有待健全等问题逐步凸显。同时，公务员制度建设中一些新的改革成果亟须立法予以肯定，以加强和改进对党政干部的管理和监督，推进依法治国，建设社会主义法治国家。2000年，我国开始起草《公务员法》，2005年4月27日由全国人大常委会通过，2006年1月1日正式实施。《公务员法》的颁布，是我国人事制度改革的重大成果。随后，为了贯彻落实《公务员法》，国家又先后出台了有关公务员录用、考核、奖励等方面的配套法规。这一阶段，公务员制度改革完善的总目标更加明确。公开、平等、竞争、择优的用人环境基本形成，推进了具体制度的完善，在公务员进入、退出机制方面取得了重大进展。为了更好地加强公务员管理工作、不断健全中国特色公务员制度体系，2008年7月22日，我国组建了国家公务员局，履行国家一级综合管理全国行政机关公务员的职能。国家公务员局的成立，标志着我国公务员管理工作进入了一个新的发展时期。

从1987年我国提出建立公务员制度到2006年《公务员法》实施，我国干部人事制度改革取得了重大成果。一是公务员制度的建立奠定了我国干部分类管理的基本格局，有利于干部人事管理科学化和法制化，有利于加强廉政建设，提升政府治理能力和工作绩效。二是《公务员法》的颁布和实施，标志着公务员管理进入了法制化阶段，实现了公务员管理的有法可依、有章可循。《公务员法》和44个配套法规，为公务员进、管、出环节的管理提供了法律法规保障。三是公务员制度的建立提升了公务员管理的制度化、民主化、科学化水平，公务员管理工作取得显著成效。坚持凡进必考，有效防止了选人用人上的不正之风，优化了公务员队伍结构，公务员整体素质不断提升；进一步完善了选人用人机制，促进了优秀人才脱颖而出；公务员激励保障和监督机制不断健全，既促进了公务员的廉政建设，又保护了公务员的合法权益；进一步规范和畅通了公务员队伍的“出口”，建立了责任追究、辞职辞退等制度，加强了对公务员的严格管理和监督。随着公务员制度的发展和完善，我国公务员的依法行政能力和公共服务能力显著提高，公务员思想政治、职业道德和作风建设得到加强，理想信念更加坚定。

二　当前我国公务员管理的主要工作

（一）稳步推进公务员分类管理制度改革

分类管理是实现公务员科学管理的前提和基础，是《公务员法》的一项重大制度创新，也是公务员管理科学化、建设服务型政府的现实需要。《公务员法》规定：“公务员职位类别按照公务员职位的性质、特点和管理需要，划分为综合管理类、专业技术类和行政执法类等类别。”《2010～2020深化干部人事制度改革规划纲要》提出，要“完善公务员职位分类制度。健全综合管理类公务员管理办法，建立专业技术类、行政执法类公务员职务序列和管理办法。根据公务员队伍建设和管理的需要，探索增设新的职位类别”。目前，中央公务员主管部门已在工商、税务、质检、公安、海关、证监等部门和上海、深圳等地进行了公务员分类管理和聘任制试点，已取得了阶段性成果。在广泛调研和充分论证的基础上，2013 年国家公务员局起草了《行政执法类公务员管理暂行办法》和《专业技术类公务员管理暂行办法》，目前这两个管理暂行办法已经进入后期修改阶段，标志着公务员分类管理制度建设取得了阶段性突破。

1. 持续推进行政执法类公务员分类管理工作

我国从事行政执法工作的公务员占行政机关公务员总数的 50% 左右，分类管理工作任重而道远。从 2008 年 12 月开始，我国分别在工商、国税、海关三个直属系统的基层单位开展了行政执法类公务员管理试点工作。2010 年，中央公务员主管部门会同公安部启动了人民警察警员职务套改，在人力资源和社会保障部、财政部印发的《关于公安机关执法勤务机构人民警察警员职务套改后工资问题的通知》及人力资源和社会保障部、司法部、财政部、国家公务员局印发的《关于印发监狱劳动教养机关执法勤务机构人民警察警员职务套改方案的通知》的指导下，公安、监狱机关执法勤务机构 130 余万名警员已经完成职务套改，实行了新的职务序列，工资待遇也得到落实。2012 年 9 月，国家公务员局、国家工商行政管理总局印发《关于扩大工商行政管理系统行政执法类公务员管理试点工作的通知》，税务、工商机关行政执法类公务员管理试点继续深入开展。

2. 扎实推进专业技术类公务员管理试点

专业技术类公务员为我国公共管理专业化、技术化水平的提升发挥了重要作用，随着社会的发展，其重要性进一步显现。推进专业技术类公务员分类管理，是完善我国公务员管理需要完成的重要而紧迫的任务。2006 年 8 月，深圳市按照分类管理原则，在公安系统率先实施了专业化改革，将警察划分为警官、警员、警务技术三个职组，开始试行分类管理。2008 年，深圳市作为唯一试点，开展了综合性的公务员分类改革工作。2010 年 1 月，深圳市委、市政府通过了《深圳市行政机关公务员分类管理改革实施方案》，构建了综合管理类、行政执法类和专业技术类的职位分类体系。后两类建立独立的职务序列和晋升渠道，待遇与行政级别“脱钩”；同时，在分类考录、分类考核、分类培训等分类管理制度体系方面进行了探索。目前，专业技术类试点范围在稳步扩大，公安、安全机关刑事科学技术和技术侦察队伍分类管理试点继续深化，6万余名警务技术人员被纳入专业技术类公务员管理序列，海关系统的试点也在继续开展。

3. 稳慎实施聘任制公务员管理试点工作

公务员聘任制是对我国公务员制度的发展和创新，是对用人机制的优化和完善，有利于满足政府公共服务的发展需要、提升政府工作效能。《公务员法》对公务员聘任的适用范围、聘任方式、管理方式和纠纷解决机制等做出了专门的规定，在法律层面上确定了公务员职位聘任制度。2007年，深圳首推公务员聘任制。2008年，上海跟进推行公务员聘任制。2010年，深圳对新录用公务员一律实行聘任制。截至2013年，在深圳4万多名公务员中，聘任制公务员超过了3200名。为拓宽选人渠道、健全用人机制、规范公务员聘任工作、保障机关和聘任制公务员的合法权益，2011年1月28日，中央组织部、人力资源和社会保障部印发《聘任制公务员管理试点办法》，对各地各部门开展聘任制公务员管理试点具有重要的指导作用。目前，聘任制公务员管理试点已经扩大到上海、福建、广东、广西、重庆、四川六个省份，北京、河南、辽宁部分单位在聘任制公务员管理试点方案得到批准后，也开展了聘任制公务员的招聘工作。

（二）进一步完善公务员考试录用制度

公务员考录工作既是保证公务员队伍高素质的基础，又是社会公平正义理念的彰显。近年来，公务员考录工作在我国深化干部人事制度改革和实施人才强国战略的指引下，坚持平等参与、竞争择优、制度规范和公开公正的理念，严把公务员队伍“进口”关，推进依法考录，在增强考录科学性、重视基层用人导向、确保安全考录等方面进行了积极的实践与探索。2013年，公务员考录工作总体平稳有序，全年共招录20.4万名公务员。其中，中央机关及其直属机构1.9万人，地方18.5万人。

1. 积极推进考录工作科学化，提高人才选拔质量

一是为了提高公务员考录工作的科学化程度，坚持以能力测评为导向，积极探索推进分级分类考试，不断优化考试内容，创新测评方法，建立考录能力测试标准。目前，我国已经相继成立了福建、重庆、广东三个国家级公务员考试测评基地。二是为了提升试题命制的科学化水平，我国已经初步形成了一支规模适当、结构合理、素质优良、安全可靠的考录命题、科研、阅卷等专家队伍，推行面试考官持证上岗制度，充实考录题库，征集评审近千道行政职业能力测试题。三是为了提高考试的针对性和适用性，国税、公安等部门开展了分类面试试点。

2. 重视面向基层的选拔导向，拓宽来源渠道，改善队伍结构

党的十八大报告明确提出："优化领导班子配备和干部队伍结构，注重从基层一线培养选拔干部，拓宽社会优秀人才进入党政干部队伍渠道。"《2010～2020深化干部人事制度改革规划纲要》提出："加大从农村、社区优秀基层干部中考录公务员力度。畅通从优秀村干部中选拔乡镇领导干部渠道。"重视从基层和生产一线选拔录用公务员，并将其作为我国公务员考录工作的重要内容，是保证党政领导机关与人民群众血肉联系的重要举措，也是改善领导干部队伍来源结构的现实需要。

为了加大从基层考录公务员的力度，鼓励高校毕业生到基层锻炼，中央和地方各级政府在招录公务员时积极贯彻中央精神，在以下方面进行了实践和探索。一是省级以上党政机关加大了从具有基层工作经历的人员中录用公务员的比例。2012年，除了部分特殊职位，我国省级以上党政机关全部实现了从具有两年以上基层工作经历人员中考录的目标，明显改善了领导机关公务员队伍的经历结构。二是中央机关和各省份探索了在公务员招考中定向招录大学生村官等服务基层项目人员。据不完全统计，全国录用服务基层项目人员1万余人，占录用人数的12%。三是探索从优秀村干部中考录乡镇公务员，从优秀工人、农民等生产一线人员中考录公务员等工作。有的地方还对艰苦边远地区职位录用人员给予政策倾斜，如新疆、西藏等地合理设置考录资格条件，鼓励当地人员报考，有力地夯实了基层执政基础。与此同时，为了探索解决基层"招人难、留人难"问题，增加新录用人员的稳定性，2014年，中央在《关于加强乡镇干部队伍建设的若干意见》中提出："对招人难、留人难的艰苦边远乡镇，可适当降低进入门槛，采取放宽职位专业限制、限定报考人员户籍等办法。"一些地方政府已经针对艰苦边远地区实际适当调整招考条件，改进艰苦边远地区公务员考录工作，以增加艰苦边远地区职位报考人数和提升开考率。

3. 加强考录安全工作，维护考录公平公正

当前公务员考试受到了社会的广泛关注，确保考试安全有序、保障广大考生的权利显得越来越重要。针对目前复杂的公务员考录环境和公务员考录中出现的违法违纪问题，国家公务员局制定了《公务员录用考试违纪违规行为处理办法（试行）》，建立了全国联网的违纪违规人员信息库，成立了认定雷同试卷的专门鉴定机构。目前，各地已普遍建立了由公务员主管部门牵头，公安、工信、教育、工商、宣传相关部门参加的考试联席会议制度，形成了考录安全工作合力。

2013 年 10 月 8 日，人力资源和社会保障部办公厅与国家公务员局综合司联合发文，在全国行政机关考录系统开展考录工作“警示教育周”活动，防治考录工作中的不正之风，提高考录工作的规范性，确保考试的平稳有序进行。随后，各地各部门普遍开展了警示教育活动、执法检查和考试安全大检查，严厉打击高科技作弊。山西、青海等省和国家民委等部门还组织开展了廉政风险检查、保密自查。各级考录主管部门还采取了面试双抽签，考官异地交流，邀请人大、政协与纪检等部门的人员和群众代表进行监督等举措，确保考录工作的安全性，维护考录工作的公信力。

（三）逐步推开公务员公开遴选工作

公务员公开遴选是上级机关面向下级机关选拔优秀公务员的一种重要方式和途径。从 2010 年开始，中央国家行政机关开展了公务员遴选试点工作，2012 年转入正式实施。随着公务员遴选工作的持续推进，遴选范围由最初的 11 个中央机关扩大到 2013 年的 48 个，职务层次从科员、副主任科员拓展到正处、副处以及主任科员，并将参照《公务员法》管理的机关（单位）及工作人员纳入遴选范围。2013 年 1 月，中央组织部、人力资源和社会保障部出台了《公务员公开遴选办法（试行）》，对公开遴选的原则、程序与权限、纪律与监督等做出了明确规定。《公务员公开遴选办法（试行）》的颁布实施，标志着公开遴选公务员工作常态化。

2013 年，中央和国家机关遴选 120 人，省级机关遴选 2985 人。目前，全国已有27个省份开展了公务员公开遴选工作，15个省份制定了公务员公开遴选实施办法。通过公务员公开遴选建立基层公务员的上行通道，有效地改善了上级机关队伍的来源结构，推动了公务员队伍整体素质的优化，提升了中央和省级机关的工作效能。

（四）大力推动公务员平时考核工作

考核工作是公务员管理的重要环节之一。公务员能否牢固树立科学发展观和正确政绩观，很大程度上取决于是否有科学的考核评价机制。《公务员法》规定，公务员考核分为定期考核和平时考核。《2010～2020深化干部人事制度改革规划纲要》在健全考核评价机制方面明确要求："实行平时考核与定期考核相结合。规范干部平时考核制度，加强对干部的经常性考核。综合运用平时考核、年度考核与换届（任期）考察、任职考察等方式，全面准确地评价干部。"

平时考核在公务员管理工作中发挥着重要作用，加强平时考核也是现阶段我国公务员队伍建设的重点工作之一。在做好年度考核工作的同时，我国各地各部门不同程度地开展了平时考核工作，平时考核工作成果在干部任用和选拔、培训、奖励表彰等各个环节管理中的作用得到凸显。目前，全国已建立10个省级考核联系点，各地各部门建立了近300个联系点，已有22个省份和部分部委出台了规范性文件，天津、贵州等基本实现了行政机关公务员平时考核全覆盖。2013年4月16日，国家公务员局在天津召开全国行政机关公务员平时考核工作经验交流会，从制度建设、建立科学合理适用的考核指标体系、推进考核方式方法创新、拓宽考核结果使用途径四个方面，对各地各部门推进公务员平时考核工作提出了要求。在深入总结各地各部门实践经验的基础上，中央组织部、国家公务员局已研究起草了《公务员平时考核办法（试行）》，将适时出台。

（五）探索建立职务与职级并行制度

《2010～2020深化干部人事制度改革规划纲要》明确提出，要"建立健全干部职务与职级并行制度。完善干部职级晋升制度，探索依据德才表现和工作实绩晋升职级的相关政策。实行干部职级与待遇挂钩，强化职级在确定干部工资、福利等方面的作用”。职务与职级并行制度的基本思路，就是在《公务员法》规定的制度框架内，保持现有领导职务和非领导职务晋升制度不变，建立职级晋升制度，实行职级与待遇挂钩，强化职级在确定公务员工资、福利等方面的作用。

目前，在县级以下机关建立公务员职务与职级并行制度的试点意见已经形成，安徽、江苏、山东等省份已经在县级以下机关先行开展试点，以后将逐步推开。建立职务与职级并行制度，构建干部职务晋升与职级晋升的“双梯制”，对完善公务员激励机制、拓宽基层公务员的职业发展空间和调动公务员队伍积极性具有重要意义。

（六）积极加大公务员培训力度

教育培训是提高公务员综合素质和履职能力、治理能力的重要途径。十八大报告明确提出要加强和改进干部培训，加大培养和选拔优秀年轻干部的力度。《2010～2020年干部教育培训改革纲要》对2010～2020年干部教育培训改革做出了全面部署。国务院办公厅《关于转发人力资源社会保障部国家公务员局2011～2015年行政机关公务员培训纲要的通知》，为提高公务员培训工作科学化水平、培养高素质的公务员指明了方向。一是公务员培训工作坚持贯彻落实中央的决策部署和指导精神，加大公务员“四类培训”和对口培训工作力度。2013年，全国共培训公务员700余万人次，对提升公务员队伍整体能力和素质起到了很大作用，公务员初任培训率达100%，任职培训参训率逐年提高，少数民族地区、革命老区以及受灾地区的对口培训骨干公务员1.5万余名。二是培训内容重视职业道德建设，25个省份出台了公务员职业道德建设实施方案，17个省份提前完成了职业道德轮训任务。三是增强公务员培训的针对性和实效性，加强公务员培训机构建设。截至2014年，国家公务员局已经确定了8个全国公务员特色实践教育基地，包括福建古田、江西瑞金、山东省农业管理干部学院、黑龙江大庆干部学院、河南、贵州遵义、装甲兵工程学院（国防教育基地）和云南杨善洲精神教育基地。

（七）深入开展争做人民满意公务员活动

公务员是人民的公仆，必须坚持为人民服务，忠于职守，把让人民满意作为公共服务的标准。2011 年 5 月，中央组织部、人力资源和社会保障部、国家公务员局联合下发了《关于开展带头创先争优争做人民满意公务员活动的意见》，决定在广大公务员中深入开展以“对人民负责、为人民服务、受人民监督、让人民满意”为主要内容的争做人民满意公务员活动。这一活动的开展，在全国各地公务员队伍中形成了人人争做人民满意的公务员、人人争创人民满意业绩的氛围，使得“让人民满意”这一称号日益深入人心，赢得了广大群众的认可。

2013 年，有关部门组织开展了第八届中国“人民满意的公务员”和“人民满意的公务员集体”评选表彰，共表彰了 99 名个人和 80 个集体。同时，全国 13 个省份开展了“人民满意的公务员”评选表彰活动。

三　我国公务员制度改革需要深化的工作重点

我国进入改革深水期，为我国公务员制度建设提供了有力的制度背景和发展空间，也对公务员制度建设提出了更高的要求。同时，全球范围内的政府改革以及公务员制度变革的浪潮，也为我国公务员制度改革与发展带来了机遇与挑战。在中央提出的完善和发展中国特色社会主义制度、推进国家治理体系和治理能力现代化、建立服务型政府和提升政府公共服务能力和质量的要求下，我国公务员制度改革还需要继续深化推进以下工作重点。

（一）继续深入推进公务员分类管理改革

分类管理的目的是改变公务员“大一统”的管理模式，有效解决职务晋升通道单一的问题，拓展公务员的职业发展通道。近年来，我国在推进公务员分类管理改革方面开展了积极探索，然而公务员分类管理改革仍面临艰巨性和长远性的挑战，还有一些重点难点问题亟待解决。一是如何制定详细、清晰的公务员职位职责规范，如何界定专业技术类、行政执法类和综合管理类三类公务员的适用范围。二是如何平衡不同类别公务员的发展空间和职业待遇。三是在现行的公务员分类管理改革工作中，尚缺乏法律支持和配套制度保障，后续改革面临一些难点亟待突破。

下一步的工作重点是，加大公务员分类管理和聘任制改革力度，适应公务员队伍建设的职业化、专业化和规范化，满足政府管理专业化和提升绩效的需求。科学设计行政执法类公务员的职务序列，规范和确定职位职责及后续的进、管、出办法。对专业技术类公务员的管理，要科学界定职位范围、职位职责、工作业绩和能力评定标准，处理好同“职务与职级并行制度”的关联等问题。在此基础上，需要加快出台行政执法类和专业技术类公务员的管理暂行办法，研究制定配套政策，建立相应的日常管理机制。对《公务员法》进行立法回头看，适时进行调整完善，保障改革的平稳推进。此外，还要继续深化聘任制公务员管理试点，为适时出台《聘任制公务员管理规定》提供实践依据。

（二）持续提升公务员考录的科学性

考试科学性对考录公平性影响程度很大。增强公务员考录工作的科学性是公务员考录制度发展的内在要求，有利于选拔优秀的高素质人才。目前，我国的公务员考试存在考试内容设置不够科学、考试内容与职位特性要求联系不够紧密、尚未形成分级分类的考试格局、考试测评技术不高、测评方法单一等问题，影响了选拔人才的准确性和有效性。

要不断提高公务员考录工作的科学化水平，必须改变“一张卷子打天下”的状态，改革和完善考试录用方法。根据职位分类探索建立分级分类考试，对不同类型、不同类别的公务员，在考试内容和考试方式上进行区分，提高考试测评的针对性和有效性。要进一步加强考录科研投入，建设一支高水平的科研、命题、面试考官和阅卷专家队伍；进一步提高考录工作的信息化水平，加强基础数据的统计和分析，为完善考录政策提供依据。加强公务员考录工作的跟踪评估，以检验考录的科学性和公平性，实现公务员考录制度的可持续发展。

（三）大力加强基层公务员队伍建设

基层公务员是国家工作的基石。加强基层公务员队伍建设对密切干群关系、推动科学发展具有重要意义。基层公务员队伍在思想建设、能力建设、作风建设、制度建设等方面取得了一定的成绩，然而，当前基层公务员队伍仍存在来源不足、待遇偏低、发展空间狭窄、队伍不够稳定、年龄结构失衡、能力素质与工作需求不尽适应、动力不足等突出问题。

加强基层公务员队伍建设，对提高政府执政能力具有重要现实意义。一是积极推行职务与职级并行制度。为有效解决基层公务员晋升空间狭窄、待遇偏低的问题，调动基层公务员的积极性，在目前职务、职级并行试点经验的基础上，在县级以下机关实施职务与职级并行制度试点，适时全面推开。二是在坚持凡进必考的前提下，完善基层公务员考录制度，适当降低艰苦边远地区公务员考录门槛。采取鼓励本地人员报考、合理设置资格条件、适当放开开考比例、设定最低服务年限等措施，解决这些地区“招人难、留人难”的问题。与此同时，要明确降低考录门槛不等于降低选拔人才的质量，保证考录人员的能力素质。三是加强基层公务员培训，提升基层公务员的素质。加强职业道德建设，提升基层公务员道德责任意识和履职能力；加强培训针对性，开展定位式培训；提高培训方式的灵活性，缓解基层公务员工学矛盾。四是加强基层公务员的正面宣传和舆论引导，树立基层公务员的典型，展示基层公务员队伍的良好形象。

（四）改进和完善公务员考核工作

公务员考核是公务员管理链条中最为重要的一环，同时也是公务员管理的难点。目前，公务员考核制度尚不能适应和满足对公务员选拔与任用的新要求，迫切需要通过加强公务员平时考核实现对其甄别和选拔。具体表现在：公务员考核指标体系单一，考核标准缺乏针对性，降低了考核的科学性、公正性和有效性；考核结果存在“称职”大平台现象，难以有效区分同一考核等次公务员之间的个体差异，降低了考核鼓励先进、鞭策后进的作用；考核的流程不够完善，考核结果的运用不够充分，削弱了考核在任免奖惩中的作用；部分地区对平时考核重视还不够，导致年度考核缺乏足够的依据。

面对新形势、新要求，需要进一步加强对公务员的平时考核，将平时考核与年度考核有机结合起来，使平时考核为年度考核提供依据。提升公务员考核的科学性、针对性和可操作性，为公务员选拔、任用、培训提供依据。重点突破平时考核指标设计、考核数据采集、考核结果应用等难题，充分发挥平时考核的管理、导向、激励和约束功能，为公务员晋升和任用提供依据。尽快出台《公务员平时考核办法（试行）》，为各地各部门贯彻落实平时考核工作提供指导和依据。

参考文献

尹蔚民：《民生为本　人才优先——人力资源和社会保障事业十年发展（2002～2012）》，人民出版社，2012。

杨士秋：《治国之举——建设中国特色公务员制度》，中国人事出版社，2011。

侯建良：《公务员制度发展纪实》，中国人事出版社，2007。

人力资源和社会保障部：《中国人力资源和社会保障年鉴（2013）》，中国劳动社会保障出版社、中国人事出版社，2013。

人力资源和社会保障部：《2013 年度人力资源和社会保障事业发展统计公报》。

B.9

事业单位人事制度改革报告

丁晶晶　李建忠*

摘　要：

随着《事业单位人事管理条例》的颁布实施，事业单位人事制度改革取得了新的突破，这是改革开放以来改革成果积累的产物，同时也为我们探索事业单位人事管理的基本规律、寻找符合现代公共服务机构要求的人事管理模式提供了新的空间。从20世纪80年代中央打破按照机关办法管理干部的单一模式，到20世纪90年代提出"脱钩、分类、放权、搞活"的人事制度改革思路，再到21世纪前十年聘用制度和岗位管理制度的推行，事业单位人事制度改革以搞活用人机制为核心，不断向前推进。以打破公共人事关系稳定化、促进聘用短期化为特征的制度改革不仅成为中国干部人事制度改革的重要特点，而且在国际公共人事管理领域独树一帜，极具实践和探索价值。但新的改革还需要实践检验，重点解决转型期制度改革面临的价值冲突和利益调节等问题，推进改革向深层次发展。

关键词：

事业单位　人事制度　改革

在21世纪的第二个十年，事业单位改革再次成为我国政治和行政体制改革的焦点问题之一。2011年3月，中共中央、国务院印发了《关于分类推进

---

* 丁晶晶，中国人事科学研究院事业单位人事管理研究室助理研究员；李建忠，中国人事科学研究院事业单位人事管理研究室研究员。

事业单位改革的指导意见》（简称《指导意见》）及十余个配套文件，明确了事业单位改革的思路和方向。为了与事业单位总体分类改革相适应，2014 年 4 月，国务院发布了《事业单位人事管理条例》（简称《条例》），自 2014 年 7 月 1 日起施行。这是我国第一部系统规范事业单位人事管理的行政法规，贯彻了中央关于干部人事工作的新精神、新要求，总结了近年来事业单位人事管理的经验，对事业单位普遍适用的人事管理制度做了规定，是做好事业单位人事管理工作的基本依据和准则。《条例》的颁布实施，对规范和加强事业单位人事管理、保障事业单位工作人员合法权益、建设高素质事业单位工作人员队伍、促进公共服务更好更快发展具有十分重要的意义。

一　事业单位人事制度改革的实践进展

（一）《事业单位人事管理条例》颁布实施

2014 年 4 月 25 日，李克强总理签署第 652 号国务院令，发布《事业单位人事管理条例》。作为事业单位人事管理的第一部专门行政法规，《条例》的颁布实施在事业单位人事制度改革进程中具有重要的标志性意义。

首先，《条例》为事业单位人事管理提供了明确的法规依据。改革开放以来，建立适应机关、事业单位、企业不同特点的人事制度是改革的重要目标，《公务员法》和《劳动合同法》的颁布实施为公务员管理和企业劳动关系的调节提供了充分的法律依据。事业单位管理的特殊性和对事业单位人事管理性质的不同理解，导致事业单位人事管理立法相对滞后，管理的法律法规严重缺失，既影响了我国人事法规体系的完整性，又不利于事业单位人事管理的规范化。《条例》的出台，对聘用制、公开招聘制度、岗位设置管理制度、纪律处分制度等先期改革成果进行了法律确认，使其“合法化”，同时，提高了事业单位人事立法的层次和效力，使事业单位人事管理实现了有法可依、有章可循。在深化事业单位分类改革的背景下，《条例》的颁布实施，意味着事业单位人事管理进入了法制化新阶段，为事业单位人事管理的全面规范奠定了基础。

其次，《条例》构建了事业单位人事管理的全面制度体系。《条例》包括总则、岗位设置、公开招聘、竞争上岗、聘用合同、考核培训、奖励处分、工资福利、社会保险、争议处理、法律责任等部分，虽十分简洁，但涉及事业单位人事管理的主要、基本环节，全面构建了事业单位人事管理的制度体系，是事业单位人事管理的总章程，有助于推进事业单位人事制度改革全面发展。《条例》的出台标志着中国特色事业单位人事制度体系框架初步形成。

再次，《条例》明确了未来事业单位人事制度改革的方向。《条例》不仅是对既往事业单位人事制度改革成果的总结，而且是对事业单位人事制度的顶层设计。聘用制改革以来，为适应管理实践的迫切需要，公开招聘、岗位设置、纪律处分等制度规范得以先行出台，但竞争上岗、奖励、考核、培训、申诉、人事监督等重要制度限于上位法规的缺失，未能及时进行制度规范。《条例》对这些管理领域做了原则性规定，并进行了相应的制度创新，如《条例》第40条规定，对事业单位人事管理工作中的违法违纪行为，任何单位或者个人可以向事业单位人事综合管理部门、主管部门或者监察机关投诉与举报，有关部门和机关应当及时调查处理，这明确了社会公众和事业单位职工对事业单位人事管理的监督权和控告权，意义重大。《条例》指明了事业单位人事制度改革的发展方向，为相关配套规章的出台提供了依据，有助于推动事业单位人事管理法制化目标的全面实现。

最后，《条例》以法规形式对事业单位人事管理进行专门规定，是公共人事管理的重要探索和创新。在世界多数国家，类似于我国事业单位的公共科研机构、公立学校、公立医院等，在行政法上被界定为行政组织的一种类型，其工作人员作为政府雇员，需要遵守行政雇员的道德准则和义务，一般实行统一的公务员制度，适用于《公务员法》，而不适用于《劳动法》。在我国，出于分类管理和激活事业单位服务效率的需要，根据事业单位非监管性公共服务机构的特点，借鉴企业管理制度，对事业单位工作人员实行与公务员不同的人事制度，是我国干部人事制度改革的重大探索。《条例》的出台，也使我国成为率先对公共服务机构人事管理进行专门规定的国家。

（二）聘用制的推行

聘用制的推行是事业单位用人制度和人事关系调整方式的重大改革。从

2002年7月国务院办公厅转发原人事部《关于在事业单位试行人员聘用制度的意见》，到2013年底我国事业单位聘用制推行率、事业单位工作人员合同签订率均超过90%，[①] 事业单位聘用制已全面实施。在全球范围内，我国实际上已成为规模最大的对公职人员实行定期聘用制的国家。

根据事业单位聘用合同的特点和实际情况，《条例》对事业单位聘用合同管理进行了专门规范，对聘用合同的期限、初次就业人员的试用期等进行了更加明确的规定，明确了订立聘用至退休的合同的条件，列明了聘用合同解除及终止后人事关系的终止等情形，如要求聘用合同期限不低于3年等。特别是改变了原来聘用政策中关于事业单位人员辞聘的6个月“等待期”的规定。此外，《条例》第17条规定，事业单位工作人员提前30日书面通知事业单位，可以解除聘用合同，使事业单位工作人员辞聘与公务员和企业职工辞职告知期保持了一致，保障了其平等的辞职辞聘权利。

《条例》的实施还意味着事业单位聘用制的重大改革。2014年5月15日，国务院法制办、中央组织部、人力资源和社会保障部负责人就《条例》的有关问题答记者问时指出，《条例》未做规定的管理事项，依照《劳动合同法》及其实施条例执行。这表明《劳动合同法》将作为《条例》的上位法，逐步在事业单位人事关系调整中发挥更加积极的作用。

（三）岗位管理制度的建立

2006年7月，原人事部印发《事业单位岗位设置管理试行办法》，开始了事业单位的岗位管理制度改革。《条例》则将岗位管理作为事业单位人事管理的首要环节，对其进行了规范。到2013年底，全国事业单位岗位设置基本实现制度入轨，全国事业单位岗位设置完成率超过90%。[②]

岗位管理是事业单位按照因需设岗、结构合理、动态调整和依法管理的原则，在定职能、定机构、定编制的基础上，为实现组织目标而进行合理分工、科学设岗、明确职责、按岗用人的过程。事业单位岗位管理制度与聘用制是我国事业单位

---

① 人力资源和社会保障部：《2013年度人力资源和社会保障事业发展统计公报》。

② 人力资源和社会保障部：《2013年度人力资源和社会保障事业发展统计公报》。

人事制度改革的两大重点内容。国家对事业单位岗位设置实行宏观调控、分类指导、分级管理，根据事业单位的功能、规格、规模以及隶属关系等情况，对岗位实行总量、结构比例和最高等级控制，这有助于事业单位控制岗位和人员的无序扩张。但《条例》并未规定岗位总量和结构比例控制等，为相关改革保留了空间。

事业单位岗位分为管理岗位、专业技术岗位和工勤技能岗位三种类别。管理岗位分为 10 个等级；专业技术岗位分为 13 个等级；工勤技能岗位包括技术工岗位和普通工岗位，其中技术工岗位分为 5 个等级，普通工岗位不分等级。2011 年，中共中央办公厅、国务院办公厅《关于进一步深化事业单位人事制度改革的意见》规定：公益一类事业单位，在审批编制内设岗，规范人事管理，搞活内部用人机制；公益二类事业单位，在备案编制内设岗，赋予单位灵活的人事管理权。这明确了事业单位岗位管理的基本改革方向。

（四）公开招聘制度实行

2005 年 11 月，原人事部发布《事业单位公开招聘人员暂行规定》，自 2006 年 1 月 1 日起实施，标志着我国事业单位公开招聘制度初步建立。2014 年，《条例》第三章规定，事业单位新聘用工作人员，应当面向社会公开招聘，以法规形式确立了事业单位公开招聘的原则和基本方法。

在《条例》公布实施之前，《关于加快推进事业单位人事制度改革的意见》（2000 年）、《关于在事业单位试行人员聘用制度的意见》（2002 年）、《事业单位公开招聘人员暂行规定》（2005 年）明确了事业单位要实行公开招聘制度。到 2013 年底，事业单位公开招聘制度推行率达到了 90%，事业单位新进人员公开招聘工作已经在全国范围内基本实现全覆盖，初步建立了民主、公开、竞争、择优选拔新进人员的制度框架。①

公开招聘制度的实施，受到了社会的普遍关注，招聘方式、方法在实践中不断完善，一些重大违规违纪案件得到处理，为制度的进一步完善奠定了基础。但是，事业单位公开招聘制度的全面实施也面临多方面的挑战和问题：一方面，故意违规违纪行为屡禁不止；另一方面，公开招聘规范需要进一步完

① 人力资源和社会保障部：《2013 年度人力资源和社会保障事业发展统计公报》。

善，公开招聘的公平性、科学性和公信力有待提高。

公开招聘问题的存在，原因有多种，如对事业单位岗位的公共性认识不足、基层社会的封闭性导致利益冲突、就业竞争激烈、事业单位构成复杂、用人主体职责难以界定等，另外，与原有规定的法律层次不高、权威性不够、约束力不强也有很大关系。

《条例》对公开招聘原则和程序的规定，构成了公开招聘制度的基本框架，实现了招聘程序的法定化，有助于避免招聘组织的随意性。对于招聘中的违规操作、以权谋私问题，以前可能仅被当成违规违纪行为，现在则属于违法行为。这种行为定性的改变，必将增加对违法行为的惩处力度，抑制招聘和用人腐败，推动公开招聘制度的全面实施。

（五）工资制度改革

与聘用制、岗位管理制、公开招聘制等全新的制度改革不同，改革开放以来，事业单位工资制度经历了三次重大改革。1985 年，事业单位实行了与机关类似的结构工资制。1993 年，改为职务级别工资制。2006 年，为贯彻落实《公务员法》关于公务员工资制度的规定，统筹协调各方面的利益关系，党中央、国务院决定，从当年 7 月 1 日起，改革公务员工资制度，规范公务员收入分配秩序；同时，改革事业单位工作人员收入分配制度，在事业单位实行岗位绩效工资制。2014 年，《条例》对岗位绩效工资制进行了法律确认，这是国家对事业单位工资制度第一次进行较具体的法制规范，规定事业单位工作人员工资包括基本工资、绩效工资和津贴补贴，明确事业单位工资分配应当结合不同行业事业单位特点，体现岗位职责、工作业绩、实际贡献等因素，并由“国家”建立事业单位工作人员工资的正常增长机制。

值得关注的是，《条例》改变了 2011 年《条例》征求意见稿中关于事业单位基本工资制度的描述，如事业单位执行国家统一的工资制度，事业单位岗位工资、薪级工资执行国家统一的政策和标准，事业单位在核定的绩效工资总量内按照规定的程序和要求进行分配，而将其表述为“国家建立激励与约束相结合的事业单位工资制度”，取消了“统一”等关键词。这可能代表了事业单位工资分类管理的趋势，但有待观察。

（六）处分制度的完善

20世纪90年代以来，随着分类改革的推进，事业单位营利化趋势明显，单位和个人行为失范现象增多。职业道德问题、社会公德问题、政治责任问题等，引发公共服务关系紧张，难以有效处理，迫切需要解决。

在纪律处分方面，事业单位一直参照执行1957年国务院《关于国家行政机关工作人员的奖惩暂行规定》。1993年，《国家公务员暂行条例》颁布后，事业单位与机关处分管理分离，但旧制度仍有效。2006年，《公务员法》实施，《国家公务员暂行条例》废止，事业单位处分制度处于缺失状态，管理缺乏依据。2008年6月，中共中央印发《建立健全惩治和预防腐败体系2008～2012年工作规划》，提出要制定对事业单位工作人员和国有企业工作人员的纪律处分规定。2012年8月，人力资源和社会保障部、监察部公布《事业单位工作人员处分暂行规定》，明确了事业单位工作人员的政治纪律、工作纪律、财经纪律、社会公德等要求，及违反纪律应受到的处分。2014年，《条例》将其基本内容纳入法规规定范围。

处分制度是人事制度不可缺少的重要环节，是提高公共服务质量、保障服务公平的重要基础。《事业单位工作人员处分暂行规定》明确了事业单位工作人员的纪律规范，弥补了事业单位工作人员义务规定的缺失，提出了基本的纪律要求，为其他制度实施提供了保障，成为公职人员惩戒体系和国家防治腐败体系的重要组成部分。

（七）人事争议处理制度改革

事业单位人事争议，也称人事纠纷，是指在人事管理过程中因执行人事政策法规、履行聘用合同或其他具体人事行为，在用人单位与其所属工作人员之间产生的权利和利益分歧或争议。人事争议可分为两类：一是事业单位与其工作人员之间因人事关系确认、聘用合同履行、经济和福利待遇纠纷引发的争议；二是由考核、处分等与个人有关的人事管理决定引发的争议。

20世纪90年代，随着人才流动的涌现和事业单位聘用制的试点改革，人事仲裁成为人事争议的新处理方式。1996年5月，原人事部发布了《关于成立人事部人事仲裁公正厅有关问题的通知》，成立了人事部人事仲裁公正厅。1997 年，原人事部下发《人事争议处理暂行规定》（2002 年修改），1999 年又下发了配套的《人事争议处理办案规则》（2002 年修改）和《人事争议仲裁员管理办法》，至此，初步建立了人事争议仲裁制度。

2002 年，原人事部《关于在事业单位试行人员聘用制度的意见》第 7 条专门论述了人事争议仲裁工作；2003 年，最高人民法院《关于人民法院审理事业单位人事争议案件若干问题的规定》实现了人事争议仲裁与司法的衔接，并使原来的一裁终局变为一裁两审，赋予仲裁裁决以法律效力。

2007 年 8 月，中组部等联合下发《人事争议处理规定》。2007 年 12 月，《劳动争议调解仲裁法》颁布，规定：事业单位实行聘用制的工作人员与本单位发生劳动争议的，依照本法执行；法律、行政法规或者国务院另有规定的，依照其规定。2009 年 1 月，《劳动人事争议仲裁办案规则》统一了劳动争议和人事争议仲裁的办案规则。2010 年 1 月，《劳动人事争议仲裁组织规则》实施，事业单位人事仲裁程序更加规范完善，进入新的历史发展阶段。

2014 年，《条例》规定，事业单位人事争议处理包括以仲裁和申诉为主的两种并行的制度与方式，构建了符合我国事业单位人事管理特点、全面系统的人事争议处理体系。在《条例》实施前的 2014 年 6 月，《事业单位工作人员申诉规定》作为《条例》配套规章得以率先出台。

二　事业单位人事制度面临的问题

（一）人事制度亟须模式转换

事业单位人事管理必须与事业单位本身的性质和管理规律相一致，服务于事业单位改革的总体战略目标。但在中国经济由计划经济向市场经济转型的过程中，人们对事业单位及其改革目标的认识并不完全清晰，这决定了事业单位整体改革的政策导向不明，并使事业单位改革采取了“类企业化”的改革模式。

改革开放早期直到 20 世纪 90 年代的政府财政紧张和公共部门人员、机构膨胀，进一步强化了这一改革模式。1980 年 1 月，中共中央、国务院《关于节约非生产性开支、反对浪费的通知》可视为开启这一改革进程的早期案例。该通知提出，一切有条件组织收入的事业单位，都要积极挖掘潜力，从扩大服务项目中，合理地组织收入，不仅不用国家的钱，还要力争上缴利润。20 世纪 90 年代，中国明确了建立社会主义市场经济体制的目标，事业单位改革的总体思路开始形成，并应用于政策实践。“脱钩、断奶、减轻财政负担”，成为 20 世纪 90 年代事业单位改革的主旋律。这些改革直接影响了事业单位人事制度改革的政策选择，如按照经费形式不同，在事业单位实行不同的分配方式；建立绩效工资制度；实行聘用制度；等等。

2011 年 3 月，中共中央、国务院印发《关于分类推进事业单位改革的指导意见》，对事业单位改革的目标进行了重大调整，建设“基本服务优先、供给水平适度、布局结构合理、服务公平公正”的中国特色公益服务体系成为改革的核心目标。这与促进事业单位社会化、企业化的改革目标有根本不同。随着新一轮事业单位改革的铺开，事业单位总体改革的目标从社会化转向对公益性的回归，事业单位人事制度必然面临新的价值选择、目标定位和模式选择。

（二）用人机制需要规范

从 20 世纪 80 年代干部分类管理和扩大事业单位管理自主权，到 20 世纪 90 年代提出“脱钩、分类、放权、搞活”的人事制度改革思路，再到 21 世纪初推行以聘用制为重点的人事制度改革，事业单位人事制度改革始终将“转变用人机制，搞活用人制度”作为改革的核心价值目标。

搞活人事制度一般认为是在事业单位实现“人员能进能出、职务能上能下、收入能多能少”：通过定期聘用实现人员能进能出，通过竞争上岗实现职务能上能下，通过绩效工资实现收入能多能少。尽管这些改革理念已成社会共识，但在实践中，受事业单位公有制单位属性等因素的限制，这些政策目标并未完全实现。

同时，机制搞活所带来的副作用也促使政府逐步强化了对事业单位招聘、工资总量、编制和岗位总量、岗位结构比例的监管或控制。机制搞活附带的事业单位及其工作人员公共服务责任感的缺失、事业单位营利冲动的增强，引起了社会公众的不满和公共服务关系的紧张。

（三）人事分类标准需要厘清

十三大提出干部分类管理、十四大提出推进事业单位分类管理以来，分类成为事业单位及其人事制度改革的主要工具，建立符合不同行业、岗位、人员的人事制度成为重要政策目标。这导致在中国公共部门内部，机关、企业、事业单位人事制度各有差别；在事业单位内部，教育、科技、文化、卫生各具特色。这与西方市场经济国家公共部门以职位分类为基础的人事分类有很大的不同。

因此，未来的改革必须明确分类改革的限度，即分类分到什么程度更为合适。必须明确主要的分类依据和标准，避免管理混乱；必须关注分类带来的群体歧视和公平问题，避免循环攀比；必须明确分类仅具有管理工具和手段的意义，并不是真正有价值的改革目标。

（四）管理体制存在局限

从政事关系看，政事分开、管办分离是事业单位改革的重要目标。事业单位提供公共服务，从根本上说，是现代政府职能的必然组成部分，事业机构也是公共组织的一种重要形式，二者是相互统一的有机整体。二者的分开必然是相对的，实质是政府与事业单位在人、财、物以及服务方面的事权划分。在实践中，如何界定政事关系，形成法定关系模式，仍需要深入研究，而在不同的“分开”模式下，不同事业单位也可采取不同的人事制度模式。

同样，法人治理结构建设要求明确理事会等的人事权；取消行政级别要求有替代性的职员职级管理模式，并调整干部管理权限；消除官本位必须提高专业人员的激励强度，这些都需要通过深化人事制度改革进行研究和回应。

（五）人员权益需加强保障

事业单位人事制度改革关乎事业单位工作人员的切身利益，改革的过程也是利益关系的调整过程。在英、美等西方国家，因公共机构实行绩效工资、延迟退休年龄引发的罢工等常见诸报端；在我国，因改革引起的上访等群体事件甚至暴力冲突也不乏先例。因此，改革过程中的事业单位工作人员权益保障以及不同职业群体之间的利益平衡，十分重要。

应该看到，我国事业单位人事制度改革主要来自政府自上而下的推动，事业单位及其工作人员和社会公众参与不足，一些改革对事业单位工作人员职业生涯和权益造成较大影响，如聘用制增加了职工的职业风险，社会保障改革引发了对退休待遇降低的担忧，岗位总量控制减少了晋升机会，等等。一些职工甚至将事业单位改革认定为“减量改革”。这些改革从单位或公共利益的角度看，大多十分必要，但对职工权益的影响也需要审慎对待。

三 事业单位人事制度改革的未来发展

（一）人事制度的改革目标

2011 年，中共中央办公厅印发《关于进一步深化事业单位人事制度改革的意见》，作为事业单位分类改革的重要配套文件。该意见提出，事业单位人事制度改革的目标任务是：按照中央关于深化干部人事制度改革和分类推进事业单位改革的总体要求，以转换用人机制和搞活用人制度为核心，以健全聘用制度和岗位管理制度为重点，形成权责清晰、分类科学、机制灵活、监管有力、符合事业单位特点和人才成长规律的人事管理制度，实现由固定用人向合同用人转变，由身份管理向岗位管理转变。到 2015 年，全面推行聘用制，完善岗位管理制度，普遍推行公开招聘制度和竞聘上岗制度，建立健全考核奖惩制度。到 2020 年，形成健全的管理体制、完善的用人机制和完备的政策法规体系。

（二）分类推进事业单位人事制度改革

事业单位分类改革要求人事分类改革与之适应，并提供保障。其基本要求就是根据事业单位分类实行不同的人事管理制度；同时，对从事公益服务的事业单位实行分类管理；积极探索完善不同类型公益类事业单位在聘用合同、岗位设置、公开招聘、竞聘上岗等方面的不同管理办法。

（三）促进事业单位人事管理的机制创新

搞活用人制度，转变用人机制，促进机制创新，仍是事业单位人事制度改革的核心任务。主要包括：①合同用人机制。全面推行聘用合同制度，把聘用合同作为事业单位人事管理的基本依据，建立起以合同管理为基础的用人机制。②公平竞争机制。新进人员面向社会公开招聘，做到信息公开、过程公开、结果公开。实行竞聘上岗制度，促进优秀人才脱颖而出。③绩效评价机制。建立健全以聘用合同和岗位职责为依据、以工作绩效为重点内容、以服务对象满意度为基础的考核办法，同时，规范事业单位奖惩制度。④分配激励机制。按照中央的统一要求，在事业单位收入分配的制度模式、运行机制、方式方法、管理体制等方面体现事业单位的特点，突出岗位、绩效的激励功能，建立岗位绩效工资制度，健全收入分配宏观调控机制，理顺分配关系，规范分配秩序，确保分配公平。⑤人员退出机制。按照事业单位养老保险等社会保障制度改革的进程，规范事业单位人员解聘辞聘，完善解聘辞聘的条件、程序和经济补偿方面的规定，研究建立与聘用制度和岗位管理制度相适应的事业单位工作人员退休制度。⑥监督管理机制。加强对事业单位执行和遵守人事管理法规的监督管理，加大对事业单位违规违纪用人行为的查处力度，公平公正、及时有效地处理人事争议。同时，探索理事会等形式的事业单位法人治理结构，建立事业单位内部民主决策机制和监督约束机制。

（四）贯彻实施《事业单位人事管理条例》

《条例》对事业单位人事管理的规定是对近年来人事制度改革成果的总结，其中，公开招聘、岗位管理、聘用管理、纪律处分、人事仲裁等制度已经在实践中得以实施。但进一步实施《条例》仍需要通过深化改革、完善制度来实现。

首先，要加快配套制度的建设。《条例》的简略性对配套制度和实施细则提出了更高的要求。一方面，需要加强对现有规章制度的清理，对与《条例》规定存在冲突的政策文件进行清理，如明确原有的《关于在事业单位试行人员聘用制度的意见》《事业单位公开招聘人员暂行规定》《〈事业单位岗位设置管理暂行办法〉实施意见》《事业单位工作人员处分暂行规定》等是否直接作为《条例》的配套规章；明确《全民所有制事业单位专业技术人员和管理人员辞职暂行规定》《全民所有制事业单位辞退专业技术人员和管理人员暂行规定》《人事争议处理规定》是否废止。另一方面，需要加快出台新的配套规章，如及时出台奖励、聘用合同管理、竞争上岗、考核、交流、培训、人事监督检查等相关的规定，建立完善的政策法规体系。

其次，要及时规范聘用合同管理。如根据《条例》规定的聘期、解除聘用合同的条件等，对事业单位已签订的聘用合同进行更改。特别是针对编外人员、停薪留职人员、保留档案关系人员等特殊情况，提出有可行性的解决办法，促进《条例》的全面实施。

最后，要进一步完善工资、养老保险等重大制度改革方案的设计，统筹推进事业单位分类改革与人事制度改革，统筹推进机关与事业单位改革，统筹公共利益与事业单位工作人员的切身利益，为《条例》的实施奠定基础。

参考文献

人事部：《国家公务员制度全书》，吉林文史出版社，1994。

人事部等：《人事工作文件选编》（第1～30卷），中国人事出版社等，1980～2008。

中国人事科学研究院：《2005中国人才报告》，人民出版社，2005。

成思危：《中国事业单位改革——模式选择与分类引导》，民主与建设出版社，2000。

黄恒学：《分类推进我国事业单位管理体制改革研究》，中国经济出版社，2012。

邓国胜等：《事业单位治理结构与绩效评估》，北京大学出版社，2008。

陈少平：《国家机关和事业单位工资制度变革》，中国人事出版社，1992。

贾鹏举：《各国人事制度》，台湾千华图书出版事业有限公司，1992。

B.10

我国人才管理改革试验区建设发展报告

赵全军*

摘　要：

作为推动人才发展改革创新的特殊空间，我国人才管理改革试验区建设经历了理念提出、局部试点、蓬勃发展三个发展阶段，主要是地方政府依托创新要素高地，结合产业发展，通过政策创新这一主要抓手予以推进，在引进和集聚高层次人才、提升人才制度国际化水平、优化人才公共服务等方面取得了突出成效，但也面临同质化发展、政策创新科学化不足、工作着力点不准、理论支撑不力等亟待解决的问题。为此，本报告建议，应按照特色化、国际化、市场化的要求，进一步加大改革创新力度，不断强化人才管理试验区建设的工作统筹和基础建设。

关键词：

人才管理改革试验区　政策创新

人才管理改革试验区是一项起源于中国的新生事物，又被称为人才特区、人才优先发展试验区、人才小高地等，是指以人才及相关要素为主要对象，通过实行特殊的人才政策措施，带动人才体制机制创新，推动人才优先发展的特殊空间。当前，我国正处在改革发展的关键时期，深入研究分析我国人才管理

* 赵全军，博士，宁波市政府发展研究中心人才资源研究所所长，研究员，主要从事人力资源管理、人才政策研究。

改革试验区建设状况，推动这一创新性事物纵深发展，对加快实施人才强国战略、推动经济社会转型升级等有重要的战略意义。

一 我国人才管理改革试验区建设发展的基本历程

从实践进展来看，我国人才管理改革试验区建设发展经历了三个阶段，具体如下。

（一）理念提出、初步探索阶段（2000～2005年）

随着改革开放的深入，进入21世纪后，“人才特区”在我国发轫，深圳市在2001年最早提出了“人才特区”的设想，并率先探索，成为这一阶段的典型。从工作实践来看，这一时期的“人才特区”是理念性、思路性的，是受“经济特区”的启发而提出的人才发展改革方向，对人才特区“是什么”“做什么”“怎么做”等尚无深入思考和研究，小范围内的政策创新主要是围绕破除人才引进中的不必要壁垒展开，其中，深圳市专门推出了取消下达人才引进指标制度、建立人事立户登记制度、取消人才引进考试制度、取消引进人才的地区限制、取消先男后女的人才引进规定、取消人才入户前的统一培训六项吸引优秀人才的新政策。

（二）深化认识、局部试点阶段（2006～2010年）

在深圳等地试点的基础上，国内一些地区结合本地人才工作实际和区域经济社会发展需要，围绕建设人才特区进行了大量的实地调研和工作论证，进行了建设人才特区试点，其中江苏省最具代表性。江苏省在2004年提出了在省内建设人才特区的构想，并确定昆山市、常州市新北区、南京大学等6个单位为首批试点单位，2006年正式开始试点建设。截至2009年，江苏已建成大大小小人才特区20多个，对全省的经济社会发展起到了积极的促进作用。从工作实践来看，在这一阶段，建设人才特区已由理念性、思路性的改革方向转变成了具体的工作举措。在试点区域，有关人才特区的概念内涵、组织形态、功能定位、建设方案等都有明确而清晰的界定，政策创新突破的范围涉及人才引进、人才评价、人才流动、社会保障、人才国际化等若干方面。

（三）规划部署、蓬勃发展阶段（2010 年以后）

2010 年 6 月，《国家中长期人才发展规划纲要（2010 ~ 2020 年）》正式发布，其中明确提出，鼓励地方和行业结合自身实际建立与国际人才管理体系接轨的人才管理改革试验区，人才管理改革试验区建设由此顺势而热，进入蓬勃发展阶段。

一方面，人才管理改革试验区建设风靡全国，遍地开花，数量快速增加。东部的天津、无锡、宁波、厦门、深圳等，中部的长沙、南昌等，西部的成都、乌鲁木齐等，纷纷规划部署建设人才管理改革试验区，人才管理改革试验区建设成为地方政府推动人才工作创新的重要抓手。比如，国家 15 个部委和北京市出台了专门的政策意见，在北京中关村建设国家级人才特区，参与争夺世界一流科技人才；上海市以浦东国际人才创新试验区为突破口，力争从人才管理体制机制、政策法规、服务体系和综合环境等方面先行先试、重点突破，推动国际人才高地建设；天津市在滨海新区重点先行先试了一批重大人才政策和工程，每年至少投入 1 亿元，打造海内外高层次人才的聚集高地；广东省依托“粤港澳人才合作示范区”，在广州南沙、深圳前海、珠海横琴建设全国人才管理改革试验区。

另一方面，就工作层次而言，这一时期，人才管理改革试验区建设进入国家规划和政策层面。国家不仅发布了《国家中长期人才发展规划纲要（2010 ~ 2020 年）》，为人才管理改革试验区建设提供了政策依据，而且正式确定北京中关村、深圳前海、广州南沙、珠海横琴为国家级的人才特区或人才管理改革试验区。同时，一些地方政府也出台了专项政策法规，设立了专门的推进机构、工作平台、配套资金，人才管理改革试验区成为中央和地方政府普遍认同的充满改革红利的创新之举。

二　我国人才管理改革试验区建设发展的主要做法

虽然《国家中长期人才发展规划纲要（2010 ~ 2020 年）》为各地建设人才管理

改革试验区提供了基本依据，但其中的表述较为宏观，只是方向性的指导，国家层面并未形成与之有关的指导原则、试点内容、政策体系、区域布点等可操作性意见，因此，风靡全国的人才管理改革试验区主要由地方党委、政府根据本地实际，在国家政策框架内自行规划布局、自行出台政策、自行建设发展。目前，国内较有代表性的无锡、武汉等人才管理改革试验区都是以地方自主探索为主的。从实践来看，地方政府主要通过以下路径方法来推动人才管理改革试验区建设。

（一）依托创新要素高地建设人才管理改革试验区

人才管理改革试验区建设需要一定的条件，目前各地一般选择把人才管理改革试验区与创新要素高地建设相结合，国内有超过85%的人才管理改革试验区布局在高新区、自主创新示范区、经济技术开发区、海外高层次人才创业创新基地、高等院校、科研院所等创新要素高度集中的区域。各地之所以会选择这样的路径方法，主要是可以利用这些园区、基地或机构内高端人才、创新平台、创新组织（如高新企业、科研团队）等密集的优势，有目的地选择一些领域开展改革试验。这样不仅能从人才评价考核、职称评定、跨界流动、创新创业扶持等多个方面推进改革，形成相互配套的管理体制和运行机制，而且可以把改革风险和试错成本控制在较小范围之内，有利于在平稳有序的条件下，探索具有先导示范价值的人才管理新思路、新方法和新模式。

（二）结合产业发展建设人才管理改革试验区

人才管理改革试验区首先是服务发展的试验区，目前各地一般把人才管理改革试验区建设与转变经济发展方式、加快发展战略性新兴产业有机结合起来，通过建设人才管理改革试验区集聚大量人才，尤其是领军拔尖人才，依靠人才智力优势，提升自主创新能力，促进新兴产业发展，从而以人才的优先发展引领和支撑经济转型升级。从实践来看，国内人才管理改革试验区建设较为领先的北京中关村、无锡、武汉东湖高新区等，主要通过“产业 + 人才 + 项目”的模式来推动实施特惠政策、特别机制，注重以人才集聚带动产业发展、促进经济转型升级，突出人才管理改革试验区建设与产业发展的紧密结合。比如，北京中关村主要围绕节能环保、新一代信息技术、生物、高端装备制造、新能源、新材料和新能源汽车等产业领域，形成引领自主创新和应用技术发展的支撑体系，以此推动人才特区建设；无锡主要围绕进一步加快发展物联网、新能源与新能源汽车、节能环保、生物、微电子、新材料、软件与服务外包、工业设计与文化创意等八大新兴产业，来推动人才管理改革试验区建设。

（三）以政策创新为抓手推动人才管理改革试验区建设

人才管理改革试验区建设，最直接的初衷是推动人才发展政策突破和体制机制创新，形成集中攻关、率先突破的改革试验效应。所以，在一定程度上，政策创新应该既是人才管理改革试验区建设的重要内容，又是人才管理改革试验区建设的关键抓手。从实践情况来看，国内各地的人才管理改革试验区事实上也都是高度重视政策创新工作的，虽然内容有所差异，但所有的人才管理改革试验区都有专项的创新政策，比如，国家和北京市为了支持中关村人才特区建设，专门给予了13项政策支持；南京市为了推动紫金人才特区建设，专门实施了10项创新政策。同时，各地也都把政策创新作为人才管理改革试验区建设的核心工作和特色亮点，把政策创新形成的“政策优惠”作为吸引、集聚人才和与其他区域开展人才竞争的主要“砝码”。在调研中，85%左右的受访职能部门工作人员认为，政策创新是决定人才管理改革试验区建设的关键因素，能不能吸引和集聚更多的优秀人才、能不能在区域人才竞争中形成比较优势，关键就看能不能通过政策创新形成人才政策比较优势。

三　我国人才管理改革试验区建设发展的总体成效

（一）推动了高层次人才引进和集聚的实质性提速，形成了一批人才发展高地

截至2013年底，除港澳台地区外，全国所有的省份都提出了人才管理改革试验区（人才特区）建设战略，国内已建、在建、筹建的人才管理改革试验区（人才特区）超过100个（见表1），探索形成了园区型（建在高新区、产业园区等区域）、基地型（建在海外高层次人才创业创新基地等区域）、政

区型（以一个县区或市为地理单元）、机构型（建在企业、高校、科研院所等单位）四种典型人才管理改革试验区（人才特区）模式（见表2）。这些人才管理改革试验区（人才特区）通过创新政策、优化体制、提升服务水平，快速引进和集聚了一批区域经济社会发展急需的高端人才，释放了强大的创业创新能力，强力带动了一批新兴产业的发展，有力地推动了区域经济的转型升级，成了具有示范意义的人才发展高地。

表1　国内人才管理改革试验区（人才特区）建设情况（部分）

省　份	数量	人才管理改革试验区(人才特区)名称
江　苏	16(特区)	南京市创业特区人才特区、南京市江宁开发区人才特区、南京市紫金人才特区、南京栖霞仙林人才特区、无锡国际人才特区、无锡高新区人才特区、南通人才特区、常州国家高新区人才特区、苏州高新区人才特区、江阴人才特区、昆山人才特区、惠山人才特区先导区、泰兴人才特区、泰州中国医药城人才特区、南京大学人才特区、江苏先声药业人才特区
	1(试验区)	镇江人才试验区
上　海	1(特区)	浦东国际人才特区
安　徽	1(试验区)	合芜蚌人才试验区
江　西	10(试验区)	南昌国家高新技术产业开发区、南昌国家经济技术开发区、南昌大学、江西师范大学、江西财经大学等
天　津	1(试验区)	天津滨海新区人才试验区
北　京	1(特区)	北京中关村人才特区
重　庆	6(特区)	两江新区人才特区、重庆高新区人才特区、重庆市经济开发区人才特区、万州经济开发区、重庆理工大学人才特区、北部新区人才特区
福　建	2(特区)	平潭人才特区、厦门海峡两岸人才特区
浙　江	6(特区)	杭州高新区人才特区、宁波国家高新区人才特区、余姚市人才特区、宁波杭州湾新区人才特区、宁波北仑区人才特区、温州高新区人才特区
	3(试验区)	青山湖科技城、杭州未来科技城人才试验区、宁波新材料科技城人才试验区
山　东	6(特区)	齐鲁人才特区、青岛人才特区、东营经济技术开发区人才特区、济宁高新技术产业开发区人才特区、泰山人才特区、烟台高新区人才特区
广　东	2(特区)	广州国际港人才特区、广州高新区人才特区
	3(试验区)	深圳前海、广州南沙、珠海横琴
河　北	4(特区)	环首都人才特区、沿海人才特区、渤海新区人才特区、冀中南人才特区
辽　宁	4(特区)	沈阳高新区人才特区、大连高新区人才特区、本溪"中国药都"人才特区、营口渤海科技城人才特区
黑龙江	3(特区)	哈尔滨高新区(松北科技创新城)人才特区、哈南工业新城人才特区、哈东新城人才特区

续表

省份	数量	人才管理改革试验区(人才特区)名称
陕　西	3(特区)	西安人才特区、宝鸡人才特区、渭南高新区人才特区
山　西	1(试验区)	太榆人才试验区
新　疆	4(试验区)	乌鲁木齐国家高新区、喀什经济技术开发区、伊犁霍尔果斯经济技术开发区、乌苏市石化工业园区
四　川	3(特区)	成都高新区人才特区、成都天府新区人才特区、泸州酒业人才优先发展试验区人才特区
湖　北	3(特区)	武汉东湖高新区人才特区、黄石人才特区、黄冈人才特区
湖　南	3(特区)	长沙市大河西人才特区、长沙高新区人才特区、长沙经济技术开发区人才特区
宁　夏	1(特区)	银川高新区人才特区
甘　肃	1(特区)	兰州新区人才试验区
内蒙古	1(试验区)	呼包鄂人才试验区
西　藏	1(特区)	拉萨经济技术开发区人才特区

注：为便于表述，本表中“人才管理改革试验区”简称“人才试验区”。

表2　人才管理改革试验区（人才特区）的主要类型（以空间形态为标准）

主要类型	空间形态	特色优势	案例
园区型	高新区、产业园区	体制机制灵活、创新要素密集、风险可控性强	北京中关村、武汉东湖高新区、深圳前海等
基地型	海外高层次人才创新创业基地	高层次人才集聚、创业创新氛围浓厚	天津滨海新区、杭州未来科技城等
政区型	市、县(区)等行政区域	空间范围大、可供共享资源多	无锡、长沙等
机构型	企业、高校、科研院所	专业技术人才密集、代表性强	南京大学、江苏先声药业等

比如，北京中关村人才特区建设相关政策行动计划的发布，在海内外引起了强烈反响，中关村对海内外高层次人才的吸引力进一步增强，各类人才加速向中关村集聚，中关村已逐渐成为全球高科技人才密集度较高的区域之一。据统计，仅2012年，中关村聚集的留学归国人员就达到1.6万人，同比增长了17.5%，比2008年增长了一倍多，其中拥有硕士及以上学历的留学归国人员数量增至1.2万人，占留学归国人员总数的比例上升至77.1%。截至2013年

底，中关村已拥有海外从业人员9000名（其中多是高层次技术人才和创新人才），国家“千人计划”人才874人（占北京市的80%、全国的20%），“海聚工程”人才350多名（占北京市的70%以上）。又如，武汉东湖高新区自2009年启动人才特区建设，推出“3551光谷人才计划”以来，已引进海内外团队2000多个、高层次人才6000多名，其中有超过750名“3551光谷人才计划”、102名湖北省“百人计划”、230名国家“千人计划”入选者聚集在东湖高新区创新创业，在区内企业工作的博士超过6000人，近五年增加量是前二十年总和的2倍。

（二）带动了人才发展政策的实质性突破，提升了我国人才制度的国际化水平

在人才发展政策方面，目前各地人才管理改革试验区围绕人才引进评价机制改革、加强科技创业、提升创新激励、强化人才服务保障、创新人才使用方式、优化人才平台载体等，进行了一系列深入的政策创新。这些创新政策的制定实施，有力地提升了人才出入境管理、签证居留、职称评审、税收优惠、金融扶持、财政支持、股权激励、创新资助、政府采购、医疗服务、子女教育、社会保险、住房保障等方面政策的科学化、国际化水平，在破除人才发展体制机制障碍、构建与国际接轨的人才管理体系方面取得了明显成效，形成了一定的人才竞争比较优势。

比如，北京中关村人才特区综合了国家相关部委、北京市给予的13项政策和国家自主创新示范区的“1+6”先行先试政策，初步构建了人才政策创新体系，带动了科研创业、产业发展、财政金融、管理服务等体制机制的创新。特别是通过股权激励、分红激励、政府股权投资、示范应用工程等方式鼓励人才创业，以产业联盟、标准联盟为纽带鼓励人才协同创新，释放了人才活力，为全国人才工作改革创新进行了有益的探索。其中，形成了一批与国际接轨、具有国际竞争力的创新政策，有力地提升了我国人才政策的国际化水平，如实行海外高层次人才职称评审直通车政策，破除外语、计算机及现有职称级别和任职年限等条条框框的限制，建立了符合国际惯例的新型职称评价模式；推行科研院所制度改革，扩大科研机构用人自主权和科研经费使用自主权，克服了科研机构管理

“行政化”的弊端，营造了与国际接轨的科研学术环境。又如，无锡市根据建设人才特区的需要，先后出台了《关于引进领军型海外留学归国创业人才计划的实施意见》（“530”计划）、《关于进一步吸引和用好优秀人才的试行规定》《关于创新“四高”人才工程深化“人才特区”建设的意见》《关于进一步推进“530”企业服务工作的意见》《关于领军型海外留学归国人才创业项目产业化推进计划的实施意见》（“后530计划”）、《关于以更大力度实施无锡海外高层次人才引进计划的意见》（“无锡千人计划”），以及《关于建设“人才特区”的意见》《关于深化“530”计划建设“东方硅谷”的意见》等一系列人才政策措施，在股权激励、税收优惠、创新资助、科技金融、产学研合作、产业扶持、人才服务等领域进行了多项大胆创新，形成了一批具有突破意义、符合国际惯例的创新政策，构建了吸引和集聚国内外优秀人才的政策高地。

（三）促进了人才工作体制机制的实质性创新，提升了我国人才公共服务水平

在人才工作体制机制方面，目前各地人才管理改革试验区（人才特区）围绕人才工作机构改革、人才公共资源整合、推进人才部门和条块协作、强化政社企合作等方面，进行了一系列深入的政策创新。这些政策创新推动了我国各级党委、政府人才工作体制机制的创新，有效地提升了我国人才公共服务的能力和水平，为人才优先发展营造了良好环境。

比如，南京市根据建设人才特区的需要，实施了加快人才行政机构重构改革，把分散的人才行政服务资源从各部门行政审批职能处室中分离出来进行统筹整合，实行集中办公、封闭管理，优化与提升人才工作部门办事效率和工作合力。又如，宁波市在人才管理改革试验区成立高层次人才服务联盟，为人才创业创新提供优质服务。该联盟整合25家市级部门服务资源，开设了服务总窗和25个服务专窗，提供104个人才服务项目。人才服务联盟采取总窗集中受理、专窗限时办结、项目绿色通道、全程跟踪督办、部门协同协作、联盟统筹协调的方式，为高层次人才提供政策咨询、工商税务注册登记、行政审批、项目申报、住房保障、人才引进培养等十个方面的服务，覆盖了高层次人才从洽谈引进、注册落户、创业创新到生产生活的全过程。

四 我国人才管理改革试验区建设发展存在的突出问题

（一）同质化发展的问题

人才管理改革试验区具有典型性和条件性的特点与要求，要探索试点这一改革，需要一定的条件基础，只有具备试点对象具有代表性、试点内容具有典型性、试点改革具有工作基础、试点单位具有综合承受力等要求的地区或组织，才适合建设人才管理改革试验区。因此，并不是每个地方都适合建立人才管理改革试验区，也不是每个地方都需要建立人才管理改革试验区。但从实践来看，目前国内人才管理改革试验区建设遍地开花，呈现了“有条件要建，没有条件创造条件也要建”的发展态势。

这样的发展格局，造成了两个方面的负面后果：首先是“名不副实”的问题。由于条件不成熟，一些地方建设人才管理改革试验区的口号喊得很响，但实际工作进展不大，尤其是在具体改革内容上，真正属于大胆试验、改革创新范畴的不多，导致国内出现了一些用人才管理改革试验区“新瓶子”来装人才工作“老酒”的现象，当前我国相当一部分人才管理改革试验区没有实质性、突破性的创新，属于“口号型”或“拼凑型”人才管理改革试验区。其次是重复建设、恶性竞争的问题。从实践来看，目前国内各地人才管理改革试验区针对的主体、试验探索的内容、采取的方法等高度趋同，基本上通过采取特惠政策方式，集聚海外高层次人才在特定的小环境内更好地创业创新。在区域人才开发一体化的背景下，不同条件的地方建设同样的人才管理改革试验区，探索试验类似的内容，不仅会造成重复建设、盲目发展、资源浪费，而且极有可能使不同区域之间的人才竞争演变成“竞相加码、相互挖墙脚”的恶性竞争，以至于出现重庆、乌鲁木齐等西部城市和上海、北京等地同台竞争、同质竞争、同法竞争的不良现象。

（二）政策创新科学化不足的问题

首先是“碎片化”问题。比如，人才政策创新涵盖引进培养、评价发现、选拔任用、流动配置、激励保障等多个环节，是一条完整的政策链条。但从目前来看，各地人才管理改革试验区政策创新的重心主要在“引才”上，对引进以后的“用才”环节关注不够，往往在工作环境营造、科研设施配套、人才团队建设、城市文化融入、专业服务提供方面缺少专门的政策安排，出现“引得进、用不好、留不住”的现象。其次是“行政化”问题。目前，我国人才管理改革试验区政策创新主要由地方党委、政府推动，对行政动员和行政资源的依赖十分严重，要不要进行政策创新、对哪些政策进行创新、进行什么样和多大程度的创新，以及为这些政策创新提供什么样的资源保障等，主要取决于领导的意志而不是制度的力量。最后是“浅层化”问题。一些人才管理改革试验区的政策创新停留在以优惠政策引进人才的层面，在体制机制改革、市场体系培育、发展环境营造上没有突破性进展。比如，在人才评价上，虽然一些地方的少量高层次人才可以享受“职称评审直通车”的待遇，但偏重学历、资历、论文指标，评价内容与工作联系不紧；对外语、计算机水平做“一刀切”要求等问题仍未得到彻底解决；“干什么评什么”与“突出用人单位评价主体地位”等仍未能完全落实。

（三）工作着力点不够准的问题

一方面，在人才引进的着力点上，过于强调顶尖领军人才的引进，忽视了高级人才团队的优化组合，忽视了对经营、管理、资本运营等其他高端人才的引进。事实上，创新创业过程中的专业分工很细，即使是具有“科学家 + 企业家”素质的领军人才，也需要依托一个从研发到生产再到市场的完整团队。另一方面，在人才管理改革试验区建设力量配置着力点上，目前主要是地方党委、政府推进，对行政力量依赖过重，社会和市场力量缺位问题比较突出，比如，在海外高层次人才引进上，主要通过各地各级政府建立各种平台、参加海外招聘会等形式来实现，而各地市场化的人才中介机构、社会组织作用发挥得非常不够。

（四）理论支撑不力的问题

与各地方政府热衷于建设人才管理改革试验区情况大相径庭，当前对人才管理改革试验区理论层面的研究相对冷清，有关人才管理改革试验区的内涵特征、条件标准、组织形态、空间结构、功能定位、运行机制，尤其是政策创新的重点、难点、突破点等方面的理论研究，几乎处于空白状态，即使有寥寥可数的几项研究成果，也主要是基于工作实践的思路研究或是工作总结，而不是系统的理论探讨。理论的滞后制约了实践的发展，由于对人才管理改革试验区“是什么”“做什么”“怎么做”等基本问题还缺少准确的理论性表述和权威的政策性界定，各地人才管理改革试验区政策创新的规范性、创新性、突破性等相对不足。

五　提升我国人才管理改革试验区建设发展水平的对策建议

（一）坚持特色化、国际化、市场化的思路原则

首先是特色化的思路原则。一方面，各地各类人才管理改革试验区建设必须着眼于本地区、本行业或本单位的实际，围绕区域产业结构调整、发展方式转变和改善民生的需要，创新政策，引进集聚人才，突出人才管理改革试验区建设的“区域发展特色”。另一方面，人才管理改革试验区建设必须与本地区人才工作阶段、人才队伍建设情况、面临的人才发展难题和需求等有机结合，突出人才管理改革试验区建设的“区域人才工作特色”。

其次是国际化的思路原则。人才管理改革试验区建设要按照与国际接轨的理念要求，把“营造人才发展良好环境”作为主要的目标任务，而不是仅仅提供政策优惠。比如，要按照与接轨国际的要求，推动高校、科研院所“去行政化”改革，建立现代科研院所制度，扩大科研机构的用人自主权和科研经费使用自主权，建立以学术和创新绩效为主导的资源配置与学术发展模式，构建起“类海外”的学术研究环境；要按照与国际接轨的要求，推行创业投资负面清单、行政审批项目清单、技术移民等先进制度，构建起“类海外”的人才创业环境。

最后是市场化的思路原则。一方面，要按照发挥“市场在资源配置中的

决定性作用”的要求，准确界定政府在人才管理改革试验区建设中的角色与职责，推动政府切实履行好决策者、支持者、协调者和监督者的角色。另一方面，要通过有效的政策创新、体制改革，充分发挥市场力量的主体作用，推动企业、社会组织、人才切实履行好参与者、执行和主体的角色。

（二）强化人才管理改革试验区建设的统筹协调

首先是加强综合统筹。人才管理改革试验区建设是一项复杂的系统工程，涉及多方面工作、多个环节，需要多方共同努力、协同推进，只有形成了系统合力，才能破解人才管理改革试验区改革创新“内容碎片化”与“推进迟缓化”等问题。因此，试点区域应成立人才管理改革试验区建设领导机构，党政领导要担任领导机构的负责人，组织、人社、财税、发改、科技、教育、经信、金融等职能部门和相关的行政区负责人要作为成员，领导机构要建立工作例会、信息专报、专题协调、任务分解等制度，并对政策创新涉及的资金支持、工作协调、监督考核等统一安排实施。

其次是建立工作协调机制。人才管理改革试验区政建设既涉及横向不同部门之间的协调合作问题，又涉及纵向不同层级部门之间的工作协调问题。从调研的情况来看，目前各地人才管理改革试验区自身权限范围内能开展的政策体制创新空间已经不大，要想在政策体制创新方面有实质性进展，关键是获得更高层级政府的授权和支持。因此，试点区域的党委、政府应牵头做好纵向层面的工作协调，力争建立跨层级、跨部门的工作协调机制，为获得更大的政策突破提供强有力的体制机制保障。

（三）加强人才管理改革试验区的基础建设

首先是要深化研究。围绕人才管理改革试验区建设的本质属性与内在规律，人才引进培养、评价发现、选拔任用、流动配置、激励保障等开发环节，以及人才开发平台载体建设、工程项目安排等，开展专业化、系统化的理论研究和政策研究，力争形成一批质量高、针对性强的研究成果，为深化社会各界对人才管理改革试验区及其政策创新的认识，破解有关群体不知道人才管理改革试验区“是什么”“抓什么”“怎么抓”等难题，提供理论支撑和智力支持。同时，要加强对重点人才管理改革试验区的分析研究，强化对重点人才管理改革试验区建设成效的跟踪评估，对其中的成功做法和先进经验进行梳理总结，供其他区域学习借鉴。

其次是加强人才工作部门从业人员队伍建设。人才管理改革试验区建设工作专业性非常强，对从业人员队伍素质有着较高的要求。应通过专业教育、业务学习、职业道德培养，不断提高各级党委、政府人才工作部门从业人员的专业知识、操作能力和职业道德水平，为提升人才管理改革试验区政策创新水平提供坚实的组织基础和队伍支撑。从推动工作的角度来看，在试点区域，可由组织部门牵头，组织人才管理改革试验区建设从业人员开展专题培训，针对人才管理改革试验区建设中政策创新方面的专业知识、各类信息、实践难题等进行实务培训。

参考文献

苗月霞：《人才特区建设研究》，中国人事出版社，2012。

王辉耀、苗绿：《中国海归发展报告（2013）》，社会科学文献出版社，2013。

赵全军、罗双平：《人才特区：内涵、动因及实践特点》，《学习与探索》2013 年第 4 期。

任月红、赵全军：《我国人才特区建设研究》，《中国劳动》2014 年第 4 期。

赵全军：《人才管理改革试验区建设中的政策创新研究》，中国人事科学研究院，2014。

李可：《人才特区，“魅”在哪里?》，《光明日报》2011 年 1 月 19 日。

人力资源服务篇

Reports on Human Resources Services

B.11

我国人力资源服务业发展现状

王晓辉　田永坡*

摘　要：

在经济社会全面深化改革的推动下，以及中央和地方政府的引导鼓励下，2013 年我国人力资源服务业发展又迈上了一个新台阶，各方面有了新的发展，本报告运用近两年人力资源服务业的有关统计数据，从行业规模、业态发展、从业人员、流动配置、区域发展、产业园等方面，对我国人力资源服务业做了分析，并指出了当前我国人力资源服务业发展中存在的主要问题，提出了政府引导鼓励人力资源服务业加速发展的建议。

关键词：

人力资源服务业　现状与发展

* 王晓辉，博士，中国人事科学研究院助理研究员；田永坡，博士，中国人事科学研究院人力资源市场研究室副主任，副研究员。

2013 年，我国经济和社会发展又向全面建成小康社会的目标迈进了一大步，国民经济平稳较快增长，GDP 达 568845 亿元，比上年增长 7.7%；[①] 城镇化率进一步提高，截至 2013 年底，全国总人口为 136072 万人，其中城镇常住人口 73111 万人，占总人口比重的 53.73%，比上年末提高 1.16 个百分点；[②] 就业平稳增长，年末全国就业人员 76977 万人，比上年末增加了 273 万人。[③] 我国经济和社会的发展，以及改革的进一步深化，推动了我国人力资源服务业实现了较快发展。

一　人力资源服务业行业规模

随着经济社会发展与改革深入推进，在中央和地方政策的引导与鼓励下，2013 年人力资源服务业发展又迈向了一个新台阶，行业规模不断壮大，具体表现如下。

（一）营业收入

2013 年，人力资源服务业全行业营业收入快速增长。据人力资源和社会保障部统计，2013 年全行业营业总收入为 6945 亿元（含服务外包等业务的代收代付部分 5532 亿元），比 2012 年增长 20.5%。其中，年营业收入超过 100 亿元的人力资源服务机构有 5 家，年营业收入在 50 亿～100 亿元的有 4 家，20 亿～50 亿元的有 10 家，10 亿～20 亿元的有 19 家，5 亿～10 亿元的有 74 家，1 亿～5 亿元的有 320 家。另据统计数据，民营人力资源服务企业的营业收入所占比例（55.2%）大大超过了国有性质人力资源服务企业的营业收入所占比例（36.2%）。

（二）机构构成

人力资源服务业多元化、多层次的服务体系进一步完善，民营人力资源服

① 国家统计局：《2013 年国民经济和社会发展统计公报》，2014 年 2 月 24 日。

② 高敬、王希：《我国城镇化率达 53.73%　劳动年龄人口继续减少》，《农民日报》2014 年 1 月 21 日。

③ 人力资源和社会保障部：《2013 年度人力资源和社会保障事业发展统计公报》。

务企业发展迅速。据人力资源和社会保障部统计，截至2013年底，我国已设立县级以上公共就业和人才服务机构以及各类人力资源服务企业约2.6万家，[①] 全国各类人力资源服务机构共设立固定招聘（交流）场所1.8万个，建立各类人力资源市场网站0.9万个。从人力资源服务机构构成来看，截至2013年底，县级以上地方政府人力资源和社会保障部门（含其他行业管理部门）共设立公共就业和人才服务机构6482家，占人力资源服务机构总量的24.6%；国有性质的人力资源服务企业1139家，占4.3%；民营人力资源服务企业18578家，占70.3%；外资及港澳台资性质的人力资源服务企业218家（其中，港资、澳资、台资性质的人力资源服务企业分别为102家、5家、3家），占0.8%（见图1）。2013年国有性质的人力资源服务企业与外资及港澳台资性质的人力资源服务企业与2012年相比数量基本持平，而民营人力资源服务企业数量增长了10%。

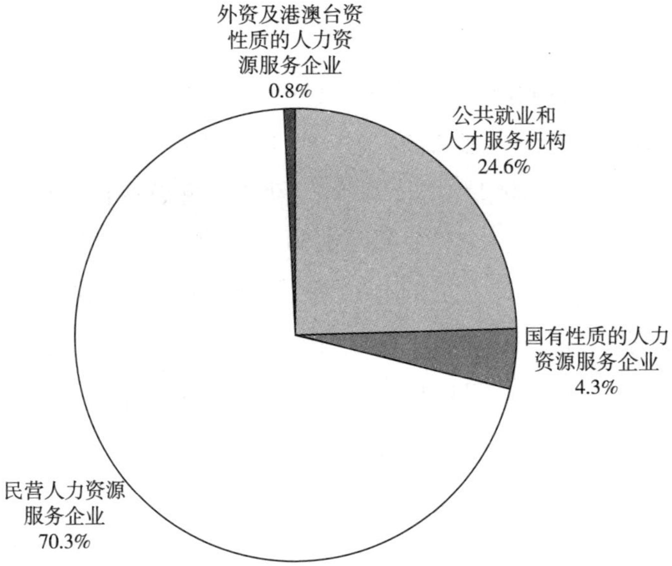

图1　2013年各类人力资源服务机构构成比例

① 2013年统计，对数据报送要求进行了调整，各省份提交的数据由汇总数据表变为服务机构数据库。截至2013年底，全国人力资源服务机构约2.6万家，与2012年相比减少1939家，主要原因是在2012年统计工作中，仍有部分省份报送的汇总数据中包含县级以下基层公共服务平台。

二 人力资源服务业的业态发展

随着我国产业结构的调整、城镇化的加速，以及用人单位和求职者需求的多样化，人力资源服务业的各业态也出现不同程度的调整。目前，我国人力资源总体供给大于需求，针对高校毕业生和农民工等重点人群的招聘会与网络招聘等招聘服务发展较快，要求劳务派遣的人数增长较快；与劳动者素质相关的人力资源培训、人才测评等服务需求强劲；人力资源管理咨询、人力资源外包服务、高级人才寻访（猎头）等较高端的人力资源服务也稳步发展。

（一）招聘服务

从招聘服务的情况来看，招聘主要包括现场招聘（各类招聘会）、网络招聘，以及其他媒介招聘等。一方面，从现场招聘会举办情况看，针对重点人群的招聘会数量有较快增长。据人力资源和社会保障部统计，2013 年全国共举办招聘会 20.7 万场次，与 2012 年基本持平。其中，高校毕业生专场招聘会由 2012 年的 6.5 万场次增加到了 2013 年的 6.9 万场次，增长了约 6%；农民工专场招聘会 2013 年共举办了约 6.5 万场次，约比 2012 年增长了 10%。另一方面，网络招聘受到求职者和用人单位的青睐，发展迅猛。据人力资源和社会保障部统计，2013 年各招聘网站发布岗位信息 1.78 亿条，与 2012 年相比有所下降；而求职者发布的求职信息，则由 2012 年的 1.38 亿条增加到了 2013 年的 3.38 亿条，增长了约 1.45 倍。

（二）劳务派遣服务

从劳务派遣服务来看，要求派遣人数增幅较大，但用人单位的劳务派遣需求有所下降。据人力资源和社会保障部统计，登记要求派遣的人数，2013 年为 633 万人，约比 2012 年增加 22%；2013 年要求派遣的单位 34 万家，比 2012 年减少 1 万家；2013 年共派遣 1080 万人，约比 2012 年下降了 20%。

（三）人力资源培训服务

人力资源培训服务有了较大发展，主要包括职业技能培训、各类职业资格考试培训和中高级人才开发培训等。据人力资源和社会保障部统计，2013 年全国举办培训班 21 万次，比 2012 年增长了 16.7%。培训人数增长较快，由 2012 年的 873 万人增加到了 2013 年的 1039 万人，增长了约 19%。

（四）档案管理服务

档案管理服务需求量略有增长，档案管理服务主要是以流动人员人事档案管理为核心，兼以档案为依托代办转正定级、计划工龄、代评职称、办理出国政审等。据人力资源和社会保障部统计，2013 年为流动人员依托档案提供服务达 3260 万人次，约比 2012 年增长 5.6%。

（五）人才测评等服务

人才测评、人力资源管理咨询、人力资源外包服务、高级人才寻访（猎头）等人力资源服务也稳步发展。据人力资源和社会保障部统计，人才测评服务需求量急剧增加，2013 年共测评 499 万人次，比 2012 年增长了 79%；人力资源管理咨询服务需求有较快增长，2013 年有关机构为 167 万家用人单位提供了人力资源管理咨询服务，比 2012 年增加了 22 万家；人力资源外包服务需求量保持稳定，2013 年有关机构为 43 万家用人单位提供了人力资源外包服务，基本与 2012 年持平；高级人才寻访（猎头）服务需求有所下降，2013 年有关机构成功推荐 80 万人，比 2012 年减少了 8 万人。

三　人力资源服务业从业人员状况

随着人力资源服务业规模的壮大，其从业人员的总量有所提高，人员总体素质也有所提升。据人力资源和社会保障部统计，2013 年全国人力资源服务业从业人员共约 35.8 万人，比 2012 年增加了 2.2 万人，增长了约 6.5%。其中，取得职业资格的从业人员数量略有增加，由 2012 年的 11.1 万人增加到了 2013 年的 11.6 万人。从学历构成来看，本科以上学历的从业人员总数略有增加，但本科以上从业人员所占比例略有下降。本科以上学历的从业人员由

2012 年的 14.3 万人增加到了 2013 年的 14.6 万人，但所占比例由 2012 年的 42.6% 下降到了 2013 年的 40.6%。

四　人力资源服务业流动配置状况

人力资源服务业在促进人力资源流动、满足人力资源市场供需双方的要求、农村剩余劳动力转移、产业结构调整等方面，发挥了重要作用。我国人力资源服务业流动配置能力总体呈增强之势。据人力资源和社会保障部统计，2013 年全国各类人力资源服务机构共接待流动人员约 4.35 亿人次，比 2012 年提高了约 500 万人次；2013 年登记要求流动人员约 2.25 亿人次，比 2012 年略有下降；服务用人单位数从 2012 年的 1888 万家次，提高到了 2013 年的 2002 万家次，增加约 6%；实现就业的流动人数也略有上升，从 2012 年的 9547 万人次提高到了 2013 年的 10167 万人次，增加约 6.5%；2013 年猎头成功推荐人才 80 万人，比 2012 年略有下降。

五　人力资源服务业区域发展状况

由于我国经社会发展存在地区差异，人力资源服务业的发展也呈现地区发展不平衡的特点。总体来看，人力资源服务业规模最大的是东部地区，主要集中在北京、上海、广东等省份；虽然，中部地区、西部地区和东北部地区的人力资源服务业发展规模次于东部地区，但发展速度要快于东部地区。

从人力资源服务机构、从业人员和营业收入等地区分布看，据人力资源和社会保障部统计，2013 年东部地区人力资源服务机构总数为 1.3 万家，从业人员总数为 17.9 万人，均约占全国的一半；营业总收入约为 4485 亿元，约占全国的 64.6%。与 2012 年相比，东部地区人力资源服务业发展保持稳定，而中部地区、西部地区和东北部地区发展较为迅速。2013 年，中部地区人力资源服务业营业总收入约为 890 亿元，是 2012 年的 3.5 倍；西部地区人力资源服务业营业总收入约为 1065 亿元，约是 2012 年的 2 倍；东北部地区人力资源服务业营业总收入从 2012 年的 15.5 亿元提高到了 504 亿元。

从2013年北京市、上海市和广东省人力资源服务业的情况看，据人力资源和社会保障部统计，2013年服务机构数最多的是广东省，有2464家，北京市和上海市的服务机构数基本持平；从业人员最多的是上海市，其次是广东省，北京市的从业人员数约为上海市的47.8%；营业总收入最高的是上海市，接近1500亿元，约占全国的1/5，其次是广东省，北京市的营业总收入比广东省的略低，接近800亿元；从人均营业收入看，北京市的最高，人均营业收入为436.0万元，上海市比北京市略低，广东省最低，为236.5万元（见表1）。

表1　2013年北京市、上海市、广东省的人力资源服务业概况

省份	服务机构数		从业人员数		营业总收入		人均营业收入（万元）
	总数(家)	占比(%)	总数(人)	占比(%)	总数(亿元)	占比(%)	
北京市	1177	4.5	17445	4.9	760.60	11.0	436.0
上海市	1107	4.2	36530	10.2	1465.60	21.1	401.2
广东省	2464	9.3	33927	9.5	802.21	11.6	236.5

注：表中“占比”为各省份在全国总数中的占比；人均营业收入=营业总收入/从业人员数。

六　人力资源服务产业园发展状况

人力资源服务产业园是人力资源服务业发展的新模式。通过集聚众多国内外优秀人力资源服务机构，人力资源服务产业园可以形成规模效应，构建完善的人力资源服务产业链条，为人力资源供需双方提供更为高效、便捷的服务。同时，人力资源服务产业园在创新发展模式、服务标准化建设、行业监管等方面发挥了示范作用。自2010年上海建立了我国第一个国家级人力资源服务产业园以来，现全国已批准建立4个国家级人力资源服务产业园，包括中国上海人力资源服务产业园区、中国重庆人力资源服务产业园、中国中原人力资源服务产业园区、中国苏州人力资源服务产业园。据2013年底的初步统计，中国上海人力资源服务产业园区建园以来，已集中入驻包括公共人事服务、人事派遣、人力资源服务外包、人力资源测评和培训等各类企业60余家，税收已突破5亿元。[①] 近年来，在国家级人力资源服务产业园的带动下，全国掀起了建设省级、市级和县级人力资源服务产业园区的热潮。比如，浙江、江苏、安徽、山东等地省级人力资源服务产业园已开园运营，北京、天津、广州和厦门等地也在加快推进人力资源服务产业园建设。浙江第一家省级人力资源服务产业园——宁波人力资源服务产业园，自2012年开园以来，集聚了包括万宝盛华等23家优秀人力资源服务机构，2013年园区人力资源服务企业营业总收入20亿元，上缴利税1950万元，比2012年增长了30%。[②]

七 总结与展望

综合上述分析，2013年我国人力资源服务业发展又迈上了一个新台阶，总体呈现如下特点：第一，行业规模不断壮大，多元化、多层次的服务体系进一步完善，民营人力资源服务企业发展迅速。第二，随着产业结构调整、城镇化加速，以及用人单位和劳动者需求的多样化，人力资源服务业的各业态出现不同程度的调整。针对高校毕业生和农民工等重点人群的招聘会与网络招聘发展较快；劳动者的劳务派遣需求旺盛；与劳动者素质相关的人力资源培训、人才测评等服务需求强劲；人力资源管理咨询、人力资源外包服务、高级人才寻访（猎头）等较高端的人力资源服务稳步发展。第三，伴随着人力资源服务业规模的壮大，人力资源服务业从业人员队伍进一步扩大，大学以上学历和获得职业资格证书的从业人员增多，从业人员总体素质有所提升。第四，随着服务体系的日益完善，人力资源服务业对人力资源的流动配置能力总体呈增强之势。第五，人力资源服务业的地区分布不平衡。从总体布局看，人力资源服务业规模最大的是东部地区，东部地区又主要集中在北京、上海、广东等省份；从发展速度看，东部地区人力资源服务业发展较稳定，虽然中部地区、西部地区和东北部地区的发展规模次于东部地区，但其发展速度要快于东部地区。

与我国经济社会发展和人力资源开发的需求相比，当前我国的人力资源服

---

① 《对人力资源服务产业园区发展的多维审视》，2014年7月16日，http://www.chinajob.gov.cn/EmploymentServices/content/2014-07/16/content_952898.htm。

② 宁波市人力资源和社会保障局的调研资料，2014年5月。

务业发展还存在一定制约，产业规模和产业结构还存在不适应的问题。比如，我国人力资源服务业正式确立行业地位、列入鼓励类发展行业还不足十年，与发达国家相比，人力资源服务业总体规模还小，人力资源企业还缺乏国际竞争力；人力资源服务业各业态总体集中在中低端的服务，高端的业态还处于探索发展阶段；人力资源服务业产业园区数量不多，规模还较小，规模效应未能显现；人力资源服务业宏观管理体系还不完善，宏观管理的法规体系、管理机制和管理办法亟须建立健全。

当前世界经济逐步复苏，我国经济社会正处于全面深化改革的热潮，这给人力资源服务业带来前所未有的发展机遇。为了抓住此良机，政府应当充分发挥在引导鼓励人力资源服务业发展中的重要作用，释放更多政策红利。比如，深刻把握党的十八大全面深化改革开放的目标要求，以《服务业发展“十二五”规划》为纲领，加快建立专业化、信息化、产业化、国际化的人力资源服务体系；贯彻落实《关于加快推进人力资源市场整合的意见》，建立健全功能完善、机制健全、运行有序、服务规范的人力资源市场体系；中央尽快出台《关于促进人力资源服务业发展的意见》，为各地制定促进人力资源服务业发展政策文件提供指导，推进人力资源服务业统筹发展；加快出台《人力资源市场管理条例》，同时发挥人力资源服务业行业协会的自律作用，规范人力资源市场秩序；加快出台人力资源服务业各业态的服务标准，规范服务，提高服务质量。

参考文献

人力资源和社会保障部人力资源市场司：《迈向统一规范灵活的人力资源市场——“十一五”人力资源市场发展综述》，《中国人才》2011 年第 1 期。

杨文财：《关于人力资源服务业的一点思考》，《组织人事报》2013 年 2 月 5 日。

王忠敏：《加快推进人力资源服务标准化建设》，《中国标准化》2013 年第 8 期。

吴江主编《中国人力资源发展报告（2013）》，社会科学文献出版社，2013。

陈力：《我国人力资源服务产业的形成与发展》，《人事天地》2012 年第 7 期。

来有为：《人力资源服务业发展的新特点与政策建议》，《发展研究》2010 年第 5 期。

莫荣、陈玉萍：《国外人力资源服务业的发展》，《第一资源》（2013 年第 4 辑），党建读物出版社，2013。

董志超：《人力资源服务机构现状与发展》，《人事天地》2012 年第 1 期。

楼春燕：《浙江加快发展人力资源服务业》，《中国劳动保障报》2012 年 11 月 23 日。

文晶：《我国第二个国家级人力资源服务产业园花落重庆》，《重庆日报》2011 年 11 月 21 日。

汪怿：《人力资源服务业的国际化发展方略》，《人力资源》2012 年第 7 期。

B.12

人力资源服务业发展评价指标理论框架研究

陈 力 张端阳*

摘 要：

为及时准确地了解人力资源服务业的发展现状，研究其发展规律，监测其运行状况和评价其发展趋势，本研究以文献研究－现状调查－理论基础构建－指标体系设计为主线，对国内外的有关研究进行了系统梳理，并在充分了解我国人力资源服务业发展经验及趋势的基础上，初步完成了我国人力资源服务业发展评价指标体系的理论框架构建，并拟定了包括发展制度环境、发展资源潜力、发展规模结构、服务质量创新与服务效率效益五个维度在内的一整套指标体系，期待为进一步深入开展人力资源服务业发展研究，科学制定人力资源服务业产业政策，优化人力资源服务产业结构和提升服务水平等提供基础性政策分析工具。

关键词：

人力资源服务业 发展评价指标

一 引言

（一）研究背景

中国是人力资源大国，但还不是人力资源强国。加强我国人力资源开发，

* 陈力，中国人事科学研究院研究员；张端阳，中国人事科学研究院博士后。

是我国实现人力资源强国目标、提高国家竞争力、建成小康社会和现代化强国的根本保障。人力资源服务业是为劳动者就业和职业发展、为组织人力资源开发和管理提供社会化与专业化服务的产业部门。人力资源服务业的发展对促进人力资源开发效率、提升人力资源开发水平具有重要的促进和保障作用。

近年来，为适应转变经济发展方式、优化经济结构的需要，各级政府纷纷出台了促进现代服务业发展的系列政策措施，一些地区也专门颁布实施了促进人力资源服务业发展的专项文件。政策环境的改善，使我国人力资源服务业呈加速发展态势。至今，我国的人力资源服务业已经从无到有、从小到大，逐步从一个“孵化产业”演变为一个“成形产业”，产业链趋于完整，服务的专业化、信息化、国际化明显，产业化发展格局初步形成，已经成为现代服务业的重要组成部分。

2012 年 12 月，国务院印发的《服务业发展“十二五”规划》提出：为保障规划实施，要探索建立推动服务业重点行业和重点领域加快发展的工作机制，要尽快研究制定服务业发展评价体系，定期公布全国和各地区服务业发展水平、结构等主要指标，要将服务业重要指标纳入经济社会发展的考核体系。

人力资源服务业发展指标是服务业发展评价指标体系的重要组成部分，是研究人力资源服务业发展的重要基础性工具。为此，中国人事科学研究院 2013 年立项开展人力资源服务业发展评价指标体系研究，拟为分析我国人力资源服务业发展动态、促进人力资源服务业健康发展、科学制定人力资源服务业产业政策等提供技术支撑和理论指导。

（二）研究目的和意义

本研究的目的是以相关专业知识为理论支撑，根据我国人力资源服务业发展的特点，借助评价指标体系反映其客观事实、监测其运行状况、评价其发展趋势、判断其利弊得失等，研究建立一套适合我国国情并能与国际对比，具有可观察、可操作、可量化和足够解释力的人力资源服务业发展评价指标体系：一是为人力资源服务业的发展提供一个全面、动态的统计监测工具；二是为分析和评价人力资源服务业的发展提供一个系统的、方向性的分析框架；三是为科学制定行业发展政策、更好地实施宏观调控提供支撑；四是为强化我国人力资源服务业综合实力、推进人力资源服务业的进一步发展提供指导。

（三）研究路线和研究方法

本研究按照文献研究 - 现状调查 - 理论基础构建 - 指标体系设计的主线，以产业经济学、劳动经济学、统计学和管理学等相关学科理论为依据，在分析国内外人力资源服务业发展情况的基础上，借鉴吸收相关发展评价指标的研究成果，研究制定我国人力资源服务业发展评价指标体系。

二　研究的理论依据

根据人力资源服务业发展的特点，我们通过对相关基础理论的梳理和分析，以劳动力市场、人力资本、竞争优势、产业组织等有关理论为依据，构建了人力资源服务业发展指标体系研究的基础理论框架。

（一）劳动力市场理论

劳动力的供给与需求、劳动就业与工资、劳动力流动、就业公平、市场失灵和中介组织等，都属于劳动经济学研究的重要问题。其中，在分析劳动力市场失灵问题（如信息不对称、供求失衡、市场分割以及公共服务缺失等）时，我们对劳动力市场中介服务在消除市场失灵、提高配置效率和配置水平等方面的重要作用进行了研究。因此，劳动力市场理论是认识人力资源服务业功能和作用的重要理论依据。

（二）人力资本理论

在传统的市场经济理论中，劳动力市场是为商品市场提供配套服务的几大生产要素市场之一。虽然在理论上，人们常将劳动力市场与资本市场等相提并论，但实际上，长期以来劳动力市场几乎未获得像资本市场那样的重视。以舒尔茨等为代表的西方经济学家借助数理统计分析表明，对人力资本的投入

（包括教育、劳动力流动、保健等）有助于增加“人的时间价值”，证明了人力资本投资的收益高过土地和物质资本投资的收益。在人力资本理论的推动下，人力资源市场作为第一要素市场的地位得以确立，人力资源服务业促进人力资本保值增值的共识初步达成。当前，我国人力资源服务需求不断增长，人力资源服务也从传统、单一的职业介绍逐渐升级演化为一个多元化、多层次的产业链，成为现代服务的一个重要门类。可以说，人力资本理论对人力资源服务业的发展产生了重要的推动作用。

（三）竞争优势理论

迈克尔·波特认为，传统经济理论如比较优势理论、规模经济理论等，都不能说明产业竞争力的来源，生产要素在产业竞争中非但不再扮演决定性的角色，其价值也在快速消减；规模经济也没能有效地解答关于竞争优势的问题。因此，必须用竞争优势理论来解释企业、产业乃至国家的竞争力问题。与古典经济学不同，竞争优势理论重点强调产业在现实发展中的客观态势。作为一个重要的行业，人力资源服务业也需要在竞争中求发展。竞争优势理论对提升人力资源服务业竞争力和研究行业发展具有重要的指导作用。

（四）产业组织理论

产业组织理论以特定产业内部的市场结构、市场行为和市场绩效及其内在联系为主要研究对象，揭示特定产业内部活动的内在规律性，为现实经济活动的参与者提供决策依据，为政策制定者提供建议。因此，产业组织理论对注重人力资源配置效率评价的人力资源服务业发展评价研究提供了不可或缺的分析框架和理论支持。

三　主要概念界定

（一）人力资源服务业

人力资源服务业是为劳动者就业和职业发展、为组织人力资源管理与开发提供社会化与专业化服务或产品的部门或机构的集合。[①] 在市场经济中，企业为了提高人事管理效率，将人才招聘、员工培训、薪酬设计、人事档案管理、社会保险办理等职能委托给外部专业化的人力资源服务机构完成，从而促进了独立的人力资源服务业的形成与发展。人力资源服务业是为生产者提供专业化服务的行业，属于生产性服务业，是现代服务业的重要组成部分。

根据服务性质和目的，我国通常将人力资源服务业分为“人力资源服务事业”（公共服务）和“人力资源服务产业”（经营性服务）。人力资源服务事业机构，主要是指以公共利益为目的，以公共资源为支撑，提供非营利性人力资源服务的机构。例如，政府所属的公共就业服务机构、人才交流服务机构等。其主要业务包括：公益性的职业介绍、职业指导、就业培训、创业服务、政策咨询、市场信息提供、能力鉴定、就业援助、人力资源和社会保障事务代理服务，以及拓展性人力资源服务等。人力资源服务产业机构，主要是指以营利为目的，通过市场经营手段获取资源，开展各种专业化的人力资源服务企业。其主要业务包括：求职与招聘、劳务派遣、高级人才搜寻、人才测评、人才培训、人力资源服务外包、人力资源管理咨询，以及网络招聘等。因此，我国人力资源服务业是包含公共服务和经营性服务两类服务组织、由多种业态构成的综合性产业。

因此，也可从产业链的视角，将人力资源服务业进一步划分为人力资源规划、招聘与配置、能力鉴定、绩效考评、培训与开发、薪酬福利和员工关系等多个管理模块，形成人力资源成长、配置、评价、开发、激励、保障等多种服务价值增值环节。这些模块与环节共同组成了一条完整、清晰的人力资源服务产业链。

（二）人力资源服务业发展

人力资源服务业发展是指人力资源服务业的数量扩张、质量改进和功能优化，是人力资源服务业产业内部结构合理化和高度化的演变过程。其含义在于：①人力资源服务业的数量扩张包括人力资源服务业活动数量的增加以及由

① 陈力：《我国人力资源服务业的形成与发展》，《人事天地》2012 年第 7 期。

此带来的产值规模的扩大。②人力资源服务业的质量改进主要源于技术进步与组织创新，它使得人力资源服务产品因内在构成、诸要素配比关系发生调整，从而导致性能状况的改善，即功能的进一步优化。③人力资源服务业产业内部结构的合理化是人力资源服务业产业内部结构由不合理向合理发展的过程，即在一定的发展时期和发展阶段，人力资源服务业根据消费需求和内外资源条件，对初始不理想的服务产品结构、服务消费结构等进行调整，通过理顺内部结构，使产业内外相互作用产生整体大于局部之和的能力，提高资源在产业间合理配置和利用的效能。④人力资源服务业产业内部结构的高度化是在需求拉动、科技推动、竞争促发等动因作用下，产业技术水平效率提高、新兴服务业态比重增大，产业系统从较低级形式向较高级形式演变。人力资源服务业产业内部结构高度化的实质是生产社会化程度的提高、持续创新能力的增强和产业的高附加值化。

比较而言，人力资源服务业产业内部结构的合理化通常着眼于产业发展的近期利益，人力资源服务业产业内部结构的高度化更多地关注产业发展的长远利益，二者共同促进了人力资源服务业产业竞争力的提升。

（三）人力资源服务业发展评价指标体系

指标体系是以一定理论假设为前提条件、人为组合配置多个具有内在联系的指标集。按功能，指标体系可分为描述性、评价性等类型。描述性指标体系主要客观、真实、全面地反映生产和再生产过程的基本状况；评价性指标体系主要反映经济活动发展的广度和深度，判断和研究经济整体特征及其运行态势和规律，包括生产经营的主要方面和主要过程，以及其内在联系和相互制约的关系等。①

反映社会经济现象数量特征基本概念和具体数值的指标是人力资源服务业发展评价指标体系的基本单元，一般有五个方面的构成要素，即指标名称、指标所属时间、指标所属空间、指标数值和指标计量单位。根据内容差异，可将指标分为经济指标、社会人文指标、资源指标和环境指标等。

---

① 杨文武：《中国房地产指标体系研究》，巴蜀书社，2008，第139～140页。

科学、系统的人力资源服务业发展评价指标体系应该既能客观描述人力资源服务业的发展实情，准确反映人力资源服务业的发展水平、效率和阶段，又能有效地揭示人力资源服务业发展环境的协调状态和产业总体的可持续发展能力。人力资源服务业发展评价指标体系应既具有描述性，又具有评价性，是一项综合性指标体系。因此，人力资源服务业发展评价指标体系是指能够总体上反映人力资源服务产业规模、结构、质量、效能和运行状况，反映产业活动发展的广度和深度，反映产业活动与环境变化互动关系的一系列基本概念和具体数值的指标集合体。

四　指标体系的设计思路和原则

（一）设计思路

1. 吸收国民经济核算体系的基本思想

为了度量一个国家或地区的宏观经济变量在一定时期内所达到的总规模或总水平，常常需要按照一定的计算口径，在一定范围内，以一定的核算体系为标准，建立一整套国民经济总量管理的指标体系。①

国民经济核算体系是一个国家或地区最权威的经济指标体系，是所有其他指标体系设计的基础前提和重要参考。我国国民经济核算指标体系主要从经济活动基本条件、活动过程、经济成果与使用，以及社会经济效益及后果四个方面，对国民经济核算的主要指标进行分类整理，它比较全面地反映了我国经济社会再生产的各个方面和全过程。国民经济核算体系指标设置所体现的完整性、协调性、可比性、可行性等原则，也是所有其他指标体系在设计过程中必须吸收、借鉴的主要原则。

2. 遵循产业经济学说中的基本分析框架

“结构－行为－绩效”（SCP 范式）是产业经济学中进行产业评价的经典分析框架。在产业经济学的“结构－行为－绩效”分析总体框架中，供给与

① 江勇：《宏观经济管理》，武汉大学出版社，1996，第89页。

需求状况是基本条件，“结构 - 行为 - 绩效”分析用于主体分析。运用该分析框架的有关内容，可以描述和分析人力资源服务业所面临的环境、企业的竞争与协调行为、企业的经营效果，以及政府对市场组织的调节作用等。该分析框架为制定合理化、高级化的人力资源产业政策提供了分析工具。

3. 借鉴服务管理理论中的已有成果

服务管理是与计划、决策、指挥、协调和控制等相关的一系列服务功能活动，服务质量管理和服务供应链管理是其两大重点内容。

服务质量评价是人力资源服务业发展评价体系设计中的重要组成部分，本研究吸收借鉴了西方管理理论中服务质量管理和服务供应链管理的评价工具。一是美国的服务管理研究组合 PZB（Parasuraman，Zeithaml，Berry）提出的服务质量差距模型，它对顾客感知的服务质量进行了测量。这是世界范围内普遍被接受、能适用于不同行业的一种较好的评价方法。① 二是美国供应链管理专业协会认同的“供应链评价”思想。② 供应链评价的主要思路是：从着眼点看，评价应服务于供应链的目标，涵盖供应链的服务水平和供应总成本目标的同时实现；从客体看，评价应包括供应链整体及各组成成员，而不只是单一结点企业的组织绩效最优化；从空间看，评价涉及供应链上结点的内部绩效、终点企业之间的外部绩效和供应链全过程的综合绩效；从内容看，评价涉及反映供应链运营状况和运营关系的各种评价度量指标维度；从时间看，评价涉及事前、事中和事后的绩效评价，应该侧重于事前、事中的绩效评价，以指导和调整供应链运行行为。

4. 以人力资源的供给与需求为依托

人力资源服务业发展评价研究需要运用从人力资源供求到人力资源服务供求的分析思路。因为人力资源供给与需求是人力资源服务的供给与需求的来源，人力资源服务的供给与需求是人力资源供给与需求的派生物。二者之间的联系是：第一，彼此之间存在对应关系，即有一定的人力资源供求，就有一定的人力资源服务供求；第二，这种对应关系可以抽象为一个函数，即人力资源服务供求 = 人力资源供求 × 服务倍数。二者之间的区别是：同一人力资源可以

---

① 李雪松：《服务营销学》，清华大学出版社，2009，第 266 ~ 271 页。

② 谢家平：《供应链管理》，上海财经大学出版社，2008，第 314 ~ 315 页。

有多次或不同的服务供给与需求，人力资源服务的供给与需求具有放大效应；同时，人力资源的供给与需求通常有时空限制，而人力资源服务的供给与需求能够突破时空限制，更容易空间集聚、网络化运营等。

人力资源服务的供给与需求和人力资源供给与需求之间的联系及区别衍生出了一系列新的概念和评价视角。比如，人均服务次数、人均服务费用、地均服务次数、地均服务费用等服务密度概念。另外，由于人力资源具有生命周期和年龄结构，因此也引申出了服务高度、服务深度、服务广度、服务流、服务链、服务网络，甚至云服务等新的考量指标。

（二）设计原则

第一，发展导向原则。以引导人力资源服务业健康发展、提升水平、提高效益和增强竞争能力为出发点和落脚点，构建人力资源服务业发展评价指标体系。

第二，指标体系构建的 SMART 原则。指标的制定要满足特定性（specific）、可测量性（measurable）、可得性（attainable）、相关性（relevant）及可跟踪性（tractable）。

第三，符合中国国情原则。从我国实际出发，以现行的国民经济核算体系为逻辑框架，力争与政府权威部门的相关统计体系充分衔接。

第四，国际接轨和便于比较原则。借鉴和吸收国外相关评价指标研究成果，注重动态跟踪，同时力争对不同地区人力资源服务业发展具有比较和导向作用。

五　指标体系的框架设计

根据我国人力资源服务业发展要求，我们以相关学科理论和技术为指导，构建了由 5 个评价维度、13 个评价指标、42 个统计指标构成的人力资源服务业发展评价指标体系。其中，五大维度包括：发展制度环境维度、发展资源潜力维度、发展规模结构维度、服务质量创新维度和服务效率效益维度。

指标体系由三级指标构成：一级指标为维度指标，五大维度共同构成了本评价体系的总体分析框架；二级指标是评价指标，主要反映具体的评价对象及其内容；三级指标为统计指标，为评价体系提供具体的数据支撑。

（一）发展制度环境维度

发展制度环境是指影响或制约行业发展、支配特定行为模式与相互关系的一系列规则的总和。现代制度经济学认为，必须从组织环境的角度去研究、认识各种各样的组织行为，解释各种组织现象。人力资源服务业的发展制度环境维度指标反映的是我国现行制度环境对人力资源服务业发展所产生的推动、引导和调节作用。根据对人力资源服务业的影响程度，可以将其进一步细分为法律制度环境、市场化环境和社会中介组织发展环境三个方面。

法律制度环境主要涉及与人力资源服务业发展有关的法律法规，包括服务业产业政策和劳动法律，可以选用制度建立健全情况、制度实施效果和市场监管情况（机构、人员和行为）三个指标表示。市场化环境主要涉及政府与市场主体之间的关系等，可以选用非国有企业占全国企业比例、非国有企业产值占行业总产值的比重、非国有企业从业人员占行业从业人员总数的比重三个指标表示。社会中介组织发展环境主要涉及第三方的中间组织，可以选用加入行业协会的企业数占企业总数的比例和加入工会的劳动者数量占全体劳动者数量的比例两个指标表示（见表1）。

表1　发展制度环境维度评价指标一览

<table>
<tr><th>一级指标</th><th>二级指标</th><th>三级指标</th><th>资料来源或统计路径</th></tr>
<tr><td rowspan="6">发展制度环境</td><td rowspan="3">法律制度环境</td><td>制度建立健全情况</td><td>问卷调查</td></tr>
<tr><td>制度实施效果</td><td>问卷调查</td></tr>
<tr><td>市场监管情况（机构、人员和行为）</td><td>问卷调查</td></tr>
<tr><td rowspan="3">市场化环境</td><td>非国有企业占全国企业比例</td><td>统计计算</td></tr>
<tr><td>非国有企业产值占行业总产值的比重</td><td>统计计算</td></tr>
<tr><td>非国有企业从业人员占行业从业人员总数的比重</td><td>统计计算</td></tr>
<tr><td rowspan="2">发展制度环境</td><td rowspan="2">社会中介组织发展环境</td><td>加入行业协会的企业数占企业总数的比例</td><td>统计计算</td></tr>
<tr><td>加入工会的劳动者数量占全体劳动者数量的比例</td><td>统计计算</td></tr>
</table>

（二）发展资源潜力维度

发展资源潜力是指人力资源服务业发展所依赖的现实资源及潜在资源的总

和。发展资源潜力的有限性和分布不均衡性决定了对人力资源服务业发展资源潜力评价的必要性和重要性。资源基础论认为，资源具有异质性，这种异质性决定了产业竞争力的差异。人力资源服务业的发展资源潜力维度指标，主要反映的是我国人力资源服务业的资源条件和发展潜力，主要通过人力资源市场发展情况体现。由于人力资源服务业的发展资源潜力通常由人力资源的市场供给、需求以及流动状况等共同决定，本研究把人力资源服务业的发展资源潜力维度细分为人力资源供求状况、经济增长对就业的吸纳能力，以及人力资源流动状况三个方面。

人力资源供求状况反映社会对人力资源服务的需求潜力，主要选用劳动力总人口、就业人口、调查失业率①、求人倍率、通过服务机构求职的求职人数等指标。经济增长对就业的吸纳能力是指随着经济的发展，企业生产扩张多吸纳劳动力的能力。由于企业劳动力数量能够反映企业真实的劳动力需求，可用GDP 增长率、就业增长率及就业弹性系数②来直接反映经济增长对就业的吸纳能力。人力资源流动状况是指人力资源在不同岗位、部门、产业或地域的分布和流动状况，它能够从另一个层面反映社会对人力资源服务的需求状况（规模、水平）。影响人力资源流动的因素有很多，但经济因素是首要因素。因此，此处采用两个方面的指标：一是行业间职工人数变动率③；二是劳动力工资率水平与经济发展水平的差异对比④（见表 2）。

（三）发展规模结构维度

产业经济学中常用产业规模结构效率⑤来表征产业经济规模的实现程度，

① 调查失业率为调查失业人数与调查从业人数和调查失业人数之和的比。

② 就业弹性系数是就业人数增长率与 GDP 增长率的比值，即 GDP 增长 1 个百分点带动就业增长的百分点。系数越大，经济吸收劳动力的能力越强，反之则越弱。

③ 该指标用来衡量劳动力在行业间的流动程度，指标来自《中国市场经济发展报告（2005）》。

④ 该指标是工资率的变异系数与人均 GDP 的变异系数的比值，指标来自《中国市场经济发展报告（2005）》。

⑤ 产业规模结构效率也称产业组织技术效率，主要用达到或接近经济规模的企业产量占整个产业产量的比例、垂直一体化的企业产量占流程各阶段产量的比例，以及产业内企业生产能力的剩余情况等来反映。

表 2　发展资源潜力维度评价指标一览

一级指标	二级指标	三级指标	资料来源或统计路径
发展资源潜力	人力资源供求状况	劳动力总人口	统计计算
		就业人口	统计计算
		调查失业率	统计计算
		求人倍率	统计计算
		通过服务机构求职的求职人数	统计计算
	经济增长对就业的吸纳能力	GDP 增长率	统计计算
		就业增长率	统计计算
		就业弹性系数	统计计算
	人力资源流动状况	行业间职工人数变动率	统计计算
		劳动力工资率水平与经济发展水平的差异对比	统计计算

即产业内达到最佳经济规模企业的比重，以及企业规模能力有效利用程度。这种效率被分为低效、过度集中和理想三种状态。产业规模结构不仅可以反映产业内单个企业的规模经济水平，而且可以反映产业内企业之间分工协作水平的程度和效率。人力资源服务业的发展规模结构维度主要反映人力资源服务业的产业发展组织程度及其内部各业务的比例结构。可以将其分为服务中介机构的发育程度和服务产品市场的发育程度两个方面的内容。

服务中介机构的发育程度反映的是服务中介机构数量和规模，主要选用人力资源服务机构数量（含经营性和公益性）、从业人员数、人力资源服务业协会入会企业数占行业企业总数的比重和行业总产值等指标表示。服务产品市场的发育程度反映的是人力资源服务业的服务宽度、厚度和广度等，主要选用人力资源服务业的服务业态类型数、各业态产值占比、市场覆盖率①三个指标表示（见表 3）。

① 该指标是人力资源服务机构开设网点所在区县的数量占全国区县总数的比例。

表 3　发展规模结构维度评价指标一览

一级指标	二级指标	三级指标	资料来源或统计路径
发展规模结构	服务中介机构的发育程度	经营性服务机构数	统计计算
		公益性服务机构数	统计计算
		从业人员数	统计计算
		人力资源服务业协会入会企业数占行业企业总数的比重	统计计算
		行业总产值	统计计算
	服务产品市场的发展程度	服务业态类型数	统计计算
		各业态产值占比	统计计算
		市场覆盖率	统计计算

（四）服务质量创新维度

ISO 9001 将质量定义为"一组固有特性满足要求的程度"。随着产品同质化加剧市场竞争，质量创新日渐成为现代产业营造顾客忠诚、获取竞争优势的关键。人力资源服务业的服务质量创新维度主要反映人力资源服务业的服务质量及其创新程度，即人力资源服务满足社会需求的程度以及服务创新能力，该维度可分为质量水平和创新能力两个方面的内容。

质量水平反映的是人力资源服务质量发展的状况，可以用服务满意度①、顾客忠诚度②和市场可接受的服务价格③三个指标来表示。创新能力反映的是人力资源服务创新所能达到的程度，通常包括信息化水平、科研投入和科研产出三个方面，主要选用拥有服务网站或数据库企业数占企业总数比、网络服务人次占总服务人次比④、研发经费、新产品数、新产品营业收入和年专利授权数五个指标表示（见表 4）。

（五）服务效率效益维度

效率效益是指投入与产出的比较。人力资源服务业的服务效率效益维度主

① 该指标反映的是顾客对产品或服务的消费经验的情感反映状态。

② 该指标是指老客户数量占总客户数量的比例。

③ 该指标可表示为服务营业总收入和人力资源服务的总人次之比。

④ 该指标反映的是人力资源信息的数字化加工能力、储存状态、共享开放程度和网络系统运行状况。

表 4　服务质量创新维度评价指标一览

一级指标	二级指标	三级指标	资料来源或统计路径
服务质量创新	质量水平	服务满意度	问卷调查
		顾客忠诚度	问卷调查
		市场可接受的服务价格	统计计算
	创新能力	拥有服务网站或数据库企业数占企业总数比	统计计算
		网络服务人次占总服务人次比	统计计算
		研发经费	统计计算
		新产品数	统计计算
		新产品营业收入	统计计算
		年专利授权数	统计计算

要反映的是人力资源服务的经济结果和社会影响，一般包括盈利能力、社会贡献水平和服务劳效三个方面的内容。

盈利能力是人力资源服务业实现产业资产保值增值的能力，主要选用营业利润率和总资产报酬率两个指标表示。[①] 社会贡献水平反映的是人力资源服务业创造经济价值和社会效益的能力，主要选用人力资源服务业产业增加值[②]占GDP 的比重、生产税净额[③]和人力资源服务前后失业率对比[④]三个指标表示。服务劳效是指人力资源服务行业的服务生产效率，主要选用行业全员劳动生产率[⑤]和公共服务效率[⑥]两个指标表示（见表 5）。

① 一般盈利能力的财务统计包括营业利润率、成本费用利润率、盈余现金保障倍数、总资产报酬率、净资产收益率和资本收益率六项。营业利润率是利润总额与营业总收入之比，该比值越高，表明行业收益越高。行业生产销售的增加和费用开支的节约，都能使这一比值提高。总资产报酬率是利润总额与年初资产总额与年末资产总额平均值之比。此项比值越高，表明资产利用效益越好，经营管理水平越高。

② 人力资源服务业产业增加值是人力资源服务业企业在报告期内以货币形式表现的劳务活动的最终成果，是人力资源服务业企业服务过程中新增加的价值。

③ 生产税净额是企业按规定上缴的各种税金之和与补贴之差，主要包括销售税金、增值税、成本税及各种附加费，但不包括所得税。

④ 全球私营职业中介机构联合会（CIETT）的 2013 年研究报告使用了人力资源服务前后失业率对比指标，我们可以参照使用。

⑤ 该指标是人力资源服务业产业增加值与全部行业从业人员平均数之比。

⑥ 该指标是公共服务机构当年财政预算总和与从业人员总数之比。

表 5　效率效益维度评价指标一览

一级指标	二级指标	三级指标	资料来源或统计路径
效率效益维度	盈利能力	营业利润率	统计计算
		总资产报酬率	统计计算
	社会贡献水平	人力资源服务业产业增加值占 GDP 的比重	统计计算
		生产税净额	统计计算
		人力资源服务前后失业率对比	问卷调查
	服务劳效	行业全员劳动生产率	统计计算
		公共服务效率	统计计算

六　进一步的研究思路和政策建议

（一）进一步的研究思路

由于资源约束，本研究以基础研究为主，重点探讨指标体系建立的理论依据、构建思路和指标体系的理论框架，以后还将进一步深入研究。一是根据“专业化、信息化、产业化、国际化”的发展目标，研究人力资源服务业产业功能链的发展趋势，为优化指标体系提供依据。二是进一步精选和完善各评价指标，细化各评价指标的权重设计，为指标体系的测验与优化奠定基础。三是构建相关的数据搜集、整理和统计分析系统，在实证研究的基础上，对指标体系进行进一步的检验、纠正和优化。四是根据特定的评价需求，遴选创建具有不同评价功能的人力资源发展评价指标模块（如专业化、产业化、园区集聚、信息化和国际化等），并根据具体需要开展相关模块的评估研究。六是进一步开展企业、行业、地方和国家等层面人力资源服务业发展评价的标准化、规范化工作。

（二）政策建议

第一，加强宣传工作。大力宣传开展人力资源服务业发展评价工作的意义，把相关产业发展评价作为促进人力资源服务业发展的重要手段，树立发展取向的正确评价观，形成开展产业发展评价的良好社会氛围。

第二，建立保障机制。加大对人力资源服务业发展评价工作的投资力度，推进相关立法保障工作，建立健全合理有效的发展评价机制，鼓励建立专业的发展评价机构，引入国内外新的评价工具和方法，搭建评价网络信息平台。

第三，加强队伍建设。建立从事发展评价工作人才的培养和开发机制，制订评估人才队伍的培养计划，开发相关专业课程，开展评估人才培训。

第四，发挥行业作用。重视行业协会和核心企业等在产业发展评价中的作用，优化和完善人力资源服务业尤其是非国有人力资源服务企业的统计调查与核算方法，力争在较短的时间内建立起人力资源服务业相关数据的统计渠道和统计标准。

第五，促进部门合作。人力资源服务业包含诸多业态，其中一些业态在统计和管理上与其他部门存在交叉，如人才教育培训与教育部门有关，管理咨询与科学研究部门有关等。因此，建议相关部门在有关数据统计和交流方面建立有效的协同合作机制，为顺利开展人力资源服务业发展评价工作奠定良好的基础。

参考文献

〔日〕速水佑次郎等：《发展经济学——从贫困到富裕》（第三版），社会科学文献出版社，2009。

苏东水：《产业经济学》，高等教育出版社，2000。

陆铭：《劳动和人力资源经济学》，上海人民出版社，2007。

曾湘泉：《劳动经济学》（第二版），复旦大学出版社，2010。

蔡昉等：《劳动经济学：理论与中国现实》，北京师范大学出版社，2009。

刘瑞等：《社会发展中的宏观管理》，中国人民大学出版社，2005。

张连如：《国民经济素质评价与分析》，商务印书馆，2005。

江勇：《宏观经济管理》，武汉大学出版社，1996。

陈力等：《我国转型期的人才流动与人才市场》，研究出版社，2006。

杨文武：《中国房地产业指标体系研究》，巴蜀书社，2008。

李雪松：《服务营销学》，清华大学出版社，2009。

谢家平：《供应链管理》，上海财经大学出版社，2008。

陈力、汪怿等：《我国人力资源服务业政策法规建设研究》，中国人事出版社，2012。

倪鹏飞、潘晨光：《人才国际竞争力：探寻中国的方位》，社会科学文献出版社，2010。

人力资源和社会保障部人力资源市场司：《全国人力资源市场建设座谈会学习材料汇编》，2010 年 6 月。

International Labor Office, International Institute for Labor Studies, *World of Work Report 2012: Better Jobs for a Better Economy*, Geneva: ILO, 2012.

StefanBoeters, Luc Savard, "The Labor Market in Computable General Equilibrium Models," *Handbook of Computable General Equilibrium Modeling* 1 (2013).

KenBurdett, "Towards a Theory of the Labor Market with a Public Sector," *Labor Economics* 19 (2012).

Niklas Potrafke, "Globalization and Labor Market Institutions: International Empirical Evidence," *Journal of Comparative Economics*, in press, accepted manuscript, available online, 24 February, 2013.

Suqin Ge, Dennis Tao Yang, "Labor Market Developments in China: A Neoclassical View," *China Economic Review* 22 (2011).

B.13

北京市公共就业和人才服务状况调查报告

廖少宏　董小华　张宇泉*

摘　要：

目前我国公共就业和人才服务正在积极整合与日趋完善。本报告紧紧围绕北京市开展公共就业和人才服务的状况进行调查研究，调查结果表明：目前北京市创新公共就业和人才服务的思路，通过积极推进人才市场和劳动力市场公共服务机构的整合，完善基层社保所的功能和规范，逐步完善市－区（县）－街道（乡、镇）－社区（村）和四级服务网络，完善精细化就业管理手段，强化公共就业和人才服务队伍建设，提升公共就业和人才服务的质量和效率。但随着人力资源市场的繁荣与发展，公共就业和人才服务仍然存在一定的障碍与挑战，还需要积极推进人力资源市场公共服务体系的顶层设计，明确人力资源市场公共服务机构的职能定位，加强人力资源市场信息系统建设，依照“底线思维”提升精细化就业管理水平，制定科学的服务质量评价体系，进一步完善人才服务队伍建设的激励与约束机制，创新公共就业和人才服务供给模式。

关键词：

公共就业和人才服务　人力资源市场整合　精细化管理

---

* 廖少宏，北京市科学技术研究院博士后，副教授，研究方向为劳动经济与人力资源管理；董小华，北京市人力资源和社会保障局人力资源市场处处长；张宇泉，北京人力资源服务行业协会常务副会长兼秘书长。

目前，我国许多省份已经建立了相对完善的城乡统一的就业和人才服务网络与政策扶持体系，实行了多项帮扶困难企业和职工稳定就业的政策。公共就业和人才服务政策的实施主要是以人力资源和社会保障部门所属的人力资源市场公共服务机构为核心，通过直接提供或政府购买服务等方式来实现。随着我国“转结构、调方式”逐步向纵深推进，就业结构与经济结构不匹配的问题将会更为突出，作为人力资源市场运行的润滑剂和有效市场中介，公共就业和人才服务机构在其中发挥了重要的作用，尤其是面对进城务工人员、就业困难人员和大学毕业生。由于多数公共就业和人才服务机构属于事业单位，公共服务与经营性服务一定程度上并存，管理体制还尚未理顺，内部管理制度还有待完善，尚未形成统一、规范、灵活的人力资源市场，这成为我国目前公共就业和人才服务机构在服务供给中面临的巨大挑战。

本报告紧紧围绕北京市开展公共就业和人才服务的状况进行调查研究，选取代表性人才服务中心、职业介绍服务中心以了解人力资源市场公共服务机构从事公共就业和人才服务的状况，总结目前公共就业和人才服务机构在服务提供中的经验，了解资源整合过程中面临的障碍，深入探讨目前存在的挑战，并提出提高服务质量和效率的具体措施与建议。

一　北京市公共就业和人才服务的现状

本报告采取问卷调查与个体访谈相结合的形式，选取海淀、朝阳、东城和西城四个代表性的城区进行详细访谈，详细了解单位情况、公共就业和人才服务总体情况、公益性招聘会活动、职业介绍情况、职业指导服务与职业培训情况、大学毕业生就业见习情况、人才引进与档案管理服务等人才服务和重大就业服务工程建设情况等。除此之外，还从市级层面详细调查了解公共服务机构的内部管理状况。同时，还与访谈者探讨了目前公共就业和人才服务中存在的主要问题和障碍，并积极听取了改善工作的意见和建议。

根据从市级层面搜集的数据和对重点区域受调查者进行的访谈，本报告从组织管理体制、公共就业和人才服务供给、组织与队伍建设、条件建设、能力建设五个方面对现状进行了深入分析。

（一）组织管理体制情况

目前，北京市公共就业和人才服务仍然主要由以事业单位形式存在的职业介绍服务中心、人才服务中心以及基层就业服务平台提供。从管理体制上看，这些机构的行政管理体系与业务办理管理体系各自的职责界定十分清晰。市人力资源和社会保障部门由就业促进处（失业保险处）、人力资源市场处、大中专毕业生就业处（大学生村官处）以及职业能力建设处几个处室负责拟定全市范围内与就业相关的规划和计划，并指导实施；各区（县）人力资源和社会保障部门设有就业促进科（失业保险科）、能力建设科，负责拟定与就业及能力建设相关的政策规划和计划，并指导实施。

从管理模式上看，公共就业和人才服务机构的设立、变更、编制、人员及经费等都由所在地的同一级政府负责。公共就业和人才服务机构是所在地政府就业管理部门的直属事业单位，与上级经办机构之间没有隶属关系，仅接受上级公共就业和人才服务机构的业务指导。市级层面的人才服务中心以及所属的毕业生就业服务中心、人才档案公共管理服务中心、职业介绍服务中心，主要负责市级公共就业和人才服务具体工作，与区（县）经办机构之间只是业务指导和服务关系，并没有行政隶属关系。区（县）级公共就业和人才服务机构的设立、变更、编制、人员及经费等，都由区（县）人民政府负责。从这种意义来说，公共就业和人才服务的机构管理，采取的是典型的属地管理模式。

（二）公共就业和人才服务供给情况

1. 职业介绍与职业指导情况

从北京市职业介绍与职业指导情况来看，人才服务中心、职业介绍服务中心（简称“职介中心”）、毕业生就业服务中心（简称“毕业生中心”）、基层社保所及其他机构，均提供相应的职业介绍与职业指导服务。从分布比例来看，以社保所和职介中心提供的推荐为主，两项合计占78.5%，尤其是街镇社保所推荐人数占比为48.3%，应该说其成为职业介绍的核心力量。人才服务中心和毕业生中心无论是推荐数量还是推荐成功率，均相对低一些。这反映了目前接受公共就业和人才服务机构提供的人员以中低端劳动者为主的基本事实。

职业介绍机构岗位空缺信息主要通过建立用人需求档案、进行空岗采集获取；个人求职信息的获取主要采取实名制求职登记的方式。2012 年，北京市求职登记 27.53 万人，岗位信息采取总量达到 128.5 万人，人员供求比为 4.7∶1，应该说，职业介绍机构为求职登记人员提供了大量的岗位信息。

在职业指导方面，针对个人求职，职业介绍机构开展一对一的指导和跟踪回访，并进行岗位推荐。2012 年，北京市共推荐 31.5 万人次，求职推荐率达 110%，推荐成功率达 50.9%，充分发挥了职业指导在人岗匹配中的重要作用。

2. 现场招聘会情况

现场招聘会作为传统的招聘求职途径，能够保证供求双方面对面交流。不同类型的专场招聘会针对不同类型的人群开展，能更好地为求职者服务。对公共就业和人才服务而言，现场招聘会一般由人力资源市场公共服务机构举办，人才服务中心、职介中心、毕业生中心和基层社保所均举办过现场招聘会。

截至 2012 年底，北京市人力资源市场公共服务机构举办的各种不同规模和类型的现场招聘会达 3944 场（其中毕业生专场 362 场），参会单位达 5.34 万家，提供就业岗位 114.6 万个（其中毕业生岗位 18.5 万个），参会人数达 91.9 万人（其中毕业生参会人数达 17.35 万人）。从举办场次的机构占比来看，基层社保所占 43.1%，职介中心占 25.7%，人才服务中心占 21.3%。社保所依然在组织招聘会方面发挥了积极的重要作用。

平均每场招聘会参会单位为 14 家，其中毕业生中心举办的为 43 家，人才服务中心举办的为 24 家，基层社保所举办的为 7 家；平均每场招聘会提供岗位 291 个，其中毕业生中心举办的为 686 个，职介中心举办的为 510 个，基层社保所举办的为 159 个。应该说，毕业生中心和职介中心在举办招聘会规模上明显超过了基层社保所。通过调研得知，毕业生中心和职介中心举办的招聘会一般组织时间较长，规模和范围较大，而基层社保所一般以单一街道为单位或联合相邻社保所开展招聘会活动，具有范围小、参会单位少、参与人数少的特点。从面对毕业生的专场招聘会来看，其规模明显较大，尤其是人才服务中心举办的招聘会，平均每场提供岗位数达 743 个，平均每场参会人数达 836 人，与毕业生中心举办的招聘会一起，在毕业生的求职招聘中发挥了重要作用。

3. 网络招聘求职情况

网络招聘作为一种非常重要的方式，目前在招聘求职中发挥着重要的作用。从调研情况来看，各区（县）职介中心和人才服务中心一般会设立专门的网络招聘求职网站，内容涵盖了招聘信息发布、求职登记、就业指导、招聘会信息发布与更新、政策解读等多方面内容。网络招聘逐步成熟，从策划、程序开发、前台设计到推广、招商各个环节，均已形成规范的操作流程。据粗略统计，在北京市受调查的43个公共就业和人才服务机构中，26个建立了专门的网络招聘网站，不过仍有17个无专门网站，其中10个为职介中心。

2012年，北京通过信息网络采集的岗位数量为85.1万个，个人求职登记20.4万人，其他网络服务354.1万人次。其中，采集岗位数量和个人求职登记数量最多的仍然是基层社保所，占将近60%；其次是职介中心，占30%左右。其他网络服务主要由人才服务中心来承揽，比例高达99.3%。

4. 就业援助情况

2012年，北京市就业援助对象达11.4万人，就业援助成功人数达6.67万人，总体援助成功率达58%。其中，基层社保所就业援助对象人数占所有机构的83.1%，援助成功人数占94.7%。援助成功率以基层社保所最高，达66.4%；人才服务中心较低，仅为10.0%。

为了进一步提高就业援助的服务效果、提高就业援助在解决就业困难人员就业中起到的积极有效的作用，2012年，北京市出台了《北京就业援助规定》，明确从2012年5月起，七类就业困难人员可免费享受就业援助，用人单位招用就业困难人员可获社会保险补贴和岗位补贴。

2012年11月，根据人力资源和社会保障部、中国残疾人联合会《关于开展2013年就业援助月活动的通知》，北京市决定于2013年元旦、春节期间在全市范围内开展就业援助月专项活动。根据人力资源和社会保障部、中国残疾人联合会《关于开展2014年就业援助月活动的通知》，北京市于2014年1月上旬开始在全市范围内开展就业援助月专项活动，收到了良好的效果。

（三）组织与队伍建设情况

1. 机构设置情况

由于历史原因，职介中心、人才服务中心的机构和称谓一直延续下来，彼此之间职能定位相似，只是服务人群略有不同。基于建立统一、规范、灵活和更加开放的人力资源市场服务体系的基本要求，北京市人力资源和社会保障局对所属公共就业和人才服务机构进行了整合，形成了统一的人力资源市场公共服务架构，但大部分区（县）还没有实现人才服务中心和职介中心的整合，人才服务中心和职介中心各自的主要业务部门、公共服务业务仍按照人才市场和劳动力市场原有体制运行，因此，部门设立尚不统一，名称也不一致。据统计，北京市各区（县）所属的人力资源市场公共服务机构共计 43 个，其中，职介中心与人才服务中心分设的区（县）有 11 个；职介中心、人才服务中心、人才市场分设的有 5 个；职介中心与人才服务中心合一的有 1 个。总体来看，各区（县）均统一设有人才服务中心和职介中心，承担公共就业与人才服务相关工作。

除区（县）一级人才服务中心与职介中心外，基层街道（乡、镇）社会保障事务所（劳动就业服务站）在就业中发挥了积极的重要作用。截至 2014 年，全市共设立 326 个社保所，涵盖了全部的街道（乡、镇）。

2. 机构性质和经费形式

据统计，区（县）人力资源市场公共服务机构的性质主要有三类：一是全额拨款事业单位，共 25 个，占 58%；二是全额拨款事业单位、人员纳入规范工资管理的机构，共 12 个，占 28%；三是自收自支事业单位，共 6 个，占 14%。经济开发区职介中心虽然属于全额拨款单位，但始终与开发区人才服务中心合署，以自收自支方式运营。

3. 机构规格情况

据统计，在 43 个人力资源市场公共服务机构中，现为副处级的有海淀人才、朝阳人才、顺义人才、开发区人才和职介 5 个机构，其他均为正科级。在副处级机构中，海淀人才经过市编办批复，开发区人才和职介经过国家事业单位登记管理局登记；朝阳人才和顺义人才均是区委、区政府批复的。

4. 领导职数、编制与人员情况

在各区（县）所属机构中，领导职数共计 172 名，其中副处级领导 6 名，正科级领导 63 名，副科级领导 103 名。

各区（县）所属服务机构编制数总计 1114 人，实有 1423 人，其中公务员编制 20 人，占 1%；事业编制 901 人，占 63%；合同制 381 人，占 27%；其他形式 121 人，占 9%。43 个机构中有 23 个人员编制在 20 人以下，其中有 10 个机构编制不足 10 人。

除区（县）一级人员外，目前全市 326 个街道（乡、镇）已全部建立社保所，配备工作人员 4167 人。全市 98% 以上的社区和行政村组建了就业服务组织，有 2527 个社区聘用了劳动保障专职协管员 4296 人，3844 个村委会聘用了劳动保障专（兼）职协管员 4554 人，全市有 579 名社区专职工作者和 1340 名大学生村官从事基层人力社保工作。

5. 机构整合情况

目前，市级层面已经整合成立北京市人才服务中心，下设 4 个属（管）单位：北京市人才开发中心（代管）、北京市毕业生就业服务中心、北京市人才档案公共管理服务中心、北京市职业介绍服务中心。区（县）推进“两个市场”整合，目前主要有以下几种类型。

一是建立统一的公共服务机构，全面整合业务。房山区在 2010 年成立了房山区人力资源管理服务中心，实现了“八个整合、八个统一”，打通原人才中心和职介中心的业务，设置了一室六部，但是没有在区编办申请登记。

二是将人才中心和职介中心业务按照“合并同类项”的原则进行整合。石景山区将人才中心和职介中心人员、业务进行了调整，将人才中心的档案、保险业务划入职介中心，将职介中心的职业介绍、职业指导业务划入人才中心。

三是虽未建立统一的机构，但是完成或部分完成了两中心职能、人员、场地、服务内容、服务流程的整合，比如丰台、门头沟、大兴、平谷、怀柔、延庆。此外，开发区人才（职介）中心在成立之初就为“两块牌子，一套人马”。

（四）条件建设情况

1. 办公及服务场地设施情况

（1）区（县）办公及服务场地设施情况

因为北京市区（县）人口与区域面积存在差异，各区（县）所属机构办公及对外服务场所条件差异较大。建筑面积超过3000平方米的有西城区职业介绍服务中心、朝阳区人才服务中心、朝阳区职业介绍服务中心、昌平区职业介绍服务中心；小于300m平方米的有门头沟区职业介绍服务中心、怀柔区人才服务中心、门头沟区人才服务中心、朝阳区就业促进中心、怀柔区职业介绍服务中心。

通过调查了解，由于受原有体制的限制，人才服务中心和职介中心两类公共服务机构一般分设，各有各的人员和场所，如朝阳区人才服务中心和职业介绍服务中心距离较远。有的地区实行一体化办公，如海淀区、西城区两类机构均联合一体办公。

（2）基层服务平台办公及服务场所设施

从目前情况来看，中心区街道社保所服务大厅面积均不少于200平方米；镇及近郊区（县）的乡社保所办公面积一般不少于100平方米；远郊区（县）的乡社保所一般不少于50平方米。从服务设备的配置来看，基层社保所均能保证配备人均1台计算机，以及相关的打印机等设备，而且均有与市级平台联网的计算机网络设备。

2. 精细化就业管理服务

精细化就业管理服务是指各级公共就业服务机构以促进就业、稳定就业为目标，将服务对象细分，根据不同群体的不同需求，采取积极主动、灵活多样的服务方式和规范化、信息化服务手段，为服务对象提供高效、便捷、有个性、有针对性的管理服务。精细化就业管理服务通过明确管理责任、量化服务内容、规范业务操作，依托信息平台进行有效控制，最终实现就业服务由复杂化变为简单化，由简单化变为流程化，由流程化变为定量化，再由定量化变为信息化。

2013年，北京市出台《关于印发〈精细化公共就业服务暨职业指导工作室试点建设指导意见〉的通知》，明确了精细化公共就业服务的具体实施意见，要求开展求职愿望摸查，主动上门进行岗位采集，根据不同人群的特点和用人单位的需求，开展精细化职业指导和单位用人指导服务，积极搭建供需对接平台，提高公共就业服务质量和效率。实际上，部分区（县）针对公共就业服务中存在的问题，提出了精细化就业管理的具体操作规程，形成了具有区域特色的精细化就业管理模式与方法。

3. 信息化建设

（1）北京市人力资源市场信息系统建设

按照国家金保工程的总体要求，依托北京市电子政务专网和全局统一的安全体系，北京市于2003年起组织开发建设“北京市劳动力市场信息系统”（现已更名为“北京市人力资源市场信息系统”），历经业务流程梳理、软件开发、基础环境建设、系统上线推广等过程，于2008年12月正式验收并投入使用。该系统共有13个子系统，分别是失业人员管理、优惠政策管理、农村劳动力管理、境外劳动力管理、资金管理、机构管理、政策咨询、劳动人事代理、职业指导、职业介绍、职业技能培训、职业技能鉴定考核、创业指导。系统面向失业人员、就业困难群体、外地来京务工人员等城乡劳动者和各类企事业单位，提供失业保险待遇发放、促进就业经费审核发放、求职招聘、培训鉴定考核、人事档案管理，以及社会保险经办等服务工作。目前，该系统已全部覆盖市、区（县）、街道（乡、镇）三级公共就业服务机构，并逐步向社区（村）级服务站延伸，基本实现了“三级纵向数据集中、全市范围横向信息共享、劳动力市场业务全方位互动”的建设目标。

北京市各区（县）职介中心、各街道（乡、镇）职业介绍所按照统一流程、统一规范的要求，已实现职业介绍业务全市联网，为求职人员提供“一点登记，多点匹配推荐”的公共就业和人才服务。

（2）区（县）本地化的信息化建设

由于各区（县）经济发展不平衡，对公共就业和人才服务工作的管理措施和手段不同，所以各区（县）对本地公共就业和人才服务信息化建设有不同的个性化需求，在全面推广统一的信息系统的同时，着重加强了区（县）本地化建设。对于属于大系统业务的本地化需求，全部纳入信息系统的维护工作，由区（县）提出申请，市局信息中心组织需求调研，经相关业务处室认可后，由市里统一安排开发和上线运行。对于区（县）新增的个性化需求和以前自主开发建设并确需保留的系统，比如石景山区的社保所系统、朝阳区的优惠政策系统，以及西城区开发的就业服务综合管理平台，在确保市级数据安全、集中、统一、完整的基础上，通过技术手段，逐步实现区（县）个性化业务的不断完善。区（县）本地化建设，不但有效地避免了信息化建设的重复开发和资金的重复投入，而且进一步提高了信息系统的实用性。

（五）能力建设情况

1. 积极开展培训，提升职业介绍和职业指导能力水平

为了提升职业介绍和职业指导人员的能力水平，2013 年，北京市出台了《关于印发〈精细化公共就业服务暨职业指导工作室试点建设指导意见〉的通知》，明确了职业指导工作室组成、职责和运行机制及保障措施制度，为服务对象提供四级分类服务，建立跟踪服务台账等精细化就业服务模式。

各区（县）人力资源和社会保障局定期对基层社保所和村级就业服务组织从事职业介绍和职业指导的工作人员进行培训，提升相关工作人员整体素质和能力水平，帮助其了解各项就业促进政策，熟悉相关优惠政策和工作流程，开拓指导思路，分类进行职业指导和推荐就业，提高劳动力就业成功率。

2. 采取目标责任制，落实监督考核，提升基层服务能力和水平

通过两次评估，2006 年度达到合格标准的社保所为 291 个，经过几年的建设，到 2012 年，有 323 个社保所达到合格及以上标准，其中五星级的社保所 144 个，四星级的 118 个，三星级的 48 个，二星级的 1 个，一星级的 2 个，合格的 10 个。

各区（县）层面均在年初明确全年的目标，并细化分解到基层社保所，通过信息上报和统计制度，形成每月公共就业和人才服务的运行状况报告，而且通过对基层社保所进行监督考核，提高基层就业服务组织的能力水平。

3. 采取多种形式提升公共就业和人才服务人员的能力水平

各区（县）通过定期或不定期的人员考察交流或培训，针对新政策和新形势邀请著名学者专家对服务人员进行培训，以加强服务人员对业务知识的理解和

领会。此外，各区（县）还组织服务人员进行相关操作规范或实务性训练。

海淀区通过大赛的形式，提高公共服务机构工作人员精细化就业管理服务水平，为办事群众提供高效、便捷、有个性的服务。依据《海淀区城乡劳动力精细化就业管理服务操作规程》，海淀区制作统一的PPT课件，全区29个基层社保所共计1100余名公共就业服务人员以集中培训、封闭训练等形式积极参与大赛。大赛对海淀区进一步探索精细化就业管理服务新思路，找寻新方向，尝试新方法，树立严谨的公共就业服务工作理念，规范严格的就业服务工作流程，以及提升公共就业服务人员的素质和能力，起到了积极的推进作用。

这些具体的做法收到了积极的效果。根据对海淀区职业介绍服务中心的调查，2014年1~6月，全区（包括基层社保所）采集岗位信息9186个，登记个人求职信息467条，推荐匹配2647人次，成功推荐60人次成功就业，其中城镇失业人员成功就业34人次，农村转移劳动力成功就业1人次。全区登记求职3351人次，有就业意愿的334人次，建立职业指导台账220人次，跟踪回访698人次。

二　北京市公共就业和人才服务的经验与挑战

就业乃民生之本。北京积极践行社会主义核心价值观和北京精神，其就业促进工作毫无疑问走在了全国的前列，作为就业政策和措施落地实施单位的公共就业和人才服务机构，在此过程中发挥了积极的作用。建立统一、规范、灵活和更加开放的人力资源市场，提供“保基本、可持续、均等化”的公共就业和人才服务，已成为北京市人力资源市场公共服务机构的基本目标和行动纲领。本部分对北京市公共就业和人才服务机构的经验进行了总结和提炼，指出了目前北京市公共就业和人才服务机构面临的重大挑战。

（一）基本经验

1. 深刻理解和把握就业促进与经济社会发展需求的紧密关联性

改革开放以来，北京市第三产业产值比重呈快速增长态势，产业结构随着经济增长和首都经济发展战略的转变而不断得以优化调整，北京市的就业总量不断扩大，就业结构不断变化。不过，总的来说，就业结构相对滞后于产业结构，为保证在产业结构调整过程中实现就业结构的优化，北京市政府积极出台促进就业与再就业的各项政策，大力发展非公有制经济、第三产业、中小企业等，引导合理配置劳动力资源，使之与产业结构的演进相协调。进入 21 世纪以来，北京市就业总弹性回升，2003 年以来保持较高弹性，说明了经济快速增长对就业增长产生了积极作用。

从人力资源市场供需调查数据来看，2014 年北京市人才供给与需求增长总体趋势一致，但结构问题明显，人才供给的制约因素加剧了人力资源市场的结构性矛盾，尤其是一线员工的供给缺口率达 71.8%。其原因除外来劳动力“不愿来”和“留不住”外，还有本地劳动力生活压力小，缺乏从事一线工作的意愿。更重要的是，因为人力资源服务机构提供的劳动力的年龄主要集中在 40 岁以上，该年龄段人员的学历水平较低，缺乏基本的网络技巧，无法与用工需求方直接对接。此外，信息不对称导致一线普通工人“招工难”和“求职无门”现象并存。①

为解决面临的结构性难题，北京市人力资源和社会保障部门及其所属公共服务机构创新公共就业和人才服务的思路，提出了更多具有针对性的解决措施来提升公共就业和人才服务的质量与效率：进一步完善城乡统一的就业创业政策，全面做实就业服务、就业管理、就业援助工作，扩大职业技能培训，大力帮扶城乡困难群体就业；做好高校毕业生就业促进工作，加强离校未就业毕业生的就业指导和帮扶，健全鼓励到基层工作的服务保障机制。这些工作安排深刻地体现了公共就业和人才服务机构服务于经济社会发展的基本要求。

2. 积极完善组织管理体制和服务网络，保证服务均等化

有效的组织管理是保证公共就业和人才服务能够传递到服务对象的必要组织保证与条件。按照建设统一、规范、灵活和更加开放人力资源市场的要求，

---

① 《2014 年一季度北京人才供需差距仍在　制约因素亟待解决》，2014 年 4 月 24 日，http://www.bjhgk.gov.cn/ww/documentDital.action?docCode=t20140424_272079&yhid=guest。

北京市积极进行职介中心与人才服务中心的整合，充分利用各项资源推动人力资源公共服务均等化和经营性服务产业化，已初步形成了促进就业与人力资源开发并重、有形市场和无形市场相结合、公共服务与经营性服务协调发展、多层次与多元化的人力资源市场服务体系。

在服务网络建设方面，北京市在全国较早地（2001 年）出台了相关政策规定，以完善基层社保所的功能和规范，远远要早于人力资源和社会保障部出台的相关政策性规定。在前期做好大量工作的前提下，逐步完善市－区（县）－街道（乡、镇）三级服务网络，并向社区（村）延伸，不断强化区（县）劳动就业服务机构的功能建设。通过对基层社保所进行规范化和标准化考核，保证服务能够延伸和覆盖到就业困难群体和其他更为广泛的人群。通过同级财政经费给予保障和购买社保所公益性岗位等手段，积极进行条件建设，以保证公共就业服务的可持续性和均等化。

3. 通过信息化促进标准化、规范化建设，创新服务提供方式

针对目前人力资源市场信息系统相对分散的情况，北京市按照“一点登记、全市服务”的模式，统一标准、统一流程、统一规范，对现有相关业务进行梳理、整合和优化，尤其是对有业务交叉的原人才市场和劳动力市场进行积极整合，逐步梳理完善业务功能，扩大管理服务机构规模。通过需求调研、业务流程梳理、软件开发等系列工作，将人力资源市场信息系统建设成“技术保证有力、业务互联互通、操作规范高效、服务手段多样”的综合业务操作平台，真正实现对全市人力资源实行动态管理，促进人才充分流动、资源最佳配置。这实际上是公共就业和人才服务机构建设的标准化和规范化，它保证了全市所有服务机构提供的服务具有一致性，有利于宏观就业政策的落实。

北京市公共就业和人才服务机构积极开展新的公共就业和人才服务方式，通过短信、移动传媒等多种渠道发布就业服务信息，开展便民服务。完善语音系统 12333（政策咨询服务热线）和公共服务网上平台，通过电话、网络和微信平台为劳动者提供就业政策、职业介绍等咨询服务。同时，积极探索利用互联网技术开展职业指导、招聘求职、人事代理服务、人才素质测评、技能培训鉴定、创业指导等。

为了保证信息化建设与实际应用紧密结合，北京市公共就业和人才服务机构密切跟踪公共就业政策制定过程，及时提供高效、可行、安全的解决方案，快速完成软件系统的更新升级，使新出台的政策措施能体现在计算机网络管理的全程，确保业务与信息化管理同步进行。通过技术人员定期直接深入基层了解一线工作人员的需要，及时提供有效的技术支撑。另外，定期开展配套的系统操作培训，有效地解决由基层业务经办机构人员流动大造成的培训需求持续化问题，提高操作人员使用系统的能力。

4. 完善精细化就业管理手段，由“被动服务”向“主动服务”转变

为解决目前人员需求与供给的结构性矛盾，北京市通过深入开展精细化就业管理，将服务进一步前置，通过就业政策宣传、积极到用人单位进行空岗信息收集，积极主动地为求职者提供职业介绍与职业指导，开展职业培训活动，由过去的“被动服务”向“主动服务”转变。

（1）强化就业政策宣传力度

通过在服务大厅、网络服务平台、微信平台和社区发布信息等开展就业政策的宣传，针对失业人员、大学毕业生、就业困难人员的优惠政策，编制服务手册和政策问答手册，积极有效地开展就业政策宣传。尤其是在现场招聘洽谈会和网络专场招聘会上，通过设立政策宣传专区，引导和提醒求职者积极主动享受就业优惠政策，从而扩大政策宣传的覆盖面和提高政策宣传的效果。各社保所及时发布就业及社保就业政策、企业用工信息，积极帮助小微型企业开展享受相关促进就业优惠政策的申报工作。虽然不同区（县）的区域功能和定位不同，但均根据自身的特点提出了更为积极有效的宣传措施，应该说，宣传推广使得政策的知晓度和享受政策申请数量得到了极大的提高，形成了积极促进就业的良好局面。

（2）加强与用人单位的联络，提供个性化招聘服务方案

为进一步提升公共就业和人才服务精细化水平，创新服务模式，切实发挥公共就业和人才服务在人力资源市场服务中的主导作用，根据北京市《关于印发〈精细化公共就业服务暨职业指导工作室试点建设指导意见〉的通知》的要求，各区（县）公共就业和人才服务机构积极到用人单位进行走访，明确信息采集专员，通过主动上门服务的方式，对用人单位的招聘需求、用工特

点、用工计划等进行摸底调查，利用调查结果建立企业用人需求档案。同时，通过职介中心与用人单位建立长期服务关系，通过上门服务、电话追踪和网络沟通等方式，根据用人单位的实际招聘需求情况，为其制订个性化招聘服务方案，有针对性地提供信息采集、匹配推荐、用人指导、追踪回访等全程服务。

（3）完善职业介绍、职业指导、职业培训和失业保险管理，做到精准化服务

北京市公共就业和人才服务机构积极为劳动者提供“一站式服务”，即把职业介绍、职业指导、职业培训、失业保险管理等职能集中在一起，提供一条龙式的服务。通过实名制求职登记制度，结合用人单位的需求，通过系统进行自行匹配推荐和人工推荐，做好职业介绍、职业指导、职业培训及失业保险管理的有效衔接和协调，提高对求职人员和失业人员的精准化服务水平。

（4）深入用人单位开展服务，增强在职人员的稳定性

以市级职业指导试点工作室建设为契机，各区（县）积极组建区（县）级职业指导专家团队，按照辖区企业网格化管理、精细化服务的模式，为企业提供定制化的职业指导服务。一是加强对处于波动期的职工的在职指导。入职第一个月与劳动合同即将到期的在职职工一般会有不同程度的心理波动，为了让其平稳地渡过波动期，尽快适应或调整好心态，通过助企指导工作室对其进行心理调适与职业指导，从而做好企业在职职工的稳岗工作。二是加强企业用工指导。定期组织各区（县）内重点企业，尤其是制造和服务企业，召开座谈会，交流先进的用工和稳岗措施及人力资源管理理念，促进员工流失率较大的企业通过营造企业文化、建立稳岗机制，增强员工对企业的认同感和工作责任感，从而降低企业的员工流失率。

5. 积极开展培训，落实激励约束机制，强化公共就业和人才服务队伍建设

人才队伍建设乃公共就业和人才服务机构高质高效提供服务的根本保证。通过积极开展培训、提高机构规格、“参公”等办法，激励工作人员提高工作积极性。以目标责任制为基础，以完成任务指标为依托，进行层层目标责任的分解，通过服务评比等手段来强化考核，实现对工作人员服务质量的约束。应该说，目前北京市已初步形成了相对完善的激励与约束机制，能够保证政府公共就业服务目标实现。

（二）面临的挑战

1. 人力资源市场的繁荣与发展，使公共就业和人才服务机构影响力逐步下降

随着北京市人力资源服务产业的迅速发展，公共就业和人才服务呈现日益分化的特点。人力资源市场公共就业服务机构严格遵循“保基本、可持续和均等化”的基本原则，提供的招聘岗位一般层次较低。在目前一线员工和高级人才缺乏需求强劲的情况下，大量民营就业服务机构，包括职介所、人才市场、猎头公司、劳务派遣企业等出现，基于利润的考量纷纷进入低端人力资源市场，以其强大的信息来源和灵活的经营方式吸引了大批求职者。另外，民营招聘求职网站以其丰富的单位需求信息、全面覆盖的职位、方便快捷的简历投递方式及有效的职位匹配效果，得到了广大求职者的信赖。尤其是青年求职者更乐于利用丰富的手机客户端和计算机网络，方便快捷地获取职位信息，进行求职活动。

人力资源市场一系列的变化导致了目前公共就业和人才服务总体上仍聚焦于40岁以上人群和一线人员。随着这部分人数量的逐步减少，即使有相关就业优惠政策，但碍于办理手续复杂和服务效率不高，更多的人选择了其他就业服务机构，使得公共就业和人才服务机构的影响力呈现逐步下降的趋势。更重要的是，公共就业和人才服务机构的服务对象主要是具有北京户籍的居民，这阻碍了部分外来常住人口利用公共就业服务平台就业的机会。因此，从长远来看，进一步拓展公共就业和人才服务的范围，提供更加方便快捷的公共就业和人才服务，保证就业结构与产业结构演进的一致性，成为提升北京市公共就业和人才服务机构影响力的重大挑战。

2. 公共就业和人才服务机构负担较重，职能定位有待进一步明晰

目前，北京市公共就业和人才服务机构依然承担着很多职能，职能过多给公共就业和人才服务机构造成了较重的工作负担。2012年，北京市公共就业和人才服务机构保管的档案数量达191.5万份，服务单位数量达8.34万家，档案服务利用次数超过200万人次，档案材料归集和档案整理量达83.6万份。随着2016年档案收费工作的停止，大量原属于部委或行业人才服务中心的档案将逐步下沉到北京市，档案管理相关的服务量将会进一步增加，届时，公共就业和人才服务机构的非就业服务工作量也将迅速增加。

从目前情况来看，公共就业和人才服务机构代缴个人社会保险业务，导致到区（县）级职业介绍服务中心办理业务的劳动者一天最高达2000人。根据在海淀区的调查，海淀区人才服务中心工作人员目前共有75人，直接从事档案人事关系管理、社会保险代缴的服务人员数量为30余人，2014年1～6月，接待量达142804人次，日均接待量达1082人次，平均每人每天接待36人次，以每名劳动者平均服务10分钟来简单测算，1天内约需要6小时实际从事人员接待工作，工作量明显偏大。这些业务占用了较多的人力、物力和财力，挤压了其他就业服务项目，使得公共就业和人才服务机构现阶段所提供的服务无法满足求助者多样化、多层次的需求。

3. 传统的管理体制与建立统一、规范、灵活的人力资源市场目标存在差距

虽然目前北京市在统一、规范、灵活的人力资源市场建设方面取得了相应的成就，获得了宝贵的经验，但从管理体制上看，需要进一步实现公共服务机构的整合。各区（县）职介中心、人才服务中心及毕业生中心等在职能上分设，存在办公及服务场所分散、公共服务资源浪费和重复建设的问题。

从整体上看，在原有体制下，原人事劳动部门所属的人才、职介等公共服务机构的区域布局仍然缺乏科学合理规划。各区（县）机构的公共服务定位和机构性质不统一，管理方式和拨款形式不统一，职能交叉重叠，造成机构偏重经营活动、混编情况较多、专业人员缺乏、编制名额不满、一线服务主要靠聘用人员等多种问题，难以满足社会对公共就业服务的需求。而且，人才服务中心和职介中心没有完全统一的建设规范标准，造成人才服务中心和职介中心对外服务形象不统一，服务对象识别困难。

因此，进一步梳理管理体制，将人才服务中心、职介中心等整合为统一的公共就业和人才服务机构，明确各公共就业和人才服务机构的职能定位，合理配置人员，形成统一领导、统一制度、统一管理、统一服务标准、统一信息系统的公共就业和人才服务体系，将是北京市人力资源市场公共服务机构整合过程中面临的重大挑战。

4. 公共就业和人才服务的精细化管理仍需要不断推进和完善

虽然北京市目前公共就业和人才服务机构精细化管理工作已经深入开展，各区（县）初步形成了具有区域特色的做法，但因历史原因，职业介绍、职业指导、职业培训和失业保险管理间的衔接配合还有待进一步改善。尤其是没有完全建立起人力资源市场与职业培训市场有效的信息对接机制，致使劳动者参加培训的积极性不高。同时，也有不少失业人员一方面领着失业救济金，另一方面从事有报酬的工作，而公共就业服务机构对这一现象很难进行监管。另外，公共就业服务机构因属于公益性组织，经费有限，服务人员数量不足，指导和培训能力不足，无法提供“一站式”和完全的精细化服务，影响了机构能力的发挥。

5. 现有激励约束机制还需要逐步完善，提高服务人员的积极性与稳定性

一方面，从调研情况看，一些区（县）公共服务机构编制偏少，与日益强化的公共服务要求不相适应。现有编制人员数量与业务量的增长不匹配，难以满足公共服务均等化和精细化发展要求。

另一方面，混编情况较为普遍。一个机构内既有公务员编制人员、全额拨款事业编制人员，又有纳入规范工资管理的事业编制人员，还有合同制或劳务派遣人员。受人员编制状况的影响，各区（县）所属机构普遍存在“同工不同酬”的现象，而且大部分区（县）人才服务中心和职介中心工作人员较多，有的机构人数在百人以上，机构规格的限制使干部队伍晋升渠道严重缺乏，很大程度上影响了工作人员的积极性，人员队伍不稳定，人员流动性较大，最终直接影响了公共就业服务的质量和效率。在调研中，各区（县）普遍希望提升就业公共服务机构规格和“参公”，与市级人力资源市场公共服务平台相对应，这充分体现了目前这些机构在人员职业发展上所面临的困境。

除此以外，作为公益性的事业单位，大多数公共就业和人才服务机构仍然缺少对人员的有效监督与考核，约束机制不强，还没有建立起人员动态升降、薪酬可增可减的机制，来自服务对象的满意度测评还没有形成有效的竞争压力。由内部运行机制不顺畅导致的人员发展与服务质量和效率提升问题，是目前公共就业和人才服务机构面临的又一重大挑战。

三　完善北京市公共就业和人才服务体系的建议

（一）积极推进人力资源市场公共服务体系顶层设计

“保基本、可持续和均等化”是公共就业和人才服务体系建设的基本原则，建立统一、规范、灵活和更加开放的人力资源市场是统筹城乡公共就业和人才服务、形成完善的公共就业和人才服务体系的基本目标。要围绕基本原则和基本目标积极开展顶层设计，进一步完善人力资源市场公共就业和人才服务的法规体系，明确人力资源市场公共服务体系建设思路和形成统一的政策制度，促进各项政策协调和制度有效衔接；积极推进标准化和规范化建设，对职能相同的业务进行归并整合，加快业务整合步伐，统一标识及名称，统一规范服务流程，形成具有动态性和内在一致性的公共就业和人才服务体系，以降低制度成本和交易费用，提升公共就业和人才服务的整体效率，从而增强公共就业和人才服务机构的影响力。

（二）明确人力资源市场公共服务机构的职能定位

建议以现有的人才市场为依托，继续剥离经营性业务，让“市场的归市场，公共服务的归公共服务”，将各种就业公共服务机构整合为统一的人力资源公共服务机构。将档案服务管理相关工作从就业促进工作中分离出来，成立单独的档案管理中心，完善全市统一的档案服务管理标准和操作规程，规范流动人员人事档案管理工作，建立全市统一的流动人员人事档案服务管理信息系统，提高服务质量和效率。

通过剥离和分离手段，将原属于人才服务中心与职介中心的公共就业和人才服务按照职能进行整合，提升其规格，明确其公共服务性质。可以将区（县）一级的这类机构普遍作为副处级单位“参公”管理，这不仅符合业务发展的需要，而且能实现与市局公共服务机构的有效对接，更重要的是，可以解决原有机构人员庞杂、混编和混岗、员工职业晋升通道狭窄，以及工作积极性不高等问题，增强核心人才队伍的稳定性。

（三）加强人力资源市场信息系统建设，依照“底线思维”提升精细化管理水平

明确人力资源市场公共就业和人才服务的职能定位，需要进一步强化人力资源市场信息建设，统一服务标准、服务规范、业务流程，结合精细化管理的要求，不断完善系统功能，延伸和拓展服务内容，依照“底线思维”，从服务对象的根本需要出发，保证“一站式”服务全过程管理中各环节的相互衔接，在全市范围内实现资源共享和信息统一规范。另外，逐步将人力资源服务机构纳入统一的信息平台，建立市场供求信息变化快速调查制度、定期发布制度，打造统一的公共就业和人才服务平台，不断提升精细化管理水平。

（四）制定科学的服务质量评价体系，完善激励机制

为保证服务对象的满意，提高公共就业和人才服务的质量与效率，需要综合各地区经济发展的水平、人口变迁和当年社会经济整体形势，结合重点工作指标和服务项目以及各区（县）公共服务机构职责，对区（县）、街道（乡、镇）、社区（村）公共就业和人才服务工作实施分层次、分项目的考核和管理，可通过引入第三方评价机构的方式强化对公共就业和人才服务质量与效果的评价。按照《事业单位人事管理条例》的相关要求，逐步建立人员岗位能升能降、薪酬能增能减的激励和约束机制，构建促进公共就业和人才服务发展的长效机制。

（五）通过政府购买等手段创新公共就业和人才服务供给模式

2014 年 6 月，北京市政府办公厅发布《关于政府向社会力量购买服务的实施意见》，提出了公共服务政府购买的指导性意见。以此为契机，部分公共就业和人才服务项目可通过政府购买形式由私营人力资源服务机构来提供，改变了过去私营就业服务机构公共就业服务供给的单一补贴方式和申请制度。这不仅是公共就业和人才服务供给模式的创新，而且对政府所属的公共就业和人才服务机构提出了较大的挑战，可以积极引导公共就业和人才服务机构不断提升服务能力和水平。当然，私营机构可与公共服务机构共同合作，根据优势互

补的原则，创新公共就业和人才服务的供给模式。

另外，随着公共就业和人才服务的深入与档案管理量的进一步增加，需要改变公共就业和人才服务机构的预算管理制度，由过去简单的“人头费 + 业务运行费”模式变为按照服务项目和工作量进行财政预算的模式，以满足人力资源市场公共服务机构公共服务供给的需要。

社会保障篇

Reports on Social Insurance

B.14

中国社会保障制度的现状与发展

王海东*

摘　要：

经过多年发展，特别是20世纪90年代以来的加快建设，我国已经初步形成了包括社会福利、社会保险、社会救助等在内的社会保障制度体系，在缓解贫困、保障生活、促进就业等方面发挥了重要作用。在城镇化加速推进、经济下行压力加大，以及部分历史遗留问题的叠加作用下，一些制度在保障水平、管理效率、可持续性等方面不断暴露了新的问题和矛盾。这就需要我们认真研判形势，总结经验教训，在客观、公正评估制度运行效果的基础上，抓紧制度建设与完善工作。

关键词：

社会保障　制度建设　现状与发展

* 王海东，社会保障专业博士，中国人事科学研究院工资福利研究室助理研究员。

一 引言

党的十八大报告指出：社会保障是保障人民生活、调节社会分配的一项基本制度。这为我国社会保障事业发展指明了方向。我国社会保障体系大致包括社会福利、社会保险和社会救助三个方面。其中，社会保险包括：养老保险、医疗保险、失业保险、工伤保险和生育保险；社会福利主要包括：假日、优抚、福利性津贴补贴、住房补贴及其他福利；社会救助主要包括：新型农村“五保”供养、城乡医疗救助、住房救助、教育救助、临时救助、城市居民最低生活保障、农村居民最低生活保障等。2011 年，《社会保险法》出台，为我国社会保险事业发展提供了法律依据。相对于社会保险，社会福利是更高层次的保障；社会救助则是最低层次的保障，承担“兜底”责任。

截至 2013 年底，城镇职工养老保险参保人数为 3.22 亿人（参保率达 82%），城乡居民社会养老保险参保人数为 4.98 亿人；城镇职工医疗保险参保人数为 2.74 亿人；新农合参保人数为 8.05 亿人（参保率为 98.3%）；失业保险参保人数为 1.64 亿人；工伤保险参保人数为 1.99 亿人；生育保险参保人数为 1.64 亿人（见表 1）。

表 1　2008～2013 年相关险种参保情况

单位：万人

指标	2013 年	2012 年	2011 年	2010 年	2009 年	2008 年
城镇职工养老保险参保人数	32218	30427	28391	25707	23550	21891
城乡居民社会养老保险参保人数	49750	48370	33183	—	—	—
城镇职工医疗保险参保人数	27443	26486	25227	23735	43263	19996
工伤保险参保人数	19917	19010	17696	16161	14896	13787
失业保险参保人数	16417	15225	14317	13376	12716	12400
生育保险参保人数	16392	15429	13892	12336	10876	9254

另外，改革开放以来，我国社会福利和社会救助制度也获得了长足发展。首先，社会福利从传统的相互分割、封闭运行的民政福利和单位福利，发展到

了社会化的官民并立的社会福利事业格局，从“五保”老人、残疾人和孤儿等服务对象发展到了所有需要帮助的人，从单一的经费来源发展到了多渠道筹集资金，从关注基本生活保障和照料发展到了医疗、保健、康复护理、文体娱乐、教育培训、精神慰藉等多个层次，从政府主导发展到了个人、企业、社会和非营利组织共同参与。这表明我国社会福利制度正在由补缺型向适度普惠型发展。当然，我国社会福利发展也存在诸如法制化进度缓慢、社会化程度不高、供需矛盾突出、总量估计不足、福利支出水平不高、区域发展不平衡、覆盖范围尤其是覆盖农村人口有限等问题。其次，社会救助制度体系也不断完善，救助范围不断扩大，救助内容不断丰富，救助水平不断提高。但是，目前针对“近贫困”人口，我国还没有采取更有效的措施进行救助，这部分人口容易陷入贫困。

鉴于社会上对社会福利、社会救助内涵及外延有不同理解，且相关待遇统计口径不一、统计资料难以获得，以下报告将重点分析社会保险的发展状况。

二　社会保险制度现状与发展趋势分析

（一）养老保险制度现状与发展趋势

1. 基本养老保险的制度沿革

1984 年，党的十二届三中全会通过《关于经济体制改革的决定》，我国经济体制改革进入了以城市为重点、以国营企业为中心的时代。该决定在养老保险方面谋求自主经营、自负盈亏的企业改变养老保险自我负担和畸轻畸重的状况，实现轻装上阵、平等竞争。此后，各地纷纷开始重建养老保险社会统筹的试点工作。

1991 年，在总结各地试点经验的基础上，国务院颁布了《关于企业职工养老保险制度改革的决定》，首次正式提出了建立基本养老保险与企业补充养老保险、职工个人储蓄性养老保险相结合的制度目标，从制度上正式确定了在全国重新实行养老保险社会统筹，并明确了企业与职工缴费的相关规定。考虑到各地、各企业的实际情况，缴费水平设置灵活，在制度上允许不同地区、不同企业在缴费率、待遇政策等方面有一定的差异。1993 年，党的十四届三中全会发布的《关于建立社会主义市场经济体制若干问题的决定》提出：城镇职工养老由单位和个人共同负担，社会统筹和个人账户相结合。个人账户被正式提出，个人缴费的性质和归属有了较为明确的方向。

根据这一精神，国务院于 1995 年正式颁布了《关于深化企业职工养老保险制度改革的通知》（简称《通知》），正式提出社会统筹与个人账户相结合（此前已经提出个人缴费，但未明确设置个人账户），要求逐步做到对各类企业和劳动者使用基金统一制度、统一标准、统一管理和统一调剂的“四个统一”。然而，由于制度运行总体上还处在试点阶段，各地实施方法不一，且存在制度不统一、企业负担重、统筹层次低、管理制度不健全等问题。

针对上述问题，国务院于 1997 年出台了《关于建立统一的企业职工基本养老保险制度的决定》（简称“26 号文”），要求统一基本制度，包括企业、个人缴费比例，以及待遇计发办法等。因此，“26 号文”首次明确提出了建立全国统一的基本养老保险制度，标志着统账结合制度的正式建立。2000 年，国务院《关于印发完善城镇社会保障体系试点方案的通知》（简称“42 号文”）对企业缴费和社会统筹、个人账户的比例再一次进行了调整，相应地也调整了基础退休金的权重。2005 年，针对“个人账户没有做实、计发办法不尽合理、覆盖范围不够广泛”等问题，国务院发布《关于完善企业职工基本养老保险制度的决定》（简称“38 号文”），调整了缴费比例和计发办法，并提出了“做实”个人账户。

2. 基本养老保险的覆盖面

城镇职工基本养老保险覆盖面逐步提高，制度赡养比有所降低。2008 年以来，统账结合的城镇职工基本养老保险制度覆盖面逐步扩大，养老金水平不断提高。截至 2013 年底，城镇职工基本养老保险参保人数为 3.22 亿人，参保率为 82%。2008～2013 年，参保人员年均增速约为 8.04%，年末城镇就业人口年均增速约为 4.83%，参保人员年均增速高于年末城镇就业人口年均增速。2008 年以来，制度赡养比总体降低，2013 年制度赡养比为 3.01∶1，即大约每 3 个年轻人赡养 1 个退休老人（见表 2）。

表 2　2008～2013 年城镇职工基本养老保险覆盖率、制度赡养比等变化情况

单位：万人，%

年份	①年末城镇就业人口	②参保人员	③参保在职职工	④参保退休人员	⑤覆盖率	⑥制度赡养比
2008	30210	21891	16587	5304	72	3.13∶1
2009	31120	23550	17743	5807	76	3.06∶1
2010	32288	25707	19402	6305	80	3.08∶1
2011	35914	28391	21565	6826	79	3.16∶1
2012	37102	30427	22981	7446	82	3.09∶1
2013	38240	32218	24177	8041	84	3.01∶1

注：⑤＝②/①；⑥＝③/④。

资料来源：国家统计局。

农民工参保率逐年提高。2008 年以来，农民工参加基本养老保险的比例逐年提高。截至 2013 年，农民工参加基本养老保险的比例为 18.20%。2008～2013 年，农民工参保人数年均增长 15.2%，而同期农民工人数年均增长 3.59%，前者显著高于后者（见表 3）。当然，从绝对数看，农民工参加基本养老保险的比例还较低。未来，随着城镇化的推进，更多农民工将长期在城镇就业，甚至在城镇退休养老（尤其是“二代农民工”“三代农民工”①）。因此，从保障农民工权益看，应鼓励更多农民工参加基本养老保险。

表 3　2008～2013 年农民工基本养老保险的参保情况

单位：万人，%

年份	①农民工人数	其中:外出农民工	②农民工参保人数	③农民工参保率
2008	22542	14041	2416	10.72
2009	22978	14533	2647	11.52
2010	24223	15335	3284	13.56
2011	25278	15863	4140	16.38
2012	26261	16336	4543	17.30
2013	26894	16610	4895	18.20

注：③＝②/①×100%。

资料来源：国家统计局。

① 笔者认为，将来应淡化“农民工”的称呼，尤其是“二代农民工”“三代农民工”等。为便于理解，这里暂时仍用“农民工”“二代农民工”“三代农民工”的称呼。

3. 机关事业单位养老保险制度改革

2008 年 3 月，国务院印发《事业单位工作人员养老保险制度改革试点方案》，决定在山西、上海、浙江、广东、重庆五个省份开展试点，为全面推进事业单位养老保险制度改革积累经验，但试点工作进展缓慢。其他进行机关事业单位养老保险制度改革的地区也基本处于“按新制度缴费、按老制度计发”的“两张皮”状态，未有实质性改革。

机关事业单位养老保险制度改革试点难以推进的根本原因是职工基本养老保险在制度架构和参数设置等方面存在问题，这导致养老金替代率水平不断下滑，从而让机关事业单位人员担心“并轨”后将同样面临待遇下滑的问题。

2011 年中共中央、国务院《关于分类推进事业单位改革的指导意见》指出：要完善事业单位及其工作人员参加基本养老、基本医疗、失业、工伤等社会保险政策，逐步建立起独立于单位之外、资金来源多渠道、保障方式多层次、管理服务社会化的社会保险体系。党的十八届三中全会进一步强调：推进机关事业单位养老保险制度改革。

综上可知，未来包括养老保险在内的社会保险对机关事业单位的覆盖面将进一步提高。当务之急，要抓紧改革完善基本养老保险制度。

4. 养老保险的基本制度架构与参数

自 1995 年社会统筹和个人账户相结合被正式提出以来，这两部分的比重和计发办法变化如表 4 所示。经过基本养老保险的几次制度调整，费率和计发办法发生了变化：第一，社会统筹（基础养老金）比重逐步提高，个人账户比重逐步降低，前者更加强调公平，后者更加强调效率。第二，基础养老金加入个人缴费工资因素，且待遇水平上不封顶，进一步强调效率。

2013 年，经过“十连调”，企业退休人员月基本养老金已经达到 1914 元，社会平均工资替代率达 45%，低于约 60% 的目标替代率，但从趋势上看，下滑趋势初步得到遏制。

5. 基本养老保险基金结余

2008 ~ 2013 年，基本养老保险基金收入、支出和累计结余皆持续增加，三者年均增长率分别约为 18%、20% 和 23%。截至 2013 年，基本养老保险基

表 4　社会统筹与个人账户费率比重和计发办法的变化

文件	费率		计发办法	
	社会统筹费率	个人账户费率	基础养老金	个人账户
1995 年《通知》	4%	16%	—	60%
1997 年“26 号文”	17%	11%	20%	积累/120
2000 年“42 号文”	20%	8%	20% ~30%	积累/120
2005 年“38 号文”	20%	8%	*N*%（加入个人工资因素）	积累/*n*

金累计结余 28269 亿元（见表 5）。2008 ~2013 年，基金收入增长最快的是 2011 年，约为 25.9%。2011 年也是农民工人参保数增长最快的年份，农民工参保人数增长约 26.07%。

表 5　2008 ~2013 年基本养老保险基金结余情况

单位：亿元

年份	收入	支出	累计结余
2008	9740	7390	9931
2009	11491	8894	12526
2010	13420	10555	15365
2011	16895	12765	19497
2012	20001	15562	23941
2013	22680	18470	28269

资料来源：国家统计局。

（二）医疗保险制度现状与发展趋势

1. 基本医疗保险

1998 年，国务院《关于建立城镇职工基本医疗保险制度的决定》出台，规定建立补充医疗保险等；用人单位缴费率应控制在职工工资总额的 6% 左右，职工缴费率一般为本人工资收入的 2%。目前，职工医保政策范围内最高支付限额基本在当地职工年平均工资的 6 倍以上，且不低于 6 万元，各地在具体的保险比例方面有所差异。从实际报销水平上看，2012 年《全国社会保障资金审计结果》显示，2011 年，城镇职工医疗保险、城镇居民基本医疗保险和新农合在国家基本医疗保险“三个目录”（基本药品目录、基本医疗服务设施诊疗项目目录和医疗服务设施目录）政策范围内的报销比例分别为 77%、62% 和 70%，而实际报销比例仅分别为 64.10%、52.28% 和 49.20%。

按照相关规划，到 2015 年，职工医保政策范围内住院费用支付比例将调整为 75% 左右，缩小与实际住院费用支付比例之间的差距；进一步提高最高支付限额；稳步推进职工医保门诊统筹。未来，按照党的十八届三中全会精神，要逐步整合城乡居民基本养老保险制度、基本医疗保险制度。

2. 城乡居民基本医疗保险

2006 年，《关于加快推进新型农村合作医疗试点工作的通知》出台。2007 年，《关于开展城镇居民基本医疗保险试点的指导意见》出台。2012 年，《关于开展城乡居民大病保险工作的指导意见》出台。2011 年，城镇居民基本医疗保险和新农合在国家基本医疗保险“三个目录”政策范围内的报销比例分别达 62% 和 70%。2014 年，《政府工作报告》提出，城乡居民基本医保财政补助标准将提高到人均 320 元，保险水平将进一步提高。

（三）失业保险制度现状与发展趋势

1999 年，《失业保险条例》出台，规定用人单位按照工资总额的 2%，职工按本人工资的 1% 缴纳失业保险费。符合条件的失业人员可以申领失业保险金等，也可以得到相关就业帮助，包括职业介绍补贴、职业培训补贴等。失业保险金发放水平不低于当地城市居民最低生活保障标准，具体由省级人民政府确定。未来，失业保险基金将在提高待遇水平、促进就业等方面发挥更大作用。

（四）工伤保险、生育保险现状与发展趋势

1. 工伤保险

2010 年，国务院《关于修改〈工伤保险条例〉的决定》出台，规定企业参加工伤保险，工伤保险由用人单位缴费，职工个人不缴纳工伤保险费。职工因事故受到伤害（或者患职业病），由社会保险行政部门依据《工伤保险条

例》有关规定，认定其是否属于工伤或者视同工伤。职工被认定为工伤的，由劳动能力鉴定委员会组织对其伤残程度（丧失劳动能力程度）进行鉴定。根据工伤认定和劳动能力鉴定的结果，社会保险经办机构按规定向相应职工发放相应标准的工伤保险待遇。工伤保险待遇主要分为三类：第一，工伤医疗和工伤康复待遇，包括工伤医疗费用、工伤康复费用和辅助器具安装配置费用等；第二，伤残待遇，包括一次性伤残补助金、伤残津贴、生活护理费等；第三，工亡待遇，包括一次性工亡补助金、丧葬补助金、供养亲属抚恤金等。

2. 生育保险

在《女职工保健工作暂行规定》《女职工劳动保护规定》的基础上，原劳动部出台了《企业职工生育保险试行办法》，各地根据这一办法陆续出台了有关企业职工生育保险的条例。2011 年 11 月 21 日，国务院法制办公室公布《女职工特殊劳动保护条例（征求意见稿）》，对妇女生育待遇做了进一步规定和说明。

生育保险根据“以支定收，收支基本平衡”的原则筹集资金。用人单位按照规定的比例缴纳生育保险费，职工个人不缴费。在筹资比例上，考虑到全国地区间经济差异，具体筹资比例由当地人民政府确定，但是最高不得超过职工工资总额的 1%。部分地区国家机关事业单位参保，资金来源于财政拨款。机关事业单位中尚未参加生育保险的，采取内部保险的福利方式。企业普遍参加生育保险。

生育保险待遇支付的项目主要包括生育津贴和生育医疗费。一是生育津贴。各地规定的生育津贴支付期限一般与产假期限相一致，为 90 ~ 180 天。2011 年颁布《女职工特殊劳动保护条例》之后，产假由原来的下限 90 天延长至 98 天。生育津贴的支付标准有几种方式：按照女职工生育前工资标准支付；按照本单位上年度职工月平均工资计发；按照职工缴纳社会保险费基数计发；按照社会平均工资标准计发。二是生育医疗费。主要包括检查费、接生费、手术费、住院费、药费、计划生育手术费等。

（五）机关事业单位参加社会保险现状与发展趋势

《社会保险法》规定：公务员和参照《公务员法》管理的工作人员养老保险的办法由国务院规定，目前尚处于试点阶段。几个险种的参保情况如表 6 所示。

表6 国有企业、事业单位、机关参加社会保险情况比较

项目	国有企业	事业单位	机关
养老保险	制度已覆盖	制度部分覆盖，退休金水平较高	制度未覆盖，退休金水平较高
医疗保险	制度已覆盖	制度已覆盖，保障水平较高（中直、五省省直未参保）	制度已覆盖，保障水平较高
失业保险	制度已覆盖	制度已覆盖	制度未覆盖
工伤保险	制度已覆盖	制度已覆盖	制度未覆盖
生育保险	制度已覆盖	制度部分覆盖	—

未来，机关事业单位职工将加快参加社会保险项目。党的十八届三中全会提出：推进机关事业单位养老保险制度改革。中共中央、国务院《关于分类推进事业单位改革的指导意见》等有关文件提出：要完善事业单位及其工作人员参加基本养老、基本医疗、失业、工伤等社会保险政策，逐步建立起独立于单位之外、资金来源多渠道、保障方式多层次、管理服务社会化的社会保险体系。总之，未来社会保险对机关事业单位的覆盖率将进一步提高。

（六）小结

按照党的十八届三中全会精神，将来要建立健全合理兼顾各类人员的社会保障待遇确定和正常调整机制；完善社会保险关系转移接续政策，扩大参保缴费覆盖面，适时适当降低社会保险费率。

三 社会保障制度问题分析

（一）养老保险制度问题分析

1. 制度架构有待调整

个人账户属于个人储蓄，不具有再分配性，也不是严格意义上的保险，将其归入基本养老保险制度，其权属、功能定位不清晰。按照世界银行的分类，社会统筹部分属于第一支柱，而个人账户属于第二支柱。

2. 制度参数不合理

第一，28%的缴费率偏高，企业负担重，导致各地缴费基数缩水，征缴不规范。据研究，实际缴费基数缩水了30%。第二，个人账户采取一年期银行存款计息（目前是3.25%），水平较低，基金面临贬值和缩水风险。第三，退休年龄低，尤其是女性。当前，退休年龄仍执行20世纪50年代的规定，女职工退休年龄是50岁，既与人口预期寿命已经大幅提高的状况（2010年女性平均预期寿命达75.6岁）不相符，又直接导致女职工缴费年限少、养老金水平低。第四，缴费年限低。当前，最低缴费年限为15年，导致部分群体的养老金水平低。据调查，在东部某省已退休人员中，25%的人缴费年限只有15年。较低的养老金水平不仅保障不足，而且拉开了群体间养老金的距离，引发了不少矛盾。

3. 城乡居民社会养老保险个人账户效率低

城乡居民社会养老保险制度的突出问题是个人账户效率低。城乡居民社会养老保险制度采取统账结合的模式，个人账户缴费少，计息水平低，导致其效率低。

（二）医疗保险制度问题分析

1. 尚未实现全覆盖，保障项目较少，保障水平较低

我国三大医疗保险仍未实现全民覆盖。我国当前重复参保现象十分严重。据王东进的调查估计，我国城乡居民重复参保人数为1亿人左右。假如这一估计数据准确度较高，我国未被医疗保险覆盖的人数高达1.5亿人（1亿重复参保人员以及0.5亿没有医疗保险的人员），超过了总人口的10%。

我国三大医疗保险保障项目较少。以药品为例，我国《国家基本医疗保险和工伤保险药品目录》对两种保险准予支付费用的西药分别为1027种和1031种，中成药823种，民族药品种47种。

我国三大医疗保险保障水平较低。除当前个人现金自付比重占比过高外，从报销水平上看，2012年《全国社会保障资金审计结果》显示，2011年，我国城镇职工医疗保险、城镇居民基本医疗保险和新农合在国家基本医疗保险"三个目录"政策范围内的报销比例分别为77%、62%和70%，而实际报销比例仅分别为64.10%、52.28%和49.20%。

2. 三大医疗保险“保大不保小”

为降低财政压力、控制医疗服务需方的浪费，[①] 并提高个人分担医疗费用的责任意识，政府通过降低医疗保障覆盖面、缩小医疗保障支付范围和削减医疗保障水平等多种方式，强化了个人在医疗保障筹资中的责任。其中，缩小医疗保障支付范围的主要办法就是“保大不保小”。目前，我国三大医疗保险均实行以大病保障为主的方法，职工医疗保险通过个人账户支付小病医疗费用，城镇居民基本医疗保险和新农合通过大病门诊统筹[②]支付部分门诊费用。

3. 建立了低效率的职工医疗保险个人账户

“效率优先、兼顾公平”的改革理念、国际私有化浪潮（尤其是新加坡设立医疗个人账户）、中国传统文化观念及养老保险统账结合制度等外部因素，为我国提供了可供选择的政策工具的具体形态，最终促使我国建立了个人账户。在实际运行中，个人账户因存在运行效率低下（如基金大量沉淀与严重不足并存、道德风险等），社会统筹基金的支付能力和保障水平较低，以及费用控制功能极其有限等缺陷，一直饱受批评。

4. 按服务项目付费诱导过度医疗

由于迄今为止职工医疗保险制度采取以项目付费为主的支付方式，按服务项目付费会激励医疗服务供方多劳多得，是医师诱导需求的主要制度性来源。目前，实践经验和理论研究让政策制定者意识到，我国医疗生态已呈畸形发展之势，必须加以调整。

（三）失业保险制度问题分析

按照《失业保险条例》的规定，城镇企事业单位皆应参保，从目前的参保人数占第二、第三产业就业人数的比例来看，参保率还较低，近些年仅在26%左右。大量农民工没有参保，2013 年底，农民工参保人数仅为 3740 万人，仅占农民工总数（26894 万人）的 13.91%。

---

① 对医疗费用控制的重心始终在需方（2009 年新医改才逐渐转移到控制供方）。比如，1978～1993 年，各地先后采取过医疗费用包干制、共付制、缩小服务范围等多种方式控制需方。

② 目前，大病门诊统筹的资金占筹资总额的比重很低，可以认为其保障极为有限。

我国的失业保险金水平还较低，其水平确定的基本原则是低于最低工资标准、高于当地最低生活保障水平。目前，失业保险金水平通常仅为最低工资标准的60%～80%，在我国低工资的现实情况下，不能较好地保障失业者本人及其家庭成员的生活需求。

失业保险基金收支未反映经济的波动，也没有起到平滑经济的作用，基金使用效率有待提高。失业保险基金在国际金融危机环境下仍然不减加速累计滚存的一贯势头，即使在困难的2008年，基金仍加速累计滚存，基金收支分别为585亿元、254亿元，分别较上年增长25%、17%，年底累计滚存1310亿元，超过基金当年收入2倍，为当年基金支出的5倍有余。

（四）社会救助、社会福利制度问题分析

社会救助的问题：低保盲区问题。目前，城乡低保还存在一些盲区，主要原因是城乡人员流动频繁，信息化建设跟不上，这导致政府部门很难辨别低保对象，更难以动态跟踪并调整低保对象。

社会福利的问题：我国社会福利制度产生于传统计划经济时代，当前面临法制化进度慢、社会化程度低、供需矛盾突出、福利支出水平不高、区域发展不平衡、覆盖范围尤其是农村人口有限，以及“夹心层”问题（如保障房问题）。

四　对策建议

（一）改革基本养老保险制度，独立个人账户

第一，进行制度架构调整。将个人账户独立出来，用于发展企业年金，或建立个人自愿性养老储蓄计划，并进行市场化投资运营。第二，逐步提高退休年龄，优先提高女性退休年龄至60岁，再整体提高退休年龄。第三，提高最低缴费年限。15年门槛太低，逐步将其提高至25～30年。

（二）取消医保个人账户，完善医疗保险付费方式

第一，取消个人账户，将职工家属纳入职工医疗保险制度，以家庭为单位

参保。第二，基层医疗卫生机构实行按人头付费。这样不但能够通过控制人头费控制卫生费用，而且能够稳定医务人员的工资，倒逼其强化预防，并在公私医疗卫生机构和人员之间引入竞争，以吸引高素质医务人员在基层执业。

（三）完善失业保险制度，提高基金使用效率

1. 微观上提高保障水平，优化计发期限

第一，适当提高待遇水平，逐步缩短最长领取时限。结合我国的实际情况，参考国际经验，可以考虑将目前最长的 24 个月降为 12 个月，分步实施。例如，先将领取时限降至目前的第二长期限 18 个月，再逐步降至 12 个月，留下一定的时间调整预期，增加人们的可接受度。第二，逐步提高待遇标准，缩短领取期限，这样不仅可以解决保障不足的问题，而且有助于缓解效率损失的问题，还可为提高制度灵活性留足空间，一举多得。

2. 宏观上充分发挥失业保险的有效需求调节功能

第一，扩大失业保险覆盖面，完善失业登记制度。应加快扩大失业保险覆盖面，监督企业严格按照要求签订劳动合同，并缴纳保险费，切实做到应保尽保。同时，须尽快完善失业登记制度，使之能够及时、准确地反映失业状况。第二，加大失业保险基金收支管理弹性，积极发挥失业保险基金在调节需求方面的作用。随着城镇就业人口失业保险覆盖面的扩大，以及农民工参保数量的增加，失业保险基金的规模将大大增加，发挥作用的空间将更大。

3. 发挥失业保险保障生活、促进就业的作用

首先，微观保障水平与我国经济社会发展现状相适应，这样既能保障基本生活，又不超越发展阶段。其次，使失业保险宏观管理、双向需求调节功能得到充分发挥。最后，缴费水平、计发期限等具体项目的设计应充分权衡公平与效率，既让失业者得到切实保障，又鼓励有能力的人积极再就业，实现钱尽其用、人尽其才。

B.15

我国失业保险制度的现状与发展

王 梅*

摘 要：

失业保险是帮助劳动者抵御失业风险的一种社会保障制度，具有保障劳动者失业期间生活和促进其再就业的多重作用。本报告梳理了我国失业保险的国家与地方政策法规文件，回顾了全国城镇登记失业情况和失业保险制度的历史变化趋势，对目前失业保险制度实施中的问题进行了分析，并提出了相应的政策建议。

关键词：

失业保险 发展趋势 问题与建议

失业保险制度是国家依法建立的，参保人依法履行缴费义务，对因失业而暂时中断收入来源的劳动者提供相应的物质和服务帮助的制度。十八届三中全会提出要“增强失业保险制度预防失业、促进就业功能，完善就业失业监测统计制度”。失业保险是社会保险的主要项目之一，是社会保障体系的重要组成部分，对帮助劳动者抵御失业风险、保障基本生活发挥了重要的作用。

一 失业保险政策与法规综述

（一）中央层面的政策法规

当前，我国颁布的失业保险政策法规主要是1999年1月施行的《社

---

* 王梅，博士，中国人事科学研究院工资福利研究室助理研究员，主要研究方向为社会保障、收入分配。

会保险费征缴暂行条例》《失业保险条例》和2011年7月1日施行的《社会保险法》。上述文件对失业保险制度的覆盖范围、缴费水平和方式、基金管理方式、待遇领取条件和标准等做出了明确规定。上述文件颁布之后，我国相关部门陆续出台了《关于事业单位参加失业保险有关问题的通知》《失业保险金申领发放办法》《关于适当扩大失业保险基金支出范围试点有关问题的通知》等，对失业保险制度实施的相关问题进行了补充说明。

这些文件构成了目前我国实施失业保险的制度基础，为失业保险制度的建立提供了政策和法律依据，对促进失业保险乃至社会保险制度的发展和完善具有重要意义。

（二）地方层面的政策法规

在国家政策法规的基础上，各省级人民政府参照国家出台的文件，结合各自的经济发展状况及居民生活水平等因素，对失业保险制度的覆盖范围、缴费基数、缴费比例、基金管理方式、领取期限、申请程序和方式以及领取失业保险金期间的其他待遇等进行了部分调整，发布了各省份的失业保险规定。

例如，《北京市失业保险规定》参照国家《失业保险条例》，调整了失业保险的缴费比例、领取期限等内容。文件指出，单位缴费比例为1.5%，职工缴费比例为0.5%，职工个人缴费基数不超过上一年本市职工月平均工资的300%；领取期限根据失业人员失业前累计缴费时间确定，最长领取期限为24个月；此外，文件对缴纳失业保险时个人所得税问题、领取失业保险金期间的医疗补助金与抚恤金等问题，也给出了详细规定。《上海市失业保险办法》规定，失业保险制度的覆盖范围除国家规定的企事业单位以外，还包括国家机关和社会团体；此外，文件对失业保险金的申领审核、领取条件、领取时间和标准也进行了调整。《广东省失业保险条例》指出，失业保险的覆盖范围包括本省行政区域内所有企业、机关、事业单位、社会团体、民办非企业单位、城镇个体经济组织及与之形成劳动关系的劳动者。

二　失业保险制度历史回顾及发展趋势分析

（一）城镇登记失业情况

1. 全国城镇登记失业人数及失业率

从全国城镇登记失业情况来看，改革开放以来，全国城镇登记失业人数及失业率呈现波动趋势（见表1），这与国家整体的经济发展、人口增长等因素有关。2002～2012年，全国城镇登记失业人数缓慢增长，从2002年的770.0万人增加到了2012年的917.0万人，年均增长率约为1.8%，除2008年、2009年受国际金融危机影响，全国城镇登记失业人数年增长率超过4%以外，其他年份的同比增长率均低于4%。

表1　全国城镇登记失业情况

单位：万人，%

年份	城镇登记失业人数	增速	城镇登记失业率	年份	城镇登记失业人数	增速	城镇登记失业率
1978	530.0	—	5.3	1996	552.8	6.4	3.0
1979	567.6	7.1	5.4	1997	576.8	4.3	3.1
1980	541.5	-4.6	4.9	1998	571.0	-1.0	3.1
1981	439.5	-18.8	3.8	1999	575.0	0.7	3.1
1982	379.4	-13.7	3.2	2000	595.0	3.5	3.1
1983	271.4	-28.5	2.3	2001	681.0	14.5	3.6
1984	235.7	-13.2	1.9	2002	770.0	13.1	4.0
1985	238.5	1.2	1.8	2003	800.0	3.9	4.3
1986	264.4	10.9	2.0	2004	827.0	3.4	4.2
1987	276.6	4.6	2.0	2005	839.0	1.5	4.2
1988	296.2	7.1	2.0	2006	847.0	1.0	4.1
1989	377.9	27.6	2.6	2007	830.0	-2.0	4.0
1990	383.2	1.4	2.5	2008	886.0	6.7	4.2
1991	352.2	-8.1	2.3	2009	921.0	4.0	4.3
1992	363.9	3.3	2.3	2010	908.0	-1.4	4.1
1993	420.1	15.4	2.6	2011	922.0	1.5	4.1
1994	476.4	13.4	2.8	2012	917.0	-0.5	4.1
1995	519.6	9.1	2.9				

资料来源：《中国劳动统计年鉴（2013）》。

与发达国家相比，我国的失业率不是很高。[①] 尤其是在2008年国际金融危机发生后，我国的城镇登记失业人数和失业率并没有出现较大波动，这些都得益于我国应对国际金融危机所采取的一系列调控措施。但是必须注意的是，发达国家的失业率一般通过抽样调查得到，是调查失业率，中国的失业率通过失业者在政府主管部门进行失业登记统计得到，是登记失业率，而且统计范围仅包括城镇就业人员，因此不能简单与外国失业率进行比较。

2. 各地区城镇登记失业情况

从2012年各省份城镇登记失业率来看，各省份（不含港澳台地区）城镇登记失业情况差异较大，城镇登记失业率最高的为4.2%，最低的为1.3%。城镇登记失业率最高的三个省份分别是湖南、宁夏、黑龙江，均为4.2%；其次是四川和云南，均为4.0%。除这五个省份外，其他省份的登记失业率都低于4.0%。城镇登记失业率最低的是北京（1.3%），其次是海南（2.0%）、广东（2.5%）、西藏（2.6%）、甘肃（2.7%）、浙江（3.0%）、江西（3.0%）。其余19个省份的登记失业率均保持在3.0%~4.0%。

（二）失业保险制度

1. 失业保险覆盖范围

《失业保险条例》规定，城镇企事业单位、城镇企事业单位职工必须缴纳失业保险费。其中，城镇企业包括国有企业、城镇集体企业、外商投资企业、城镇私营企业以及其他企业。

条例规定，失业保险制度的覆盖范围包括城镇所有企事业单位及其职工。从人力资源和社会保障部公布的数据来看，2002~2013年，参加失业保险的人数逐年增加，制度覆盖面不断扩大。2002年，全国参加失业保险人数为1.02亿人，到2013年，这一数字增长为1.64亿人，年均增长幅度为4.4%，尤其是2006年以来，除2007年、2009年外，其他年份的增长速度均保持在5%以上；参保人数与就业总人数的比例基本在14%~20%，并且呈逐年提高

---

① 美国2014年6月失业率为6.1%，日本2014年6月失业率为3.7%，澳大利亚2014年7月失业率为6.4%，葡萄牙2014年第二季度失业率为13.9%。

的趋势。

从领取失业保险金人数看，2002 年以来，全国领取失业保险金人数逐步减少，仅有个别年份略有上升。2002 年，领取失业保险金人数为 440 万人，到 2013 年，这一数字下降为 197 万人。除 2004 年、2012 年的领取失业保险金人数呈正增长之外，2002～2013 年的其他年份都呈负增长，2005 年的下降幅度最大（－13.6%），其次是 2007 年（－12.5%）和 2010 年（－11.1%）。领取失业保险金人数与就业总人数的比例在 0.3%～0.6%。

表 2　全国失业保险覆盖范围变化趋势

单位：万人，%

年份	就业总人数	参保人数	参保人数增速	参保人数/就业总人数	领取失业保险金人数	领取失业保险金人数增速	领取失业保险金人数/就业总人数
2002	73280	10182	—	13.9	440	—	0.6
2003	73736	10373	1.9	14.1	415	－5.7	0.6
2004	74264	10584	2.0	14.3	419	1.0	0.6
2005	74647	10648	0.6	14.3	362	－13.6	0.5
2006	74978	11187	5.1	14.9	327	－9.7	0.4
2007	75321	11645	4.1	15.5	286	－12.5	0.4
2008	75564	12400	6.5	16.4	261	－8.7	0.3
2009	75828	12715	2.5	16.8	235	－10.0	0.3
2010	76105	13376	5.2	17.6	209	－11.1	0.3
2011	76420	14317	7.0	18.7	197	－5.7	0.3
2012	76704	15225	6.3	19.8	204	3.6	0.3
2013	—	16417	7.8	—	197	－3.4	—

资料来源：历年《人力资源和社会保障事业发展统计公报》与《中国劳动统计年鉴（2013）》。

2. 失业保险缴费水平

全国各省份对失业保险缴费的规定有所不同，但大多以本人上年度月平均工资或本人每月工资总额为缴费基数，不超过当地上一年度职工月平均工资的 3 倍。失业保险缴费比例多参照国家规定，单位按照 2% 的比例缴纳，个人按照 1% 的比例缴纳，也有个别省份略有调整，如北京市单位缴费比例为 1.5%，个人缴费比例为 0.5%（见表 3）。

表 3　部分省份失业保险金缴费比例

单位：%

省份	单位缴费比例	个人缴费比例
北　京	1.5	0.5
上　海	2.0	1.0
广　东	2.0	1.0
广　西	2.0	1.0
河　南	2.0	1.0
吉　林	2.0	1.0
内蒙古	2.0	1.0
宁　夏	2.0	1.0
四　川	2.0	1.0
浙　江	2.0	1.0

资料来源：各省份出台的失业保险条例/办法。

3. 失业保险基金情况

从全国失业保险基金情况来看，失业保险基金收入、支出、累计结余基本呈现逐年增加的趋势。在失业保险基金收入方面，2002 年以来，每年基金收入逐步增加（2009 年除外）。增速最快的是 2011 年（42.0%），其次是 2008 年（23.9%）、2012 年（23.4%）、2007 年（22.6%），其余年份的基金收入增速基本保持在 12% ~17%。在失业保险基金支出方面，除 2005 年和 2006 年外，每年的基金支出也逐年增加，年均增速为 10.0%。其中，支出增速最快的是 2009 年（44.5%），其他年份的增速均低于 20%。在失业保险基金的累计结余方面，总体来看，累计结余呈现逐年增加的趋势，但各年度增长速度有所波动。增速最快的是 2006 年（38.6%），最慢的是 2010 年（14.8%），2002 ~2013 年平均增幅为 27.5%（见表 4）。

综合分析失业保险基金数据，可以看出，失业保险基金的变化与经济发展存在正向的相关关系。2009 年，受国际金融危机影响，我国经济增速下降，失业保险基金收入增速随之降低，与此同时，失业保险基金的支出大幅增加。

4. 失业保险待遇水平

按照《失业保险条例》的规定，各省份可在国家政策框架内，根据本省份

表 4　全国失业保险基金变化趋势

单位：亿元，%

年份	收入	增速	支出	增速	累计结余	增速
2002	215.6	—	186.6	—	254	—
2003	249	15.5	200	7.2	304	19.7
2004	291	16.9	211	5.5	386	27.0
2005	333	14.4	207	-1.9	511	32.4
2006	385	15.6	193	-6.8	708	38.6
2007	472	22.6	218	13.0	979	38.3
2008	585	23.9	254	16.5	1310	33.8
2009	580	-0.9	367	44.5	1524	16.3
2010	650	12.1	423	15.3	1750	14.8
2011	923	42.0	433	2.4	2240	28.0
2012	1139	23.4	451	4.2	2929	30.8
2013	1289	13.2	532	18.0	3686	25.8

资料来源：历年《人力资源和社会保障事业发展统计公报》。

份实际情况自行确定失业保险金标准。表 5 选取东、中、西部有代表性的省份和城市为对象，将 2013 年的失业保险金标准与当地最低工资和社会平均工资进行比较分析。

表 5　部分省份和城市失业保险金水平与当地工资情况

单位：元，%

省份和城市	失业保险金（上限）	最低工资（上限）	失业保险金/最低工资	社会平均工资	失业保险金/社会平均工资
北京市	1001	1400	71.5	5793	17.3
上海市	990	1620	61.1	5036	19.7
成都市	840	1050	80.0	3970	21.2
深圳市	1280	1600	80.0	4104	31.2
新疆维吾尔自治区	847	1520	55.7	3817	22.2
郑州市	992	1240	80.0	3719	26.7
沈阳市	880	1300	67.7	4254	20.7

注：* 失业保险金的领取标准通常根据失业人员失业前缴纳失业保险费的年限、缴费基数，结合当地最低工资标准、城市居民最低生活保障标准以及经济发展状况和居民生活水平等因素，设定一个区间范围，为统一比较口径，表中的失业保险金均以上限为标准进行统计。

** 各地区最低工资一般根据当地经济发展状况、物价消费水平、劳动力市场价格等因素划分为若干档，此处为统一口径，均取上限进行比较分析。

资料来源：根据各地人力资源和社会保障厅（局）政府网站整理。

从公布的统计数据来看，各地失业保险金的水平存在一定差异，但均低于当地最低工资和社会平均工资。在统计的7个省份和城市中，失业保险金与最低工资比例最高的是成都市（80.0%）、深圳市（80.0%）、郑州市（80.0%），其余省份和城市均低于80%，比例最低的是新疆维吾尔自治区（55.7%），各地的比例相差较大。失业保险金与社会平均工资比例最高的是深圳市（31.2%），最低的是北京市（17.3%），最高比例接近最低比例的两倍。

总体来看，我国失业保险金水平较低。据统计，2009年全国平均失业保险金水平为387元/月（同年全国城镇单位就业人员平均工资为2687元/月），远低于国际上失业救济金的平均水平（一般为在职职工工资的50%）。①

三 失业保险制度问题分析

（一）失业保险覆盖面不大

统计数据显示，目前我国失业保险尚未能覆盖全部劳动人口。2012年底，我国失业保险参保人数为1.52亿人，仅约为城镇就业人数3.71亿人的41.0%，约为全国就业人数7.67亿人的19.8%。从失业保险的覆盖范围来看，参加失业保险的主要是国有企业、事业单位等中的“正规就业”群体，大量个体工商户、灵活就业人员等失业风险较大的人员仍然排除在失业保险之外，而这些人员往往受教育程度低，就业面窄，抵御失业风险能力弱，应当是失业保险的重点覆盖群体。因此，我国失业保险的覆盖面亟待进一步扩大，把大量失业风险高的人员吸纳进来，发挥失业保险的作用。

（二）失业保险统筹层次低

《社会保险法》规定，除养老保险基金外，其他社会保险基金逐步实行省级统筹，具体时间、步骤由国务院规定。《失业保险条例》规定，在直辖市和

---

① 吕学静：《中国失业保险面临大考》，《中国社会保障》2009年第1期。

设区的市，失业保险基金实行全市统筹，其他地区的统筹层次由省、自治区政府规定。目前除上海、北京等实行了市级统筹外，其他多数省份尚未实现市级统筹，更达不到省级统筹。

失业保险统筹层次低，对不同地区间人员流动、失业保险基金的统一调配和有效使用都有不利的影响。一方面，由于失业保险统筹层次低，劳动力在不同地区间流动时，以前的参保权益难以及时、有效地转移接续，使得跨地区就业的劳动者参保难以达到享受失业保险的条件，带来职工缴费积极性不高、失业保险监管不力等问题。另一方面，统筹层次低导致失业保险基金不能互相调剂，基金有结余的地区无法调剂到基金缺口较大的地区，大量失业者缺乏足够的保障，使得基金的使用效率过低，失业保险的风险保障功能被削弱。此外，地区间的缴费负担情况各异，往往经济落后的地区就业机会少，劳动者失业风险大，缴费负担反而重，增加了征缴难度。

（三）失业保险待遇标准低

与发达国家相比，我国失业保险的待遇标准过低。有的地区失业保险金与社会平均工资的比例低于20%，既难以满足失业人员最基本的生活支出，起不到应有的失业风险保障功能，又难以提供失业者足够的资金用于寻找到新的岗位就业，促进再就业的功能也没有发挥出来，很难给予失业者及时和足够的保障。

（四）失业保险基金累计结余大、保值难

有研究认为，参照国际惯例并结合我国实际情况，失业保险基金的结余额度应以6个月的支出额为宜。[①] 2002年以来，我国失业保险基金累计结余连续增长，年平均增长率达到27.8%，2013年底，基金累计结余是当年基金支出的近7倍，这一规模也大大超出了一些发达国家的标准。[②] 在现行的制度体系下，失业保险基金的投资渠道有限，面对经济的高速增长和物价的持续上涨，难以实现基金保值增值。

---

① 陈丰元：《失业保险基金大量结余问题分析》，《河南社会科学》2011年第3期。

② 例如，日本根据本国长期经验，得出基金累计结余的最佳规模应是当年保险收入的1～2倍。

四 对策建议

近年来，失业保险制度的发展呈现了良好的势头，覆盖面不断扩大、基金累计结余规模持续增大、待遇标准逐步提高，一定程度上发挥了抵御失业风险和促进再就业的作用。但是失业保险制度实施过程中也暴露了一些问题，应当进一步完善制度设计，加大政府调控力度，扩大政策宣传效应，提高单位和职工参保积极性，推动失业保险制度长期、稳定、良性发展。

（一）扩大失业保险覆盖面

在现有制度覆盖范围基础上，按照国家政策要求，充分发挥各级地方政府的作用，积极制定多种扩面征缴措施和办法，将所有存在失业风险的劳动者都纳入覆盖范围。尤其要重视个体工商户、私营企业与乡镇企业从业人员、灵活就业人员等的参保问题，完善上述人员的参保、缴费、权益转移接续和待遇领取办法。同时，还应加大失业保险的宣传力度，促使其积极主动参保，推动失业保险工作顺利开展。

（二）提高失业保险统筹层次

当前，全国范围内失业保险统筹层次整体偏低，直接导致部分地区出现缴费负担重、劳动者参保积极性不高、保险地区间转移接续困难、失业者权益记录分散以致不符合领取条件等一系列问题。因此，应当尽快提高失业保险统筹层次，从缴费标准、基金管理到待遇支付，先实现市级、省级统筹，再逐步过渡到中央统筹，消除制度壁垒，促进劳动力自由流动，加强失业保险基金的调剂互补作用，切实保障失业人员的生活。

（三）提高失业保险待遇标准

国际上一般以个人失业前一定时期内的平均缴费工资为基数，来确定失业保险金的支付标准，体现权利和义务对等的原则。针对我国失业保险待遇低的问题，可以参照国际惯例，以失业人员之前在岗时的工资或当地社会平均工资为基数，兼顾经济发展、物价、失业者的参保时间与失业前的工资水平等多方面客观因素，确定失业保险金的支付标准，使其真正发挥保障失业人员基本生活和促进再就业的积极作用。

（四）拓宽失业保险基金投资渠道

近年来，失业保险基金规模逐年扩大，随着失业保险覆盖范围的扩大，基金的累计结余规模还将进一步增大。作为一项长期积累、规模日益增大的基金，失业保险基金保值增值是一个非常关键的问题。建议失业保险基金可参考养老保险基金的相关制度规定和试点经验做法，在保证安全性、流动性的基础上，逐步放松投资限制，积极拓宽投资渠道，丰富投资方式，为失业保险基金的保值增值创造条件。

参考文献

陈丰元：《失业保险基金大量结余问题分析》，《河南社会科学》2011 年第 3 期。

吕学静：《中国失业保险面临大考》，《中国社会保障》2009 年第 1 期。

汪洁：《关于失业保险制度的政策和理论问题探讨》，《南方论坛》2008 年第 1 期。

陈金田：《农民工失业保险问题探究》，《保险研究》2012 年第 4 期。

王颖：《我国失业保险制度的评估与发展完善》，辽宁医学院硕士学位论文，2012。

郑秉文：《中国失业保险基金增长原因分析及其政策选择——从中外比较的角度兼论投资体制改革》，《经济社会体制比较》2010 年第 6 期。

B.16

中国社会医疗保险制度的成就、问题与改革建议

王海东　王超群*

摘　要：

本报告总结了改革开放以来我国社会医疗保险制度的成就与问题，并提出了改革建议。本报告认为，其成就是实现了社会化与责任分担，维护了社会稳定，在不断提高保障水平的同时，基金收支稳健；问题是保障水平低，“保大不保小”，制度分割，个人账户低效，自愿参保，控费不力，以及未能建立首诊、转诊和分级诊疗制度等。本报告建议，未来采取多元化的开源节流措施，如取消个人账户、以家庭为单位参保、退休人员分类终生缴费、统一公共医疗基金管理机构、改革支付方式，以及实行“基层首诊、分级医疗和双向转诊”制度等。

关键词：

社会医疗保险制度　成就　改革建议

一　中国社会医疗保险制度取得的成就

（一）实现资金筹集、管理及医疗服务的社会化

改革开放前，我国城乡医疗保障制度被嵌入计划经济体制，具有单位管

* 王海东，社会保障专业博士，中国人事科学研究院工资福利研究室助理研究员；王超群，华中师范大学公共管理学院讲师，研究方向为卫生费用的增长与控制、医疗保险制度，邮箱：wangchaoqunruc@163.com。

理、封闭运行、板块分割的特点。其中，城镇劳保医疗以企业为统筹单位，由企业负责筹资和管理，职工无须缴费；公费医疗由各级人民政府财政预算拨款，职工无须缴费；农村合作医疗以人民公社、生产队为统筹单位，资金来源于农民自缴和村集体公益金。在医疗服务提供方面，在城镇，城镇企业与机关事业单位通过自办/联合办诊所、医院，或者签约诊所、医院，为本单位职工提供医疗服务；在农村，人民公社、生产大（小）队集体建立了大量村卫生室、诊所等，财政提供极少量补贴。

改革开放后，1993 年建立起来的城镇职工医疗保险以统筹地区全部劳动者为对象，实现了资金筹集和管理的社会化，解决了不同单位医疗保险负担畸轻畸重的问题，形成了稳定的经费来源。2003 年建立的新型农村合作医疗（简称“新农合”）以及 2007 年建立的城镇居民基本医疗保险，亦分别以统筹地区全部农村居民和城镇居民（主要为“一老一小”）为覆盖人群，实现了资金筹集和管理的社会化。表 1 显示了我国 2008 ~2012 年三大医疗保险参保率情况。

表 1　2008 ~2012 我国三大医疗保险参保率

单位：亿人，%

年份	城镇职工医疗保险	城镇居民基本医疗保险	新农合	参保人口合计	全国总人口	全国人口参保率
2008	2.00	1.18	8.15	11.33	13.28	85.32
2009	2.19	1.82	8.33	12.34	13.35	92.43
2010	2.37	1.95	8.36	12.69	13.41	94.63
2011	2.52	2.21	8.32	13.05	13.47	96.88
2012	2.65	2.72	8.05	13.42	13.54	99.04

资料来源：《中国统计年鉴（2013）》。

此外，改革开放后，政府通过逐渐剥离企业自办医疗机构，实行定点医疗机构制度。目前，我国基本实现了医疗服务提供的社会化，解决了“企业办社会”问题。

（二）实行个人缴费，提高个人自付水平，实现责任分担

改革开放前，在劳保医疗和公费医疗环境下，个人无须缴费。改革开放

后，三大医疗保险均要求个人缴费。其中，城镇职工医疗保险单位缴费6%，个人缴费2%，单位缴费的30%和个人缴费的全部划拨入个人账户；2011年，新农合和城镇居民基本医疗保险的政府补贴占基金收入的比重分别为84.4%和74.4%（见表2）。有学者认为，医疗保险由个人、企业和政府共同筹资，实现了责任分担。①

表2　新农合和城镇居民基本医疗保险的政府补贴及其占基金收入的比重

单位：亿元，%

年份	新农合			城镇居民基本医疗保险		
	政府补贴	基金收入	政府补贴占比	政府补贴	基金收入	政府补贴占比
2008	655.7	784.8	83.5	94.6	154.9	61.1
2009	741.6	944.6	78.5	218.5	251.6	86.8
2010	1053.5	1309.2	80.5	234.3	353.5	66.3
2011	1727.8	2048.4	84.3	442.3	594.2	74.4

资料来源：新农合资料来源于卫生部农村卫生管理司《新型农村合作医疗信息统计手册（2007～2011）》；城镇居民基本医疗保险资料来源于《2007年劳动和社会保障事业发展统计公报》《2008年度人力资源和社会保障事业发展统计公报》《中国统计年鉴（2012）》。城镇居民基本医疗保险政府补贴标准来源于历年政府工作报告。

本报告认为，我国三大医疗保险责任分担主要体现为个人就医自付费用大幅增加。表3显示，我国个人就医自付费用占卫生总费用的比重总体呈倒“V”形发展趋势，但近年来比例远高于改革开放初期。其中，我国职工医疗保险改革是不断增加个人就医自付费用和不断降低医疗保险基金的支付比例与最高支付限额等的过程，这一过程强化了个人责任，遏制了职工个人浪费；新农合和城镇居民基本医疗保险没有出现严重的历史遗留问题，21世纪以来主要从零起步，逐步提高保障水平。

（三）推动国有企业改革，保障社会经济转型和社会稳定

改革开放后，城镇职工医疗保险老龄化程度急剧上升，许多国有企业不堪

① 郑功成等：《中国社会保障制度变迁与评估》，中国人民大学出版社，2002。

表 3　我国个人就医自付费用占卫生总费用的比重

单位：%

年份	个人就医自付费用占卫生总费用的比重	年份	个人就医自付费用占卫生总费用的比重
1978	20.4	2004	53.6
1980	21.2	2005	52.2
1985	28.5	2006	49.3
1990	35.7	2007	44.1
1995	46.4	2008	40.4
2000	59.0	2009	37.5
2001	60.0	2010	35.3
2002	57.7	2011	34.9
2003	55.9	2012	34.4

资料来源：《中国统计年鉴（2013）》。

重负，新旧企业负担严重不均衡。[①] 1994 年 4 月 14 日，国家体改委等部门《关于职工医疗制度改革的试点意见》提出："建立职工医疗保险制度的第一条基本原则是：适应建立社会主义市场经济体制的要求……减轻企业、事业单位的社会负担，有利于转换国有企业经营机制，建立现代企业制度。"总体上，城镇职工医疗保险有利于维护社会安定、减少改革阻力，[②] 为推动转换国有企业经营机制、建立现代企业制度发挥了积极作用。此外，三大医疗保险还极大地减小了我国居民医疗费用风险，减少了因病致贫、因病返贫，降低了居民灾难性卫生支出发生率，[③] 有效地维护了社会稳定。

（四）覆盖范围不断扩大，保障水平不断提高，基金收支稳健

改革开放以来，我国三大医疗保险覆盖范围、保障水平等先急剧下降又快速提升。目前，三大医疗保险覆盖范围不断扩大，保障水平不断提高。总体而

① 李珍：《社会保障理论》（第二版），中国劳动保障出版社，2007。

② 赵曼、吕国营：《关于社会医疗保险承保范围的分析》，《财政研究》2002 年第 3 期。

③ 王丽丹等：《安徽省农村居民灾难性卫生支出状况分析》，《中国卫生政策研究》2012 年第 4 期；闫菊娥等：《三种基本医疗保障制度改善灾难性卫生支出效果实证研究》，《中国卫生经济》2012 年第 31 期。

言，三大医疗保险均能维持基金收支平衡（见表4），职工和居民医疗保险还存在巨额基金累计结余。统计显示，2012 年，职工和居民医疗保险基金分别累计结余 6884.2 亿元和 760.3 亿元。

表4　2008～2012 年，我国三大医疗保险基金收支情况

单位：亿元

年份	基金收入			基金支出		
	城镇职工医疗保险	城镇居民基本医疗保险	新农合	城镇职工医疗保险	城镇居民基本医疗保险	新农合
2008	2885.5	154.9	784.8	2019.7	63.9	662.3
2009	3420.3	251.6	944.6	2630.1	167.3	922.9
2010	3955.4	353.5	1309.2	3271.6	266.5	1187.8
2011	4945.0	594.2	2048.4	4018.3	413.1	1710.2
2012	6061.9	876.8	2483.4	4868.5	675.1	2408.0

资料来源：《中国统计年鉴（2013）》。

二　中国社会医疗保险制度存在的问题

（一）尚未实现全覆盖，保障项目较少，保障水平较低

当前，我国三大医疗保险仍未实现全民覆盖，重复参保现象十分严重。据调查估计，我国城乡居民重复参保人数为 1 亿人左右。① 假如这一估计数据准确度较高，我国未被医疗保险覆盖的人群将高达 1.5 亿人（1 亿重复参保人员以及 0.5 亿没有医疗保险的人员），超过了总人口的 10%。

我国三大医疗保险保障项目较少。以药品为例，我国《国家基本医疗保险和工伤保险药品目录》准予两种保险支付费用的西药分别为 1027 种和 1031 种，中成药 823 种，民族药 47 种。而国家食品药品监督管理局查询数据显示，当前我国国产药品信息有 167570 条，其中进口药品信息 4472 条。可见，我国

① 王东进：《切实加快医疗保险城乡统筹的步伐》，《中国医疗保险》2010 年第 8 期。

药品种类繁多，但纳入基本医疗保险药品目录的种类极少。

我国三大医疗保险保障水平较低。2012 年《全国社会保障资金审计结果》显示，2011 年，城镇职工医疗保险、城镇居民基本医疗保险和新农合在国家基本医疗保险“三个目录”（基本药品目录、基本医疗服务设施诊疗项目目录和医疗服务设施目录）政策范围内的报销比例分别达到 77%、62% 和 70%，但实际报销比例仅分别为 64.10%、52.28% 和 49.20%。

（二）三大医疗保险“保大不保小”

改革开放前，劳保医疗、公费医疗和农村合作医疗均是大小病统包。改革开放初期，农村合作医疗快速崩溃，但劳保医疗和公费医疗仍然继续存在。劳保医疗和公费医疗保障水平很高，导致了需方浪费严重以及医患合谋严重。为降低财政压力、控制医疗服务需方的浪费，政府通过缩小医疗保障覆盖面、缩小医疗保障范围和降低医疗保障水平等，强化了个人在医疗保障筹资中的责任。目前，我国三大医疗保险均以大病保障为主，城镇职工医疗保险通过个人账户支付小病医疗费用，城镇居民基本医疗保险和新农合通过大病门诊统筹支付部分门诊费用。

（三）城镇家庭成员分属于不同医疗保险制度，城乡不同群体医疗保障待遇差距大

改革开放前，我国劳保医疗以家庭为单位参保，职工家属可以享受城镇职工医疗保障待遇的一半，公费医疗职工家属则通过单位互助和自筹资金解决。改革开放后，新建立的职工医疗保险的初衷仍是以家庭为单位参保，但由于当时职工医疗保险缴费率已经很高，影响了收缴和企业吸纳就业的能力，如果将职工家属纳入，将进一步提高费率，加重企业负担，最终职工家属被“甩了包袱”。

随着 21 世纪以来“看病贵、看病难”问题日益突出，为解决职工家属缺乏医疗保障的问题，2007 年 7 月 10 日，国务院发布《关于开展城镇居民基本医疗保险试点的指导意见》，要求开展城镇居民基本医疗保险试点，采取类似于新农合的以政府补贴为主、以个人缴费为辅的办法，单独为城镇居民建立医疗保险，而未将居民纳入城镇职工医疗保险。

（四）城镇职工医疗保险的个人账户效率低

我国城镇职工医疗保险个人账户并非凭空产生，而是在内外部因素共同推动下产生的。医疗费用上涨与控制、劳保医疗的历史遗留及信任危机等内部因素产生了对新的政策工具的需求，但并未限定其形态及范围，并不必然导致个人账户建立。而“效率优先、兼顾公平”的改革理念、国际私有化浪潮（尤其是新加坡设立医疗个人账户）、中国传统文化观念及养老保险统账结合制度等外部因素提供了可供选择的政策工具的具体形态，最终使我国建立个人账户。①

在实际运行中，个人账户因存在运行效率低下（如基金大量沉淀与严重不足并存、道德风险等），社会统筹基金的支付能力和保障水平较低，以及费用控制功能极其有限等缺陷，一直饱受批评。近年来，有关卫生医疗的政策文件，均致力于淡化个人账户。2012 年 4 月，《深化医药卫生体制改革 2012 年主要工作安排》提出：“探索通过个人账户调整等方式逐步建立职工医疗保险门诊统筹”。其中，“等方式”并不排除取消个人账户的可能性。不过，各地仍是在个人账户框架内进行微调，如降低划拨给个人账户的资金比重和扩大个人账户的适用范围等。

（五）城镇居民基本医疗保险和新农合自愿参保而非强制参保

我国三大医疗保险仅城镇职工医疗保险要求强制参保，但执行并不十分严格，大量职工（尤其是农村进城务工人员）未应保尽保。而 2003 年《关于建立新型农村合作医疗制度意见的通知》要求：“新型农村合作医疗制度是由政府组织、引导、支持，农民自愿参加……的农民医疗互助共济制度。”2007 年《关于开展城镇居民基本医疗保险试点的指导意见》要求城镇居民基本医疗保险“坚持自愿原则，充分尊重群众意愿”。自愿参保而非强制参保将导致低风险的人不愿意参保，从而降低了基金分散风险的能力，同时使动员居民参保的成本变得高昂。

---

① 王超群：《城镇职工基本医疗保险个人账户制度的起源、效能与变迁》，《中州学刊》2013 年第 8 期。

（六）医疗保险经办机构着力控制需方，按服务项目付费

新中国成立以来，我国医疗保障制度一直面临医疗费用快速上涨的问题，但始终未能很好地解决。改革开放前，我国医疗保障水平较高，尤其是城市，导致需方浪费严重，费用难以控制。改革开放后，职工医疗保险改革朝着不断降低保障水平、提高个人自付水平的方向前进，从而形成了当前以控制需方为主来控制医疗费用上涨的路径依赖。城镇居民和农村居民在相当长一段时期内没有任何医疗保障制度保护，实际上也是通过控制需方来降低医疗费用。

然而，由于迄今为止城镇职工医疗保险制度采取以项目付费为主的支付方式，按服务项目付费会激励医疗服务供方多劳多得，是医师诱导需求的主要制度性来源。目前，实践经验和理论研究让政策制定者意识到，我国医疗生态已呈畸形发展之势，必须加以调整。并且，医疗费用控制的重心不在医疗服务需方，而在供方，控制需方的措施效果十分有限。

（七）医疗保险强调患者的自由选择权以促进竞争，未能建立“基层首诊、分级医疗和双向转诊”体系

改革开放前，我国患者就医选择权受到严格限制。改革开放后，我国绝大多数领域引入了竞争机制，医疗保险经办机构也试图通过医疗保险政策促进医疗服务机构竞争。比如，1994 年，《关于职工医疗制度改革的试点意见》规定：“职工可以到定点的几个医院就医，促使医疗单位通过合理竞争，提高医疗质量，改善服务态度，合理用药、合理检查，降低医疗费用。”这一规定直接导致了职工医疗保险参保者就诊的自由化、随意化。1998 年《关于建立城镇职工基本医疗保险制度的决定》与 2002 年《关于妥善解决医疗保险制度改革有关问题的指导意见》均强调了定点医疗机构竞争的重要性。

改革开放前，我国基本落实了“基层首诊、分级医疗、双向转诊”。改革开放后，由于患者就诊的自由化，加之我国始终缺乏具体规定和有效诱导，以及该问题本身就涉及多个部门的联动，最终导致“基层首诊、分级医疗、双向转诊”服务模式至今未能构建起来。

三　中国社会医疗保险制度改革的建议

（一）强化开源措施，提高医疗保险基金占比

未来十年，我国经济增长速度、医疗保障水平、医疗技术进步、城市化及老龄化等仍呈快速或加速增长态势，这决定了未来我国医疗费用必将继续高速增长。[①] 在这一背景下，职工医疗保险实施总额控制，能够维持基金收支平衡，但会加重参保人和自付人群的就医负担，与政府降低民众就医负担的宏观政策目标相冲突。因而，职工医疗保险必须同时考虑开源措施。

近年来，职工医疗保险通过扩大覆盖面、提高费率和降低个人账户划拨比例等方式实现了基金收入快速增长。然而，扩面难度正不断加大，主要是农民工扩大覆盖面难度很大。国家统计局统计，2008～2012 年，外出农民工参加职工医疗保险的比例分别为 13.1%、12.2%、14.3%、16.7% 和 16.9%，没有明显提高。原因是农民工参保会提高企业用工成本，且农民工多就业于非正规部门。而职工医疗保险当前费率高达 9.54%，[②] 继续提高将增加企业成本、降低其竞争力和就业吸纳能力。降低个人账户划拨比例（如珠海、镇江、三明和徐州等地下调了 0.5～1 个百分点）开源效果较好，但仅限于部分地区在框架内微调，未见有省份率先取消并将个人账户并入社会统筹基金。

未来，应该拓展开源的渠道，短期内，可以取消职工医疗保险个人账户，并入社会统筹基金，实行退休老人终生缴费，增加财政补贴。中长期内，应逐步将农民工纳入职工医疗保险，通过税收减免等方式鼓励商业医疗保险发展，适时提高缴费率和落实缴费基数，并择机提高退休年龄。[③]

---

① 王超群、李珍：《中国未来卫生总费用增长趋势及应对措施——与 1970～1990 年 OECD 国家的比较》，《社会保障研究》2013 年第 2 期。

② 李常印等：《基本医疗保险基金结余及动态平衡》，《中国医疗保险》2012 年第 6 期。

③ 王超群、张翼、杨宜勇：《城镇职工基本医疗保险退休老人终生缴费制研究》，《江西财经大学学报》2013 年第 5 期。

（二）取消个人账户，实行以家庭为单位参保

许多学者呼吁取消个人账户，并入社会统筹基金。本报告认为，应该取消个人账户，将职工家属纳入职工医疗保险制度，以家庭为单位参保。根据对《全球社会保障制度（2010）》（*Social Security Programs Throughout the World 2010*）及相关文献的梳理，2010 年，76 个国家和地区有社会医疗保险，31 个国家和地区实行国家卫生服务制度（NHS），3 个国家和地区实行社会救助，2 个国家和地区实行医疗保险个人账户，剩余 57 个国家和地区没有任何医疗保障制度或者没有记录。其中，76 个有社会医疗保险的国家和地区，只有伯利兹、特立尼达和多巴哥、瑞士、荷兰、孟加拉和中国不是以家庭为单位参保的，其余国家和地区社会医疗保险均实行以家庭为单位参保。在某种程度上，国家卫生服务也应该被认为是以家庭为单位参保的，但更强调家庭成员基于公民权而免费获得医疗服务。不论是社会医疗保险的家庭联保还是国家卫生服务的公民权，其实质均是同一家庭的成员享受同等（或略低）的保障水平。就城镇人口而言，就是将就业者及其家属纳入同一个制度，而非将二者分离。

这一整合措施，能够提高保障水平，降低职工和其家属的待遇差距，自然地解决制度碎片化和制度融合问题，并提供一种解决医疗保险城乡统筹的新思路；能有效利用个人账户闲置资金，解决居民医疗保险长期的筹资问题；同时，将不会增加政府、企业和个人的负担，具有制度和经济上的可行性。同时，职工医疗保险是强制参保，居民医疗保险是自愿参保，而实行以家庭为单位参保，能够强制扩大和巩固覆盖面，提高制度运行效率。①

（三）实行退休人员分类终生缴费

随着医疗保险老龄化程度不断加深，从收入关联缴费转向按人头缴费（退休人员终生缴费）是必然趋势。在建立社会医疗保险制度的 76 个国家和地区中，有 37 个的退休人员需要缴费，占 48.6%。② 一些国家如韩国，最近

① 王超群、李珍：《从顶层设计角度看城镇职工基本医疗保险个人账户出路》，《东岳论丛》待刊。

② 王超群、张翼、杨宜勇：《城镇职工基本医疗保险退休老人终生缴费制研究》，《江西财经大学学报》2013 年第 5 期。

正在酝酿让年养老金高于4000万韩元（约合22万元）的退休人员缴费。实行退休人员终生缴费不但有利于降低医疗保险老龄化程度，改善社会统筹基金收支平衡状况，体现责任分担，而且有利于促进劳动力流动，化解医疗保险待遇转移接续的难题，并为未来城乡医疗保险制度并轨奠定基础。①

要实行退休人员终生缴费，就必须同步提高对老年人的医疗保障水平。而当前我国正在不断提高医疗保障水平，应该抓住这一历史时机，同步实施退休人员缴费制。否则，若待未来我国医疗保障水平已经达到较高水平时再孤立地要求退休人员缴费，实施阻力会很大。由于当前我国退休人员养老金水平仍较低，可以对退休人员实行分类终生缴费：养老金低于政府规定的最低缴费养老金的退休人员，由政府按照最低缴费养老金的2%进行代缴；养老金水平高于最低缴费养老金的退休人员，由个人缴费。缴纳医疗保险费后养老金低于最低养老金标准的，由政府补贴至最低养老金水平。政府补贴体现了政府对历史责任的承担。②

（四）建立医疗服务购买机制，实现公共医疗基金管理统一

建立有效的医疗服务购买机制，要求医疗卫生机构收入绝大部分来自公共医疗资金，同时公共医疗资金由统一的部门管理。统计显示，2011年，我国卫生总费用为19980.39亿元，其中，个人现金卫生支出7051.29亿元，社会办医支出1413.65亿元，商业健康保险支出677.40亿元。这意味着，我国医疗卫生机构收入的将近一半来自公共医疗基金之外。如果再考虑到职工医疗保险基金支出中一半左右为个人账户支出，那么我国医疗卫生机构收入的一半以上来自公共医疗基金之外。

目前，我国公共医疗基金主要以市县为统筹单位，统筹层次过低，且同一统筹地区内还呈现部门分割的局面，包括卫生和计划生育、人力资源和社会保障及民政等多个部门。这导致当前公共医疗基金没有形成合力，难以形成有效

---

① 郑功成：《中国社会保障改革与发展战略：理念、目标与行动方案》，人民出版社，2008；郑功成：《中国社会保障改革与发展战略（医疗保障卷）》，人民出版社，2011。

② 王超群、张翼、杨宜勇：《城镇职工基本医疗保险退休老人终生缴费制研究》，《江西财经大学学报》2013年第5期。

的医疗服务购买主体。

从长远看，随着医疗保险和医疗救助等保障水平的提高，公共医疗基金必将成为医疗卫生机构的主要资金来源。同时，总体卫生费用增速逐渐降低，此时就需要通过提高统筹层次、整合管理部门，建立起医疗服务购买机制，从总体上控制卫生费用上涨。而对于控制微观的医疗费用滥用、乱用情况，则更属理所当然，但也必须考虑到控制措施对医疗技术进步和医疗服务质量的影响。

（五）逐步缩小参保人就医选择权，实行基层首诊、分级医疗和双向转诊

随着保障水平的提高，未来不同层级医院之间报销水平的差距可能继续缩小（当前本身差距就很小）。由于人们对优质医疗服务存在无限需求，通过经济刺激诱导患者在低质量的基层医疗服务机构就医的效果将很有限。为此，必须在提高基层医疗服务质量的前提下，缩小参保人就医选择权，实行“基层首诊、分级医疗、双向转诊”的服务模式，唯此才能在有限的引领作用下实现最大产出。

要逐步缩小参保人就医选择权，就必须进一步降低参保人的自付水平，同时扩大参保人参与医疗保险相关事务的权限。但这一问题涉及一系列更加复杂的经济、社会和政治问题，必须广泛试点、逐步推行。

（六）支付方式改革试点先行，对基层医疗服务机构试行按人头付费

目前，不少地区职工医疗保险基金出现当期甚至累计赤字，为维持基金收支平衡，我国职工医疗保险致力于节流。尤其是2012年以来，政府着力推动支付方式改革，发布了一系列文件。2012年4月国务院办公厅印发的《关于印发深化医药卫生体制改革2012年主要工作安排的通知》与11月人力资源和社会保障部等部门联合发布的《关于开展基本医疗保险付费总额控制的意见》，均要求职工医疗保险改革支付方式，“用两年左右的时间，在所有统筹地区范围内开展总额控制工作”，以期控制医疗保险支出。

除前文提到的当前我国职工医疗保险实行医疗费用总额控制的前提条件尚

不具备外，我国对支付方式改革的理论准备也十分不足。直到近两年，讨论各种医疗费用控制措施的文献才有所增加，但也主要集中于笼统介绍医疗费用控制、医疗支付方式和按病种付费，对总额预付制和按人头付费的讨论很少，而总额预付制恰恰是当前主管部门着力推动的改革内容。在理论准备不足的情况下，进行支付方式改革难免像当年建立医疗保险个人账户一样“走弯路”。

我国具有良好的试点先行的经验，目前，推广支付方式改革应在强调总体制度设计的基础上，进行广泛试点，如对基层医疗服务机构试行按人头付费。目前，我国政府办基层医疗卫生机构实行绩效工资制度，工资水平参照事业单位人员平均工资制定。实行绩效工资制的目的是在削弱医疗服务量与医生收入之间直接关联的同时，适度扩大收入差距，调动医务人员的积极性。实际上，绩效工资制难以有效调动医务人员的积极性，也难以留住高素质的医务人员。而私立基层医疗卫生机构的医务人员收入低且不稳定，医疗技术水平普遍不高。未来应对基层医疗卫生机构实行按人头付费，这样不但能够通过控制人头费控制卫生费用增长过快，而且能够稳定医务人员的工资，倒逼其强化预防，并在公私医疗卫生机构和人员之间引入竞争，以吸引高素质医务人员在基层执业。根据赵斌对32个国家初级卫生保健服务提供者付费方式的研究，实行以人头付费为主、以服务项目付费为辅的国家的数量为20个，实行以服务项目付费为主的国家的数量为6个，实行以工资方式为主、以其他方式为辅的国家的数量为6个。①

综上所述，本报告建议，职工医疗保险未来改革方向是开源节流。在开源方面，应提高医疗保险基金占比；取消个人账户，将其并入社会统筹基金，以家庭为单位参保；实行退休人员分类终生缴费，由退休人员和政府分担责任。在节流方面，建立医疗服务购买机制，实现公共医疗基金管理部门统一；逐步缩小参保人就医选择权，实行“基层首诊、分级医疗、双向转诊”；在加强顶层设计和理论准备的基础上，大力推动支付方式改革试点先行，对基层医疗服务机构试行按人头付费。

---

① 赵斌：《基本医疗保险医疗服务购买机制研究——基于国际经验的总结和我国现实的政策选择》，中国人民大学，2013。

参考文献

ISSA, *Social Security Programs Throughout the World*, Washington, D. C. , SSA Publication No. 13 – 11801, 2010.

高春亮、毛丰付、余晖：《激励机制、财政负担与中国医疗保障制度演变——基于建国后医疗制度相关文件的解读》，《管理世界》2009 年第 4 期。

国家统计局：《2012 年全国农民工监测调查报告》，http：//www. stats. gov. cn/tjfx/jdfx/t20130527_ 402899251. htm，2013 –05 –27/2013 –06 –05。

李常印等：《基本医疗保险基金结余及动态平衡》，《中国医疗保险》2012 年第 6 期。

李珍：《2020 年：我国社会医疗保障制度安排的展望》，《经济日报》2012 年 8 月 29 日。

李珍：《社会保障理论》（第二版），中国劳动保障出版社，2007。

王超群、李珍：《从顶层设计角度看城镇职工基本医疗保险个人账户出路》，《东岳论丛》待刊。

王超群、李珍：《中国未来卫生总费用增长趋势及应对措施——与 1970 ~ 1990 年 OECD 国家的比较》，《社会保障研究》2013 年第 2 期。

王超群、张翼、杨宜勇：《城镇职工基本医疗保险退休老人终生缴费制研究》，《江西财经大学学报》2013 年第 5 期。

王超群：《城镇职工基本医疗保险个人账户制度的起源、效能与变迁》，《中州学刊》2013 年第 8 期。

王东进：《切实加快医疗保险城乡统筹的步伐》，《中国医疗保险》2010 年第 8 期。

王丽丹等：《安徽省农村居民灾难性卫生支出状况分析》，《中国卫生政策研究》2012 年第 4 期。

闫菊娥等：《三种基本医疗保障制度改善灾难性卫生支出效果实证研究》，《中国卫生经济》2012 年第 31 期。

赵斌：《基本医疗保险医疗服务购买机制研究——基于国际经验的总结和我国现实的政策选择》，中国人民大学，2013。

赵曼、吕国营：《关于社会医疗保险承保范围的分析》，《财政研究》2002 年第 3 期。

郑功成等：《中国社会保障制度变迁与评估》，中国人民大学出版社，2002。

郑功成：《中国社会保障改革与发展战略：理念、目标与行动方案》，人民出版社，2008。

郑功成：《中国社会保障改革与发展战略（医疗保障卷）》，人民出版社，2011。

B.17

基本养老保险制度替代率下降的因素及对策分析

王海东　李 珍*

摘　要：

基本养老保险制度运行十多年来，基本养老保险替代率不断下滑，且已低于约60%的目标水平。究其原因，在于缴费基数缩水、缴费年限门槛过低、退休年龄过低（尤其是女性）、个人账户收益率太低等。这不仅导致个人养老金保障不足，而且不利于制度自身的收支平衡与可持续发展。因此，需要从制度架构与参数设置两个方面出发，将个人账户分离出来，进行市场化投资运营，同时改革有关制度参数，特别是缴费基数、缴费年限、退休年龄（尤其是女性）和个人账户收益率等，尤其不能以过分降低门槛来换取"全覆盖"的目标。

关键词：

养老金替代率　基本养老保险　结构改革　参量改革

我国对基本养老保险制度建设的目标是"全覆盖、保基本、多层次、可持续"，愿望虽好，但在操作中遇到了困难。简而言之，由于地区间、群体间收入差距大，为了"全覆盖"，必须降低制度门槛，如降低缴费基数、缴费年限等。这样无法实现"保基本"目标，导致基本养老保险替代率（养老金收入对社会平均工资替代率）不断下滑，且已经低于目标保障水平。为了"保

* 王海东，社会保障专业博士，中国人事科学研究院工资福利研究室助理研究员；李珍，经济学博士，中国人民大学公共管理学院社会保障研究所所长，教授，博士生导师。

基本”，政府不得不用行政手段提高养老金水平，这又导致收支不可持续，即“可持续”的目标无法实现。另外，目前基本养老保险负担过重，“多层次”养老金体系建设缺少动力和余地。

“保基本”，即保障老年人基本生活，应该是制度建设之第一目标。面对当前的困难，有必要对基本养老保险制度架构和参数做全面分析，找到保障水平（基本养老保险替代率）下滑的原因，从而为完善基本养老保险制度提供参考。

一 研究背景

1997 年，我国在改革原有企业退休金制度的基础上，建立了具有社会保险性质的基本养老保险制度，经过不断完善，以 2005 年国务院《关于完善企业职工基本养老保险制度的决定》（简称“38 号文”）的颁布实施为标志，基本养老保险的制度结构及各项参数基本确定。基本养老保险制度运行十几年来，该制度为保障退休人员基本生活、促进社会和谐稳定发挥了重要作用。

在过去十几年中，基本养老保险替代率一直呈下降趋势。随着制度的成熟，越来越多的“中人”[①] 和“新人”进入退休行列，退休金总体水平进一步下降，而对相当人数的个体而言，退休收入会严重不足。2011 年，退休“中人”已占退休人数的75.36%。[②] 而已有的文献对制度结构及参数如何影响个体退休收入及财务可持续性关注不够。本报告仅从退休者角度考察制度层面相关因素对养老金收入的影响。

基本养老保险制度运行了十几年，该制度下的基本养老保险替代率从 1997 年的76%下降为2011 的44%，已经大大低于制度设计的目标（政策的目标约是60%），[③] 而连续10 年的待遇调整政策（增加养老金）也没有从根本上遏制这一趋势。过去的十几年中，基本养老保险制度的结构和参数的设计对

① 改革时已退休人员被称为“老人”；改革时已有工龄的企业职工被称为“中人”；基本养老保险制度建立后参加的人被称为“新人”。

② 此处将1997 年及以前的退休人员视为“老人”，将此后新增人员视为“中人”；1997 年之后参加工作的“新人”可近似认为尚未退休。

③ 李珍、王海东：《基本养老保险目标替代率研究》，《保险研究》2012 年第2 期。

"老人"和"中人"养老金收入下降的影响较小。基本养老保险替代率下降的重要原因之一，是工资增长较快而养老金增长较慢。而随着更多的人从2011年开始按"38号文"计发养老金（自1997年起，累计缴费期限已满15年)，越来越多的"中人"和"新人"进入退休行列，基本养老保险的制度结构和各参数对退休金水平的影响作用加深。下文的定量分析结果表明，在现有的制度设计下，相当一部分人口退休后收入会严重不足，这一问题会引起整体的养老金水平进一步下降。

2011年6月6日，《财经》刊载了《谁动了养老金》一文，该文报道了辽宁省丹东市从2011年1月1日起按"38号文"计发养老金后，当年新退休的一部分人员的退休收入"仅达到当地2010年的最低生活保障水平"（下称该事件为"丹东的例子"）。如果我们认定退休金水平低于最低生活保障水平是一个问题的话，随着时间的推移，退休收入的严重不足将是一个普遍问题，丹东的例子只是秋之一叶，从时间上看，2011年是这一问题的元年。

虽然缺乏统计数据，但是我们可以观察到：不只是非正式部门的就业人员，包括部分正式部门的就业人员，都倾向于选择制度的最低门槛：最低的缴费年限（15年)、最低的缴费基数（社会平均工资的60%)、最低的退休年龄。在目前的个人账户计息率条件下，按"38号文"的计发办法，这部分人的退休收入必然严重不足。

对此，我们有两个选择：一是任凭这部分人口陷入老年贫困；二是通过基本养老保险制度进行额外补贴。前一种选择与制度"合理的保障水平"目标不符，后一种选择将加速和加深基本养老保险制度的财务不可持续性。二者都不是我们想看到的，所以这两个选项都不行。

我们还有一个选择，由于部分退休人口保障不足的问题源于基本养老保险制度的安排，即制度结构和参数设置的必然结果，从根本上解决这一问题，必须从调整制度的结构和参数入手。

二　基本养老保险替代率下滑问题分析

（一）基本养老保险的目标替代率

在制度结构上，基本养老保险制度是社会统筹和个人账户相结合的制度，是一个混合制度。从养老金发放的角度看，养老金由两部分构成，即社会统筹部分发放的基础养老金和个人账户发放的个人账户养老金。从筹资的角度看，社会统筹部分的资金来源是企业，实行现收现付的财务制度，目前政策规定的企业缴费为职工工资的20%；职工个人缴纳本人工资的8%，进入个人账户并实行基金积累制度。按照制度设计，一个工资处于社会平均水平的退休者可以从社会统筹部分获得社会平均工资35%左右的基础退休金，并可从个人账户中获得社会平均工资24%左右的退休金，二者相加为社会平均工资的59%左右。

要达到这一政策保障目标，必须满足若干条件。首先，对于基础养老金部分，一名职工只有按社会平均工资100%的基数持续缴费35年，才能领取社会平均工资35%左右的退休金；对于个人账户部分，一名职工只有满足下列条件才可能获得社会平均工资24%左右的退休金：第一，按100%工资基数缴费40年；第二，个人账户收益率等于工资增长率；第三，退休年龄为60岁（此时个人账户的月除数①较小，为139）。在制度运行过程中，相关参数未能达到以上标准，导致基本养老保险的目标替代率“失守”，且处于不断下滑过程中。

2008～2013年，国家每年调整企业退休人员基本养老金水平，人均月养老金水平逐年提高，年均增长率为10.5%左右，2013年人均月养老金为1914元。基本养老保险替代率略有下降，2013年为44.62%（见表1）。

表1　2008～2013年基本养老保险保障水平变化情况

年份	①参保退休人口（万人）	②基本养老保险基金支出（亿元）	③人均月养老金（元）	④在职人口平均工资（元）	⑤基本养老保险替代率（%）
2008	5304	7390	1161	29229	47.66
2009	5807	8894	1276	32736	46.77
2010	6305	10555	1395	37147	45.06
2011	6826	12765	1558	42452	44.04
2012	7446	15562	1742	46769	44.70
2013	8041	18470	1914	51474	44.62

注：③＝②/①/12×10000；⑤＝③×12/④×100%。

资料来源：国家统计局。

① 个人账户养老金＝账户累计额÷月除数。如60岁退休，月除数为139。

（二）养老金保障水平下滑的制度因素分析

通过以下分析发现，制度规定的各参数与制度的目标保障水平不匹配，保障水平必须下降。

1. 缴费基数下限（当地职工月平均工资的60%）导致替代率下降

缴费基数直接关乎基础养老金和个人账户养老金的水平。事实上，相当一部分人在职业生涯中达不到按100%的社会平均工资缴费的要求。多数人在职业生涯的早期（年轻人）收入低于社会平均工资；一部分人终生是低收入者，收入在社会平均工资以下；一部分企业和个人选择少报工资收入，以达到减负的目的。上述种种原因都会导致缴费基数缩水，选择60%的缴费基数下限是较为普遍的现象。在政策实施过程中，为了扩大覆盖面，有些地区将实际的缴费基数进一步缩小到60%以下。例如，某大城市规定缴费基数下限为社会平均工资的40%，这样使得制度整体的实际缴费基数为社会平均工资的80%。

2. 15年的最低缴费年限导致替代率下降

上文分析表明，要达到59%左右的替代率水平，基础养老金部分要求持续缴费35年，而个人账户在现行的利息率下则需要持续缴费40年。但事实上，绝大多数人不会持续缴费35~40年，更有甚者，相当一部分人会选择制度最低门槛——15年。在改革前的企业退休金制度中，领取退休金的资格是工龄为30年，在21世纪初，在该制度下职工退休时（“老人”“中人”）的平均工龄也只是32.5年。现行制度规定缴费15年就可取得领取养老金的资格，就意味着绝大多数在非正式部门就业的人会选择只缴费15年，而不是持续缴费35~40年，因为他们停止缴费节省的费用的现值效用大大高于持续缴费所带来的未来养老金的现值效用，这种选择是理性且可以理解的。我们观察到，即使在正式部门，在可能的情况下，企业和职工个人都有选择只缴费15年的倾向。这种选择对企业而言，可能节省工资支出20%的费用；对个人而言，停止个人缴费而获得本人工资的8%的现值效用要远远大于未来获得养老金的现值效用。所以，当越来越多选择低缴费基数和15年缴费年限的人口进入退休行列时，基础退休金水平会进一步下降。何平等曾指出，制度规定达到15

年可按月领取基础养老金的期限偏短，建议延长至30年，且应禁止退休前一次性补足15年缴费金额后即可领取养老金的做法。丹东的例子中一个突出问题就是补足15年缴费金额即可领取养老金（追求“扩面”）。目前，一些媒体将退休前或高龄老人一次性补缴数万元保费即开始领养老金作为正面例子加以宣传，无疑是对制度的精算平衡和可持续发展非常有害的。

退休年龄是影响退休金水平的一个重要因素。在其他条件不变时，退休年龄越高则缴费年限越长，社会统筹部分计发的基础养老金水平则越高。这对个人账户的影响是双重的。退休年龄越高则个人账户积累额越多，退休后领退休金时月除数越小，每月领取的养老金则越多；相反，退休年龄越低，缴费年限越短，个人账户积累额越少，而月除数越大，平均到每月的养老金越少。① 中国的女性就业人口数量大体与男性相当，女性的月除数大大高于男性139的水平，这样，女性的个人账户养老金会大幅低于男性，其中50岁退休的女性职工最低。女性的低养老金水平会降低整体退休人口的平均养老金水平。根据我们的测算，社会统筹部分的养老金水平达到预期目标需要35年工龄（且连续缴费），按现行的退休年龄，女性职工50岁退休、女性干部55岁退休，都不能满足要求。假设女性职工20岁开始工作且不间断地缴费，50岁退休，也只有30年工龄；女性干部22岁开始工作且不间断地缴费，55岁退休，也只有33年工龄，而前文提到，个人账户满足目标替代率要求40年连续缴费，在现行退休政策下，更是远远达不到的。

在基金积累制条件下，基金收益率对退休金水平起重要作用。按制度的设计，个人账户为积累制度，只有当账户资金的收益率达到工资增长率时，才能满足政策预期的保障水平。但由于没有相应的投资运营体制安排，制度规定个人账户资金只能存入银行（或买国债），同时规定个人账户资金按一年期银行利息率计息给个人。其实，在积累制度下，养老基金能否起到养老作用，重要的指标是其利息率能否盯住工资增长率。1997～2009年，一年期银行存款利率平均为2.9%，而参保在职职工的平均工资增长率为16%。② 个人账户资金

---

① 李珍：《关于中国退休年龄的实证分析》，《中国社会保险》1998年第4期。

② 为1997～2009年数据的简单平均数，根据各年份中国银行数据和相应年份《中国统计年鉴》数据计算。

积累的速度远远滞后于工资增长速度，个人账户养老金对社会平均工资的比率显得微不足道。①

（三）相关条件下基本养老保险替代率的定量分析

“全覆盖”是制度目标之一，是为了让更多的人得到保障。这本是善意，但是按照约60%的最低缴费基数和15年最低缴费期限的规定，其结果是选择满足这些最低要求的人得不到真正的保障。在一些地区，养老金水平可能会低于社会求助水平。

我们能观察到的一般情况是，低收入者、农民工、灵活就业人员会选择最低的缴费基数，并且在满足15年缴费期限后不再缴费或是通过补缴方式达到15年的缴费期限，其结果必然是保障不足，尤其是女职工。下文就“38号文”的计发办法进行替代率测算。

1. 缴费15年

15年是制度规定中领取基础养老金的最低缴费年限，即最低门槛。表2是选择60%缴费基数且在退休前15年连续缴费（如男性45岁缴费至59岁，一次性补缴15年的情况与此类似），他或她进入退休第1年时的退休金水平（主要是一些女职工和部分男性，他们的退休年龄分别为50岁和60岁）。

表2　缴费15年人员的基本养老保险替代率（60%缴费基数）

单位：%

性别	退休年龄	基础养老金	个人账户	合计
男	60岁	11.11	4.308	15.418
女	50岁	11.11	3.072	14.182

注：女干部的退休年龄为55岁，工作较为稳定，选择最低门槛15年缴费的情况不多，因此这里未考虑这一情况。

2010年，中国城镇职工年收入接近3万元，月收入为2500元，表2中男性的月均养老金水平为375元。2009年城镇人均消费支出为12265元，月均

① 李珍、王海东：《基本养老保险个人账户收益率与替代率关系定量分析》，《公共管理学报》2009年第4期。

消费支出为1000余元，当年的恩格尔系数为37%，即每月用于食品的支出为378元。[①] 退休金不到人均消费支出的四成，仅可勉强用于食品开支。

在相同条件下，若能按照100%的工资基数缴费（这里用的是社会平均工资水平），则基本养老保险替代率可有所提高，但因个人账户低水平计息，总的替代率仍不高（见表3）。

表3　缴费15年人员的基本养老保险替代率（100%缴费基数）

单位：%

性别	退休年龄	基础养老金	个人账户	合计
男	60岁	13.89	7.18	21.07
女	50岁	13.89	5.12	19.01

表3是参保人退休第1年的养老金水平，随着退休时间的延长，基本养老保险替代率还会进一步下降，因为养老金的增长率小于工资增长率。这种情况包括：20世纪90年代国有企业深化改革时期下岗或失业的职工，他们可能因为已有15年以上的“视同缴费年限”而取得了领取养老金的资格，从而不再缴费，一旦达到退休年龄便开始领养老金；没有参保的年长人口，制度鼓励他们可通过补缴保费获得养老金领取资格，可以预见，这部分人一定选择最低的缴费基数和缴费期限；更多的是在非正式部门的参保人，其多半会选择最低的参保门槛。总之，选择最低参保条件的人数不是一个小数目，随着时间推移，他们中会有越来越多的人进入退休行列，其养老金水平的绝对低下不是个案问题，而是制度问题。

2. 较长缴费期限

这里测算缴费分别为30年、35年和40年的基本养老保险替代率，与缴费15年的情况进行比较。由表4可知：第一，在相同退休年龄条件下，每多缴费1年，基本养老保险替代率可大致提高1个百分点。第二，相同的缴费期限，女性基本养老保险替代率较低，尤其是女职工。因此，女性尤其是女职工的缴费期限、退休年龄等问题值得重视。

---

① 资料来自相应年份《中国统计年鉴》。

表 4　不同缴费年限的基本养老保险替代率（100%缴费基数）

单位：%

性别	退休年龄	缴费年限	基础养老金	个人账户	合计
男	60 岁	40 年	37.04	11.89	48.93
		35 年	32.41	11.34	43.75
		30 年	27.78	10.65	38.43
女(干部)	55 岁	35 年	32.41	9.27	41.68
		30 年	27.78	8.70	36.48
女(职工)	50 岁	30 年	27.78	7.59	35.37

三　通过调结构、改参数提高养老金水平和制度效率

经过多年的努力，我们发现制度日益走向“全覆盖”的目标，但离“保基本”越来越远，并且财务的“可持续”压力也越来越大。按照制度设计，“全覆盖”和“保基本”“可持续”之间是有冲突的，我们需要正视和面对，重新做选择。

（一）调整制度的结构，提高个人账户的制度效率

我国现行基本养老保险制度是社会统筹与个人账户相结合的制度。本报告认为，在未来几十年内，个人账户都会是无效的，建议个人账户从基本养老保险中分离出来，即“统账分离”。个人账户可以与企业年金合并，也可做其他的自愿选择（如建立个人自愿型养老储蓄计划）。“统账分离”不是为了提高基本养老保险的退休收入水平，也不能保证所有的账户持有人获得更高的投资收益率以便达到更高的养老金水平，但自愿的原则可以使个人工资的8%利用得更加灵活和有效。

设计个人账户的本意在两个方面：一是通过个人账户激励劳动者参保，提高制度覆盖率；二是通过个人账户资金的积累应对人口老龄化问题。从世界各国的改革经验看，强制性个人账户的作用被夸大了，在中国也是这样。①

① 李珍：《社会养老保险私有化的反思》，《中国人民大学学报》2010 年第 2 期。

从效率的角度看，积累式的个人账户有效性的标准是资金的收益率能够盯住工资增长率（或称生物回报率），而要做到这一点是困难的。在荷兰和澳大利亚，职工企业年金也是积累式的，由于个人账户的收益率高于工资增长率，所以其制度是有效的。这两个国家的经济是稳态的，经济增长率较低，工资增长率不高，为1%～3%（发达国家的普通特点），所以个人账户资金的收益率高于工资增长率不是件太困难的事。

从基本养老保险制度建立后1998～2008年的数据看，我国参保群体的工资年均增长率为16%，这就意味着个人账户的收益率至少要达到16%，制度才是有效的。但在目前条件下，部分年份的计息水平尚不能克服同期通胀水平。如2008年、2010年和2011年居民消费价格指数（CPI）分别为5.9%、3.3%和5.4%，而同期一年期银行存款最高利息率分别为3.87%、2.75%和3.5%（见表5）。

表5 个人账户计息与CPI、工资增长率对比

单位：%

时间	一年期存款利息率	CPI	城镇非私营单位就业人员平均工资增长率	城镇私营单位就业人员平均工资增长率
2008年10月9日	3.87	5.9	—	—
2008年10月30日	3.6			
2008年11月27日	2.52			
2008年12月23日	2.25			
2009年	2.25	-0.7	12.00	—
2010年10月20日	2.5	3.3	13.47	14.07
2010年12月26日	2.75			
2011年2月9日	3	5.4	14.28	18.29
2011年4月6日	3.25			
2011年7月7日	3.5			
2012年6月8日	3.25	2.6	10.17	17.09
2012年7月6日	3			
2013年	3.25	2.6	10.06	13.75

资料来源：一年期存款利息率根据中国人民银行公布信息整理；CPI、城镇非私营单位就业人员平均工资增长率、城镇私营单位就业人员平均工资增长率根据国家统计局公布信息整理。

在实践中，这样的制度安排引发了一系列问题。首先，个人账户要不要做实？如果做实，谁来负担转制成本？由于这些问题没有明确的回答，个人账户还远没有做实，因此出现了所谓“空账运行”的问题。其次是已经做实的资金要不要市场化运营。

（二）修改参数，提高退休金保障水平

不管个人账户是否剥离，制度的参数改革都是必需的，否则，相当一部分人口养老金收入不足。作为一个整体，养老金的平均水平也将维持在较低的水平，而且制度的长期收支平衡将难以维持。鉴于此，本报告提出以下建议。

1. 提高缴费基数下限

从前文分析得知，如果缴费基数为社会平均工资的60%，即使缴费满15年，退休当年从基础养老金中获得的养老金也只是社会平均工资的11%，只有缴费工资达到社会平均工资时，退休后才可以获得社会平均工资1%的养老金。至于缴费工资下限提高到什么水平，可以做进一步的研究。

2. 提高最低缴费年限至30年

如果缴费基数为社会平均工资的100%，缴费年限提高到30年，则仅基础养老金就可达社会平均工资的30%。提高最低缴费年限不仅有利于个人退休收入的提高，而且对制度赡养率的提高和财务平衡至关重要。在我们能观察到的国家中，除了美国获取养老金的缴费期限为10年之外，其他国家相关的规定都很严格，如法国的公务员为37.5年，私人部门的雇员为40年，法国正打算进一步提高公务员的缴费期限至40年。

3. 提高退休年龄

提高退休年龄是一个敏感的话题，但现在必须正视这个问题。中国人口预期寿命从40多岁延长到70多岁，但新中国成立以来我国退休年龄政策一直没有相应调整。冯怀珠在我国过去人口平均寿命演变规律的基础上，预测了未来人口预期寿命的发展走势，认为2010年我国男性平均寿命为72.4岁，女性为77.4岁，而到2020年，这组数字将分别达到72.34岁和76.10岁。① 其他资料的我国人口平均寿命如表6所示。

① 冯怀珠：《我国人口预期寿命分析与预测》，《西北人口》2006年第3期。

表6　我国人口平均寿命的变化情况

单位：岁

性别	1980～1985年	1985～1990年	1990年	1990～1995年	1995～2000年	2000年	2010年
男	66.8	67.7	66.84	68.6	69.5	69.63	72.4
女	69.2	70.6	70.47	71.7	72.9	73.33	77.4

资料来源：1980～2000年数据来自《转型期的中国人口》，中国统计出版社，2005，以及国家统计局网站；2010年数据来自国家卫生和计划生育委员会编《中国卫生和计划生育统计年鉴（2013）》，中国协和医科大学出版社，2013。

较低的退休年龄加上提前退休，不仅导致养老金水平低，而且不利于养老金基金收支平衡。提高退休年龄其实也是一个重要的利益分配政策，在理论上，有人认为提高退休年龄则意味着减少年轻人的就业机会，持这种观点的人往往会站在增加青年一代就业机会的角度反对提高退休年龄。但在实践中，年长的就业人员又分成两类：一类是可以通过工作分享更多经济高速发展成果的人，这部分人会赞成提高退休年龄，他们往往在正式部门或经济效率高的收入增长水平高且就业稳定的部门；另一类人则反对提高退休年龄，这部分人往往在非正式部门就业，工作不稳定，收入低下，工资增长缓慢，他们获取养老金的福利大于在职的福利，进入养老保险领取状态就等于进入了“保险箱”。另外，从企业的角度看，在劳动力供给充分的条件下，企业更倾向于雇用年轻的员工，而将年长的员工推向社会保险制度。可见，退休年龄政策是一个利益分配政策，退休年龄高还是低，无所谓对错，立场不同而已。

然而，从个人的收入来看，提高退休年龄对绝大多数在正式部门工作的人来说，可以延长其缴费期，从而提高其退休收入。从制度整体而言，提高退休年龄有利于改善基本养老保险长期可持续发展状况，对减轻或者至少不加重企业和年轻一代的税负有帮助，从而在长期内对就业也有所帮助。

4. 建立个人账户基金市场化运营机制

杨燕绥、何平、褚福灵等学者提出要对个人账户“做实”，并进行市场化投资运营。[①] 马丁·费尔德斯坦（Martin Feldstein）等甚至保守估计中国未来的资本边际收益率在12%，高于总额工资增长率，从而极大地彰显了积累制的优势。[②] 另外，投资收益要与个人账户权益挂钩，改变现在部分省份委托投资后，对个人账户仍然采用一年期银行利息率计息，投资收益与个人账户"两张皮"的现状。

参数调整可能会降低基本养老保险的覆盖率，但必须承认，老年人口收入保障仅靠基本养老保险一项制度是不够的，需要其他制度的配合。从丹东的例子中我们可以看到，48 万被保人只有 19 万人是退休人口，60 人缴费，40 人领退休金，这使得相当数量的人口养老金收入严重不足，同时基本养老保险制度收不抵支。所以，我们别无选择，不进行参数调整，则无法保证基本养老保险制度的持续健康运行。

① 杨燕绥：《中国应当不怕人口老龄化》，《民营经济报》2006 年 8 月 7 日；何平：《社保改革选准攻坚路》，《瞭望》2001 年第 1 期；褚福灵：《以科学发展观为指导　完善养老保险制度》，《北京市计划劳动管理干部学院学报》2005 年第 4 期。

② Martin Feldstein and Jeffrey Liebman, "Realizing the Potential of China's Social Security Pension System," *China Economic Times*, Feb. 24, 2006. Jeffrey Liebman, "Editorial: Social Security Meets Race," *Science*, *New Series*, Vol. 309, No. 5743, Sep. 23, 2005.

劳动关系篇

Reports on Labor Relations

B.18

我国劳动关系的发展

——2013 年情况综述

肖鹏燕 *

摘　要：

总体来看，与2012年相比，2013年我国劳动关系的整体情况没有呈现典型的特征，基本延续了2012年的总体面貌：一是个体劳动权益方面，问题仍然集中在中小微企业从业人员、灵活就业人员、农民工等群体。二是集体劳动权益方面，劳动者群体事件发生的数量有所下降。三是政府规制方面，修改后的《劳动合同法》于2013年开始实施，保护灵活就业人员权益的规范性文件相继出台，劳动争议大调节机制开始着手构建。

关键词：

劳动关系　人力资源

* 肖鹏燕，博士，中国人事科学研究院助理研究员。

在人力资源管理实践发展历程中，人力资源管理曾作为调整企业劳动关系的一大手段，从属于工业关系管理范畴。随着管理学的发展，人本主义以及人力资本等学说的兴起，人力资源管理日益与组织发展、组织战略密切相关，从而被作为管理的重要手段和技术，得到了大力发展。尽管如此，无论在微观上还是在宏观上，劳动关系一直与企业、国家的人力资源发展密不可分。在某种程度上，和谐的劳动关系是维持企业和员工共同、可持续发展的唯一基础，是实现国家长治久安至关重要的前提条件。

一 2013 年我国劳动关系的形势

（一）平稳的经济增长和较大的就业规模保证了劳动关系的基本稳定

一国劳动关系的状况与经济环境、就业形势紧密相关。根据国家统计局公布的统计公报数据，2013 年，我国国民经济平稳较快增长，GDP 增长率为 7.7%，与 2012 年的增长速度持平。其中，第三产业增加值最大，增速达 8.3%，第三产业增加值占比首次超过第二产业。在就业规模方面，2013 年末全国共有就业人员 76977 万人，比上年末增加 273 万人，其中城镇就业人员 38240 万人，比上年末增加 1138 万人。在失业率方面，2013 年末城镇登记失业率为 4.05%，略低于 2012 年。全国农民工总量比上年增长 2.4%，其中外出农民工数量达 16610 万人，本地农民工数量较上年增长 3.6%，达 10284 万人。平稳的经济增长和较大的就业规模为 2013 年我国整体劳动关系的运行提供了一个较好的环境。

总体来看，2013 年，我国劳动关系的现实情况仍然延续了近几年的总体特征：随着个体劳动权益保护体系的完善，劳动关系总体上呈现平稳状态；集体劳动关系仍然是劳动关系调整的重点领域，集体行动事件虽时有发生，但较 2012 年有所减少；个人劳动关系仍有一些历史遗留问题，主要集中在非正规就业群体以及农民工群体的劳动关系，而农民工群体的劳动关系问题又主要表现为农民工工资拖欠问题。

（二）个人劳动合同签订率与2012年基本持平，集体劳动合同覆盖人数进一步增加

劳动合同是保证劳资双方劳动关系有序运行的基础，是保护个体劳动权益的主要依据和主要手段。2013年，全国企业职工个人劳动合同签订率达88.2%，与2012年基本持平（2012年为88.4%）。

尽管个人劳动合同签订率的整体水平仍然比较高，但中小企业的劳动合同签订率较低。中小企业是我国吸纳就业人员的主阵地。据国家统计局数据，当前200人以下的中小型企业数量已占全国企业总数的99%以上，创造的产值占GDP的60%，上缴的各种税费占全国的56%。同时，中小微企业大多是劳动密集型的企业，提供了将近77%的城镇就业岗位。2010年，人力资源和社会保障部联合中华全国总工会、中国企业联合会和中国企业家协会，发布了《全面推进小企业劳动合同制度实施专项行动计划》，旨在推动小企业提高劳动合同签订率。

在集体劳动合同的签订方面，无论是审核备案的合同数量还是覆盖人数，均有大幅提高。2013年，人力资源和社会保障部大力实施旨在推广集体劳动合同制度的“彩虹计划”。截至2013年底，经各地人力资源和社会保障部门审核备案的有效集体劳动合同达155.5万份，比2012年增加18.6%，覆盖职工人数达1.57亿人，比2012年增加8.3%。中华全国总工会十六届二次执委会的报告指出，2013年全国集体劳动合同签订数为245万份，覆盖企业612万家，分别比上年增长9%和6%；签订工资专项集体劳动合同133万份，覆盖企业352万家，覆盖职工1.6亿人，分别比上年增长8%、15%和8%。

（三）劳动争议案件总量仍在高位运行，争议原因多样化

1. 我国劳动争议案件数量居高不下，且呈现增加趋势

数据显示，2010~2013年，各级劳动争议调解和仲裁机构受理的劳动争议案件数量不断攀升，2013年受理的劳动争议案件数量比上一年增长6.7%。2011~2013年，劳动争议案件的结案率一直“徘徊”在90%（2011年为90%，2012年为90%，2013年为92%），与2010年98%的结案率有较大差距。

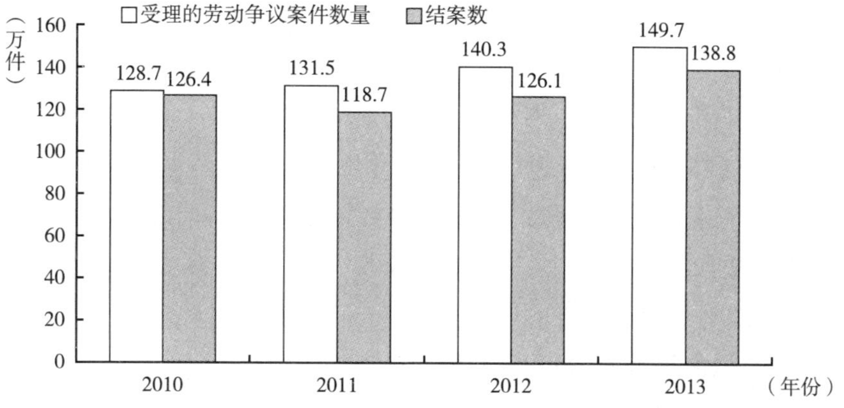

图 1　各级政府受理及结案的劳动争议案件数量

资料来源：根据历年《人力资源和社会保障事业统计公报》整理。

2. 劳动争议案件发生原因呈多样化趋势

一直以来，劳动报酬是引发劳动争议的主要原因。然而，2009～2012 年的数据表明，除了劳动报酬之外，从 2011 年开始，社会保险、解除与终止劳动合同等方面的劳动争议案件数量明显增加（见图 2）。

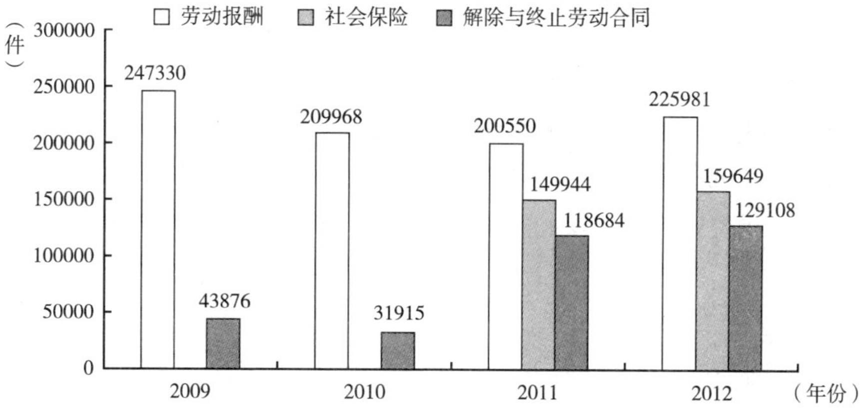

图 2　不同原因导致的劳动争议案件数量

资料来源：根据《中国统计年鉴（2013）》数据整理。

2013 年，一些地方上的统计数据也显示了劳动争议案件数量有增加的态势，且争议原因呈现多样化。比如，北京市海淀法院法官胡高崇介绍，近六年来，劳动争议案件已经成为占海淀区民事案件数量比例较高的一类案件。2011年，海淀法院受理劳动争议案件3216件，2012年达到3319件，2013年1月至11月20日达到3635件，较上一年度同期增加13.06%，涉及劳务派遣、合同解除、社保补偿、劳动报酬等方面的常规案件仍为劳动争议案件主流。[①] 2013年前三季度，福建处理劳动争议案件数量与2012年同期相比呈现上升趋势，且案件更加复杂化，包括争议涉及人数增多、争议诉求多元化、10人以上劳动争议案件数量居高不下。[②]

3. 中小微企业成为劳动争议发生的主体

近年来，产生的劳动争议还有一大特点，就是大量劳动争议发生于中小微企业。中小微企业劳动合同签订情况较差，而相关的研究也表明，中小微企业也成为劳动争议发生的主体。根据《江苏法院劳动争议审判蓝皮书（2008～2012年）》公布的数据，2008～2012年，江苏省的中小微企业成为劳动争议发生的主体，占全部劳动争议的80%，尤其是小型租赁经营企业的劳资纠纷上升态势明显。这类企业一般资产规模较小、用工人数较少、从业人员外来人口多，企业主一旦资金链断裂，往往弃企避债，极易引发劳资纠纷。

（四）社会群体事件频发，劳资纠纷仍是主要动因

1. 劳资纠纷是诱发社会群体事件的主因

从整体来看，2013年社会群体事件发生的数量有所减少。根据中国社会科学院法学研究所发布的《中国法治发展报告（2014）》，2000～2013年，每年发生在中国境内的百人以上群体事件出现上升趋势，但2013年较2011年、2012年有很大幅度的下降（见图3）。这一特征也可从集体上访数量的减少得到印证。据统计，2013年1～8月，全国信访总量比上年同期下降2.5%，规模性群体事件明显下降，其中8月下降51%。[③]《中国法治发展报告（2014）》进一

① 《北京海淀法院：2013年劳动争议案件增长13.06%》，2014年7月15日，http://china.findlaw.cn/news/jrzx/59392.html。

② 《2013年前三季度福建共处理劳动争议案件19508件》，2013年12月10日，http://money.163.com/13/1210/16/9FOEOF6K00254TI5.html。

③ 《今年前八个月全国规模性群体事件明显下降》，2013年10月11日，http://china.cnr.cn/gdgg/201310/t20131011_513800118.shtml。

步指出，引发群体事件的原因很多，但在百人规模上的群体事件中，劳资纠纷引发的群体事件数量占比最高，达 30. 65%，执法不当引发的数量占两成，拆迁征地引发的数量占一成多，具体数据见图 4。

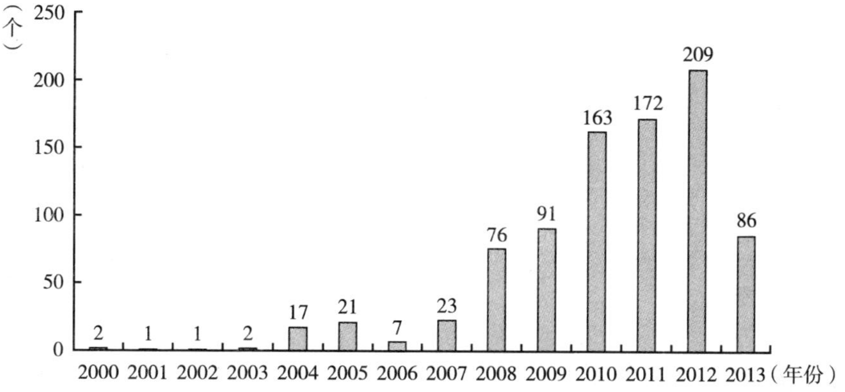

图 3　我国百人规模以上群体事件的数量

资料来源：《社科院统计 14 年间群体性事件：广东居首　劳资纠纷是主因》，2014 年 7 月 14 日，http：//www. guancha. cn/society/2014_ 02_ 25_ 208680_ s. shtml；《中国法治发展报告（2014）》，社会科学文献出版社，2014。

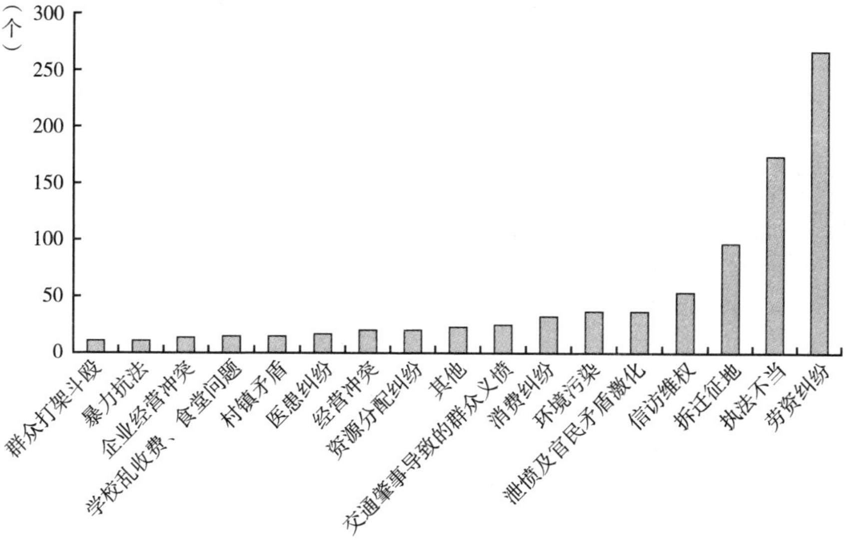

图 4　各类原因引发的社会群体事件数量

资料来源：《社科院统计 14 年间群体性事件：广东居首　劳资纠纷是主因》，2014 年 7 月 14 日，http：//www. guancha. cn/society/2014_ 02_ 25_ 208680_ s. shtml；《中国法治发展报告（2014）》，社会科学文献出版社，2014。

2. "工资"仍是劳动者群体事件的主要诱因

中国劳动关系学院乔健教授在2013年2月至2013年10月搜集的76起劳动者群体事件的研究显示,[①] 在地域上，这类群体事件分布广泛，既有沿海发达地区，又有中部地区。

在事件的动因上，既有往年的高发因素——讨薪、讨要加班费或要求涨工资等（共31起），又有涉及企业搬迁与职工经济补偿的因素（共15起），这是劳动者群体事件发生的一个新动向；除此之外，还有社会保障权益争取（共4起）、企业并购导致职工下岗失业上访（共4起）、职工要求改善职业安全卫生条件（共2起），以及职工对劳动管理方式和工伤补偿不满等因素。

（五）农民工劳动权益实现情况仍然不容乐观，但参与社保的比例有所提升

据国家统计局发布的《2013年全国农民工监测调查报告》，2013年全国农民工总量为26894万人，比上年增加633万人，增长2.4%。作为一个大规模的就业群体，农民工劳动权益实现情况，其劳动关系的和谐程度，对我国整体的劳动关系和谐程度影响很大。但国家统计局的调查数据显示，2013年农民工的劳动权益实现情况仍然不容乐观，主要表现在以下几个方面。

1. 超时工作的农民工比例有所上升

2013年，外出农民工年从业时间平均为9.9个月，月从业时间平均为25.2天，日从业时间平均为8.8个小时。与上年相比，超时工作农民工所占比重有所上升（见表1）。

2. 外出农民工被拖欠工资的比例有所上升

如图5所示，尽管2008~2013年外出农民工被拖欠工资的比重呈现下降趋势，但相较于2012年，2013年的比重从0.5%增加到0.8%。

---

① 乔健：《2013：迈向更高质量就业的中国职工状况》，李培林、陈光金、张翼主编《2014年中国社会形势分析与预测》，社会科学文献出版社，2013。

表1　外出农民工从业时间和强度

指　标	2012 年	2013 年
全年外出从业时间(月)	9.9	9.9
平均每月工作时间(天)	25.3	25.2
平均每天工作时间(小时)	8.7	8.8
日工作超过8小时的农民工比重(%)	39.6	41.0
周工作超过44小时的农民工比重(%)	84.4	84.7

资料来源：国家统计局《2013 年全国农民工监测调查报告》。

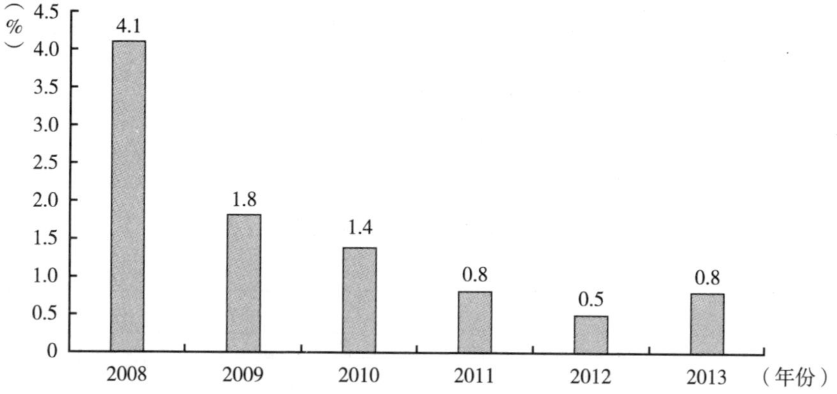

图5　外出农民工被拖欠工资的比重

资料来源：国家统计局《2013 年全国农民工监测调查报告》。

3. 与雇主签订劳动合同的比重偏低，且有下降态势

2013 年，与雇主或单位签订劳动合同的外出农民工比重为 41.4%，比上年下降 2.5 个百分点。其中，签订无固定期限劳动合同的外出农民工比重下降了 3.5 个百分点，签订一年以下劳动合同的农民工比重与上年持平，签订一年以上劳动合同的农民工比重增加了 1.0 个百分点（见图 6）。

4. 参加社会保障比例继续上升

国家统计局的数据显示，2008～2013 年，外出农民工参加社会保障比例继续上升。2013 年，参加养老保险的比重比上年提高 1.4 个百分点，参加工伤保险的比重比上年提高 4.5 个百分点，参加医疗保险和失业保险的比重均比上年提高 0.7 个百分点，参加生育保险的比重比上年提高 0.5 个百分点（见表 2）。

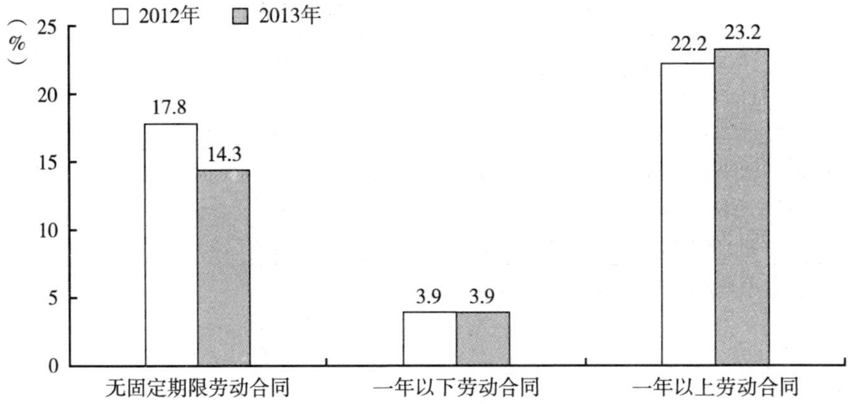

图6　外出农民工签订劳动合同的比例

资料来源：国家统计局《2013 年全国农民工监测调查报告》。

表2　外出农民工参加社会保障的比例

单位：%

项目	2008 年	2009 年	2010 年	2011 年	2012 年	2013 年
养老保险	9.8	7.6	9.5	13.9	14.3	15.7
工伤保险	24.1	21.8	24.1	23.6	24.0	28.5
医疗保险	13.1	12.2	14.3	16.7	16.9	17.6
失业保险	3.7	3.9	4.9	8.0	8.4	9.1
生育保险	2.0	2.4	2.9	5.6	6.1	6.6

资料来源：国家统计局《2013 年全国农民工监测调查报告》。

二　政府劳动关系工作的进展

（一）针对重点问题，出台法规政策

2013 年，人力资源和社会保障部针对劳动关系重点领域问题，围绕新修改的《劳动合同法》，共出台 9 个政策文件。除人力资源和社会保障部之外，工会和一些涉及劳动关系规制的部门也出台了一些政策（见表 3）。这些政策

主要针对“劳务派遣”“非公有制企业劳动争议调解”“劳动监察队伍建设”“劳动争议调解仲裁工作标准化”“收入分配改革”等问题。

表 3　2013 年颁布或实施的与劳动关系相关的政策

政策发布机构	政策
全国人大常委会	《关于修改〈中华人民共和国劳动合同法〉的决定》
人力资源和社会保障部	《劳务派遣行政许可实施办法》
人力资源和社会保障部	《劳务派遣暂行规定》
国家发展和改革委员会、财政部、人力资源和社会保障部	《关于深化收入分配制度改革的若干意见》
人力资源和社会保障部、中华全国工商业联合会	《关于加强非公有制企业劳动争议预防调解工作的意见》
人力资源和社会保障部办公厅、中华全国工商业联合会办公厅	《关于开展非公有制企业、商会(协会)劳动争议预防调解示范工作的通知》
人力资源和社会保障部办公厅	《关于进一步加强劳动保障监察队伍作风建设的通知》
人力资源和社会保障部办公厅	《关于做好劳务派遣行政许可工作的通知》
人力资源和社会保障部办公厅	《关于推广使用调解仲裁办案系统全国统一软件的通知》

资料来源：根据人力资源和社会保障部网站资料整理。

除《关于修改〈中华人民共和国劳动合同法〉的决定》是 2012 年颁布、2013 年实施之外，其他的政策均于 2013 年颁布实施。这一法规对《劳动合同法》的 4 个条款做了修改，主要对“劳务派遣”方面的规定予以细化。人力资源和社会保障部在 2013 年也发布了主要针对“劳务派遣”的两大法规，即《劳务派遣行政许可实施办法》及《劳务派遣暂行规定》。

（二）劳动关系“大调解”机制初步建立

2013 年，人力资源和社会保障部会同相关部委发布《关于加强非公有制企业劳动争议预防调解工作的意见》。2013 年上半年，已有 40 家非公有制企业和 34 家商会（协会）开展劳动争议预防调解工作。同时，基层调解组织组建率不断提高，截至 2013 年 6 月底，全国“两网化”管理地级城市覆盖率达 65.77%。

（三）通过调整最低工资标准和工资集体协商推动劳动者工资提升

2013 年，全国共有 27 个省份调整了最低工资标准，平均调增幅度为 17%；有 17 个省份制定了工资指导线，基准线普遍在 14% 左右。[①] 据美国国会研究服务机构统计，2000～2013 年，中国工资平均每年增长 11.4%。21 世纪初，中国工人的工资只是墨西哥工人的 30.2%；2013 年，中国工人的月工资已比墨西哥工人高出 50.5%。另外，东部沿海地区和西部省份的工资差距也缩小到了 5%～6%。[②]

另外，针对部分企业“招工难”等问题，人力资源和社会保障部指导企业进行了工资集体协商、合理增长工资。推行企业工资集体协商被人力资源和社会保障部、中华全国总工会列入 2013 年重点工作。

（四）劳动监察、争议调解仲裁效果明显

劳动监察和争议调解仲裁的效果主要表现在：劳动监察力度加强，查处的违法案件数量继续增加；劳动争议处理案件数、争议涉及人数持续增加，案外调解工作量进一步加大。2013 年，劳动监察部门全年共主动检查用人单位 202 万户次，涉及劳动者 0.9 亿人次；对 235.7 万户次用人单位进行了书面审查，涉及劳动者 1 亿人次；查处各类劳动保障违法案件 41.9 万件，较上年增加 1.7%。

在劳动调解仲裁方面，根据《中国统计年鉴（2013）》的数据，2009～2013 年，受理的劳动争议数量以及涉及的劳动者数量有回升态势（见图 7）。2010 年、2011 年相较于 2009 年，无论是受理的劳动争议数量还是劳动争议中涉及的劳动者数量，均有所下降。但 2012 年和 2013 年，两个指标的数据都有所抬升。尤其是 2013 年，共受理 66.6 万件劳动争议案件。此外，从图 8 中可以看到，除了受理争议案件之外，大量的案件在案外调解结案。2012 年的案外调解劳动争议数量是 2009～2012 年最多的。2013 年，人力资源和社会保障

---

① 《人社部：2013 年进行了公务员和企业相当人员工资试调查》，2013 年 12 月 26 日，http://news.xinhuanet.com/2013-12/26/c_118725070.htm。

② 《中国渐失“世界工厂”称号或是好事》，《参考消息》2014 年 8 月 26 日。

部启动“大调解”机制，可以预想在劳动争议案件总量持续增加的情况下，案外调解的劳动争议数量也不太可能会减少。

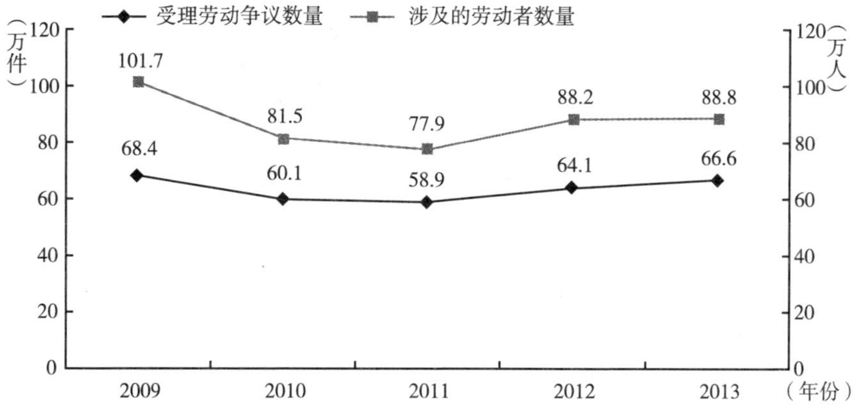

图 7　2009～2013 受理劳动争议数量以及涉及的劳动者数量

资料来源：2009～2012 年数据根据《中国统计年鉴（2013）》整理；2013 年数据来自《2013 年度人力资源和社会保障事业发展统计公报》。

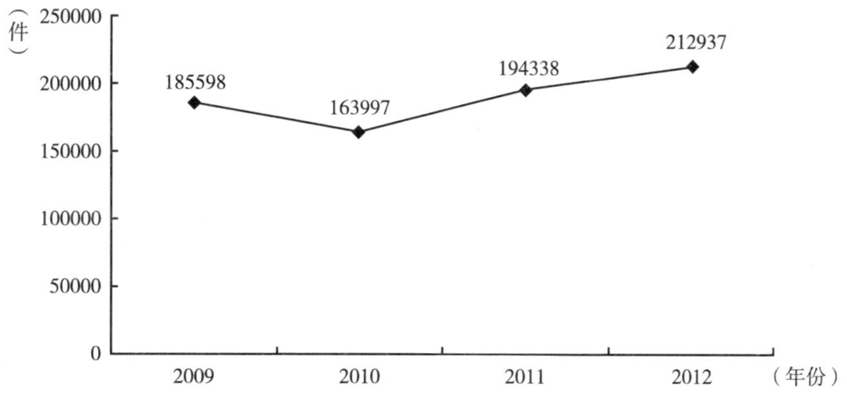

图 8　2009～2012 案外调解劳动争议案件数

资料来源：根据《中国统计年鉴（2013）》整理。

（五）工会组织建设持续推进，积极发挥劳动关系协调作用

在我国，工会组织以及工会人员是我国劳动关系处理体制中的重要构成部

分。其不仅发挥了团结职工、代表职工行使职工权益等方面的作用，而且在具体的劳动争议协调、调解中发挥了积极作用。

如图 9 所示，2010～2013 年，我国各地区基层工会数量逐年增加。2011 年的增长率达 17%，2012 年为 14.8%，2013 年略有增长（由于 2013 年统计的数据并非全年数据，所以具体的增长率不明确）；从工会人员数量上来看，2010～2013 年，工会人员数量逐渐增加，其中，2011 年的增长率达 8%，2011 年为 7.7%。由于 2013 年统计的并非全年数据，其人员数量与 2012 年持平（见图 10）。

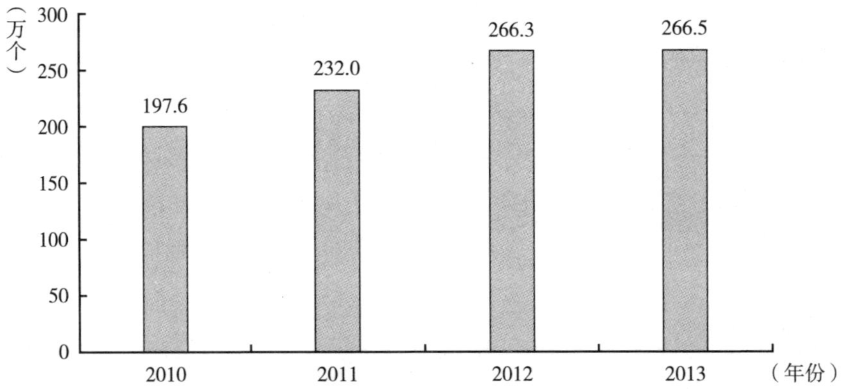

图 9　我国各地区基层工会数量

资料来源：2010～2012 年数据根据《中国劳动统计年鉴（2013）》整理；2013 年数据来自李建国在中国工会第十六次全国代表大会上的报告，为非全年数据，参见 http：//news. stnn. cc/c6/2013/10/24/1382619293674. html。

另外，从 2010～2012 年工会建立的劳动争议调解组织及其受理、调解成功的劳动争议案件数来看，工会在劳动争议调解方面的作用有所发挥，这也符合我国政府构建“大调解”机制的设想。工会建立的劳动争议调解组织从 2011 年的 51.9 万个，增加到 2012 年的 85.8 万个。受理的案件数量没有明显增加，相反，2011 年、2012 年受理的案件数量都比 2010 年有所减少。但是，调解组织成功调解的案件数量在 2010～2012 年逐年增加，2010 年，成功调解案件数量为 7.5 万件，2012 调解成功的案件数量增加了 64%，达 12.3 万件（见图 11）。

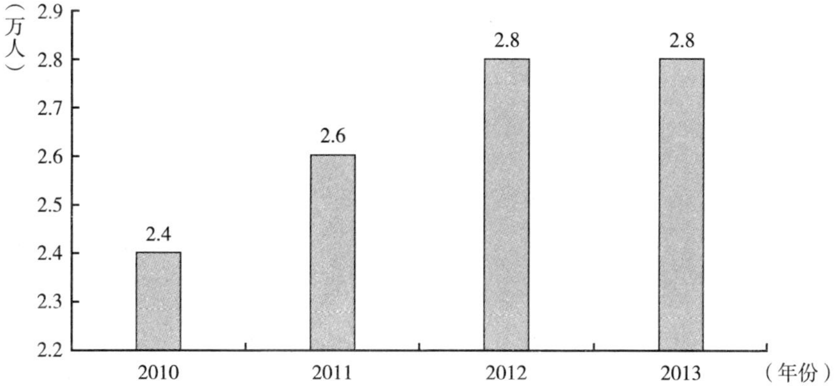

图10　我国各地区基层工会会员数量

资料来源：2010～2012年数据根据《中国劳动统计年鉴（2013）》整理；2013年数据来自李建国在中国工会第十六次全国代表大会上的报告，为非全年数据。

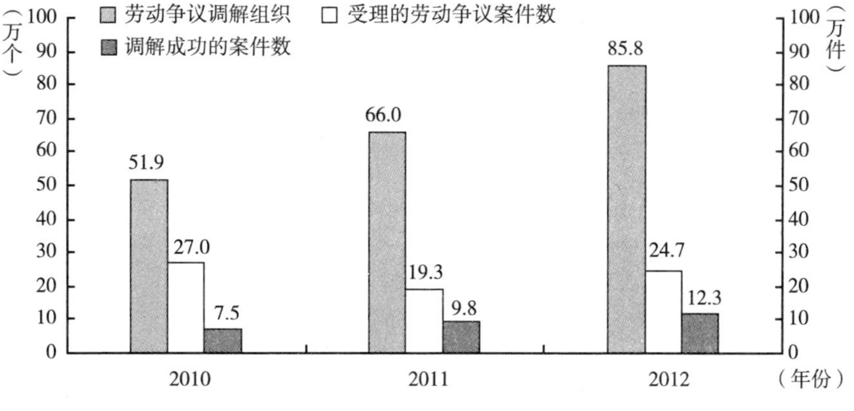

图11　工会建立劳动争议调解组织及其受理、调解成功案件数量

资料来源：根据《中国劳动统计年鉴（2013）》整理。

三　劳动关系研究的进展

综观2013年劳动关系领域的研究，其主要是按照两条线索来进行：一是利用相关数据、理论对我国劳动关系的一些现状进行总结分析；二是探讨协调劳动关系方面的制度问题，包括工会、政策等。而这两大块内容又主要涉及以下几个方面的内容。

（一）我国劳动关系现状及将走向何方

有关文献显示，对我国劳动关系整体情况以及未来发展趋势的判断，早在十多年前已有人讨论。2004 年，有学者提出“我国劳动关系已从个别劳动关系阶段发展到集体劳动关系的调整阶段”，[①] 集体劳动关系是否协调已成为劳动关系调整的关键问题。2010 年，张立富提出，与美国日渐弱化集体劳动关系而逐渐发展具有更高竞争力与柔性的个体劳动关系和非典型雇用关系的现实完全不同，中国面临重建集体劳动关系、规范个别劳动关系及非典型雇用关系的双重任务。[②] 2011 年，乔健等进一步指出我国的劳动关系正“从个别劳动关系向集体劳动关系转变”，劳动者“从基本权利诉求转向利益诉求”。[③] 2013 年，常凯教授在《中国社会科学》发表的《劳动关系的集体化转型与政府劳工政策的完善》，论述了我国劳动关系的现实、未来发展趋势，并提出政府劳工政策调整的思路和手段，以推动集体劳动关系的构建。[④]

除此以外，还有学者结合劳动关系形态的国际发展趋势，指出我国现阶段的劳动关系处于多元的劳动关系形态阶段，既有合法合规的劳动关系形式，又有非法的劳动关系形式；既有定义不清的劳动关系形态，又有劳务派遣类的特殊劳动关系形态。[⑤]

除了上述剖析我国劳动关系现状的研究之外，还有一些研究关注具体行业（如饭店行业）、特殊企业类型（如中小企业）的劳动关系状态。[⑥]

---

① 程延园：《集体谈判制度研究》，中国人民大学出版社，2004。

② 张立富：《中国和美国劳动关系转型的比较分析》，《中国人力资源开发》2010 年第 4 期。

③ 乔健、郑桥、余敏、张原：《迈向“十二五”时期中国劳动关系的现状和政策取向》，《中国劳动关系学院学报》2011 年第 3 期。

④ 常凯：《劳动关系的集体化转型与政府劳工政策的完善》，《中国社会科学》2013 年第 6 期。

⑤ 张乐川：《论劳动关系多元化的国际趋向及其在我国的实践效应》，《求索》2013 年第 11 期；何勤：《中小企业劳动关系定量评价及实证研究——基于北京 245 家企业的调查》，《兰州学刊》2013 年第 3 期。

⑥ 佟新：《我国服务业的工作和劳动关系——以星级饭店业的工作和劳动关系为例的研究》，《江苏社会科学》2013 年第 9 期。

（二）关于工会的作用问题

工会作为和谐劳动关系构建的重要制度，在我国的作用到底发挥如何？2013 年，有学者对此进行了分析，结论有肯定也有否定。

魏下海等人的研究表明，工会在某些方面有正向作用，在另外一些方面却有消极影响。工会可以导致企业工资率和劳动生产率显著提升，但由于后者升幅更大，相对于资本收入而言，劳动收入增长缓慢。此外，研究还发现，工会对劳动收入份额的影响程度在不同要素密集行业存在差异。[①] 浙江大学公共管理学院姚先国等基本否定了由工会主导的工资集体协商制度对基层员工的作用，其研究显示，工资集体协商制度不仅未能如政策预期那样促进员工工资的提高，反而对其工资具有显著负效应。[②] 杨继东、杨其静的研究进一步表明，工会的作用在那些具有政治关联的企业中被显著削弱。[③] 李敏的研究揭示，工会在激发会员的维权意识方面作用明显。研究显示，加入工会的员工有较强的维权意识，重视通过工会的集体谈判力量表达自己的需求，维护自身合法权益；而未加入工会的劳务派遣工的维权意识弱，或者没有相应的工会帮助其维权，因此，不太重视通过工会来表达自己的想法。[④]

（三）劳动争议发生的影响因素

此类研究主要分两类：一类探讨了影响劳动争议发生的因素，另一类则对我国劳动争议处理制度提出了一些分析和建议。后者为近年来一直探讨的比较多的话题，2013 年的研究仍然集中在国外相关制度的介绍，以及我国劳动争议调解制度、仲裁制度等方面的剖析，这与往年讨论的内容大同小异，这里不

① 李永杰等：《工会存在“工资溢价”吗？——来自中国的经验数据》，《华南师范大学学报（社会科学版）》2013 年第 5 期。

② 姚先国、焦晓钰、张海峰、乐君杰：《工资集体协商制度的工资效应与员工异质性——对杭州市企业调查数据的分析》，《中国人口科学》2013 年第 2 期。

③ 杨继东、杨其静：《工会、政治关联与工资决定——基于中国企业调查数据的分析》，《世界经济文汇》2013 年第 2 期。

④ 李敏、黄青良、周恋：《心理契约、公平感、发言权与工作卷入——基于劳务派遣的实证研究》，《商业经济与管理》2013 年第 6 期。

再赘述。

前一类研究的代表有王阳和唐鑛。王阳的研究表明，“经济结构调整、经济体制转轨、经济规模扩张显著导致劳动争议案件发生频率提高；经济发展水平、经济增长速度、城镇非公经济就业量（劳动关系市场化运行程度）显著导致劳动争议案件发生频率降低；城镇登记失业率、劳动者受教育水平与劳动争议案件发生频率关系不显著”。[①] 唐鑛的研究显示，企业所处地区、所处行业、所属类型对企业劳动争议的发生有显著影响。员工的受教育程度、政府的法制普及效率等也对劳动争议的发生有显著影响。[②]

（四）政府在规制劳动关系方面的作用

政府介入劳动关系调整已经在我国学界达成了统一认识。[③] 关于政府如何规制、角色如何定位等进一步的问题，2013 年有些学者也做了一些探讨。吴清军、刘宇的研究显示，我国政府已往出台的劳动关系政策大多聚焦在个体权益保护上，在集体权益的保护上仍有很多可为的地方。[④] 谭泓的研究认为，我国政府应当从构建“劳动者的利益表达机制、企业和职工利益共享机制、道德评价与检测机制”等方面入手，构建我国和谐的劳动关系。[⑤]

四 劳动关系领域的未来发展及展望

（一）中国特色的劳动关系理论

我国劳动关系形态多样化导致了劳动关系调整的多元化和复杂化。另外，

---

① 王阳：《转型期中国劳动争议的影响因素分析》，《经济与管理研究》2013 年第 4 期。

② 唐鑛、杨欣然：《企业劳动争议影响因素的实证分析——基于 4 个直辖市的数据》，《山东财政学院学报》2013 年第 4 期。

③ 由于上面已经综述了工会的作用，这里不再介绍工会方面的文献。

④ 吴清军、刘宇：《劳动关系市场化与劳工权益保护——中国劳动关系政策的发展路径与策略》，《中国人民大学学报》2013 年第 1 期。

⑤ 谭泓：《构建和谐劳动关系的政府角色定位与职能履行问题研究》，《东岳论丛》2013 年第 3 期。

我国工会的特殊性也决定了传统的劳动关系理论或者劳动关系调整理论难以对我国劳动关系解释清楚。因此，如何将现有的理论结合我国的实际情况，探索构建符合我国劳动关系现实的理论框架，以更清醒地认识我国劳动关系，帮助政府更好地明确其政策导向和政策措施，是未来很长一段时间劳动关系学界面临的一大难题。

（二）政府政策措施应做好多手准备

多样化的劳动关系形态是与我国劳动关系现实比较吻合的“写照”。比如，在个人劳动权益保护方面，政府政策取得了一定的成效，但对非正规就业劳动关系、非法劳动关系以及模糊不清的劳动关系形态等方面的个人权益保护，政府如何作为以保证劳资双方的平衡？这成为未来一段时间政府关注的一大重点。相对于集体权益保护，个人权益保护已经取得了一定的成就。随着集体劳动合同制度的推行，下一轮国企、事业单位的改革，我国化解产能过剩措施的推行，以及我国制造业企业面临成本上升而可能发生的倒闭或者迁移，我国政府在应对集体协商甚至劳动者群体事件上，又该如何发挥作用？中国特色的工会运行机制扮演的角色是什么？是否能借鉴发达国家的经验，结合我国的实际，发展出符合中国国情的劳动关系调控模式和制度？这些均是我国劳动关系主管部门不得不长期面对的难题。

简而言之，我国劳动关系调整未来面临了两大方面的压力，即旧有制度的细化和效率的提升（个人权益保护上），以及新情况的应对（可能增加的集体劳动争议、群体事件、事业单位人事争议等）。

B.19

中国劳动关系的演变及特征研究

——基于1995～2012年统计数据的分析

李长安*

摘　要：

构建和谐劳动关系是维护经济社会稳定的基础。本报告分析了1995～2012年中国劳动关系的演变及其特征，发现了劳动争议案件数量和劳动争议当事人数量均呈现大幅增长等事实。在导致劳资冲突的原因中，劳动报酬、社会保险和劳动合同方面的纠纷排在前三名。无论是用在全部劳动争议案件数量中的占比还是每亿元GDP产生的劳动争议案件数量来衡量，东部依然是我国劳动关系不稳定的主要地区，但已呈现向中西部蔓延的趋势。在此基础上，本报告还提出了相关的政策建议。

关键词：

劳动关系　劳动纠纷　劳动争议案件

一　引言

党的十八大报告明确提出，要健全劳动标准体系和劳动关系协调机制，加强劳动保障监察和争议调解仲裁，构建和谐劳动关系。在构建和谐劳动关系的同时，还要重点抓好如下关键环节：十八届三中全会通过的《关于全面深化改革若干重大问题的决定》对劳动关系提出的新要求，即创新劳动关系协调机制，畅通职工表达合理诉求的渠道。目前，我国的劳动关系已经进入情况日

---

* 李长安，经济学博士，对外经济贸易大学公共管理学院教授，主要研究方向为劳动经济学。

趋复杂、矛盾开始集中爆发的特殊历史时期，劳资冲突已成为引发群体事件的主要原因之一。因此，认真研究我国劳动关系的规律和特征，对建设社会主义和谐社会、构建和谐劳动关系具有重要的理论和现实意义。

劳动关系历来是国内外学者十分关注的一个焦点问题。随着全球经济一体化和中国经济的快速增长，中国的劳动关系也成为国际上诸多学者研究的一项课题。澳大利亚莫纳什大学经济与工商管理学院的邵思军从历史发展的宏观视野和中西方产业关系演变对比的角度，探讨了在全球化背景下中国劳动关系发展和演变的路径，他建议工会的改革应立足于中国特色社会主义市场经济这一基本事实，同时注重通过引入激励机制，促使工会真正成为工人认可的代表组织，有效发挥其维权职能，并使之成为协调劳动关系的纽带。[①] 澳大利亚墨尔本大学的 Sean Cooney 探讨了法制对中国劳动关系的影响，他指出，中国现行《劳动法》的一些弊端（如有法律框架但在很多细节缺乏有效规定），劳动监察部门自身存在的一些问题以及劳动者了解和遵守法律上遭遇的一些困难，加剧了劳动关系的紧张。[②] 而英国曼彻斯特大学的 Fang Lee Cooke 通过 1998 ~ 2007 年的数据实证分析了中国经济社会改革中工人身份地位的变化、雇用条款和条件的变迁等，发现了中国劳动关系情况日渐复杂和冲突加剧的事实。[③] 国内学者也从多个角度研究了我国劳动关系的特征和产生冲突的原因。赖德胜等从就业质量的角度出发，认为劳动关系不和谐是导致我国就业质量不高的主要原因之一。[④] 徐丽雯指出，当前劳资关系的矛盾和冲突已经成为制约我国经济与社会可持续协调发展的重要因素，因而法制化是构建和谐劳动关系的根本。通过研究当代中国从计划经济体制向市场经济体制转轨过程中劳动关系的变迁，她分析了劳资矛盾产生的法律根源，论述了构建法制化劳动关系的重要

---

① 邵思军：《全球化背景和历史视野中的中国劳动关系发展途径——兼议工会改革》，《中国人力资源开发》2013 年第 5 期。

② Sean Cooney, "China's Labour Law, Compliance and Flaws in Implementing Institutions," *Journal of Industrial Relations* (2007).

③ Fang Lee Cooke, " A Decade of Transformation of HRM in China: A Review of Literature and Suggestions for Future Studies, *Asia Pacific Journal of Human Resources*, 7 (2009).

④ 赖德胜、苏丽锋、孟大虎、李长安：《中国各地区就业质量测算与评价》，《经济理论与经济管理》2011 年第 11 期。

性，也探讨了在全球化的今天，中国劳动关系法制化面临的挑战。① 沈琴琴认为，全球化应成为中国劳动关系问题研究不容忽视的崭新视角，经济全球化的发展也正在孕育一种约束资本力量的新机制，为重建劳资双方之间的相对平衡关系提供了新机遇。② 而杨忠斌则更多地从体制和机制的角度去分析劳动关系演变的趋势和问题，他指出，目前我国劳动关系总体处于一种比较紧张的状态，其原因来自两个方面：一是体制因素；二是机制因素。博弈论的方法在最近的劳动关系研究中也被广泛采用，郭庆松指出，要打破劳资双方博弈的僵局，必须由政府介入，形成三方正当博弈的格局，加大博弈中劳方的筹码，只有这样才能形成和谐劳动关系。③

总的来看，以往研究劳动关系的文献从法学和社会学角度分析的居多，而从经济学角度分析的偏少，而且实证研究略显不足。本报告运用国家统计局发布的权威数据，力图通过描述性统计分析的方法，对过去二十余年我国劳动关系的演变进行时间序列上的研究分析，以揭示劳动关系的演变规律及其特征，并在此基础上提出相关的政策建议。

二　中国劳动关系的演变历程

（一）指标说明与资料来源

研究我国劳动关系的演变，从数据可获得性的角度出发，比较好的观察指标是《中国统计年鉴》中的“劳动争议处理情况”和《中国劳动统计年鉴》中的“劳动关系”。在进行时间序列研究时，由于两种年鉴中均存在指标口径变化甚至某些不一致的情况，在不影响研究结果的前提下，本报告均做了统一的处理或合并，并在文中给予了相应说明。为保证数据的权威性和可得性，本

① 徐丽雯：《〈劳动合同法〉对中国劳动关系的影响》，《首都经济贸易大学学报》2009 年第 1 期。

② 沈琴琴：《全球化下的劳动关系调整路径变化及其启示》，《中国劳动关系学院学报》2011 年第 3 期。

③ 郭庆松：《三方博弈中的中国劳动关系——改革开放以来中国劳动关系的进展及问题研究》，《学术月刊》2009 年第 9 期。

报告的数据主要来自国家统计局官方网站以及各年《中国统计年鉴》和《中国劳动统计年鉴》。改革开放之后我国共出台了两部劳动相关法律，即1995年《劳动法》和2008年《劳动合同法》。因此，本报告的数据取值年份为1995～2012年，这样做的目的有利于比较劳动相关法律对劳动关系的影响。

（二）我国劳动关系演变的总体趋势

1. 劳动争议案件及结案情况

图1表明，从总的情况看，我国劳动关系方面的当期案例受理数呈持续上升态势，2008年《劳动合同法》实施后则有了显著提高，由2007年的350182件激增至693465件，一年增加了98.03%。在未结案率方面，1995～2011年的未结案率总体来讲维持在10%以下的水平（2008年、2009年除外），2008年后未结案率持续下降，说明结案情况有所好转。

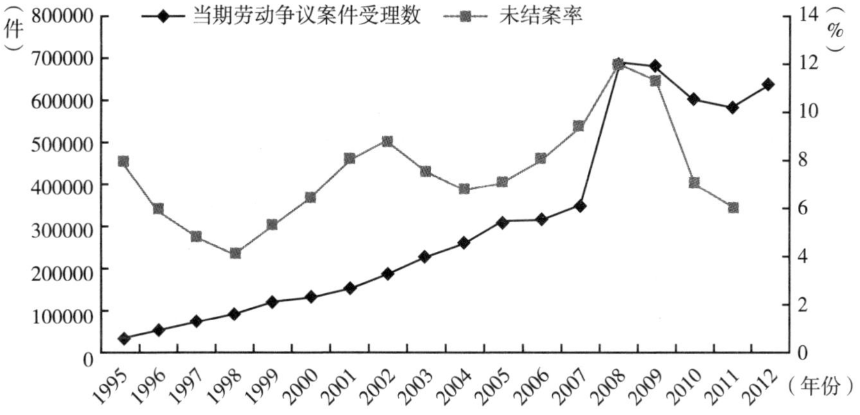

图1　当期劳动争议案件受理数与未结案率

注：2012年未结案率数据暂缺。

2. 集体劳动争议案件数及其在当期案件受理数中所占比例

从图2可以看出，1995～2004年，我国的集体劳动争议案件数迅速增加，特别是2004年集体劳动争议案件数量有较大幅度增加。此后，2005～2007年案件数量开始下降，但2008年再次出现一个高峰。不过在2008年后，集体劳动争议案件数量逐步大幅缩减。再看集体劳动争议案件数在当期案件受理数中占比的变化。整体来看，占比在1995～1997年有小幅下降，之后两年小幅增长，1999～2003年总体呈下降的趋势，但在2004年出现反弹，几乎与1999年所占比例相同。2004年后（2008年除外）集体劳动争议案件数在当期案件受理数中所占比例总体下降的现象有两个可能的原因：一方面，有关集体劳动争议的法律法规逐步健全，有关部门在调解集体劳动争议方面的方法逐渐成熟，使集体劳动争议案件占比逐渐下降；另一方面，随着社会经济的发展，劳动力个体间更加个性化，并且劳动分工进一步细化，劳动争议案件更加复杂，劳动者更加倾向于通过个人诉讼的方法解决劳动争议问题。

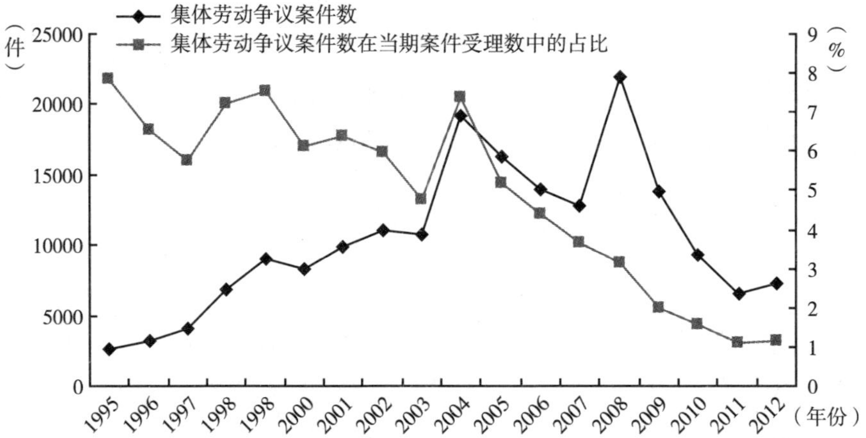

图2　集体劳动争议案件数及其在当期案件受理数中的占比

3. 劳动争议当事者人数情况

图3可以直观地反映1995～2012年劳动争议当事者人数的变化。可以看到，1995～2003年，劳动争议当事者人数虽然在2000年有小幅减少，但总体而言是增加的。2004～2007年的劳动争议当事者人数出现缓慢下降，但2008年有了快速增加，之后总体下降。而2008年后劳动争议当事者人数变化趋势与图1当期劳动争议案件受理数变动趋势非常接近，2008年后劳动争议当事者人数是随当期劳动争议案件受理数的变化而变化的。

集体劳动争议当事者人数的变化与劳动争议当事者人数的变化非常类似。从图4可以看出，2000年集体劳动争议当事者人数有少量下降，之后逐年上

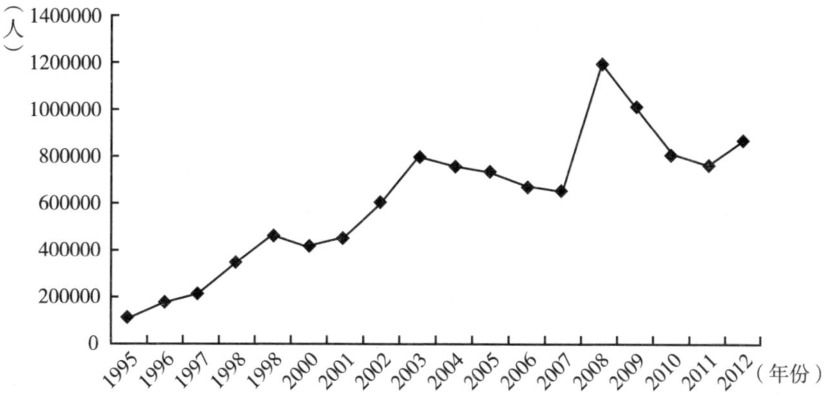

图 3　劳动争议当事者人数变化

升，2003 年达到一个峰值。2003 年后人数总体呈下降趋势，但 2008 年激增，之后劳动又有所减少，在 2012 年又有增加趋势。从占比看，在 2006 年之前，集体劳动争议当事者人数占劳动争议总人数比例一直处于较高的水平，1998 年以后，集体劳动争议当事者人数占劳动争议总人数比例总体下降。

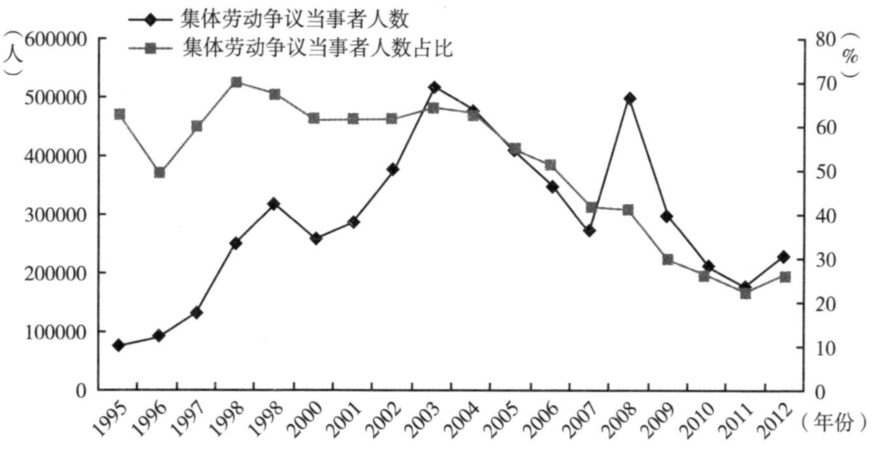

图 4　集体劳动争议当事者人数及其占比

4. 劳动者申诉案件数及其占比的变化

从图 5 可以看出，1996 ~ 2008 年，劳动者申诉案件数呈上升态势，2008 年以后在高位波动。在占比上，1996 ~ 2001 年，劳动者申诉案件数占案件受理总数比例变化较大，其中，1997 年、1999 年、2001 年比例较高，1996 年、1998 年、2000 年的比例远低于其余年份，说明 1996～2001 年，我国劳动力市场劳动关系有很大的不稳定性。2001～2009 年，比例小幅波动，2010～2012 年呈现上升趋势，2012 年比例约为 97%，这说明劳动者提出的申诉在整个劳动争议案件中占据了绝对多的数量，也衬托出资方在劳动争议案件中基本处于被动地位。

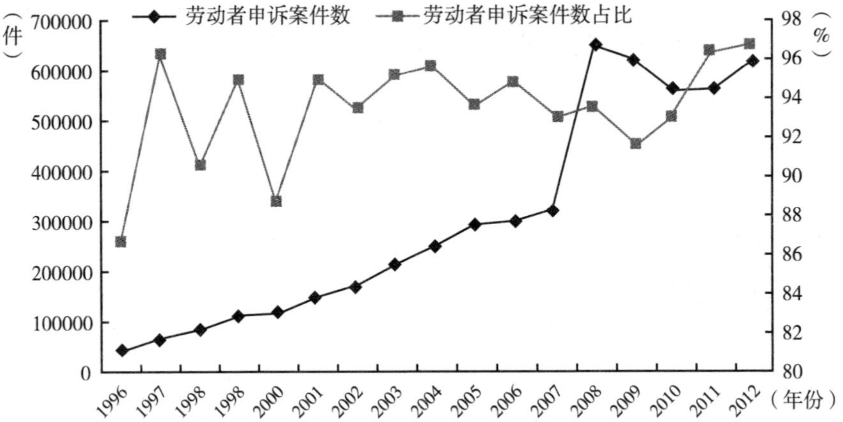

图 5　劳动者申诉案件数及其占比

（三）产生劳动争议的原因

产生劳动争议的原因大致有以下几个：劳动报酬，社会保险（福利），以及变更、解除、终止劳动合同。其他原因在《中国劳动统计年鉴》中没有被完整统计，或被归入“其他”。本报告在统计上做了稍微的归并处理，以工伤因素来代替“其他”因素，这将使分析内容更为突出和集中。

从图 6 可以看出，1995～2007 年，因劳动报酬，社会保险（福利），变更、解除、终止劳动合同产生的案件数量比较接近，且均呈上升趋势。2008 年后，因劳动报酬产生的案件较 2007 年增加 116108 件，增长 106.57%，此后在高位波动。因社会保险（福利）引发的劳动争议案件数量在 2004 年、2008 年增幅较大，2004 年共有 88119 件社会保险（福利）争议案件，比上一年增加 43685 件，增加 98.31%。

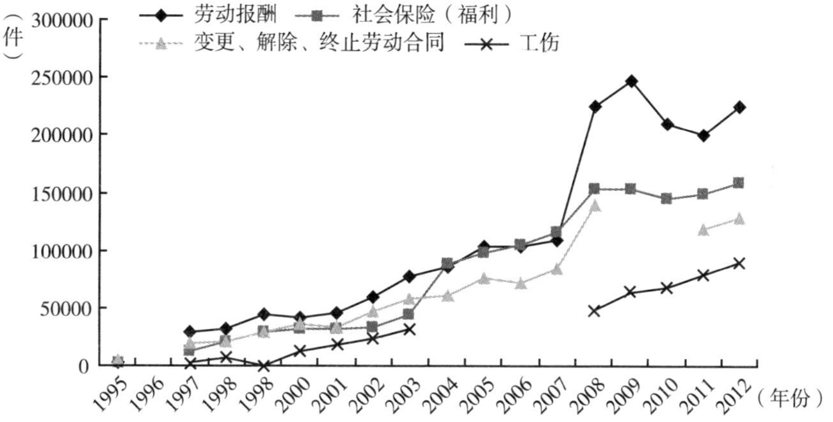

图 6　各种原因劳动争议的案件数量

注：某些项目部分年份数据暂缺。

如图 7 所示，因劳动报酬引发的劳动争议案件占比普遍较高，其中 2009 年的占比为 36.14%，这说明大约有 1/3 的劳动争议是由劳动报酬引发的。随着《劳动合同法》的落实，由社会保险（福利）引发的劳动争议案件在 2004 ~ 2007 年的比例远高于其他年份，之后便开始回落，2012 年占比在 25% 左右。占比排名第三的由变更、解除、终止劳动合同引发的劳动争议案件占比有所下降，2012 年在 20% 左右。值得注意的是，由工伤等原因引发的劳动争议案件占比在 2008 ~2012 年呈现逐步增大的趋势，2008 年为 7% 左右，但 2012 年已迅速上升到约 14%。

（四）劳动争议的处理结果分析

从图 8 可以看出，劳动者胜诉案件数在 1995 ~2007 年逐年上升，并在 2008 年之前一直是各类胜诉案件中最多的。但在 2008 年之后，劳动者胜诉案件数出现快速下降，到 2012 年又有上升趋势。双方部分胜诉案件数在 1995 ~2007 年整体略低于劳动者胜诉案件数，但 2008 ~2009 年持续高速增长，并且在此后一直保持较高水平，在数量上超过劳动者胜诉案件数和双方部分胜诉案件数。相比而言，用人单位胜诉案件数一直较低，2008 年之后数量虽总体有所增加，但不明显。这说明，一方面，劳动者在劳动争议案件中相对于用人单位在诉讼

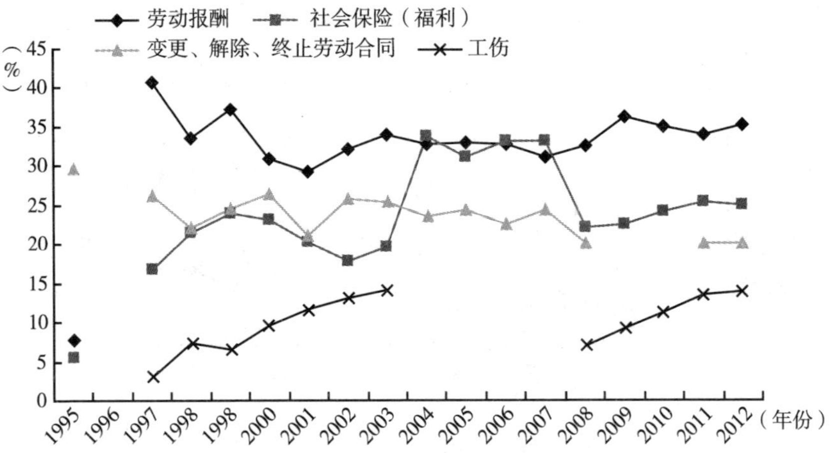

图 7　各种原因劳动争议的案件占比情况

注：某些项目部分年份数据暂缺。

中比较容易获胜；另一方面，在 2008 年后，劳动仲裁机构或司法机关比较倾向于支持劳动者和用人单位双方部分胜诉，更加体现公平原则，更好地照顾到了双方利益。

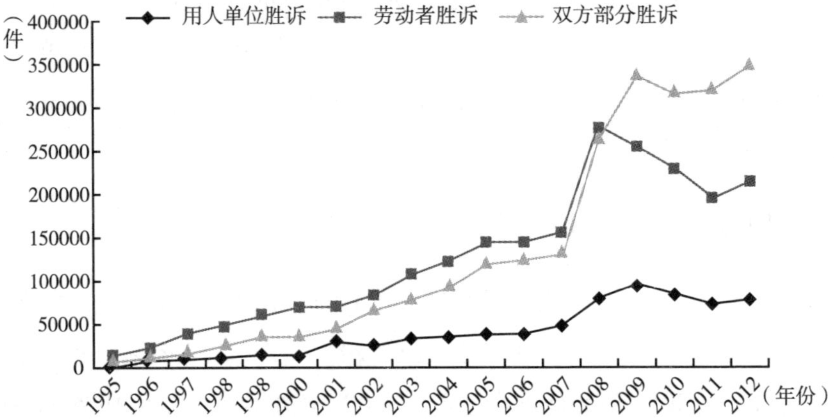

图 8　用人单位胜诉、劳动者胜诉、双方部分胜诉案件数

从图 9 来看，双方部分胜诉比例在 1995 ~ 2012 年出现明显的上升趋势，2012 年的比例已超过 50%，这表明在劳动争议案件的判决中，双方部分胜诉的比例已超过一半，意味着司法部门在判决劳动争议案件的过程中更注重劳资双方的利益平衡。而与之形成鲜明对比的，是劳动者的胜诉比例一直在下降，从 1995 年的超过 50% 回落到 2012 年的约 30%，下降了约 20 个百分点。用人单位胜诉的比例则处于比较平稳的状态，2012 年为 10% 强。

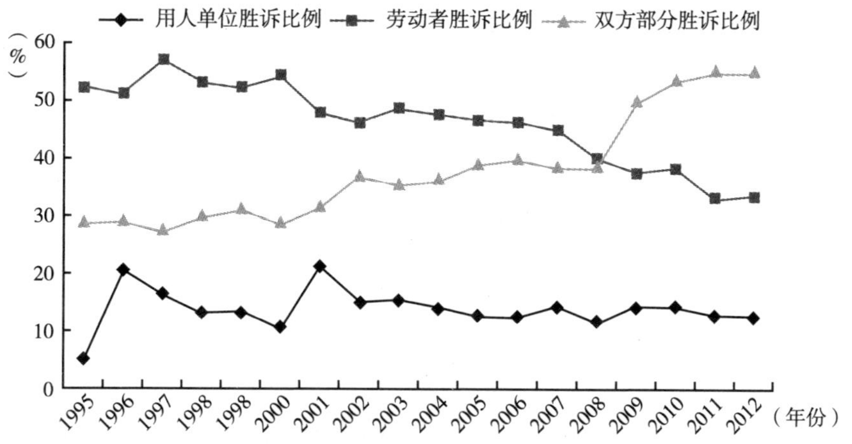

图 9　不同主体胜诉案件占当期处理案件总数比例

（五）各省份劳动关系变化（2000 ~2012 年）

图 10 显示，我国劳动争议案件的地区分布非常不均衡，在全部的劳动争议案件中，2012 年占比最大的是广东、上海和北京，均超过 10%，其中广东占 15.65%，而上述三个省份的总和超过了全国的 35%，即在当年全部的劳动争议案件中，有超过 1/3 的案件发生在广东、上海和北京。紧随其后的是江苏、浙江和山东，再考虑到广东、上海、北京，我国劳动争议案件主要发生在东部沿海的发达地区。如果从动态来看，我们可以发现，2012 年，劳动争议案件占全国总量比例上升的有京、津、辽、沪、浙、皖、赣、豫、鄂、湘、桂、琼、渝、川、贵、云、青、宁、新 19 个省份。其中，上升幅度较大的有贵州、北京、四川、江西等，贵州占比上涨幅度最大，从 2000 年的 0.51% 迅速上升到 2012 年的 1.7%，涨幅超过 2 倍。而比例下降的地区有冀、晋、蒙、吉、黑、苏、闽、鲁、粤、藏、陕、甘 12 个省份。其中，下降幅度比较明显

的有江苏、广东、山东等，江苏在2000年的占比高达19.8%，2012年已经下降到8.74%，下降幅度超过了一半。

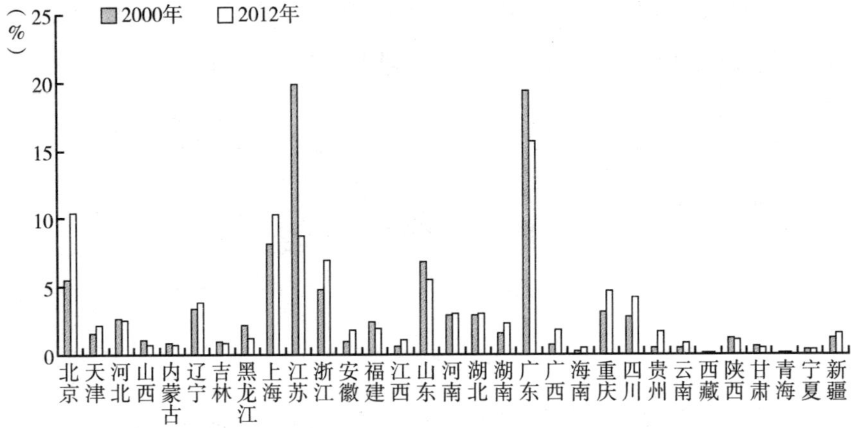

图10　各省份劳动争议案件占全部案件的比重

从图11可以看出，2012年，每亿元GDP所产生的劳动争议案件数，北京、上海、重庆最多，分别达3.73件、3.27件、2.58件，表明这三个直辖市在经济增长的过程中，劳动争议案件数量比较多。最低的是内蒙古，其每亿元GDP所产生的劳动争议案件数仅为0.27件。如果从动态来看，2012年，每亿元GDP产生的劳动争议案件数上升的有京、辽、沪、浙、皖、赣、湘、桂、

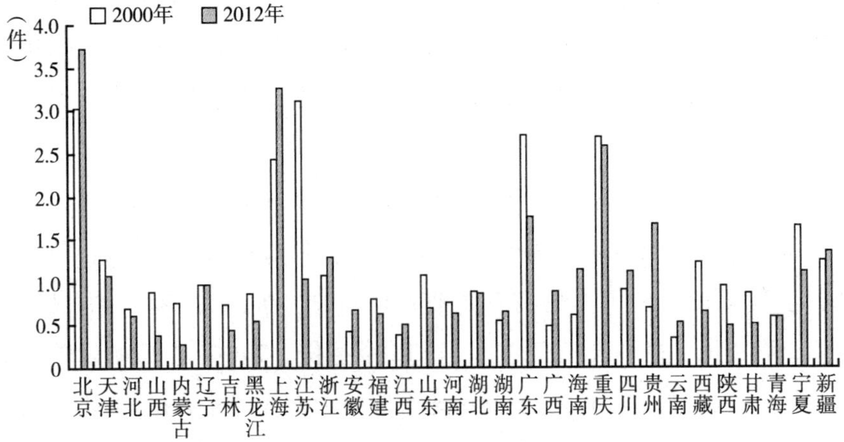

图11　各省份每亿元GDP所产生的劳动争议案件数

琼、川、贵、云、新13个省份，其中部分西部省份上升普遍比较明显，如贵州2000年每亿元GDP产生的劳动争议案件数为0.69件，2012年急剧上升到1.68件。而数量下降的省份包括津、冀、晋、蒙、吉、黑、苏、闽、鲁、豫、鄂、粤、渝、藏、陕、甘、青、宁18个省份，其中，下降比较明显的有江苏、山西、内蒙古等，下降幅度均在一半以上，劳动关系有了明显改善。

三　主要结论及政策建议

（一）主要结论

本报告利用历年《中国统计年鉴》和《中国劳动统计年鉴》数据，采取描述性统计分析的方法，对1995～2012年我国劳动关系的历史与现状进行了分析，得出的主要结论如下。

第一，从总的情况来看，我国劳动关系不和谐的态势有所加剧。这集中体现在劳动争议案件数量持续上升，1995～2012年，我国的劳动争议案件数量从1995年的约3.3万件上升到约64万件，增长了18倍。考虑到该数据只是各级人民法院当期受理的劳动争议案件数量，如果再加上劳动部门调解和仲裁后未走法律诉讼途径的案件，以及未经法律和劳动部门解决的案件，则劳动关系不和谐的情况将更为严峻。

第二，集体劳动争议案件数量出现了大幅度的下降，这说明我国的劳动用工制度正趋于稳定，群体性劳资纠纷预警和处理机制不断完善。与此同时，劳动争议当事者人数明显上升，且由劳动者申诉的占96.42%，这意味着一方面，劳动者在劳动纠纷的法律申诉方面占据了绝对的多数；另一方面，用工单位在申诉上显得比较消极和被动。在劳动争议的处理结果上，双方部分胜诉的比例已超过一半，这表明司法部门在判决劳动争议案件的过程中更加注重劳资双方的利益平衡。

第三，在导致劳动关系不和谐的影响因素方面，劳动报酬是其中最主要的原因。1995～2012年，由劳动报酬引发的劳动争议案件占比普遍居高，排在其后的因素分别是社会保险（福利）和变更、解除、终止劳动合同。2008～

2012 年，由工伤等原因引发的劳动争议案件占比出现逐步增大的趋势。

第四，劳动争议案件主要集中在东部地区，但中西部地区的劳动关系和谐开始面临越来越大的挑战。在 2012 年全部的劳动争议案件中，有超过 1/3 发生在广东、上海和北京。从每亿元 GDP 所产生的劳动争议案件数看，北京、上海、重庆三个直辖市最多。但值得关注的是，西部地区在 GDP 快速增长的同时，劳动争议案件数出现了较大幅度的增长，并已成为我国劳动关系不稳定、不和谐的新发地。

（二）相关政策建议

首先，在经济社会发展过程中，将构建和谐劳动关系作为评价经济社会发展质量的核心指标。应坚决纠正盲目崇拜 GDP 增速的做法，深刻认识到和谐劳动关系对经济社会稳定发展的重大意义。只有将构建和谐劳动关系纳入构建社会主义和谐社会的整体战略，才能起到防范由劳资纠纷产生的群体性事件和其他影响社会稳定的违法犯罪案件的发生。

其次，将大力推广集体劳动合同和集体工资协商制度作为构建和谐劳动关系的重要工作来抓。集体劳动合同和集体工资协商制度能够有效地防范群体性劳资冲突，有利于改变劳资地位不平等的状况，是化解劳资冲突的有效制度设计。

再次，高度重视劳动报酬因素在引发劳资冲突中的主要地位。当前，劳动者工资水平不高且增长过慢、用工单位拖欠工资等问题仍较为突出，是引发劳动争议的主要原因之一。因此，尽快建立有效的工资谈判制度、合理的工资增长机制和完善的工资发放保障机制，势在必行。同时，加快完善社会保障体制，注重对劳动者工伤事故的保险赔付，以及重视对劳动者的教育培训，都是化解劳资冲突的有效途径。

最后，加强对劳资冲突高发地区的监控和督导。虽然我国的劳资纠纷大多发生在东部发达地区和部分中心城市，但随着产业向中西部地区的梯度转移，中西部地区的劳动关系也呈现紧张趋势。因此，在进一步做好东部劳资冲突高发地区和谐劳动关系建设的同时，也应高度重视中西部地区的劳动关系问题，做到未雨绸缪、防患于未然。

参考文献

Sean Cooney, "China's Labour Law, Compliance and Flaws in Implementing Institutions," *Journal of Industrial Relations* (2007).

Fang Lee Cooke, "A Decade of Transformation of HRM in China: A Review of Literature and Suggestions for Future Studies," *Asia Pacific Journal of Human Resources* 7 (2009).

邵思军：《全球化背景和历史视野中的中国劳动关系发展途径——兼议工会改革》，《中国人力资源开发》2013 年第 9 期。

赖德胜、苏丽锋、孟大虎、李长安：《中国各地区就业质量测算与评价》，《经济理论与经济管理》2011 年第 11 期。

徐丽雯：《〈劳动合同法〉对中国劳动关系的影响》，《首都经济贸易大学学报》2009 年第 1 期。

沈琴琴：《全球化下的劳动关系调整路径变化及其启示》，《中国劳动关系学院学报》2011 年第 3 期。

郭庆松：《三方博弈中的中国劳动关系——改革开放以来中国劳动关系的进展及问题研究》，《学术月刊》2009 年第 9 期。

B.20

2013年我国劳动关系运行的形势分析

唐 鑛 汪 鑫 嵇月婷*

摘 要：

和谐劳动关系的构建，离不开稳健的宏观经济环境和政策环境。2013年，我国GDP小幅反弹、CPI轻度回升。中国经济的稳健增长，为劳动者提供了更多的工作岗位和培训机会，城镇居民和农民工的工资报酬不断增长；劳动争议不断增加的趋势得到缓解，劳动关系整体上呈现较为平稳的态势。

关键词：

宏观经济环境 劳动关系 形势分析

2013年是我国劳动关系领域立法更加系统化的一年，新修订的《劳动合同法》正式实施，明确提出"同工同酬"；国家将深化收入分配制度改革放在更加重要的位置，各地区逐步上调最低工资水平；明确提出"欠薪罪"，更加重视劳动者的各项劳动权益；明确构建和谐劳动关系不仅直接关乎广大职工的切身利益及社会的和谐稳定，而且是稳增长、调结构、促改革的必要条件。本报告从宏观经济与政策环境的视角，分析讨论了我国2013年劳动关系的运行状况。

一 2013年我国宏观经济与政策环境

2013年6月，巴克莱提出了"李克强经济学"（Likonomics）的概念，包

* 唐鑛，中国人民大学劳动人事学院教授，博士生导师，主要研究方向为人力资源与劳动关系；汪鑫，中国人民大学劳动人事学院博士研究生；嵇月婷，中国人民大学劳动人事学院硕士研究生。

含不出台刺激措施、去杠杆化，以及结构性改革三大重要支柱。同时，李克强还提出了“上下限论”，即居民消费价格指数（CPI）不涨超上限 3.5%、GDP 增速不滑出下限 7%。“上限论”强调稳健之举措，“下限论”凸显稳增长之意图。只要不突破上、下限，政府就不会干预经济的运行。从 2013 年 GDP、CPI 等宏观经济指标来看，我国在 2013 年经济平稳增长，通货膨胀处于较温和的水平，这为我国构建和谐的劳动关系提供了平和的宏观环境和强有力的物质保障。

（一）经济运行概况

1. GDP 平稳增长，经济形势前弱后稳

2012 年第二季度以来，我国的 GDP 增速一直处于较为平稳的态势，GDP 增速保持在 7.6% 或 7.7%。2013 年中国宏观经济总体呈现“前弱后稳”的态势，GDP 增速没有突破 7% 的下限（见图 1）。经济形势的稳定，使得国内劳动关系形势趋于平稳，没有出现较大的波动。

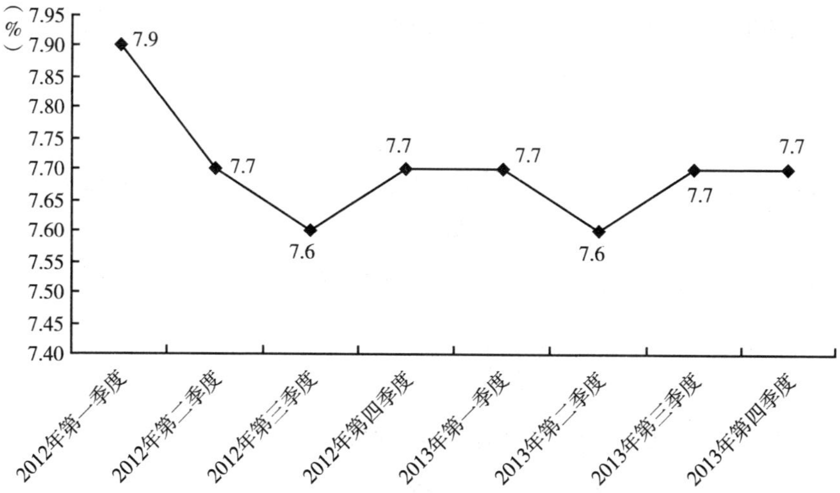

图 1　2012 ~ 2013 年我国 GDP 增速

资料来源：国家统计局。

2. CPI 略有上涨，通货膨胀较温和

2013 年，我国 CPI 总水平比上年上涨 2.6%。总体而言，2013 年的 CPI 并没有突破 3.5% 的上限，通货膨胀处于较温和的水平（见图 2）。

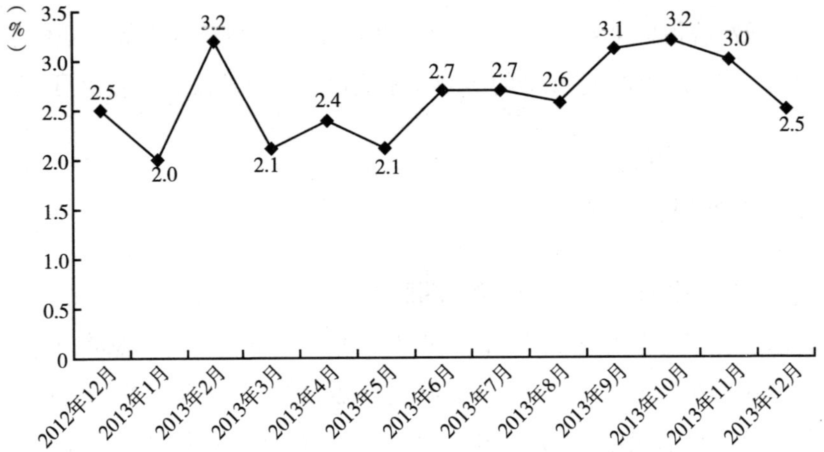

图 2　2012 年 12 月至 2013 年 12 月我国各月份 CPI 变动趋势

3. PMI 基本维持在荣枯线上方，全年制造业经济仍在扩张

从汇丰中国和国家统计局公布的采购经理指数（PMI）① 来看，2013 年，我国 PMI 基本处于荣枯线（50%）之上（见图 3、图 4），虽然第四季度增速有放缓的趋势，但可能带有季节性因素，因为接近年末制造业通常进入生产淡季。流动性趋紧也可能给工业生产和新订单的增长造成压力，但 2013 年全年制造业经济仍在扩张，表明制造业对劳动力的需求相对来说比较旺盛。

（二）劳动力市场基本情况

1. 就业形势总体稳定，新增就业同比增长

2013 年，我国就业形势总体保持稳定。根据人力资源和社会保障部公布的数据，2013 年，全国累计城镇新增就业人员 1310 万人；城镇失业人

① PMI 通常以 50% 为经济强弱的分界点，PMI 高于 50%，反映了制造业经济扩张；PMI 低于 50%，则反映了制造业经济收缩。

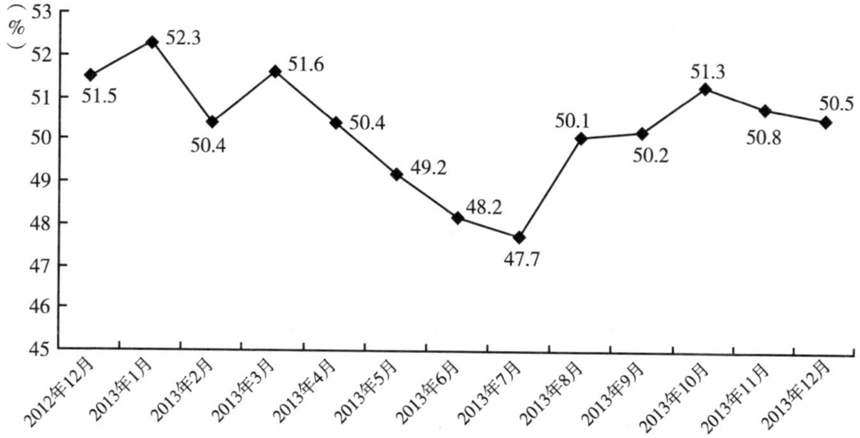

图3　2012年12月至2013年12月PMI变化

资料来源：中国金融信息网。

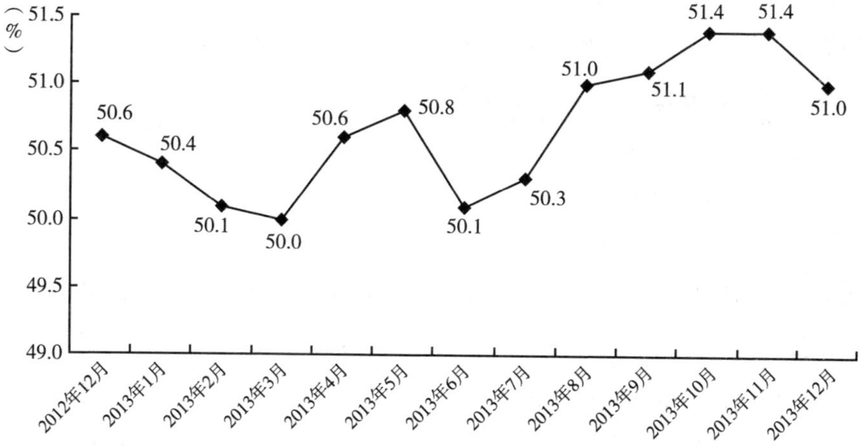

图4　2012年12月至2013年12月我国经季节调整的PMI变化

资料来源：国家统计局。

员再就业566万人，比2012年增加14万人；就业困难人员就业180万人，与2012年基本持平；高校毕业生的就业数量也与上一年基本持平。2013年城镇登记失业率保持在4.1%左右的较低水平，第四季度末为4.05%（见图5）。

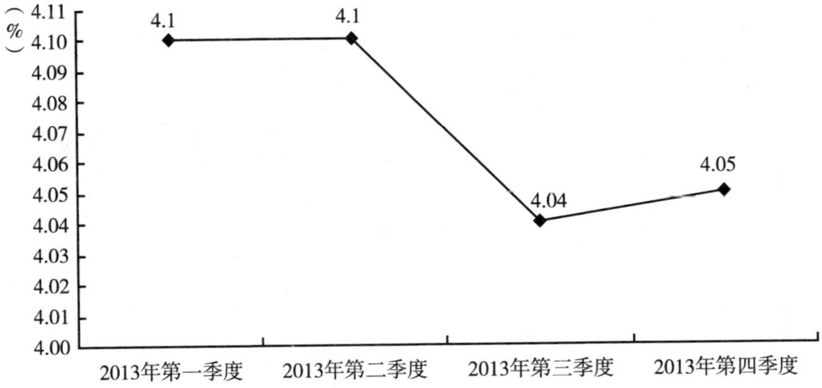

图 5　2013 年我国各季度城镇登记失业率

资料来源：人力资源和社会保障部。

2. 劳动力市场供求状况总体平衡，对劳动者有利①

2013 年，我国劳动力市场中劳动力供求总体平衡，与 2012 年同期相比，市场供求人数有所减少。根据人力资源和社会保障部对 100 多个城市人力资源市场供求信息的分析，2013 年市场求人倍率（市场岗位空缺与求职人数的比率）一直稳定在 1 以上，延续了前期求略大于供、保持基本平衡的态势。从供求对比看，2013 年第四季度，用人单位通过全国 104 个城市的公共就业服务机构招聘各类人员约 512.5 万人，进入市场的求职者约 463.8 万人，求人倍率约为 1.1。从供求总量看，与 2012 年同期相比，2013 年第四季度的需求人数减少了近 16 万人，下降了 3.3%，求职人数减少了约 28.9 万人，下降了 6.3%。与上季度相比，2013 年第四季度的需求人数、求职人数分别减少了 75.3 万人和 80.9 万人，各下降了 13.7% 和 15.8%。劳动力市场供求状况总体平衡。

相比于 2012 年，我国的就业竞争指数（CIER）② 在 2013 年出现了大幅度下降，表明就业形势较好（见图 6）。就业竞争指数下降说明当前市场求职申请人数下降的幅度大于市场招聘需求人数下降的幅度，表示就业竞争变弱，对劳动者有利。

① 资料来源于中国就业研究所《2013 年第四季度就业形势分析会报告》。

② 就业竞争指数 = 市场求职申请人数/市场招聘需求人数。

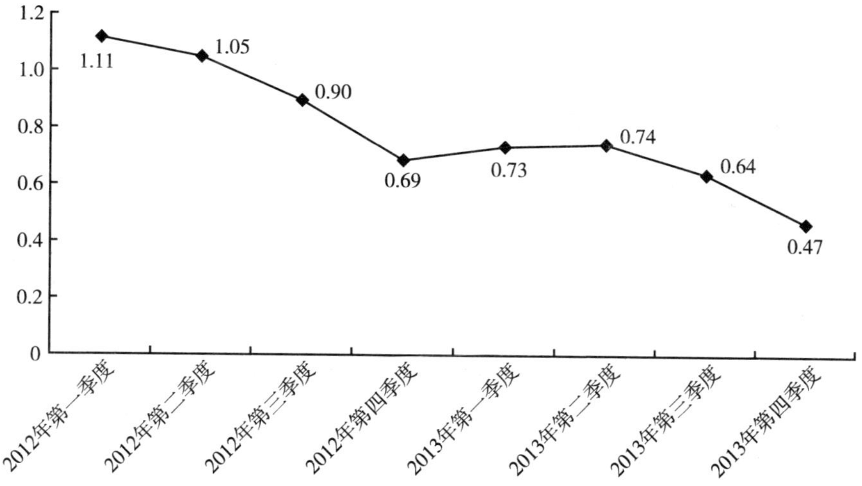

图 6　2012～2013 年我国就业竞争指数变化

资料来源：中国就业研究所《2013 年第四季度就业形势分析会报告》。

二　2013 年我国劳动关系分析

良好的宏观经济形势有利于和谐劳动关系的构建。与 2012 年相比，2013 年 GDP 小幅反弹、CPI 轻度回升，经济保持稳健增长。同时，政府通过稳定经济增长和调整经济结构，增加了就业岗位，并通过加强职业技能培训，提高了劳动者的就业创业能力。劳动合同签订率继续维持在 95% 以上的高水平，劳动争议不断增加的趋势得到缓解，工会覆盖率不断提高，城镇居民和农民工的工资报酬不断增长，劳动关系协调机制和劳动关系的法律建设也日渐完善。总的来说，2013 年的和谐劳动关系建设总体形势良好。

（一）收入分配状况

2013 年 2 月 3 日，国务院发布《批转发展改革委等部门关于深化收入分配制度改革若干意见的通知》。该通知指出了当前收入分配领域存在一些亟待解决的突出问题，城乡区域发展差距和居民收入分配差距依然较大，收入分配秩序不规范，隐性收入、非法收入问题比较突出，部分群众生活比较困难，这些问题将会影响和谐劳动关系的构建。为贯彻落实该通知有关内容，人力资源和社会保障部门加强了对企业高管薪酬的调控以及推广工资集体协商，建立了反映劳动力市场供求关系和企业经济效益的工资决定及正常增长机制，通过完善工资指导线、积极稳妥推行工资集体协商等，调控收入分配，促进了中低收入职工工资的合理增长；同时，落实新修订的《劳动合同法》，研究出台了劳务派遣配套规章，严格规范劳务派遣用工行为，依法保障被派遣劳动者的同工同酬权利。

2012 年，全国城镇非私营单位就业人员年平均工资为 46769 元，与 2011 年的 41799 元相比，增加了 4970 元，同比增长 11.9%，增幅下降了 2.5 个百分点。2012 年，全国城镇私营单位就业人员年平均工资为 28752 元，与 2011 年的 24556 元相比，增加了 4196 元，同比增长 17.1%，增幅降低了 1.2 个百分点。2012 年底，外出农民工人均月收入水平为 2290 元，比上年提高 241 元，增长 11.8%。据国家统计局调查的数据，2012 年城镇居民和农民工税后劳动报酬分别为 2564.2 元和 2489 元，2013 年分别为 2807.4 元和 2706 元，这些都体现了劳动者生活水平普遍有所提高。

（二）基本劳动权益保障状况

1. 城镇职工加班情况严重

2013 年，我国城镇职工月超时加班（加班在 36 小时以上）比例为 13.5%。同时，企业对职工加班后的补偿很不到位，根据社区直报的数据，2013 年我国城镇职工依法获得补休的比例只有 10.9%，获得加班工资的比例也只有 51%，说明职工的合法权益没有得到很好保障。

2. 企业职业安全卫生工作有待加强

根据国家统计局的数据，我国领取工伤保险待遇的人数不断增加，2012 年就已经达到了 190.5 万人，是 2005 年的 3 倍。这一方面是因为工伤保险的参保人数增加，另一方面说明了我国的工伤发生率不断提高，用人单位还没有给予员工职业安全以足够的重视，我国目前的职业安全卫生状况还有待改善。

2013 年 10 月，十二届全国人大常委会立法规划发布，公布了 47 件“条件比较成熟、任期内拟提请审议的法律草案”，《安全生产法》的修订和《矿山安全法》的修订在列。法制建设是加强安全生产工作的重要保障，但当前我国安全生产法制建设与经济社会发展和安全生产要求仍存在较大差距。

（三）非标准化用工状况

随着经济社会的不断发展，以派遣就业、非全日制就业、短期就业、兼职就业、承包就业为代表的非标准劳动关系开始在中国发展起来，并逐渐盛行。在现阶段，非标准化用工突出表现为劳务派遣。2012 年 12 月，全国人大常委会对《劳动合同法》进行了修订，从设立经营劳务派遣业务行政许可、进一步明确界定“三性”工作岗位范围、严格控制劳务派遣用工数量、落实被派遣劳动者同工同酬权利和加重违法行为法律责任等方面对劳务派遣做出了新的规定。另外，2013 年 12 月 20 日，人力资源和社会保障部第 21 次部务会审议通过《劳务派遣暂行规定》，并于 2014 年 1 月 24 日颁布。该规定的出台，意味着劳务派遣制度终于有了专门的法规条文。《劳务派遣暂行规定》拥有诸多亮点，包括：辅助性岗位需要协商确定，工会拥有发言权；严控劳务派遣用工比例，劳务派遣岗位禁超用工总量的 10%；明确工伤认定主体，保障工伤认定工作顺利进行；完善退回机制，用工单位不得随意退工；明确劳动合同解除情形，保障双方单方面解除权；防止劳务派遣异化。

（四）劳动争议处理状况

1. 劳动者成劳动争议案件主要申请人

2013 年，我国劳动争议调解案件共 725238 件，劳动争议仲裁当期受理案件总数为 665760 件。在劳动争议仲裁案件中，劳动者申请 641932 件，占 96.42%；涉及农民工的案件有 297314 件，占 44.32%（2012 年占 45.90%）；涉及劳务派遣的案件有 15726 件，占 2.36%，略高于 2012 年的 2.97%。[①] 由此可见，劳动争议仲裁案件基本是由劳动者申请的，且涉及农民工的案件非常多，几乎占了一半。

① 资料来自人力资源和社会保障部《2013 年度人力资源和社会保障事业发展统计公报》。

2. 10 人以上案件数不多，但是涉案人数比例很高

《劳动争议调解仲裁法》第 7 条规定："发生劳动争议的劳动者一方在十人以上，并有共同请求的，可以推举代表参加调解、仲裁或者诉讼活动。"我国法律将 10 人以上具有共同诉求的劳动争议定义为集体劳动争议。近年来，我国 10 人以上劳动争议案件数量明显上升，由劳动关系矛盾引发群体事件的频率在加快，规模在升级，开始呈现多发的态势。而 2013 年的数据也表明，虽然集体劳动争议的案件数并不太多，一般只占所有调解、仲裁案件数的 1%左右，但是它涉及的劳动者人数比例很高，一般在 20% 以上（见表 1）。因此，要特别重视对 10 人以上劳动争议案件的处理。

表 1　2013 年集体劳动争议的案件数占比及其涉及的劳动者人数比例

单位：%

方式	情况	2013 年第一季度	2013 年第二季度	2013 年第三季度	2013 年第四季度
调解	10 人以上劳动争议案件	1.38	1.07	1.18	0.83
	10 人以上劳动争议案件涉及劳动者人数	26.74	22.42	23.07	22.56
仲裁	10 人以上劳动争议案件	1.08	0.98	0.97	1.05
	10 人以上劳动争议案件涉及劳动者人数	27.49	21.1	23.8	35.8

资料来源：根据人力资源和社会保障部发布的相关报告整理。

3. 劳动争议类型相对集中，经济利益之争仍是主要原因

2013 年，劳动争议调解案件数共 725238 件。其中，劳动报酬 302932 件，占 41.77%；解除、终止劳动合同 140777 件，占 19.41%；社会保险 135771 件，占 18.72%；其他 73675 件，占 10.16%；工作时间及休假 44118 件，占 6.08%，订立劳动合同 27255 件，占 3.76%；履行聘用合同 489 件，占 0.07%；解除人事关系 221 件，占 0.03%（见图 7）。

与劳动争议调解类似，2013 年劳动争议仲裁案件也是以权利争议为主，主要涉及劳动报酬，社会保险，解除、终止劳动合同等方面，具体如图 8 所示。

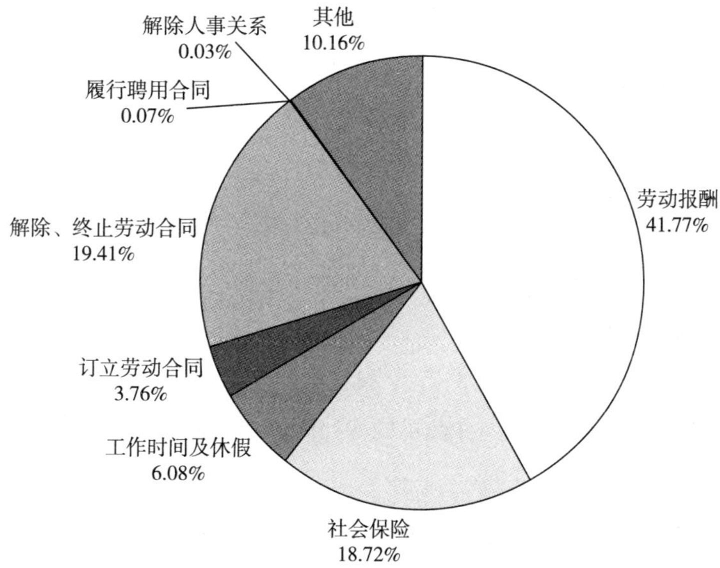

图 7　2013 年劳动争议调解案件不同类型占比情况

资料来源：由人力资源与社会保障部相关报告整理。

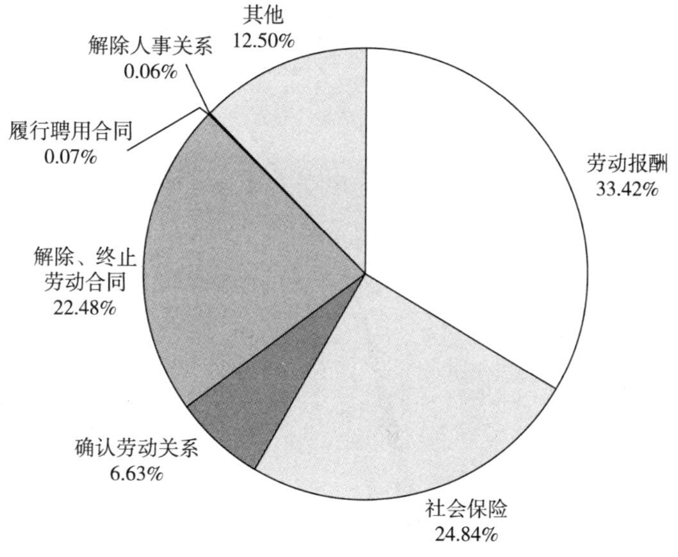

图 8　2013 年劳动争议仲裁不同类型占比情况

资料来源：由人力资源与社会保障部相关报告整理。

总的来说，不管是劳动争议调解还是劳动争议仲裁案件，因劳动报酬，解除、中止劳动合同，以及社会保险引发的劳动争议案件数都占案件总数的80%以上，经济利益之争仍是劳动争议案件发生的主要原因。虽然劳动争议案件的数量同比增多了，但案件的主要类型和特点并没有发生根本性变化。在未来一段时间里，案件类型的基本格局也不会有太大的变化。

4. 乡镇、街道劳动争议调解组织是主要调解途径，企业劳动争议调解委员会需发挥更大的作用

2013年，劳动争议调解案件数共725238件，乡镇、街道劳动保障所（站）调解313723件，占43.26%；仲裁机构案外调解215595件，占29.73%；其他方式调解115216件，占15.89%；企业劳动争议调解委员会调解70017件，占9.65%；机关、事业单位人事争议调解组织调解10687件，占1.47%（见图9）。从图9中可以看出，乡镇、街道劳动争议调解组织调解作用明显，处理的案件数占总数的四成多，相比于2012年的318823件（41.86%）且呈增长趋势，其成为主要调解途径，而企业劳动争议调解委员会还需发挥更大的作用。

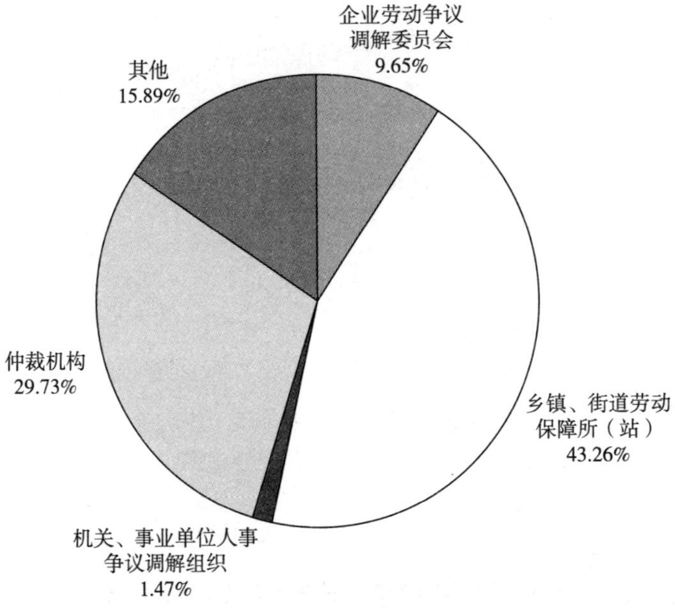

图9　2013年不同组织调解劳动争议案件所占比例

资料来源：《2013年度人力资源和社会保障事业发展统计公报》。

造成企业劳动争议委员会没有发挥应有作用的原因有很多，其中调解人员的能力不足很有可能是原因之一。近年来，人力资源和社会保障部门加强了劳动关系从业人员的素质提升工作，大力开展劳动关系协调员的国家职业资质鉴定，有效地推动了劳动关系协调员、劳动争议调解员队伍的专业化建设，劳动关系从业人员不足、专业知识欠缺的问题将逐步得到解决。①

5. 调解案件数略高于裁决案件数，调解制度正在发挥越来越重要的作用

2013 年，劳动争议仲裁审结案件 669062 件（见表 2），其中仲裁调解的 311806 件（46.60%），略高于仲裁裁决的 283341 件（42.35%）。仲裁调解结案数高于仲裁裁决结案数，体现了仲裁这一劳动争议处理方式的进步，说明了劳动争议处理有从诉讼纠纷解决（DR）向 ADR② 转化的趋势。2013 年，我国劳动争议调解结案比例有缓慢提高的趋势，说明在我国调解制度正在发挥越来越重要的作用，这也是劳动争议处理机制的进步。

表 2　2012～2013 年劳动争议调解和仲裁的结案数及比例

单位：件，%

指标	2012 年	2013 年
调解结案数	617855	646754
调解结案比例	48.99	49.15
仲裁审结结案数	643292	669062
仲裁审结结案比例	51.01	50.85

资料来源：2012 年度、2013 年度《人力资源和社会保障事业发展统计公报》。

6. 劳动者胜诉率是用人单位胜诉率的 3 倍

2013 年，劳动争议仲裁结审案件 669062 件，其中用人单位胜诉 82519 件（12.33%），劳动者胜诉 217551 件（32.52%），双方部分胜诉 325104 件（48.59%），其他 43888 件（6.56%）。可见，劳动者胜诉案件数多于用人单位胜诉案件数，而且双方部分胜诉数量最多，约占一半（见图 10）。

---

① 由人力资源和社会保障部劳动科学研究所郑东亮所长、中国人民大学劳动人事学院唐鑛教授共同主编的国家职业资格鉴定教程——劳动关系协调员系列教程已于 2014 年 2 月由人民出版社出版，劳动关系协调员队伍建设将走上更加规范、科学的道路。

② 替代性或选择性纠纷解决（alternative dispute resolution，ADR），是指一系列“审判外（诉讼外或判决外）纠纷解决方式”“非诉讼纠纷解决程序”“法院外纠纷解决方式”的总称。

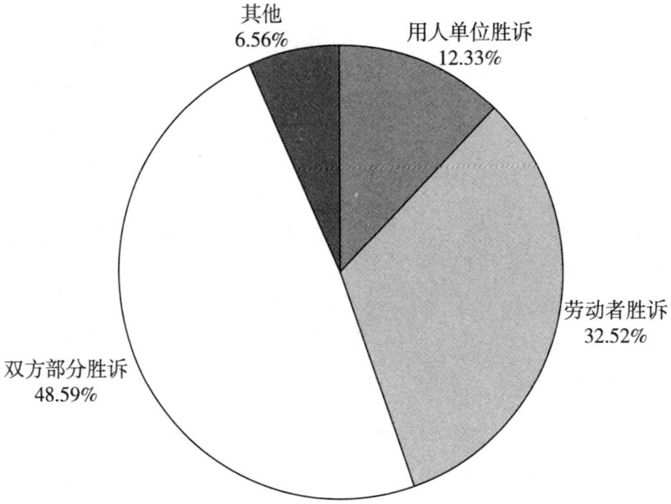

图 10　2013 年劳动争议仲裁结审案件不同处理结果占比情况

7. 劳动保障监察案件主要涉及支付工资等内容

2013 年，劳动保障监察案件结案 418634 件，按案件类型分，涉及支付工资和最低工资标准案件数最多，共有 247600 件。另外，涉及内部劳动保障规章制度的 8990 件，涉及订立和解除劳动合同的 58276 件，涉及女职工特殊劳动保护的 883 件，涉及未成年工特殊劳动保护的 1020 件，涉及工作时间和休息休假的 27148 件，涉及支付工资和最低工资标准的　件，涉及参加社会保险和缴纳社会保险费的 77160 件，涉及职业介绍的 4121 件，涉及职业技能培训和职业技能考核的 2488 件，涉及其他方面的 30892 件（见表 3）。

表 3　2013 年按案件类型分劳动保障监察案件情况

单位：件

指标	2013 年第一季度	2013 年第二季度	2013 年第三季度	2013 年第四季度	合计
总结案数	92586	94949	100726	130373	418634
内部劳动保障规章制度	1593	2873	1909	2615	8990
订立和解除劳动合同	9870	16788	12450	19168	58276
女职工特殊劳动保护	186	267	171	259	883
未成年工特殊劳动保护	423	236	-60	421	1020

续表

指标	2013 年 第一季度	2013 年 第二季度	2013 年 第三季度	2013 年 第四季度	合计
工作时间和休息休假	4845	7371	6875	8057	27148
支付工资和最低工资标准	62139	55042	56732	73687	247600
参加社会保险和缴纳社会保险费	14219	20087	18296	24558	77160
职业介绍	1737	999	931	454	4121
职业技能培训和职业技能考核	306	879	840	463	2488
其他	5834	8987	8073	7998	30892

资料来源：根据人力资源和社会保障部发布的相关报告整理。

（五）工会及雇主组织建设情况

1. 工会发展迎来新高潮

2013 年是我国工运事业发展极为重要的一年。2013 年 10 月，中国工会第十六次代表大会顺利召开，大会通过了《中国工会章程》（修正案），确立了有中国特色的社会主义工会发展道路。近年来，中华全国总工会始终不遗余力地维护广大职工的权益，促进实现体面劳动，例如，推动《劳动合同法》修改，促进立法部门对使用劳务派遣做出严格规定，建立覆盖全国的困难职工帮扶体系，等等；同时，把工资集体协商作为维护劳动者权益的重点，大力提高工会代表的协商能力和专业技能，组织开展企业区域性、行业性工资集体协商。

2013 年，我国工会覆盖率有所提高。2011 年全国基层工会数为 142764 个，工会会员数为 25079362 人。[①] 2013 年，根据中华全国总工会的统计，全国工会会员达 2.9 亿人，比上年增加 700 多万人。同时，我国的基层工会民主选举制度发展也非常迅速，例如，2012 年深圳有 163 家民营企业的工会主席任期已满，采用民主直选的方法实现了换届。基层工会民主选举制度是充分激发工会组织特别是基层工会活力，提高工会在会员中的威信和服务能力的有效举措。

① 资料来自《中国劳动统计年鉴（2012）》。

2. 雇主组织作用日益突出

2010年9月，中共中央、国务院下发《关于加强和改进新形势下工商联工作的意见》，明确提出要充分发挥工商联在政府管理和服务非公有制经济中的助手作用，要求工商联参与中小企业服务体系建设，为非公有制企业提供信息、法律、融资、技术、人才、国际经贸合作等方面的服务。为充分发挥三方机制的作用，一些省份将当地工商联组织纳入三方机制，与企业联合会共同成为企业方代表。截至2013年底，辽宁、海南等12个省份已将工商联吸纳到三方机制中，而且运作良好。近年来，以中国企业联合会、中国企业家协会和全国工商联为代表的雇主组织在培养企业方集体协商指导员队伍、帮助和指导企业开展集体协商、参与制定当地最低工资标准等方面做出了一定的贡献。这些雇主组织参与三方机制，增强了非公有制企业的代表性，并有利于基层三方机制的发展，促进劳动关系的和谐稳定。

3. 集体协商制度有序开展

中华全国总工会从实现企业与职工双赢的角度出发，强力推进工资集体协商，加大集体合同推广力度。来自中华全国总工会的统计显示，在各级工会的大力推动下，全国已有2.76亿名企业职工通过工资集体协商，在集体合同中体现了他们的“收入话语权”。2013年，全国共签订集体劳动合同245万份，覆盖企业612万家，分别比上年同期增长9%和6%；签订工资专项集体劳动合同133万份，覆盖企业352万家，覆盖职工1.6亿人，分别比上年增长8%、15%和8%。不断完善工资集体协商制度，提高集体劳动合同覆盖率，对劳动者权益保护具有更普遍的意义，可充分保障劳动者在初次分配中的话语权、共决权。这是保障收入分配制度改革取得实效的一个重要措施，对规范企业用工以及劳动者务工有积极意义。

三　2014年劳动关系领域可能的变化

党的十八届三中全会出台的《关于全面深化改革若干问题的决定》顺应了历史潮流，加快了深化改革的步伐。2014年是中国全面推行结构性改革的一年，也使劳动关系形势变得更加敏感、复杂。

（一）2014 年 GDP 增速轻度回落、CPI 小幅反弹，劳动关系在压缩产能和产业升级背景下存在紧张的可能

根据《中国经济时报》的预测："2014 年，世界经济仍处于危机后的恢复期，总体呈趋稳态势，新兴经济体相对减速格局仍将维持，我国内需增长面临下行压力。综合考虑，预计 2014 年经济增长略高于 7%，CPI 涨幅在 3.5% 以内。"《2014 年中国经济形势分析与预测》指出，2011 ~ 2030 年，中国的潜在增长率将会呈现不断下降的趋势，预计 2014 年经济增长目标会与"十二五"规划的增长目标相一致，而实际增长仍会高于增长目标，预计经济增长将保持在 7.4% 的水平；物价水平（CPI）将稳定在 2.1% 以下的水平，生产者物价指数（PPI）仍为负值。中国人民大学经济研究所预计 2014 年中国 GDP 增长率为 7.7%，比 2013 年同比增速约下降 1 个百分点，GDP 增速预计将呈现"底部波动、轻度回缓"的态势。而因受到翘尾效应、食品价格上扬和改革带来的价格释放等因素影响，CPI 将有所上扬，预计达到 3.2%，全年通胀压力上升，但不严重。

总体而言，2014 年中国宏观经济将呈现 GDP 增速轻度回落、CPI 小幅反弹的局面。同时，我国正处于压缩产能和产业升级的关键阶段，而这将对我国的劳动力市场产生极大影响。因此，虽然 2013 年劳动关系平稳发展，群体事件呈下降态势，但在 2014 年复杂的经济形势和全面深化改革的大背景下，劳动关系将面临诸多问题和挑战，劳动争议可能多发，劳动关系局势有可能会更加紧张，而这也将增大劳动争议处理的难度。经济压力可能对劳动力市场产生持续压力，而跨国企业和民营企业的结构调整、裁员和减薪等问题也将持续对我国构建和谐稳定的劳动关系产生巨大影响。对此，劳资双方应加强合作，共渡难关，构建社会主义和谐劳动关系。

（二）劳务派遣将逐渐被其他用工形式代替，但传统劳务派遣问题仍将长期存在

新修订的《劳动合同法》，以及《劳务派遣行政许可实施办法》《劳务派遣暂行规定》，从设立经营劳务派遣业务行政许可、进一步明确界定"三性"

（临时性、辅助性、替代性）工作岗位范围、严格控制劳务派遣用工数量、落实被派遣劳动者同工同酬权利和加重违法行为法律责任等方面对劳务派遣做出了新的规定。尤其是《劳务派遣暂行规定》中“使用的被派遣劳动者数量不得超过其用工总量的10%”的规定，必将在一定程度上导致我国劳务派遣规模萎缩，但是非标准用工的趋势并不会改变，用人单位将逐渐采用其他非标准化用工方式替代劳务派遣，如劳务外包等。另外，虽然出台了《劳务派遣暂行规定》，但是传统劳务派遣中的问题如同工不同酬等问题仍将长期存在，而且正在变得隐蔽化。

2014 年我国劳务派遣仍然存在以下问题。第一，我国企业特别是国有企业、机关事业单位使用劳务派遣员工的比例仍然偏高。虽然有了10%的限定，但缓冲期为两年，所以2014 年劳务派遣用工比例仍然会较高。另外，即使将来将比例控制在10%以内，该比例也仍然较高，在主要发达国家，劳务派遣用工比例普遍很低，基本不超过2%，如美国为1.3%，法国为1.7%，德国为1.6%，日本为1.7%，韩国为0.4%。[①] 第二，虽然新的《劳务派遣暂行规定》对“三性”进行了界定，但是界定得非常宽泛，企业随意界定“三性”岗位的情况普遍存在，滥用辅助性岗位的问题仍会比较突出。

（三）收入差距问题将更加隐蔽化

近年来，政府根据经济发展、物价变动等因素，适时调整最低工资标准，逐步解决了一些行业职工工资过低的问题。《关于深化收入分配制度改革的若干意见》更是要求：“到2015 年绝大多数地区最低工资标准达到当地城镇从业人员平均工资的40%以上。”这体现了政府缩小收入分配差距的决心。2012 年，全国共有25 个省份调整了最低工资标准，平均调增幅度为20.2%。2013 年，全国共有27 个省份调整了最低工资标准，平均调增幅度为17%。目前，全国月最低工资标准和小时最低工资标准最高的均为上海，分别为1820 元/月和17 元/小时。

另外，很多企业采用统一分配制度的方式部分地化解了同工同酬的矛盾，

① 以上各国数据为2009 年数据。资料来自欧洲私营雇主联盟2010 年发布的数据。

劳动合同用工与劳务派遣用工收入差距集中反映在社会保险与福利待遇上，二者的差距主要集中在公积金缴纳上。因此，随着收入分配制度改革的推进，收入差距问题更加隐蔽化。

（四）劳动争议处理方式由纠纷解决向非诉讼纠纷解决转变

2013 年 1 月，人力资源和社会保障部、中华全国工商业联合会共同发布了《关于加强非公有制企业劳动争议预防调解工作的意见》，要求按照“预防为主、基层为主、调解为主”的工作方针，建立企业、商会（协会）、乡镇（街道）调解组织与仲裁机构协调配合的劳动争议预防调解工作网络，逐步实现非公有制企业劳动争议预防调解工作全覆盖，努力将劳动争议化解在萌芽状态、解决在基层。

从未来的发展方向看，采用预防、调解、协商、仲裁的方式化解劳资矛盾仍将是解决劳动争议的主要方式，尤其是企业劳动争议调解委员会发挥的作用将进一步加强。这意味着在未来，在工作场所发生的冲突通过传统的集体谈判和法院诉讼程序来解决的比例将越来越小，取而代之的是非诉讼纠纷解决机制。非诉讼纠纷解决机制相比于传统方式，不仅节约了诉讼成本，而且发生的交易成本和机会成本都很小，是未来劳动争议处理方式的主要发展趋势。

参考文献

中国人力资源和社会保障部：《2012 年度人力资源和社会保障事业发展统计公报》，2013。

中国人力资源和社会保障部：《2013 年度人力资源和社会保障事业发展统计公报》，2014。

国家统计局：《中国统计年鉴（2013）》，中国统计出版社，2014。

国家统计局人口和就业统计司、人力资源和社会保障部规划财务司：《中国劳动统计年鉴（2012）》，中国统计出版社，2013。

国家统计局人口和就业统计司、人力资源和社会保障部规划财务司：《中国劳动统计年鉴（2013）》，中国统计出版社，2014。

中国就业研究所：《2013 年第四季度就业形势分析会报告》，2013。

B.21

收入分配秩序相关政策与事件回顾

熊通成*

摘　要：

收入分配不公问题会对经济发展、社会稳定甚至国家安全带来危害。导致收入分配不公的原因有很多，当前政府应下大力气解决收入分配秩序问题。本报告从规范分配的法制秩序、提高低薪的保障秩序、调控高薪的管制秩序、惩治腐败的吏治秩序、清理津贴的内控秩序、公众监督的阳光秩序六个方面，对近年来收入分配秩序领域的一些政策与事件进行了回顾。展望未来，我国应该围绕市场秩序、规制秩序、公平秩序、透明秩序、法制秩序等角度，破除收入分配旧秩序，建立收入分配新秩序。

关键词：

收入分配　收入差距

中国当前的收入差距已经超越了新中国成立以来的任何时期。国家统计局公布的2013年全国基尼系数高达0.473，而据权威学者测算，基尼系数不低于0.5。我国长期存在城乡之间收入差距高位徘徊、部分行业收入畸高、退休养老双轨制，以及政府、企业、居民三方总体收入分配失衡等问题。收入分配不公问题越来越严重，会对经济发展、社会稳定甚至国家安全带来危害。

导致收入分配不公的原因有很多，市场化改革不彻底、政治体制改革不到

* 熊通成，经济学博士，中国人事科学研究院工资福利研究室副主任，助理研究员，主要研究方向为宏观收入分配、机关事业单位工资政策、企业薪酬管理、绩效考核与管理、人才激励等。

位、利益集团的利益固化等深层次原因交织在一起，使得问题非常复杂。要解决这些根源性问题，难度巨大、时间漫长，而当务之急，政府应下大力气解决收入分配秩序问题。

一　规范分配的法制秩序

规范收入分配秩序需要有法可依、有章可循，收入分配法制化问题已经成为近年来讨论的焦点问题之一。随着呼声日高，国家出台了一些规定，但离真正意义上的收入分配法制化还相差甚远。

分配改革方案出台是收入分配法制秩序改善的一个重要标志。2013 年 2 月 6 日，国务院批转了国家发改委、财政部、人力资源和社会保障部制定的《关于深化收入分配制度改革的若干意见》。该意见总结了近年来我国收入分配调控的主要思路和办法，并提出“要把落实收入分配政策、增加城乡居民收入、缩小收入分配差距、规范收入分配秩序作为重要任务，纳入日常考核”，为未来收入分配调控提出了总体指导思想。

近年来，有关工资立法的呼声日益高涨。我国现有的工资立法，除《劳动法》中 6 条相关的原则性规定外，其他都属部颁规章，如《工资支付暂行规定》《最低工资规定》《集体合同规定》《工资集体协商试行办法》等，不仅法律效力低，缺乏权威性和强制力，而且立法重叠，内容重合。

2007 ~ 2008 年，我国曾经掀起一股工资立法的热潮。2008 年 1 月 21 日，时任劳动保障部新闻发言人尹成基透露《工资条例》已形成草案，正处于征求意见阶段。原定在 2010 年内出台的《工资条例》，在一些关键问题上各部门难以达成一致，使《工资条例》出台时间一再推后。2012 年 10 月，《工资条例》出台计划夭折，其部分内容将被融入收入分配制度改革总体方案。

由此可见，收入分配法制秩序的形成与健全还有一段很长的路要走，其中的难点不是法律文本本身，而是如何处理不同利益群体的矛盾，如何能够有效地超脱部门利益而考虑国家利益、人民利益的问题。即便是已经成文的法律条文，同样面临如何能够做到“有法必依、违法必究”的挑战。

二　提高低薪的保障秩序

低收入群体工资被拖欠、工资水平得不到提升，是收入分配中极为不正常的现象，是分配秩序混乱的一个重要表现。近年来，我国在改善低收入群体的工资待遇状况方面做了一些积极的努力，提高低薪的保障秩序正在逐步形成。

最低工资制度是我国提高低收入群体工资收入的重要制度，也是我国当前执行状况较好的一项制度。最低工资制度自从1894年在新西兰实行以来，已有逾百年历史。我国政府于1984年正式承认《制订最低工资确定办法公约》，并于1989年首先在珠海市试行，后来深圳市、上海市率先实行最低工资制度。1995年实施的《劳动法》正式以法律形式确认了最低工资制度。2003年12月30日，我国通过《最低工资规定》，并从2004年3月1日起施行。2011年6月发布的《人力资源和社会保障事业发展“十二五”规划纲要》，提出“最低工资标准年均增长13%以上，绝大多数地区最低工资标准达到当地城镇从业人员平均工资的40%以上”的目标。在实际执行中，2011年全国有24个省份调整了最低工资标准，平均增幅为22%；2012年全国有25个省份上调了最低工资标准，平均增幅为20.2%；2013年全国有27个省份上调了最低工资标准，平均增幅为17%；2014年1～8月，全国有17个省份上调了最低工资标准，平均增幅为14.2%。目前，上海最低工资标准为1820元，全国最高。

恶意欠薪问题是收入分配领域的一个“顽症”。2011年2月的《刑法》（修正案）将恶性欠薪纳入刑法，规定“以转移财产、逃匿等方法逃避支付劳动者的劳动报酬或者有能力支付而不支付劳动者的劳动报酬，数额较大，经政府有关部门责令支付仍不支付的”行为，可以判刑。2012年3月，人力资源和社会保障部部长尹蔚民在十一届全国人大五次会议新闻中心记者会上提出，“目标是到“十二五”期末，基本上达到无欠薪”。针对建筑行业这一欠薪“重灾区”，不少地方规定建筑企业要求支付工资保障金。2014年7月，广州市人力资源和社会保障局发布《广州市建筑施工企业工人工资支付保证金管理办法（征求意见稿）》，避免建筑企业欠薪事件发生，规定今后建筑施工企业在项目施工前要开立银行专用存款账户，并按工程总造价的2%存入“建筑施工企业工人工资支付保证金”。

工资缺乏正常增长机制，不少企业职工工资长期处于最低工资标准边缘。尽管2000年原劳动保障部颁布了《工资集体协商试行办法》，但工资集体协商机制没有真正建立起来。2010年5月，广东南海本田汽车零部件制造有限公司工人因不满薪酬而停工，后在多方协调下该事件才得以平息，工资集体协商再次提到议事日程。然而，工资集体协商推动工资正常增长的机制真正建立绝非一日之功。

三　调控高薪的管制秩序

近年来，国有企业凭借拥有的垄断性或准垄断性资源和政府信用保障，获得了较高的利润，这成为国有企业发放高薪的经济基础。不少国有企业高管在所谓“薪酬要向国际标准看齐”观点的支持下，成为畸高收入群体。

2008年3月19日，中国平安保险公司公布了2007年年报，数据显示公司董事长、首席执行官马明哲2007年的年薪为6616.1万元，引起轩然大波。而2009年2月，马明哲宣布其2008年零年薪，同样令外界惊诧。对于马明哲天价年薪与零薪问题，各界评论不一，姑且不论薪水高低，也不论个人道德水平，薪水自定的游戏规则毫无疑问地造成了收入分配秩序的混乱。尽管平安保险不是完全意义上的国有企业，但马明哲高薪事件使得国家开始重视对国企高管畸高薪酬的管控。

2009年4月，财政部发布《关于国有金融机构2008年度高管人员薪酬分配有关问题的通知》，要求：“各国有金融机构2008年度高管人员薪酬（指税前薪酬，包括基本薪酬、绩效薪酬、社会保险、各项福利等，下同）按不高于2007年度薪酬的90%确定。”2009年9月16日，人力资源和社会保障部等六部门联合出台了《关于进一步规范中央企业负责人薪酬管理的指导意见》，明确规定央企高管基本年薪与上年度央企在岗职工平均工资“相联系”，绩效年薪根据年度经营业绩考核结果确定。其中规定，央企高管薪酬上限不得超过上年度央企在岗职工平均工资的30倍。

与国企高管畸高薪酬相联系的是部分国企的整体高工资水平。2006年6

月，某市一位电厂抄表工声称其每天的工作只需抄四次电表，而每月工资达6500元，一年发16个月的工资，外加年终奖和两份商业保险，年薪约10万元。这一事件引发了人们对国企高工资的关注。2012年10月30日，人力资源和社会保障部副部长邱小平透露，要改革国有企业工资总额的相关管理办法，加强对高收入行业工资总额和工资水平的调控。2013年3月8日，国务院办公厅发布《关于深化收入分配制度改革重点工作分工的通知》，明确要求对部分过高收入行业的国有及国有控股企业，严格实行企业工资总额和工资水平双重调控政策。对行政任命的国有企业高管的薪酬水平进行限高，规定高管薪酬增幅应低于企业职工平均工资增幅。并规定此项工作由人力资源和社会保障部、财政部、国务院国有资产监督管理委员会、国家发展和改革委员会、监察部、中华全国总工会等负责。

国企高工资水平和高管畸高薪酬的问题是一个复杂问题，是国企及其高管自律的问题，国企薪酬水平决定机制的问题，国企领导任用制度与市场化薪酬水平不相适应的问题，以及国家宏观管控不能到位的问题。因此，要解决这个问题，不是简单的限薪就能达到的，推进产业本身的市场化进程，打破国企获得的垄断利润，对规范收入分配秩序而言将比限薪更具有深远意义。

四　惩治腐败的吏治秩序

腐败是导致收入分配秩序混乱的根源之一。从经济学角度看，某些官员之所以能拥有比别人高的收入，是因为他们掌握着行政权力，通过“权钱交易”的做法使得收入分配扭曲了市场法则，导致收入分配的严重不公正。因此，从某种意义上讲，吏治清明才是收入分配秩序良好的重要前提，惩治腐败是收入分配秩序好转的关键。

2013年1月22日，习近平同志在中国共产党第十八届中央纪律检查委员会第二次全体会议上发表重要讲话，他强调，要坚持“老虎”“苍蝇”一起打，既要坚决查处领导干部违纪违法案件，又要切实解决发生在群众身边的不正之风和腐败问题。

从2012年起，我国把反腐败的重要性和紧迫性提到了一个新的高度，做出了一系列重要部署，这些措施为规范收入分配秩序起到了良好的效果。2012年12月4日，习近平同志主持召开中共中央政治局会议，审议通过了中央政治局关于改进工作作风、密切联系群众的八项规定。仅2014年4月28日至5月9日，各级纪检监察机关就查处了237件违反中央八项规定精神的案件。

2013年5月17日，中央巡视工作动员暨培训会议召开，标志着新一轮中央巡视工作正式启动。2013年12月，中共中央印发了审议通过的《建立健全惩治和预防腐败体系2013～2017年工作规划》，提出要改革党的纪律检查体制，完善纪委派驻机构的统一管理，改进中央和各省份的巡视制度。随后，10个中央巡视组分两轮对20个地方、部门和企事业单位展开巡视。第一轮巡视结束后，湖北省原副省长郭有明、政协原副主席陈柏槐，江西省人大常委会原副主任陈安众，湖南省政协原副主席童名谦等多名涉嫌严重违纪违法的高官被立案调查，引起社会强烈反响。

官员违规建房、“以权谋房”成为腐败的新形式。一些腐败官员涉及房产腐败问题，令社会震惊。中共十八届三中全会审议通过的《关于全面深化改革若干重大问题的决定》提出探索实行官邸制。官邸是国家为一定级别的官员提供的任期内居住的场所，官员本身对此只有居住权，没有产权，将职位和住房相挂钩，形成“铁打的房子流水的官”的制度。

由于“裸官”已经越来越成为腐败的“重灾区”，因此，“裸官”问题逐步成为反腐倡廉的重点。针对“裸官”问题，2010年出台的《关于对配偶子女均已移居国（境）外的国家工作人员加强管理的暂行规定》，要求副处级以上领导干部填表申报个人财产、配偶、子女等与“裸官”相关的情况，但并未明确要对“裸官”采取哪些措施。2014年，中组部下发《配偶已移居国（境）外的国家工作人员任职岗位管理办法》，首次明确要对“裸官”进行清理：“裸官”不得在党委、人大、政府、政协、纪委、法院、检察院领导成员岗位、以上机关工作部门或机关内设机构负责人岗位等五类重要岗位任职，要求已在所列五类岗位任职的“裸官”，由组织人事部门与其谈话，“裸官”或者动员其配偶、子女回国，或者调岗。

中央大力度反腐败的行动，既起到了惩处贪官的作用，又实现了警示告诫的目的，同时为收入分配秩序的健康化发挥了积极的推动作用。

五　清理津补贴的内控秩序

津补贴是机关事业单位及其他体制内单位以各种名义为职工发放的工资性收入，目前也成为收入分配秩序混乱的重要原因。体制内单位从业人员津补贴从总量上已经远远超出了基本工资的额度，某些地方甚至要高出基本工资近10倍，呈现“有钱就发、没钱不发、钱多多发、钱少少发”的态势。不同地区、行业、部门和单位发放的津补贴存在很大差距，其中，政府权力部门、经济发达地区、具有一定行政权力容易创收的事业单位是津补贴乱象发生的主要部门。2013年6月，国家审计署审计长刘家义向全国人大常委会做2012年度审计报告时说，对53户中央骨干企业的审计调查发现，一些企业违规发放补贴、购买商业保险等总额达5.57亿元。

针对体制内单位滥发津补贴致使收入分配秩序混乱的现象，国家出台了许多相关的制度和规定。2005年，中共中央办公厅、国务院办公厅转发了中央纪委等六部委《关于做好清理规范津贴补贴工作的意见》，对清理规范公务员津补贴工作进行了部署。2006年7月，我国实行了新的公务员工资制度，同时开始对津补贴发放进行清理规范。2013年8月，监察部、人力资源和社会保障部、财政部、国家审计署共同颁布了《违规发放津贴补贴行为处分规定》，该规定较全面地提出了公务员违规发放津补贴的各种情形，强调对违规发放津补贴情节严重的，将给予降级或者撤职处分。这一系列政策规定，意在通过规范管理各地津补贴的发放，达到反腐倡廉的目的。

近年来，我国已经开始对违规发放津补贴问题进行治理。2010年，中纪委等六部委对广州、武汉等六地市公务员津补贴进行了检查。这是清理公务员津补贴问题的一个标志性事件，标志着清理规范津补贴工作绝非流于形式。有些地区自觉地进行津补贴自查行动。2014年7月中旬，江西省新余市开始向滥发奖金、补贴“开刀”，要求全市自查自纠。

清理规范津补贴工作是一项长期的艰巨工作，总体而言各地规范津补贴落实基本到位，然而不少地区又在开始借助“奖励性补贴”“改革性补贴”等名义滥发津补贴，尤其是当这些津补贴由地方党委、人民政府主导发放时，清理规范的难度更大、复杂性更强。因此，清理规范津补贴，仍然任重而道远。

六　公众监督的阳光秩序

将收入分配置于公众监督之下，形成收入分配的阳光秩序，是各国解决收入分配问题的通行办法。近年来，干部报告制度在不断升级。我国最早于1995年开始要求领导干部进行收入申报。1995年，中共中央办公厅、国务院办公厅发布的《关于党政机关县（处）级以上领导干部收入申报的规定》要求县（处）级以上干部必须如实申报所获得的工资，各类奖金、津贴、补贴及福利费，从事咨询、讲学、写作、审稿、书画等的劳务所得，以及事业单位的领导干部、企业单位的负责人承包经营、承租经营所得。2006年，中共中央办公厅发布的《关于党员领导干部报告个人有关事项的规定》要求县（处）级以上党员领导干部必须如实报告本人的婚姻变化情况，本人持有因私出国（境）证件的情况，本人因私出国（境）的情况，子女与外国人、港澳台居民通婚的情况，配偶、子女出国（境）定居及有关情况，配偶、共同生活的子女（指同财共居的子女，下同）私人在国（境）外经商办企业的情况，配偶、共同生活的子女担任外国公司驻华、港澳台公司驻境内分支机构主管的情况，配偶、子女被司法机关追究刑事责任的情况，以及本人认为应当向组织报告的其他事项。2010年5月26日，中共中央办公厅、国务院办公厅发布了《关于领导干部报告个人有关事项的规定》，这一规定是在整合上述1995年与2006年文件的基础上，根据新的形势需要制定的。该规定把房产、投资、配偶子女从业情况列入报告内容，仍以报告个人有关事项为主，除住房和投资以外，不涉及其他财产事项；将收入申报制度与有关事项报告制度合并；适用对象扩展到县（处）级以上党政领导干部，包括非党员领导干部。2013年12月7日，中央组织部印发了《关于进一步做好领导干部报告个人有关事项工作的通知》，明确要求重新填写每一事项的情况信息，并提出要对领导干部报告个人有关事项的情况进行抽查核实，以切实增强报告制度的约束力，提高施行效果。

2012年12月26日，十八届中央政治局七常委公布个人财产的微博在网上发布后，吸引了全国人民的眼球。但是，人们更加期待省部级高官及地方官员的财产公示。

“三公”经费历来被认为是官员的职务消费和隐性福利所在，是收入分配的灰色地带，而近年来逐步公开“三公”经费成为一大进步。2011 年 3 月 23 日，时任国务院总理温家宝主持召开国务院常务会议，决定将中央部门“三公”经费继续压缩，并在 6 月向全国人大常委会报告中央财政决算时，将中央本级“三公”经费支出情况纳入报告内容，向社会公开，接受社会监督。2011 年 4 月 1 日，财政部公开《2011 年财政拨款支出预算表》，按支出功能，首次将支出内容公开到了第三级，即“项”。4 月 14 日，科技部率先公开“三公”经费预算，不过仅为 2011 年“三公”经费预算总数，后于 7 月 15 日再补充具体项目。7 月 6 日，中国工程院公开“三公”经费数据。之后，中央各部门跟进公布“三公”经费。2011 年 8 月 15 日，北京市 44 个部门公布“三公”经费预决算，北京市人民政府成为全国第一个公布“三公”的省级地方政府。2012 年 4 月 18 日，时任国务院总理温家宝主持召开国务院常务会议，提出省级政府要在两年内全面公开“三公”经费，并推进公开部门预决算。2013 年 7 月 10 日，国务院办公厅印发《当前政府信息公开重点工作安排》，要求各省级政府全面公开省本级“三公”经费，并指导督促省级以下政府加快“三公”经费公开步伐，争取 2015 年之前实现全国市、县级政府全面公开“三公”经费。

对公众而言，机关事业单位的工资收入情况依然是一个谜。2014 年 3 月，北京市石景山区八宝山街道办事处 2014 年预算情况说明称，该街道办共有 97 人在职，而工资福利支出为 2078.2 万元，经测算，该街道办人均工资福利支出为 21.42 万元，引发了社会对公务员工资过高的非议。尽管后来被证明总支出中包含了大量临时聘用人员的工资，在编公务员工资并没有那么高，但足以看出公众对公开公务员工资的诉求。目前公务员总体收入相对隐秘，缺乏足够的公开信息，使民众多有非议。因此，应将公务员工资收入阳光化，让民众随时可以公开查询到，让民众了解真相，打消疑虑，也符合政务信息公开制度。

已获广州市十四届人大四次会议修订通过的《广州市人民代表大会审查批准监督预算办法》于 2014 年 3 月 1 日起施行。该办法在公务员工资公开问题上迈出了最重要的一步，公众可以查询公务员工资收入，基本实现了公务员工资公开透明化，其目的就是强化公众的外部监督，打造透明、规范的收入制度“笼子”。在公开公务员群体的整体收入方面，广州市的做法已经走在了全国前列，为全国各地公务员的收入公开制度建设及改革起到了良好的示范效应。

七　分配秩序的未来展望

收入分配不公之所以成为“顽症”，就是因为利益集团在维护着旧秩序，并利用旧秩序为收入分配不公穿上合理的外衣。不铲除旧秩序，就谈不上缩小收入差距、治理收入不公，更谈不上从根本解决收入分配问题。展望未来，我国应该围绕市场秩序、规制秩序、公平秩序、透明秩序、法制秩序等角度，破除收入分配旧秩序，建立收入分配新秩序。

第一，市场秩序方面，要使市场充分发挥配置资源的决定性作用。具体而言，政府要通过自身的体制改革，加快向服务型政府转变，逐步取消各种行政审批权，彻底清除计划经济残留思想的影响，从配置资源的不合理领域退出。

第二，规制秩序方面，要约束、规范各种权力，将权力关在“笼子”里，提高腐败及其他非法行为的成本，防止“权钱交易”。

第三，公平秩序方面，要建立人人机会均等的新秩序，加快垄断企业的股份制改造，对垄断行业引入市场竞争；提高农村义务教育的质量，确保农村孩子拥有平等的受教育机会；逐步取消城乡分割的户籍制度，为农民工提供平等的就业机会。

第四，透明秩序方面，要将收入分配置于阳光之下，接受民众的监督。中央八项规定已经为我们建立了一个新秩序的典范，并取得了良好效果。下一步，要实现公职人员收入和财产的公开化、透明化；实现垄断企业利润分配以及员工收入分配的透明化。

第五，法制秩序方面，要通过立法保障收入分配合理。要出台《工资法》《财产公开法》等相关法律，更要做到有法必依、违法必究。例如，确保企业严格执行最低工资标准，杜绝用人单位不按规定给工人缴纳各种社会保险、拖欠与克扣劳动者工资等违法行为。

参考文献

曹润林：《制度变迁、秩序规范与国企高管收入分配约束》，《改革》2013 年第 5 期。

陈炳坤：《试论当前收入分配秩序混乱状况及其对策》，《燕山大学学报（哲学社会科学版）》2005 年第 3 期。

麻健：《不合理收入分配：表现、原因及对策》，《中国行政管理》2008 年第 2 期。

宋晶、丁璐颖、王蕊：《垄断行业收入畸高的形成机理与规制对策》，《东北财经大学学报》2007 年第 5 期。

苏海南：《当前我国收入分配问题及改革思路和政策措施》，《中国工人》2011 年第 8 期。

杨灿明、郭慧芳、赵颖：《论经济发展方式与收入分配秩序》，《财贸经济》2010 年第 5 期。

易定红、张维闵、葛二标：《中国收入分配秩序：问题、原因与对策》，《中国人民大学学报》2014 年第 3 期。

于海峰、崔迪：《规范收入分配秩序　推进收入分配改革》，《税务研究》2011 年第 3 期。

B.22

我国集体协商制度的特点与发展

雷晓天*

摘　要：

集体协商制度是市场经济国家调整劳动关系、解决劳资冲突的核心制度。我国的集体协商制度自建立以来，经过政府的高度重视与强力推动，得到了快速发展。然而，我国在集体协商制度的立法方面仍存在立法层次低、主体权利义务关系不明确、缺乏行动保障等问题。因此，为了完善我国的集体协商制度，需保障劳工“三权”，巩固集体协商制度运行的基础；建立健全利益争议的处理机制；重塑政府在集体协商工作中的角色，以实现我国劳动关系的和谐稳定发展。

关键词：

集体协商制度　争议处理　政府角色

集体协商制度是市场经济国家调整劳动关系、解决劳资冲突的核心制度。集体协商作为一种社会机制，通过劳资利益博弈，不断将利益分歧转化为利益一致，是解决劳动争议、维护劳动关系稳定的可靠手段。集体协商被西方市场经济国家视为“民主社会的必要组成部分”和“处理公共部门中劳资关系的正常手段”。经过了上百年的发展演变，集体协商和集体合同制度已成为西方国家劳动法律制度中不可或缺的组成部分。

我国的集体合同立法最早可见于1930年南京国民政府颁布的《团体协约法》。新中国成立后，我国的集体协商与集体合同制度有了较大的发展。

* 雷晓天，首都经济贸易大学劳动经济学院讲师。

改革开放后，继1995年实施的《劳动法》明确规定了集体合同之后，2001年修订的《工会法》与2007年颁布的《劳动合同法》又在进一步规范集体合同的基础上，对集体协商做出规定，原劳动部也相继颁布了一些规定和办法，如《集体合同规定》《工资集体协商试行办法》等。在政府与工会的推动下，我国的工资集体协商制度已取得巨大的发展。然而，在我国集体协商的实践中，“不愿谈”“不敢谈”“不会谈”的问题仍然普遍存在，而集体合同的空洞化、形式化等也已成为政府、学界甚至工会所公认的事实。[①] 同时，我国集体协商制度相关法律法规缺失的问题也成为学界以及政策制定者关注的焦点。[②]

一　工资集体协商的发展现状

（一）集体合同的覆盖面

我国集体协商与集体合同法制化建设的开端在20世纪90年代初期。1992年《工会法》颁布时，全国签订集体合同的单位有81904家，实现集体合同的单位有68556家。[③] 随着《劳动法》与《集体合同规定》的出台，我国的集体合同签订数量、集体合同覆盖的企业数量与覆盖的职工人数稳步增长。其中，1996年，由于政府推动力度加大，我国签订集体合同的企业数量出现高速增长，达到114526家，比上年（52493家）增加约118%。[④] 随后，我国集体协商制度的建制率、集体合同覆盖面均与日俱增。截至2012年底，我国共签订集体合同224.5万份，覆盖企业579.2万家（见图1），覆盖职工26719.7万人。2013年底，经各地人力资源和社会保障部门审核备案的集体合同155.5万份，覆盖职工1.57亿人。

---

① 程延园：《世界视阈下的和谐劳动关系调整机制》，《中国人民大学学报》2011年第5期。

② 徐小洪：《完善集体协商集体合同法律制度的若干重要问题》，《北京市工会干部学院学报》2010年第2期。

③ 中国工会年鉴编辑部：《中国工会年鉴（2013）》，中国工人出版社，2013。

④ 中华全国总工会：《中国工会年鉴（1997）》，中国工人出版社，1997。

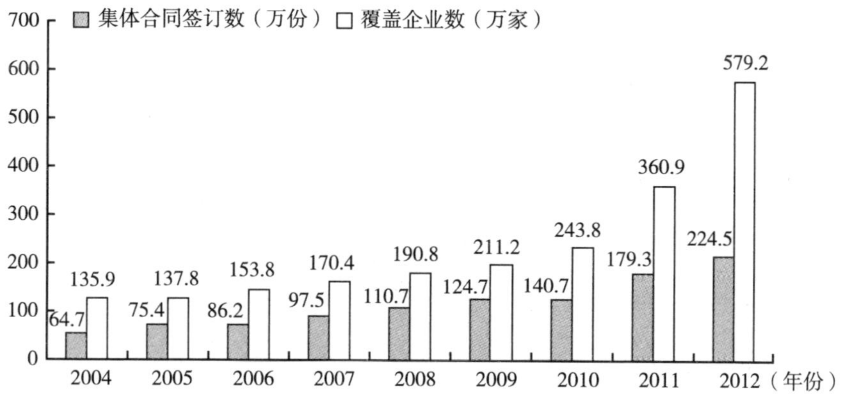

图1　中国集体合同签订总数与覆盖企业数统计

资料来源：中华全国总工会研究室《工会组织和工会工作发展状况统计公报》（2004～2012）。

（二）区域性和行业性集体协商的发展

我国《劳动合同法》规定：“在县级以下区域内，建筑业、采矿业、餐饮服务业等行业可以由工会与企业方面代表订立行业性集体合同，或者订立区域性集体合同”；“依法订立的集体合同对用人单位和劳动者具有约束力。行业性、区域性集体合同对当地本行业、本区域的用人单位和劳动者具有约束力”。在我国中小企业与非公有制企业中，工会的力量比较薄弱，集体协商工作的推进相对困难。

通过行业性与区域性集体协商制度推动工作的展开，我国行业性集体合同数与区域性集体合同数持续增加（见图2），截至2012年，全国签订区域性集体合同28.1万份，覆盖企业288.3万家，覆盖职工8129.1万人；签订行业性集体合同20.8万份，覆盖企业97.0万家，覆盖职工3761.8万人。我国集体协商制度的总体覆盖面进一步扩大。政府与工会对区域性与行业性集体协商的重视程度也与日俱增。例如，《中华全国总工会2011～2013年深入推进工资集体协商工作规划》就提出，“抓好区域性、行业性工资集体协商”是工会当下和未来工作的重点。

（三）各专项集体合同

根据《劳动合同法》，企业职工一方与用人单位通过平等协商，可以就劳

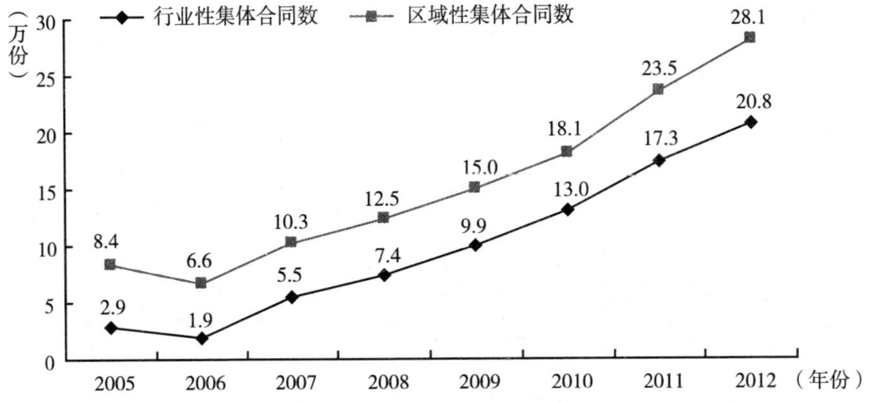

图2　我国区域性和行业性集体协商情况

资料来源：中华全国总工会研究室《工会组织和工会工作发展状况统计公报》（2005～2012）。

动报酬、工作时间、休息休假、劳动安全卫生、保险福利等事项订立集体合同；企业职工一方与用人单位可以订立劳动安全卫生、女职工权益保护、工资调整机制等专项集体合同。我国目前的专项集体合同主要有工资专项集体合同、劳动安全集体合同、女职工集体合同。而这些集体合同的签订数也一直呈现连续增长的趋势（见图3）。

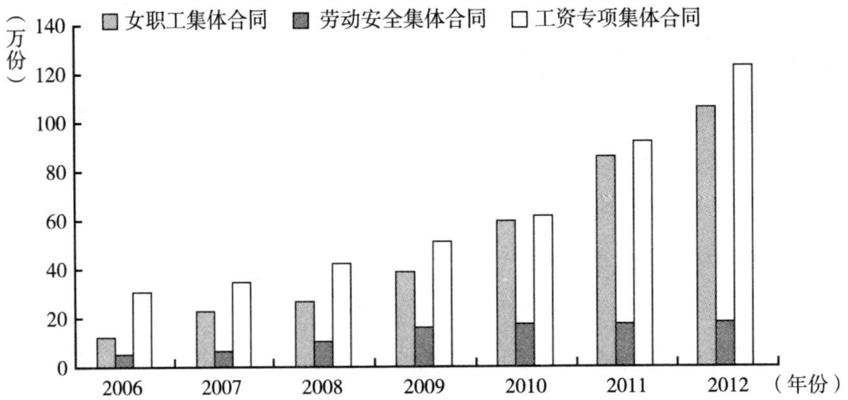

图3　我国各专项集体合同签订数量变化

资料来源：中华全国总工会研究室《工会组织和工会工作发展状况统计公报》（2006～2012）。

二　工资集体协商制度的新发展

近年来，中央领导一直高度重视劳动关系工作。2011 年 8 月，全国构建和谐劳动关系先进表彰暨经验交流会胜利召开。2013 年 11 月，十八届三中全会进一步对构建和谐劳动关系提出了新要求，也对我国劳动报酬等劳动关系核心问题提出了着重保护劳动所得、健全工资决定和增长机制、完善工资支付保障制度和企业工资集体协商制度等方针。

（一）政府强力推动，集体合同覆盖率锐增

2008 年以来，中华全国总工会先后就工会参加工资集体协商、建立集体协商指导员队伍、开展集体协商要约行动、开展行业性工资集体协商等下发了指导意见。2010 年 5 月，中华全国总工会等联合下发了《全面实施集体合同制度“彩虹计划”》，加大集体合同制度实施推动力度。2010 年 7 月 24 日，王兆国在中华全国总工会第十五届执委会主席团第六次全体会议上，指出必须依法推动企业普遍开展工资集体协商，国有企业更要带头，通过工资集体协商，切实提高职工的工资收入。2011 年 1 月 31 日，中华全国总工会出台《关于推动世界 500 强在华企业建立工资集体协商制度的意见》，其最终目标定位于：凡是在我国境内投资的世界 500 强企业，都要依照我国有关法律法规建立工资集体协商制度。2011 年 1 月 18 日，中华全国总工会公布了《中华全国总工会 2011 ~ 2013 年深入推进工资集体协商工作规划》，提出“推进工资集体协商三年工作规划”的总体目标与分期目标，计划从 2011 年开始实施，到 2013 年底，已建工会组织的企业 80% 以上建立了工资集体协商制度。2014 年，中华全国总工会先后下发了《关于提升集体协商质量增强集体合同实效的意见》和《深化集体协商工作规划（2014 ~ 2018 年）》，明确从 2014 年起，用 5 年时间实现“在集体协商建制率动态保持在 80% 的基础上，集体合同所覆盖职工对集体协商的知晓率达到 90%，职工对开展集体协商和签订集体合同工作的综合满意度稳步提高”。

2014 年 4 月，《关于推进实施集体合同制度攻坚计划的通知》提出了未来

集体协商制度推进工作的主要任务是：加强集体协商工作分类指导；大力发展行业集体协商；积极开展集体协商要约行动；严格规范集体协商程序；强化对集体协商的指导、服务和管理；着力推进集体协商主体建设；增强宣传工作的针对性和实效性。

在政府的强力推动下，我国的集体合同签订率快速提高。根据中华全国总工会公布的数据，截至2009年底，全国共签订集体合同124.7万份，覆盖企业211.2万家，覆盖职工16196.42万人。其中，签订专项集体合同51.2万份，覆盖企业90.2万家，覆盖职工6177.6万人。2010年底，人力资源和社会保障部门审查备案的当期有效集体合同约92.1万份，覆盖职工1.14亿人，分别比2007年底增加83.5%和76.5%。按照中华全国总工会公布的数据，中国近年来推进工资集体协商成效显著，到2011年6月末，全国29个省份工资集体合同覆盖企业150.9万家，覆盖职工10767.8万人，与2010年相比，分别增长了31.4%、24.3%。

（二）地方纷纷出台立法规范，法制化步伐加快

在中央高层纷纷发出声音的同时，各地方政府也不遗余力地实施了进一步推进工资集体协商的新举措。

2008年4月，四川省协调劳动关系三方提出在全省开展“工资集体协商三年行动计划”，从当年开始，力争用3年时间，使全省国有及其控股企业工资协议签订率达到85%，已建工会的非公有制企业专项集体合同签订率达75%。

2010年，河北省人民政府办公厅下发了《关于进一步推进工资集体协商工作的意见》，明确强调将工资集体协商建制率和职工工资增长率列入对各级政府及有关部门的目标考核指标体系，合理控制国有及国有控股企业经营者与普通职工之间的收入差距。

2010年以来，各地方政府加快了集体协商制度的法制化脚步。目前已有25个省份将推进工资集体协商写入当地“十二五”规划纲要，20个省份的党委和政府下发了开展工资集体协商工作的文件，23个省份的人大颁布了集体合同规定。

1996 年 6 月 1 日，广东省第八届人大常委会第二十二次会议审议通过了《广东省企业集体合同条例》。2007 年 8 月 16 日，上海市第十二届人大常委会第三十八次会议表决通过了《上海市集体合同条例》，自 2008 年 1 月 1 日起实施。2008 年 1 月 1 日，《河北省企业职工工资集体协商条例》正式实施。2010 年 7 月，天津市第十五届人大常委会第十八次会议审议通过了《天津市企业工资集体协商条例》。从 2011 年 5 月 1 日起，云南施行《云南省企业工会条例》。2011 年 9 月 29 日，新疆维吾尔自治区第十一届人大常委会第三十一次会议审议通过了《新疆维吾尔自治区企业工资集体协商条例》。

三　我国集体协商法律规制的不足

（一）集体协商相关立法层次低

20 世纪后，集体协商制度在越来越多的市场经济国家得到了法律确认，集体谈判权也被写进法律条文。西方国家劳动立法高度重视对集体劳动关系的调整，很多国家通过制定专门的单行法律对集体劳动关系进行调整，如美国的《国家劳动关系法》是美国最重要的联邦法律之一。然而，我国的劳动法律仍然处于关注个别劳动关系的阶段，对集体劳动关系的规制特别是对集体协商制度的实施以及集体谈判权的保障缺乏清晰的轮廓与框架。《劳动法》仅简单地勾画了集体协商制度的基本轮廓和框架，难以为集体谈判权的实践提供足够、有效的法律支持；同时，对雇主拒绝进行集体协商的行为也缺乏必要的惩罚性条款。

（二）集体协商主体不成熟，主体间的权利义务关系不明确

我国《劳动法》规定：“集体合同由工会代表职工与企业签订；没有建立工会的企业，由职工推举的代表与企业签订。”《集体合同规定》中对集体协商中职工一方代表的规定是：“职工一方的协商代表由本单位工会选派。未建工会的，由本单位职工民主推荐，并经本单位半数以上职工同意。”集体协商的双方当事人分别是用人单位或雇主协会的协商代表和职工一方的协商代表。

职工一方的协商代表一般由工会派出，没有建立工会的，由职工直接推选代表。关于集体协商的双方当事人，我国法律和规章除了对集体协商代表做出了一般规定外，主要涉及对用人单位外协商代表的限制以及职工一方协商代表的保护。

然而，我国的法律法规体系中缺乏对劳资主体的培育条款，这主要表现在集体协商因缺乏组织保障使工会的代表性缺失，导致劳动者无法真正参与集体协商的过程。当前我国各类组织的工会对行政普遍存在很大的依赖性，因此，其很难发挥劳资平等协商的作用，劳动者集体谈判权不能得到有效保障。

（三）法律规范中缺乏对集体协商的行动保障

我国法律规定工会或企业任何一方提出集体协商签订集体合同的要求，另一方都应当给予答复，而对于不予以答复的，法律没有做出明确规定。进入集体协商程序后，法律上无相应的法律措施进行保护。虽然《集体合同规定》明确赋予职工与用人单位具有平等提出要约进行工资集体协商要求的权利，接受要约的一方应在收到协商要求的 20 日内以书面形式给予回应，且无正当理由不得拒绝进行工资集体协商，但是集体谈判权能否顺利实现，关键在于劳资双方的力量对比，集体争议权是工会迫使雇主接受谈判的最主要手段。由于缺乏必要的压力机制，工会的维权通常是向企业管理方提出“要求”“意见”“建议”，但这些对管理者毫无压力可言，以致集体协商机制在企业内部并没有真正发挥作用。

（四）集体协商的内容单一

我国《劳动法》第 33 条规定：“企业职工一方与企业可以就劳动报酬、工作时间、休息休假、劳动安全卫生、保险福利等事项，签订集体合同。”可以说这五项内容是我国集体协商的核心内容。此外，我国的《集体合同规定》还增加了女职工和未成年工特殊保护、职业技能培训、劳动合同管理、奖惩和裁员等内容。

但在集体协商的实践工作中，集体协商基本围绕工资待遇及工资增长机制展开。签订的大部分集体合同也仅仅包括工资这一项内容。虽然我国也推动女职工专项集体合同和劳动安全专项集体合同签订工作的开展，然而这类合同的内容基本照搬照抄由地方劳动行政或工会系统下发的合同范本，条件仅为法律规定的最低标准，内容空洞，无法真正发挥集体合同作为劳动关系重要规则的规范作用，导致集体协商无法真正发挥维持并提高劳动者待遇的作用。

（五）利益争议处理机制缺失

依据争议的性质，可将劳动争议划分为权利争议（rights disputes）与利益争议（interests disputes）。处理权利争议和利益争议的程序不同，权利争议是可诉的，一般按照协商、调解、仲裁、诉讼程序处理；而利益争议是不可诉的，可按照协商、调解及仲裁程序解决，一般不适用于诉讼程序。

1995 年实施的《劳动法》第 84 条规定：“因签订集体合同发生争议，当事人协商解决不成的，当地人民政府劳动行政部门可以组织有关各方协调处理。因履行集体合同发生争议，当事人协商解决不成的，可以向劳动争议仲裁委员会申请仲裁；对仲裁裁决不服的，可以自收到仲裁裁决书之日起十五日内向人民法院提起诉讼。”上述法规对集体合同的订立和履行过程中的争议做出了专门规定，对签订集体协议过程中的争议，规定了由三方共同进行调解，对履行集体协议过程中的争议，则适用于个别劳动争议处理程序，这似乎是部分地承认了权利争议和利益争议的区别。但是就利益争议而言，仅仅通过行政调解程序解决是远远不够的。

在我国，集体协商有可能进入一个新的阶段，并成为劳资关系的主要调整机制。如何打破劳资双方在谈判过程中可能陷入的僵局，如何处理利益争议这一问题，在我国现有的法律法规体系中并不明确，对集体谈判中可能出现的利益争议没有明确的界定，对此类争议的解决没有独立的专门机构。即使由第三方介入解决争议的原则在我国得到了承认，介入的主体、介入的时机以及介入的程序等细节问题也没有相应的法律依据。因此，如何处理集体协商过程中由劳资双方利益不同导致的利益争议，就成为立法过程中的一个难题，也是一个必须要解决的问题。利益争议处理方式可以使劳资冲突在法律和制度的范围内得到调控，纠正失调、消除障碍，实现劳动关系的和谐稳定。一套完整的集体利益争议解决程序也必须得到配套建设。

（六）政府作用错位

我国集体协商制度确立以来，一直遵循着一条“自上而下、政府主导”的发展路径。制度的建立与发展表现出完全不同于西方市场经济国家的特点。

我国政府虽然对集体协商工作高度重视，但其在集体协商中的角色面临困境。首先，政府干预过度导致劳资主体性缺失。政府依靠行政力对集体协商进行干预的方式使得政府在集体协商与劳动关系中的“第三方”角色发生了转变。政府成为参与博弈的主体，与工会一起参与与雇主的博弈。但集体协商的重要主体——劳资双方的主体性无法显现。其次，集体协商争议处理框架缺失。我国目前对集体协商中可能出现的利益争议缺乏法律框架进行规范，无法解决现实存在的“谈不拢”问题。目前，我国虽然基本明确了集体协商中出现争议时由政府协调的原则，但制度化监督机制缺失。政府推进集体协商的工作重点在于集体合同的签订，但对集体合同的履行缺少应有的约束，签订后的集体合同对劳资双方的行为起不到约束作用。集体协商方面出现了“重签订、轻履行”的局面。政府作为集体合同履行监督者的重要角色缺失。

四　工资集体协商制度的完善

（一）保障劳工“三权”，巩固集体谈判制度运行的基础

集体劳动权利包括“团结权”（right to organize）、“集体谈判权”（right to bargain collectively）和“争议权”（right to dispute），统称劳工“三权”。劳工“三权”在国际公约、国际劳工公约与国际劳工组织建议书中被确定为劳动者的基本权利。劳工“三权”是保持劳资双方地位与权利平等的前提性权利，三项权利之间具有密切的联系，团结权是集体谈判权与争议权的基础，争议权是集体谈判权的后盾与保障。

我国集体协商制度在实施过程中出现诸多问题，根本原因在于我们在构建这一制度时忽略了劳工“三权”的整体性与不可分割性。集体谈判权并不是一种可以单独行使的权利，它的成功行使必须以团结权为前提，争议权则为保

障条件与压力手段。只有在劳动者的团结权和集体争议权相结合，集体谈判权真正得以实施的前提下，集体协商才是市场经济条件下真正意义的集体协商，集体合同才是真正体现劳动者利益的合同。

（二）建立健全劳动利益争议处理机制

由于在我国利益争议实际并未纳入现行法律调整范围，由此产生的产业行为事实上处于自发和无序状态。利益争议处理机制是集体协商制度中不可或缺的一项重要配套机制，在我国集体劳动关系亟待规制、集体协商制度急速发展的阶段，建立健全利益争议处理机制是适应劳动关系集体化转型、实现劳动关系和谐稳定的重要工作。充分发挥政府作用、建立专门的集体劳动争议处理机构及充分发挥社会公益第三方的积极作用，是现阶段中国处理集体劳动争议、预防劳动争议发生的必然选择。我国利益争议处理体制的构建与完善可以从以下几方面进行。

第一，政府在利益争议处理中承担主要角色。争议的调解调停者是政府在劳动关系中的重要角色之一，欧洲各国政府均承担着调解调停利益争议的主要责任。我国政府劳动行政部门可以通过召集争议双方陈述各自意见，并由争议相关方提供证据；与有关各方共同对双方协商意见的合理性进行调查；委托社会第三方对双方协商意见进行合理性评估；协调双方利益争议，促进双方在缩小差距、互利互信的基础上进行协商，最终达成一致。

第二，建立专门的调解调停机构。明确集体劳动争议的处理程序并设置处理争议的独立机构迫在眉睫。我国应借鉴国外的相关经验，结合国情设置一个专门负责解决集体劳动争议的部门，并坚持三方原则解决争议，从而使集体争议的处理从应急状态向制度化状态过渡。

第三，培养专业素质的劳动争议调解员。专业化原则是各国对调解员普遍实行的原则，调解员的能力水平很大程度上决定了调解的结果。为提高调解人员的能力，可以考虑开展对劳动争议调解员的专业素质培训。同时，吸收具有较高水平的律师、基层法律工作者、企业法律顾问或法务人员、研究人员，作为独立调解员或者调解组织主持人。

第四，发挥社会力量的积极作用。根据市场经济国家的经验，劳资集体争议的处理，应该介入社会力量。各国社会公益第三方人士均在集体谈判发生利益争议时起到积极作用。社会公益第三方与劳资利益无关，他们提出的建议容易被劳资双方同时接受、共同遵守。然而，社会力量在介入利益争议处理时的授权与资格问题、介入时机与程序问题等仍需要不断探索和完善。

（三）政府在集体协商中的角色重塑

加强集体协商中政府的作用是十分必要的。目前，我国集体协商中的劳资双方主体尚未发育健全，并未形成劳资自治、自主博弈的格局。“资强劳弱”的格局往往令劳动者处于弱势地位，政府应适度介入，为劳动者提供支持与帮助。政府作为公权力介入集体协商，有利于缓和劳资双方的矛盾，把劳资冲突控制在制度框架内，保证各方的利益关系得到有效协调和发展。

1. 集体协商规则的制定者

目前，我国有关集体协商的法律法规比较分散，立法层次较低，相关配套规章和政策不完善，这严重影响了集体协商制度的实效。进一步加快制定集体协商相关法律法规成为政府的重要职责。政府应通过立法与制定劳工政策为集体协商双方确立协商规则、确立协商的内容与程序等。

2. 集体协商平台的搭建者

首先，政府应培育劳资双方主体，平衡双方力量。由工会代表劳动者同雇主进行集体协商，能够实现劳资力量均衡，不仅能够提高劳动者的工资待遇与劳动条件，而且可以促进双方相互沟通，减少劳资纠纷。政府应积极发挥介绍、引导、撮合、调和的作用，提高劳方在博弈中的力量与能力，通过培训专家队伍、提供咨询服务等方式，协助劳资双方建立均衡对等的协商关系。

其次，政府应提供指导信息与咨询服务。政府应定期发布与企业工资决定制度相关的工资指导线、劳动力市场工资指导价位、行业人工成本信息等。政府还应出台各项收入分配调控政策，颁布基本劳动标准，提供集体合同范本和指导手册，开展培训工作等，以满足不同岗位、不同工种、不同行业、不同所有制用人单位的需要，为集体协商提供依据与指导。同时，政府应提供集体协商的法规与政策咨询和培训、劳动争议调解仲裁等服务，为劳资双方顺利开展集体协商、达成集体合同提供保障。

3. 集体协商争议的调解者

我国法律规定，政府对协商过程中的劳资纠纷有权居中裁判，这是其积极介入集体协商的表现。在集体协商过程中，劳资双方有可能因利益无法达成一致而产生利益争议。在出现矛盾纠纷时，政府必须采取有效措施对劳资双方的争议进行积极的疏导和有效的协调，尽快缓解矛盾纠纷。政府应坚持“不偏袒纵容、不压制打击”的原则，以中立的第三方介入协商的争议调停、调解与仲裁，打破谈判的僵局，让集体协商重回正轨。

4. 集体合同执行的监督者

为保障劳资双方切实履行集体合同的要求，需要有专门的监管机构对集体合同的履行进行检查与督促。政府因其自身所具备的权威性、中立性及强制力，理应承担集体合同执行的监督者的重要角色。政府应建立制度化与规范化的集体合同备案审查与履行监督机制，对集体合同的实际履行进行监管与督促，确保通过集体协商所达成的各项协议能够为劳资双方自觉遵守，以保证集体协商制度在调整劳动关系、解决劳动争议方面作用发挥的有效性。

Abstract

Annual Report on the Development of China's Human Resources (2014) is dedicated to tracking the development trends of China's human resources and social security sector. Serving the goal of China's reform and development, the Report focuses on the situations and status quo of and recent reform practices in various fields of China's human resources and social security sector, analyzing the tendencies of reforms in related sectors in the foreseeable future. This report is composed of the General Report and six Features.

The General Report summarizes the development of human resources and social security in China from 2013 to 2014, and comprehensively reviews the progresses and problems in human resources development, talent team building, employment promotion, legal constructions of human resources, reform of the personnel management system, development of the human resources service industry, social security and labor relations in China. It also discusses the trends of these fields and offers recommendations.

Reports on Human Resources introduce the development of aggregate, quality and structure of China's human resources; the building progress of various talent teams; the development of legal constructions and institutional reforms of human resources; and the achievement of overseas talents recruitment. There are two emphases. One is introducing the worldwide talent circulation movement, and making suggestions for reforming and improving the policies of overseas talents recruitment with reference to developed countries' practices of competing for talents. The other is analyzing the development of China's technical and skilled talents team in the context of the optimization and upgrade of industrial structure, and making suggestions on the national strategy for the development of professional competency of technical and skilled talents in the context of vigorously advocating the improvement of enterprises' capacity of independent innovation, and developing an innovative country.

Reports on Employment focus on the employment, a big issue concerning people's livelihood. Centered on the requirements of "realizing higher quality of employment", Feature II covers three topics. The first is to study and analyze China's employment situations, employment policies, the interactive development of the employment and China's economy, and the challenges in 2013. The second is to design an index system for evaluating employment quality under the context of China's national conditions, based on domestic and overseas research results. The third is to analyze the current employment of college graduates in China, and making suggestions on reforming and improving technical instructions on the employment of college graduates.

Reports on System Reform involve the reform and improvement of personnel management system in China's public sector. It sets forth the progress, problems and major tasks in the reform of civil servant system in China; reviews the reform process of personnel system of China's public institutions, and analyzes the characteristics of public institution reform, and proposes the major steps for implementing Regulations of Personnel Management in Public Institutions. In addition, it reviews and summarizes the development and experience of Talent Management Reform Pilot Sites in China, analyzes problems in the development and makes suggestions on policies for further improvement.

Reports on Human Resources Services discuss the reform of China's human resources service industry and the improvement of public employment and talent service system from the perspectives of market and government. It analyzes the present situation of China's human resources service from such aspects as scale, business type, practitioners, human resource flow allocation and areal distribution; puts forward an evaluation index system of human resources service industry, which is made up of 5 dimensions (institutional environment for development, resource potential for development, scale and structure of development, service quality innovation, and efficiency and benefits of service); and offers an evaluation tool for tracking and analyzing the development of the industry.

Reports on Social Insurance focus on the difficult and important issues of China's social security system. Besides providing a general analysis of the current condition and development of China's social security system, it also studies the unemployment insurance system, the social medical insurance system, and the endowment insurance system. Grounded on the superimposed effects of accelerated urbanization, increased stress from economic downturn and some problems left over by history, it proposes suggestions on resolving these problems and improving the security level and sustainability.

Reports on Labor Relations study the operation of China's labor relations in 2013 from the perspective of macroeconomic and policy environment. It covers the evolution and development of labor relations, policies related to income distribution, the protection of individual and collective labor rights, changes in labor disputes, etc. Inequity problem in income distribution is emphasized. On the basis of reviewing policies and events in the field of income distribution in recent years, the recommendations for reform are proposed from 6 perspectives, namely, the legalization of standard income distribution, improving low incomes, controlling high incomes, clearing of allowance, fighting against corruption, and public supervision.

Contents

𝔹 I General Report

B. 1 Development of Human Resources and Social Security in China
—2013 - 2014 Overview

Chen Li, Wu Shuai and Nan Lianwei / 001

Abstract: In recent years in China, the total amount and quality of human resources has improved sharply, the scale of employment continues to expand, the structure of employment is constantly optimized, and the establishment of talent teams is progressing steadily, all of which strongly support the transformation of economic growth mode and the upgrade of industrial structure. Meanwhile, the development environment of human resources is continuously optimized, the management system of civil servants is constantly improved, the reform of personnel system in public institutions is deepened, the human resource market is developing soundly and rapidly, the social security system is unceasingly enhanced, and the labor relations are kept stable, all of which provides an important guarantee for the development of human resources. However, we need to notice that currently there are still many problems needing to be solved in many aspects of human resource development and management in China. This report summarizes the development of human resources and social security in China from 2013 to 2014. And through reviewing development, concluding the status quo, discovering problems, and identifying the trend, it offers recommendations concerned with further promoting the development of human resources and security in China.

Keywords: China; 2013 - 2014; Human Resources and Social Security; Overview

B Ⅱ Reports on Human Resources

B. 2 Profile of Human Resources in China *Li Xueming, Tong Yali* / 042

Abstract: China is the world's most populous country as well as the country most abundant in human resources. The present profile of human resources in China can be detailed as stable increase in total of human resources, maintained low level of unemployment rate, gradual adjustment in distribution to industries and continuous development in education of human resources. As for building of talent team, the teams of professional technician, skilled talent, Party and government officials and technological talent are being built progressively. As for human resource management and development, great achievements have been made in legal system construction for human resources, perfection of talent policy system, introduction of overseas high-end talents, enhancement in international exchange of talents, construction of talent system reform pilot site and management of human resource market. With economic and social development in China, human resource development shall be schemed wholly and pushed cooperatively during the building of innovative country and reform of related establishments.

Keywords: Human Resource; Building of Talent Team; Human Resource Management and Development

B. 3 Worldwide Flow of China's Technological Talents and Development of China *Wang Huiyao* / 058

Abstract: Diversification of direction and mode is the trend of flow of technological talents. Backflow of technological talents to emerging countries and worldwide circulation of talents are intensified increasingly. Although having a substantial total of technological talents, China is in lack of high-quality technological talents without sufficient overseas talents introduced for makeup, and performs weakly in contest for international top talents with the West. Based on learning the experience of developed countries in talent contest, China shall establish systems geared to international standards for visa application, green card application and naturalization, and build service platforms for backflow of technological talents to attract more technological talents.

Keywords: Technological Talent; Transnational Flow; Talent Contest

B.4 Strategic Study on the Development of Professional Abilities of Technical and Skilled Talents

Occupational Skill Testing Authority / 074

Abstract: In China, with the economic and social transformation, the optimization and upgrade of industrial structure, the implementation of strategy of "strengthening the country through talents", and the development of regional coordination, technical and skilled talents are playing an increasingly important role in advancing the economic growth and improving the overall level of the development of professional abilities of technical and skilled talent teams. In the context of vigorously advocating the improvement of enterprises' capacity of independent innovation, and developing an innovative country, it is suggested to strengthen the strategic study on the development of professional abilities of technical and skilled talents at national levels. This paper argues in details from six aspects, namely the origin of definition of technical and skilled talents, the global demand trend of technical and skilled talents, the features of professional abilities of technical and skilled talents in the new age, the current situation and characteristics of the development of professional abilities of technical and skilled talents in China, and the national strategies of and suggestions on the development of professional abilities of technical and skilled talents.

Keywords: Technical and Skilled Talents; Professional Abilities; Development Strategy

B Ⅲ Reports on Employment

B. 5 Development of Employment in China *Wang Shan* / 088

Abstract: In recent years, simultaneously with continuous expansion of the employment scale and gradual improvement in the employment structure, China has made efforts in improving the employment quality. The employment policies unveiled from 2013 are distinctive, which is incarnated by continuous enhancement of policy implementation, attention to the employment driven by pioneering work, stress on the employment of college graduates and emphasis on promoting the employment by deepening the reform. As for interactive development of the employment and the China's economy, the economic growth has significantly promoted the employment. The promoting effects made on the employment significantly differ among the three industries, and it is stressful for the three industries to further absorb labor power. The promoting effects made by economic growth on the employment significantly differ among regions, and the space for absorbing labor power in urban areas is quite different from that in rural areas. As for challenges to the employment, the stress from total of manpower is persistent, and that from the young manpower supply structure is heavy; the stress applied by the economic downturn on the employment, as well as the adjustment of industrial structure, limits the space for employment development; the increase in employment cost affects employment by enterprises to some extent, and the uncertainty of employment impacts the its sustainable development. It is suggested that policies shall be made from the perspectives of promoting economic development and motivating the employment to approach challenges and push its sustainable development.

Keywords: Employment; Employment Policy; Economic Development

B. 6 A Study on Index System for Evaluating Employment Quality

Zhang Xiaojian, *Ma Yongtang*, *et al.* / 107

Abstract: In order to better respond to the strategic deployment and requirements put forward at the 18th CPC National Congress for realizing employment by higher quality, based on deeply studying research results of domestic and overseas experts, an index system for evaluating employment quality was preliminarily designed and put forward in the paper with a view to actual conditions of the present China, and suggested to be tentatively applied in eligible regions, so that experience can be continuously summarized in practice and the system can be made more perfect, scientific and operable. The system can be applied to measure and inspect employment quality of the country or a region in a phase or period, find problems, make clear the gap to developed countries and offer a reference for realizing employment by higher quality in China.

Keywords: Employment Quality; Evaluation; Index System

B. 7 Reform of Technical Instruction on Improving the Employment of College Graduates in China

China Employment Training Technical Instruction Center / 123

Abstract: On the foundation of employment of college graduates in recent years, this paper starts with the connotation analysis of employment of higher quality, and summarizes new progress in policies of the employment of college graduate. In addition, it points out the challenges in the instruction on the employment of college graduates in China while referring to the change in the supply-demand trend of the labor market. Then it also introduces experiences and methods of improving the quality of employment of college graduates in developed countries. At last, it expounds suggestions on reform of technical instruction on improving the employment of college graduates in China, and further improving the quality of the employment of college graduates.

Keywords: College Students; Employment of Higher Quality; Technical Instruction

𝔹 Ⅳ Reports on System Reform

B. 8 Present Situation of and Stresses of Reform of Public Servant Management in China *Liu Junyi* / 141

Abstract: The China's public servant system was established and developed during deepening the reform of officials and personnel system. Upon more than 10 years of development, it is playing an important role in building high-quality public servant teams, improving the public service and work performance of governmental departments and pushing the reform of officials and personnel system. By reviewing the history of its establishment and development, the important significance of establishing and carrying out public servant systems can be profoundly understood. On this basis, in the paper, the present situation of fulfillment of major tasks in the civil servant management in China was summarized and analyzed with experience, practices and innovative measures summarized; a few major issues to be deepened during the reform of civil servant management were analyzed to make clear problems and give suggestions on countermeasures.

Keywords: Civil Servant System; Civil Servant Management; Reform

B. 9 Report on Reform of Personnel System of Public Institutions *Ding Jingjing*, *Li Jianzhong* / 155

Abstract: New breakthroughs and developments of reform of personnel system of public institutions is the products of reform and opening up in the past over 30 years, and also the result of reviewing reforms in the past. They also provide new space for us to explore the basic laws of personnel management of public institutions, and seek the personnel management mode conforming to the requirements of modern public service institutions. In 1980s, the central government of China changed the unitary mode, in which cadres were managed according to the methods of institutions; in 1990s, the central government proposed the thinking of personnel system reform of "separation, categorization, decentralization, invigoration"; in 2000s, the recruitment system and the post management system were promoted, the reform of personnel system of public institutions took the invigoration of personnel system as the core, and progressed unceasingly. The reform, which takes breaking of stabilization of public personnel relations and promoting short-term recruitment as the features, is not only an important characteristic in the reform of cadre personnel system in China, but also very unique in the international public personnel management field, which is of high value for practice and exploration.

Keywords: Public Institutions; Personnel System; Reform

B. 10 Report on Construction and Development of Talent Management Reform Pilot Sites in China *Zhao Quanjun* / 168

Abstract: In China, the construction of talent management reform pilot sites, which are a special space for reform and innovation of talent development, has experienced 3 stages (proposal of theory, local piloting, and prosperous development). It has been pushed by regional governments, primarily by means of policy innovation, based on highlands of innovation factors and industry development, and outstanding achievements have been made in introducing and gathering high-level talents, improving standardization of talent systems and optimizing public services. However, there are also burning problems such as homogeneous development, unsatisfactory scientification of policy innovation, inaccurate establishment of acting points and weak theoretical support. Given this, the reform and innovation shall be further enhanced according to the requirements for characterization, internationalization and marketization, and the comprehensive arrangement and infrastructure construction shall be continuously strengthened for the construction of talent management pilot sites.

Keywords: Talent; Talent Management Reform Pilot Site; Policy Innovation

B V Reports on Human Resources Services

B. 11 Present Situation of China's Human Resource Service

Wang Xiaohui, *Tian Yongpo* / 182

Abstract: Pushed by the all-round deepening of economic and social reform, guided and encouraged by the central government and regional governments, the China's human resource service reached a new stage in 2013, and progressed in all aspects. In the paper, with the statistic on the industry of the recent 2 years, the present situation of the China's human resource service was analyzed from aspects of scale, business type, practitioners, human resource flow allocation and areal distribution; on the basis, major problems in development of the industry were pointed out and the suggestion of guiding and encouraging accelerated development of the industry by governments was given.

Keywords: Present Situation and Development; Human Resource Service

B. 12 A Study on Theoretical Framework for Development Evaluation Index System of Human Resource Service

Chen Li, *Zhang Duanyang* / 192

Abstract: In order to timely and accurately learn the present situation of the human resource service, study laws of development of the industry, monitor operation of the industry and evaluate the development trend, in the study, with a view to the path "literature research → survey on present situation → construction of theoretical basis → design of index system", the domestic and overseas researches concerned were systemically arranged, a theoretical framework was preliminarily structured for the development evaluation index system of the industry based on fully learning the experience and trend of the industry, and a complete index system made up of 5 dimensions (institutional environment for development, resource potential for development, scale and structure of development, service quality innovation, efficiency and benefits of service) was proposed to offer a fundamental policy analysis tool for further deepening the study on development of the industry, making policies for the industry in scientific way, optimizing the structure and improving service level of the industry.

Keywords: Human Resource Services; Development Evaluation Index

B. 13 Survey Report on Public Employment and Talent Services in Beijing *Liao Shaohong, Dong Xiaohua and Zhang Yuquan* / 209

Abstract: This paper carried out an investigation of public employment and talent servicesin Beijing presently. Results showed that: throughinnovation public employment and talent services of ideas and active promoting integrationof talent market and labor market public services institutions, human resources and social security departmentsin Beijing have consummated grass-roots social security by of function and specification, gradually perfected four level services network, consummatedsophisticatedmanagement means, strengthened public employment and talent services team construction and upgraded public employment and talent service of quality and efficiency. But public employment and talent services still are facedobstacles and challenge, which needs active advance human resources market public service system top design, clear human resources market public services institutions functions positioning, strengthened human resources market information systems construction, pursuant to "bottom line thinking" upgrading sophisticated management level, developed science of service quality evaluation system, further perfect personnel team construction of incentive and constraint mechanism, innovation public employment and talent services supply mode.

Keywords: Public Employment and Talent Services; Integration of Human Resource Market; Sophisticated Management

B VI Reports on Social Insurance

B. 14 Present Situation and Development of China's Social Security System

Wang Haidong / 230

Abstract: Upon years of development, especially the accelerated construction as of the 1990s, China has preliminarily formed a social security system that covers social welfare, social insurance and social assistance and plays an important role in alleviating poverty, assuring living and pushing employment. Upon superimposed effects of accelerated urbanization, increased stress from economic downturn and problems left over by history, new problems and conflicts in security level, management efficiency and sustainability are continuously exposed from some systems. Given this, we have to carefully study and assess the present situation, summarize experience and lessons, and seize the time for systemic building based on objective and fair evaluation on effects of systems.

Keywords: Social Security; Systemic Building; Present Situation and Development

B. 15 Present Situation and Development of China's Unemployment Insurance System

Wang Mei / 244

Abstract: The unemployment insurance is a social security system that protects laborers against unemployment risks. It plays the roles of assuring living and pushing re-employment of the unemployed. In the paper, the national and regional policies and regulations of China for the unemployment insurance were arranged, the changes in urban unemployment registration and unemployment insurance policies were reviewed, and problems in the implementation of the existing unemployment insurance system were analyzed to give suggestions on policies.

Keywords: Unemployment Insurance; Trend; Problem; Suggestion

B. 16　Achievements, Problems and Suggestions on Reform of China's Social Medical Insurance System

Wang Haidong, *Wang Chaoqun* / 255

Abstract: In the paper, achievements of and problems in the China's social medical insurance system as of the reform and opening-up were analyzed, and suggestions were given on its reform. As stated in the paper, the achievements were the realization of socialization and responsibility sharing, maintaining of social stability and continuous improvement in security level simultaneous with stable income and expenses of funds; the problems were low security level, non-coverage of minor illness, systemic separation, low efficiency of personal account, absence of coerciveness, unsatisfactory expense control and absence of systems of first diagnosis, referral and hierarchical diagnosis. It is suggested that diversified measures shall be taken in the future, such as cancellation of personal accounts, insurance in the unit of family, classified lifetime payment for retirees, unification of public medical fund management institutions, reform of payment mode and systems of first diagnosis, referral and hierarchical diagnosis.

Keywords: Social Medical Insurance System; Achievement; Problem; Suggestion on Reform

B. 17　Factors of and Measures against Decrease in Substitution Rate of Pension in Basic Old-age Insurance System

Wang Haidong, *Li Zhen* / 269

Abstract: In the ten-odd years of running of the basic old-age insurance system, the substitution rate of pension in respect of the social average wage has been in continuous decrease, and now is lower than the target level (60%). This is attributed to shrinkage of payment base, lower minimum payment years, earlier retirement age (especially female) and lower yield of personal account. This has caused insufficient security of personal pension, and is unfavorable to break even and sustainable development of the system. As a result, it is necessary to separate personal accounts for market-oriented investment and operation from the perspectives of systemic framework and parameter setting, and reform systemic parameters, especially payment base, payment years, retirement age (especially female) and yield of personal account. In particular, the objective of wide coverage shall not be achieved by over-lowering the threshold.

Keywords: Substitution Rate of Pension; Basic Old-age Insurance, Structural Reform, Parameter Reform

B VII Reports on Labor Relations

B. 18 Development of Labor Relation in China

— 2013 Overview

Xiao Pengyan / 282

Abstract: On the whole, without typical characteristics, the labor relation of 2013 basically continued that of 2012. First, small and medium enterprises and micro-enterprises, flexible employees and rural migrant workers were still the major groups suffering problems of personal labor rights. Second, with regard to collective labor rights, the quantity of laborer mass events decreased. Third, with regard to regulation by the government, the revised *Labor Contract Law of the People's Republic of China* was implemented as of 2013, normative documents for protecting rights flexible employees were unveiled, and structuring of the labor dispute macro-settlement mechanism was commenced.

Keywords: China; Labor Relation; Development

B. 19 Evolution of Labor Relation in China and its Characteristics
— *Based on analyzing the statistics of 1995 - 2012* *Li Chang'an* / 300

Abstract: A harmonious labor relation is the basis for economic and social stability. In the paper, the evolution of labor relation in China from 1995 to 2012 and characteristics of the evolution were analyzed. In the analysis, the facts indicating increasing complication and tension of labor relation, such as significant increase in both quantity of labor dispute cases and quantity of parties of labor dispute, were found. Among the causes of employee-employer conflict, remuneration, social insurance and labor contract are the top 3. Measured as either of share in total of labor dispute cases and occurrence of labor dispute per RMB 0. 1 billion of GDP, the instability of labor relation still significantly leans to East China, but is spreading to Central China and West China. On the basis, suggestions on policies were given.

Keywords: Labor Relation; Labor Dispute; Labor Dispute Case

B. 20 Analysis on Operation of Labor Relation in China in 2013
Tang Kuang, *Wang Xin and Ji Yueting* / 314

Abstract: A harmonious labor relation can't be formed without a stable macroeconomic environment or policy environment. In 2013, the China's GDP and CPI slightly rebounded. The stable growth of the China's economy offered more posts and opportunities of training to laborers, continuously increased wages of urban residents and rural peasant workers, relieved the trend of continuous increase in labor disputes and kept the labor relation stable on the whole.

Keywords: Macroeconomic Environment; Labor Relation; Situation Analysis

B. 21 Related Policies and Event Review of Income Distribution Pattern in China *Xiong Tongcheng* / 332

Abstract: Inequity in income distribution may harm the economic growth, the social stability, and even the national security. Many factors may lead to inequity in income distribution, and it is the highest priority that the government makes effort to solve problems in the income distribution pattern. This paper reviews some policies and events in the field of income distribution pattern from 6 perspectives, namely the legal pattern of standard income distribution, the guarantee pattern from improving low incomes, the management pattern for controlling high incomes, the governing pattern for fighting against corruption, the internal control system for clearing subsidies, and the sunshine pattern of public supervision. Looking into the future, China should change the old pattern of income distribution, and establish a new pattern from such perspectives as market order, regulation order, equity order, transparency order, legal order, etc. .

Keywords: Income Distribution; Pattern; Policies; Events

B. 22 Characteristics and Development of China's Collective Consultation System *Lei Xiaotian* / 343

Abstract: The collective negotiation system is the core system for adjusting labor relations and settling employee-employer disputes in market economy countries. As of its establishment, the China's collective consultation system has developed rapidly depending on high attention and vigorous promotion of the government. However, in the legislation for it, there are the problems of low legislation level, unclear right-obligation relationship and absence of assurance with action. Given this, in order to perfect the China's collective consultation system thus realize harmonious and stable development of labor relation in China, it is necessary to protect the "3 rights of laborer", firm the foundation for the system, establish and perfect the mechanism for settling interest disputes, and re-build the role and position of the government in collective consultation.

Keywords: Collective Consultation System; Dispute Settling; Role of Government

中国皮书网

www.pishu.cn

发布皮书研创资讯，传播皮书精彩内容
引领皮书出版潮流，打造皮书服务平台

栏目设置：

- □ 资讯：皮书动态、皮书观点、皮书数据、 皮书报道、皮书新书发布会、电子期刊
- □ 标准：皮书评价、皮书研究、皮书规范、皮书专家、编撰团队
- □ 服务：最新皮书、皮书书目、重点推荐、在线购书
- □ 链接：皮书数据库、皮书博客、皮书微博、出版社首页、在线书城
- □ 搜索：资讯、图书、研究动态
- □ 互动：皮书论坛

中国皮书网依托皮书系列“权威、前沿、原创”的优质内容资源，通过文字、图片、音频、视频等多种元素，在皮书研创者、使用者之间搭建了一个成果展示、资源共享的互动平台。

自2005年12月正式上线以来，中国皮书网的IP访问量、PV浏览量与日俱增，受到海内外研究者、公务人员、商务人士以及专业读者的广泛关注。

2008年、2011年中国皮书网均在全国新闻出版业网站荣誉评选中获得“最具商业价值网站”称号。

2012年，中国皮书网在全国新闻出版业网站系列荣誉评选中获得“出版业网站百强”称号。

“皮书”起源于十七、十八世纪的英国，主要指官方或社会组织正式发表的重要文件或报告，多以“白皮书”命名。在中国，“皮书”这一概念被社会广泛接受，并被成功运作、发展成为一种全新的出版形态，则源于中国社会科学院社会科学文献出版社。

皮书是对中国与世界发展状况和热点问题进行年度监测，以专业的角度、专家的视野和实证研究方法，针对某一领域或区域现状与发展态势展开分析和预测，具备权威性、前沿性、原创性、实证性、时效性等特点的连续性公开出版物，由一系列权威研究报告组成。皮书系列是社会科学文献出版社编辑出版的蓝皮书、绿皮书、黄皮书等的统称。

皮书系列的作者以中国社会科学院、著名高校、地方社会科学院的研究人员为主，多为国内一流研究机构的权威专家学者，他们的看法和观点代表了学界对中国与世界的现实和未来最高水平的解读与分析。

自 20 世纪 90 年代末推出以《经济蓝皮书》为开端的皮书系列以来，社会科学文献出版社至今已累计出版皮书千余部，内容涵盖经济、社会、政法、文化传媒、行业、地方发展、国际形势等领域。皮书系列已成为社会科学文献出版社的著名图书品牌和中国社会科学院的知名学术品牌。

皮书系列在数字出版和国际出版方面成就斐然。皮书数据库被评为“2008~2009 年度数字出版知名品牌”;《经济蓝皮书》《社会蓝皮书》等十几种皮书每年还由国外知名学术出版机构出版英文版、俄文版、韩文版和日文版，面向全球发行。

2011 年，皮书系列正式列入“十二五”国家重点出版规划项目；2012 年，部分重点皮书列入中国社会科学院承担的国家哲学社会科学创新工程项目；2014 年，35 种院外皮书使用“中国社会科学院创新工程学术出版项目”标识。

法律声明

“皮书系列”（含蓝皮书、绿皮书、黄皮书）由社会科学文献出版社最早使用并对外推广，现已成为中国图书市场上流行的品牌，是社会科学文献出版社的品牌图书。社会科学文献出版社拥有该系列图书的专有出版权和网络传播权，其 LOGO（ ）与“经济蓝皮书”、“社会蓝皮书”等皮书名称已在中华人民共和国工商行政管理总局商标局登记注册，社会科学文献出版社合法拥有其商标专用权。

未经社会科学文献出版社的授权和许可，任何复制、模仿或以其他方式侵害“皮书系列”和 LOGO（ ）、“经济蓝皮书”、“社会蓝皮书”等皮书名称商标专用权的行为均属于侵权行为，社会科学文献出版社将采取法律手段追究其法律责任，维护合法权益。

欢迎社会各界人士对侵犯社会科学文献出版社上述权利的违法行为进行举报。电话：010－59367121，电子邮箱：fawubu@ ssap. cn。

社会科学文献出版社